21世纪财务管理系列教材

投资项目评估

TOUZI XIANGMU PINGGU 【第六版】

张阿芬 傅庆阳 编著

厦门大学出版社 国家一级出版社
XIAMEN UNIVERSITY PRESS 全国百佳图书出版单位

图书在版编目（CIP）数据

投资项目评估 / 张阿芬，傅庆阳编著. -- 6 版. --
厦门 ：厦门大学出版社，2023.1
ISBN 978-7-5615-8491-0

Ⅰ. ①投… Ⅱ. ①张… ②傅… Ⅲ. ①投资项目—项目评价—教材 Ⅳ. ①F830.59

中国版本图书馆CIP数据核字(2021)第275245号

出 版 人 郑文礼
责任编辑 许红兵
美术编辑 张雨秋
技术编辑 朱 楷

出版发行 厦门大学出版社
社　　址 厦门市软件园二期望海路 39 号
邮政编码 361008
总 编 办 0592-2182177　0592-2181253(传真)
营销中心 0592-2184458　0592-2181365
网　　址 http://www.xmupress.com
邮　　箱 xmupress@126.com
印　　刷 厦门市明亮彩印有限公司

开本 787 mm×1 092 mm　1/16
印张 26.75
字数 668 千字
版次 2023 年 1 月第 1 版
印次 2023 年 1 月第 1 次印刷
定价 65.00 元

本书如有印装质量问题请直接寄承印厂调换

厦门大学出版社
微信二维码

厦门大学出版社
微博二维码

第六版前言

《投资项目评估》一书以中华人民共和国国务院令第673号《企业投资项目核准和备案管理条例》，国家发改委、建设部颁布的《建设项目经济评价方法与参数》(第三版)为依据，紧密结合《投资项目可行性研究指南》及我国最新的财税、金融、外汇、投资管理法规和制度，全面系统地阐述投资项目评估的理论与方法。全书各章节以新建投资项目评估的程序和内容为主线展开阐述，主要内容包括：投资项目评估基本概念、基本理论；市场分析与必要性评价；建设生产条件评估与技术可行性评价；财务基础数据预测与财务效益评估；国民经济效益评估与社会效益评估；不确定性分析与风险评价；项目总评估与后评估等，各章逻辑联系紧密，形成完整的项目评估体系。再以改扩建投资项目、房地产投资项目、利用外资投资项目、公共事业投资项目、政府与社会资本合作(PPP)项目等不同类型投资项目为辅线，介绍不同类型投资项目的评价方法和特点，并配有评估案例，着重于实务分析。

本书是高校名师与项目管理业界的专家共同完成的校企合作书籍，采用纸质或二维码呈现方式，在各章(节)之前附有“问题与思考”、教学课件，各章之后设置主要知识点及自我检测，重点章之后设置能力训练及典型案例等，引导学习者带着问题学习，在学习中思考、学习后行动，在思考和行动中理解各章的关键知识点，掌握关键知识点的实际运用技能。本书具有体系完整、内容新颖、理论联系实际、通俗易懂、详简有度等特点，可作为高等财经院校相关专业教材和投资经营管理者的业务指导书。

本书自出版以来，承蒙读者垂青，已经重版重印多次，被诸多高校选为教材或主要参考书籍。而伴随着我国市场经济的发展和经济体制改革的不断深入，特别是党的十八大以后，我国进一步加快经济体制改革的步伐，陆续出台一系列新的法律法规和政策措施，尤其在“环境保护、节约能源、社会稳定、财税体制、投资项目审批、政府与社会资本合作(PPP)”方面提出了许多新的理念、新的规定。为此，编著者在出版社和广大读者的大力支持下，依据新的法律法规和政策规定，并总结吸收了国内外投资项目评估最新成果及作者多年的教学科研、技术服务经验，对本书的内容进行充实、调整或优化。同时，随着互联网和信息技术的快速发展，知识的传播、人们的学习习惯及学习方式也已发生了深刻的变化，当前线上线下相结合的混合式教学、学习方式及资源获取方式已成为一种趋势。因此，本次再版，也对内容的呈现方式做了一些改变，力图做到线上线下资源结合，丰富资源获取和学习。重点进行了以下修订：

1.根据国家有关法律法规和制度的变化对相应内容做了必要调整、优化。

2.增加了水土保持、水资源利用、使用林地等专项评估及政府与社会资本合作(PPP)投资项目绩效评价与中期评估等新内容。

3.通过二维码增加了以下内容：

(1)各章节教学课件。

(2)各章后增加了本章主要知识点及自我检测。

(3)核心章后面结合该章知识、技能重点增加了新建工业项目、产业园区项目及农业项目三类项目评估案例。

全书共16章，由福建省高校教学名师、国际认证项目管理专家(IPMP)、中国注册咨询工程师、中国注册资产评估师、国家发展改革委和财政部政府与社会资本合作(PPP)专家库“双库”专家张阿芬教授提出编写框架、思路和修订要求，并担任总纂定稿。张阿芬、傅庆阳[天和国咨控股集团有限公司董事长兼总经理，高级工程师、国际认证项目管理专家(IPMP)、IPMP评估师、中国注册咨询工程师、中国注册造价工程师、国家发展改革委和财政部政府与社会资本合作(PPP)专家库“双库”专家]共同撰写和修订，其中傅庆阳撰写和修订第八章、第九章、第十三章、第十五章，其余各章由张阿芬撰写和修订。

在编写和修订过程中，得到了厦门大学出版社、天和国咨控股集团有限公司、武汉乐声飞扬文化传媒有限公司的大力支持，在此表示衷心的感谢。

限于水平，书中疏漏之处在所难免，恳请读者和同行专家提出宝贵的意见。

编著者

2022年12月

目 录

第一章　投资项目评估概述

问题与思考

材料：

1.某市经济开发区工作职责如下：

(1)综合协调与工作督办管理。

(2)政务档案管理：主要包括收文和发文管理；印鉴使用审批管理；综合档案管理；单位领导会务安排和会议室管理；大事记管理；办公自动化管理；接收电话和传真；办公用品分配与领用管理；报刊订阅与分发；影像、文档资料管理等。

(3)综合材料管理：主要包括撰写单位各阶段工作计划与总结、领导讲话、外部汇报与请示材料，综合调研管理等。

(4)人事纪检党务管理：主要包括人力资源编制与调配管理；人事档案管理；考核和考勤管理；人事任免、职务晋升和岗位聘任、职称评定申报与管理；岗位设置与组织流程管理；党务和工会管理；内部规章制度设计；行政监察工作；工资福利工作等。

(5)行政后勤管理：主要包括固定资产管理；单位财务预算、决算、账目报账管理；物品采购工作；基建项目管理；会议服务工作；车辆管理；工勤及临时人员管理；卫生管理；食堂管理；安全管理等。

(6)市领导交办的临时任务。

2.该经济开发区2012年工作计划要点如下：

(1)做好工作督办和综合协调管理工作。

(2)完善政务档案管理。

(3)制订每月工作计划，撰写每月工作总结，准备领导参加各种会议的讲话稿。

(4)筹备并组织召开经济开发区首次经验交流会。

(5)继续做好人事纪检党务和行政后勤管理工作。

(6)开发、论证并组织实施经济开发区OA工作系统。

(7)做好办公楼改造方案的设计论证、招投标和改造工作。

思考：

1.该经济开发区2012年工作计划要点中哪些属于项目？哪些属于运作？

2.项目有什么特征？它与运作有什么区别？

3.完成一个项目一般需要经过哪些程序？你认为哪个程序最重要？为什么？

4.投资项目决策之前一般需要做什么工作？需要考虑哪些问题？

5.开展项目评估工作应遵循哪些原则和要求？

课件

第一节　项目与项目管理程序

一、项目

(一)项目的含义

项目是人类实践活动中运用最广泛的一个概念，如各类工程建设项目、科研项目、规划项目、环保项目、国防项目、活动项目等等。人类社会的进步、国家的兴旺、地区的繁荣、企业的发展都离不开项目。什么是项目？联合国工业发展组织、世界银行、美国项目管理协会、国际标准化组织等机构都对项目下过定义。本书使用中国项目管理研究会(PMRC)对项目作的定义：项目是一个特殊的将被完成的有限任务，它是在一定的时间内，满足一系列特殊目标的多项相关工作的总称。该定义包含三层含义：

1.项目是一项有待完成的任务，有特定的环境和要求。这一点明确了项目的动态概念，即项目是指一个过程，而不是过程终结后的成果。例如，人们把一个工厂的建设过程称为项目，而不把工厂本身称为项目。

2.在一定的组织机构内，利用有限资源(人力、物力、财力等)在规定的时间内完成任务。任何一个项目的实施都会受到一定条件的约束，这些条件是来自多方面的，包括资源、环境、理念等等。这些约束条件成为项目管理者必须努力促其实现的项目管理的具体的目标。在众多的约束条件中，质量(工作标准)、进度和费用是项目普遍存在的三个主要约束条件。

3.任务要满足一定的性能、质量、数量、技术指标的要求。项目是否实现，能否交付用户，必须达到事先规定的目标要求。功能的实现、质量的可靠、数量的满足、技术指标的稳定，是任何可交付项目必须满足的要求，项目合同对这些均具有严格的要求。

(二)项目与运作

自从有了人类，人们就开展了各种有组织的活动。随着社会的发展，人类有组织的活动逐步分化为两种类型：一类是连续不断、周而复始的活动，人们称之为“运作或作业”(operation)，如企业日常生产产品的活动；另一类是临时性、一次性的活动，人们称之为“项目”(project)，如企业的技术改造活动，举办一次贸易洽谈会，建设一项水利工程等。

1.项目的特征

相对于运作，项目具有以下的特征：

(1)唯一性。唯一性是使人类有组织的活动分化为运作和项目两种类型的根源所在，是项目成为一次性的任务的基础。唯一性是指每个项目都是独一无二、无法复制的。每个项目都有其独特的内涵，人们无法找到两个完全相同的项目。工程建设项目也许会比其他的项目更程序化些，但是，即使是同样建设内容的建设项目，如都是建设一座教学楼，也会因为业主、建设地点、建设时间、承包单位、采用的施工技术等因素的不同，而存在诸多的差异。

(2)一次性。唯一性是项目的本质特征，一次性则是唯一性的外在表现。由于项目的唯一性，就决定了每个项目都是一项具有明确结束点的一次性任务。该项任务一旦被完成，就不会有完全相同的任务重复出现。项目的一次性特征是对项目的整体而言的，并不是指项目中不存在重复性的工作。如技术研发项目都有大量的重复性的实验任务，工程建设项目有更多的重复性工作。

项目的一次性还体现在以下几方面：①项目是一次性的成本中心；②项目经理是一次性的授权管理者；③项目经理部是一次性的临时组织机构；④作业层是一次性的项目劳务构成。

(3)多目标性。多目标性是指项目的目标是多方面的，包括成果性的目标和约束性的目标。

人们通常用一系列技术指标来定义项目的成果性目标，如研制一辆在价格、性能等方面能够使用户认可的“新款电动自行车”样车，其性能包括一次充电持续时间 1 周或行驶里程 40 公里，单车成本控制在 1 800 元内；成果目标同时还有多种条件约束，即有多重的约束性目标，如该电动自行车样车的研制工期为半年，时间为 2012 年 1 月 1 日—6 月 30 日，研制费用为 300 万元人民币。性能、时间和费用通常被称为项目的三重约束，项目的总目标实际上就是由项目的各种约束条件构成的多维空间集合而成的一个点，如图 1-1。

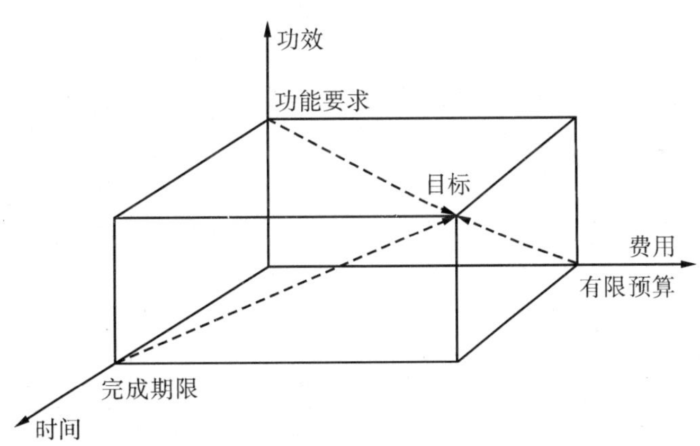

图 1-1　项目的多重目标属性示意图

(4)生命周期性。项目是一次性的任务，因而有起点和终点。任何项目都会经历启动、开发、实施、结束这样的一个过程，这一过程通常被成为“生命周期”。不同类型项目的生命周期阶段划分不尽相同，但总体看，可以分为概念(启动)阶段(conceive)、开发阶段(develop)、实施阶段(execute)和结束阶段(finish)四个阶段(简称 CDEF 阶段)。

(5)相互依赖性。项目常与组织中同时进展的其他工作或项目互相作用，但是，项目总是与项目组织标准和日常的工作相抵触的。组织中的各项事业部门(财务、生产、营销等)间的相互作用是有规律的，而项目与事业部门之间的冲突则是变化无常的。项目主管应清楚这些冲突，并与所有部门保持适当的联系。

(6)冲突属性。项目经理与其他经理相比,生活在一个更具有冲突特征的世界中,项目之间有为资源而与其他项目进行的竞争,有为人员而与其他职能部门的竞争。项目组的成员在解决项目问题时,几乎一直是处在资源和领导问题的冲突中。

2.项目与运作的比较

唯一性和一次性是项目与运作的最大不同点。如,饮料生产是一种运作,开发一种新的饮料是项目。表1-1描述了项目与作业的不同。

(1)项目是独一无二的,运作则是重复进行的。

(2)项目存在于一个有限的期间内,运作则活动于一个长期的稳定的环境中。

(3)项目所导致的是对事物产生一些根本性的变革、改观,而运作所带来的是改良性的、渐进的改变。

(4)由于革命性(根本性)的变革,使项目必须处于不平衡(非均衡)的状态,而运作总是强调处于均衡状态。

(5)由于不平衡性的产生,项目经理所考虑的是化解和分散问题的关键,而运作经理的目标是通过平衡矛盾的指标而保持平衡。

(6)项目聘用的是短期(临时)人员,而运作则是建立稳定的队伍。

(7)项目的环境是柔性易变的,而运作的环境是稳定的。

(8)项目对资源的需求因项目而异,是多变的,而运作对资源的需求是稳定的。

(9)项目的管理无先例可循,项目经理必须把注意力放在如何有效地达到基本目标上,而运作是重复性的活动,其效率能够不断提高。项目经理以完成目标、目的为宗旨,时刻注意目标实施的可能性,必须面向目标,对于工作规程可以酌情而行,而运作则以完成任务、指标为宗旨,在运作中人们根据以往的经验通过执行工作规程而达到基本的目标。

(10)项目具有风险性。因为没有经验,所以必须考虑风险。项目经理对于能否达到目标应有风险意识,而运作任务完成过程,鉴于有以往的经验应有更大的把握来确定达到预期的目标。项目是风险型的管理,而运作则基本上是稳定型的管理。

表1-1 项目与运作(作业)的比较

项 目	作 业
独一无二	重覆的
有限时间	无限时间(相对)
革命性的改变	渐进性的改变
不均衡	均衡
目标之间不均衡	均衡
多变的资源需求	稳定的资源需求
柔性的组织	稳定的组织
效果型	效率型
以完成目标、目地为宗旨	以完成任务、指标为宗旨
风险型或确定型	经验型

(三)项目的分类

按照不同的分类原则,项目可以有多种分类。

1.按照层次分类

从层次上分,项目可以分为宏观项目、中观项目和微观项目。宏观项目是指其实施将对整个社会或国家产生影响的项目,如全球性的区域合作项目、一个国家的国民经济规划;中观项目是指其实施将对整个地区、行业产生影响的项目,如行业规划、地区国民经济规划;微观项目是指其实施将只对本企业单位产生影响的项目,如某个企业的一项新产品研制。

2.按照行业领域分类

国家统计局为了正确反映国民经济各行业的结构和发展状况,在现行的统计制度中,统一将我国国民经济划分为16大类:(1)农、林、牧、渔业;(2)采掘业;(3)制造业;(4)电力、煤气及水的生产和供应业;(5)建筑业;(6)地质勘查业、水利管理业;(7)交通运输、仓储及邮电通信业;(8)批发和零售贸易、餐饮业;(9)金融、保险业;(10)房地产业;(11)社会服务业;(12)卫生、体育和社会福利业;(13)教育、文化艺术和广播电影电视业;(14)科学研究和综合技术服务业;(15)国家机关、政党机关和社会团体;(16)其他行业。因此,按照行业领域分,项目也可以相应地划分为以上的16大类。

3.按照工作性质分类

项目按照其工作性质可以分为工程类项目和非工程类项目。工程类项目又可以根据其管理类型分为基本建设项目和更新改造项目;非工程类项目主要有技术研究项目、新产品研制项目、组织活动项目等。

4.按照项目所属的组织分类

按照项目的所有者和实施者是否属于同一个组织,可以将项目分为业务项目和自我开发项目。业务项目是指由专业性项目公司为特定的业主/客户所完成的一次性工作,这是一种商业性服务或开发、生产项目。自我开发项目是项目团队为自己企业或组织所完成的各种开发项目,是一种企业内部的研究与开发性项目。例如,由房地产开发商出资、建筑设计部门和施工承包商完成的住宅建设项目,由管理顾问公司为某个企业所做的战略管理或组织再造咨询项目等,都属于业务项目;而由加工制造企业自己的产品设计或研究开发部门完成的新产品开发项目,由企业内部人员组成项目团队完成的技术改造项目等,都属于自我开发项目。

二、投资项目

根据以上对项目的定义可以看出,项目是一个很广泛的概念,它可以广泛应用于社会经济生活的各个领域。本书所称的项目是指固定资产投资项目,即运用固定资产投资建设的项目,包括基本建设项目和更新改造投资项目。

基本建设项目,简称基建项目,是我国固定资产投资的主要部分。它是指在一个或几个施工场地上,按照一个总体设计进行施工的各个单项工程的总体。我国一般以一个企业、一个事业单位或一项独立工程作为一个建设项目,如一个工厂、一条铁路、一栋大楼、一个电站等都可以分别构成一个建设项目,一个建设项目还可以分为几个单项工程,例如，一个钢铁厂是一个建设项目，它可以由制氧车间、炼焦车间、炼铁车间、炼钢车间、轧钢车间、机修车间、供水车间、职工宿舍等等单项工程构成。

建设项目是一个完整的概念，在一个总体设计范围内，分期分批进行建设的若干单项工程均算做一个建设项目。建设项目可以从不同的角度进行分类。建设项目按目标可以分为经营性项目和非经营性项目；按产出的属性(产品或服务)，可分为公共项目和非公共项目；按投资管理形式可分为政府投资项目和非政府投资项目；按项目的融资主体可分为新设法人项目和既有法人项目；按性质又可分为新建、扩建、改建、恢复、迁建等项目；按规模可以分为大、中、小型项目；按国民经济不同的行业可以分为工业项目、农业项目、林业项目、水利项目、生态和环境保护项目、能源交通项目、商业和服务业项目、文教卫生项目、科技项目、体育项目、房地产项目；按政府管理权限分为审批制项目、核准项目和备案制项目等等。

更新改造项目，是指对原有企业进行设备更新或技术改造的项目。它也是我国固定资产投资的一个重要组成部分。它与基建投资合起来构成全社会的固定资产投资。基建项目和更新改造项目的主要区别在于：基本建设属于固定资产的外延扩大再生产，而更新改造属于固定资产的内涵扩大再生产。

投资项目是固定资产投资活动的具体化，是国民经济和企业发展的基本元素。投资项目的正确确定，直接关系到国家和企业的固定资产投资规模、结构、布局和效益，对国家和企业的发展起到至关重要的作用。所以，搞好投资项目的决策和兴建，科学地组织和管理投资项目，努力提高投资项目的决策水平和管理水平，对于提高固定资产投资效益，加速社会主义现代化建设具有极其重要的作用。

三、项目管理程序

项目管理程序，是项目从计划建设到建成投产的全过程中必须遵循的先后工作顺序。它是项目管理工作的内在必然联系的客观反映，是由固定资产的建造和形成过程的规律所决定的。项目管理程序可以从实施单位(建设单位)、监管部门和贷款银行三条线分别界定(见表1-2)。

表1-2 项目管理程序

实施单位管理程序	监管部门管理程序	贷款银行管理程序
项目建议书	立项审批*	项目初选，确定备选项目
可行性研究	评估论证，决策审批	评估论证
初步设计	初步设计审批	审批贷款，签订贷款合同
施工图设计	开工报告审批	发放贷款
施工	投资监管	监督检查，继续贷款
项目竣工、生产准备	竣工验收	监督检查
交付使用(投入生产)	监督交付使用	回收贷款
项目总结	项目后评估	总结，项目后评估

* 根据《国务院关于投资体制改革决定》规定，只有政府投资项目实行审批制，对于企业不使用政府投资建设的项目，一律不再实行审批制，区别不同情况实行核准制和备案制。

从项目实施单位的角度看，项目的管理程序大致分为三个阶段，包括十项内容。

(一)投资前时期

投资前时期是寻找投资机会，对其进行规划、研究并做出决策的时期。包括编审项目建议书和进行可行性研究两项工作。

1.项目建议书。项目建议书是项目实施单位根据国民经济长远发展规划和行业、地区发展规划，结合实施单位自身的发展规划、资源条件和市场预测等，在调查研究、收集资料、综合分析项目建设的必要性和合理性的基础上提出的。它是拟建项目的轮廓设想，主要申述项目申报的理由、主要依据、项目的市场需求、生产建设条件、投资概算和简单的经济和社会效益情况。项目建议书需经各级审批机构汇总、平衡、审批。项目建议书获得批准即为立项，实施单位便可以着手建设前期的工作。

2.可行性研究。可行性研究是投资前期工作的中心环节，是项目决策的依据。可行性研究的目的是论证项目是否有必要实施，技术是否可靠，经济是否合理。通常由实施单位自行或委托中介机构开展此项工作。承担可行性研究工作的单位依据项目论证的结果编制项目设计任务书，将可行性研究报告作为附件，一并提交给项目审批机构审批。审批机构组织专家对实施单位提交的设计任务书和可行性研究报告进行评估论证后做出最后决策。经过批准的设计任务书是指导项目设计和进行后续各项工作的重要依据，任何单位和个人都不能随意变更。需要申请贷款的项目，则将可行性研究报告提交给贷款银行，贷款银行经过评估后做出贷款与否的决策。

3.项目投资决策。指对拟投资项目的建设必要性、技术可行性和经济合理性进行分析论证的基础上，拟定两个或多个可以达到目标的备选方案进行比较和评价，从中选择一个较优方案的过程。根据2004年发布的《国务院关于投资体制改革的决定》的要求，把投资项目划分为政府投资项目和企业投资项目。政府投资项目仍然实行审批制，从投资决策的角度审批项目建议书、可行性研究报告、初步设计及概算，除特殊情况外，不再审批开工报告，政府投资项目一般都要经过符合资质要求的咨询中介机构的评估论证，特别重大的工程还应实行专家评议制度。对于企业不使用政府资金投资建设的项目，政府不再进行投资决策性质的审批，区别不同情况实行核准制或登记备案制(见图1-2)。中央政府制定并发布《政府核准投资项目目录》。

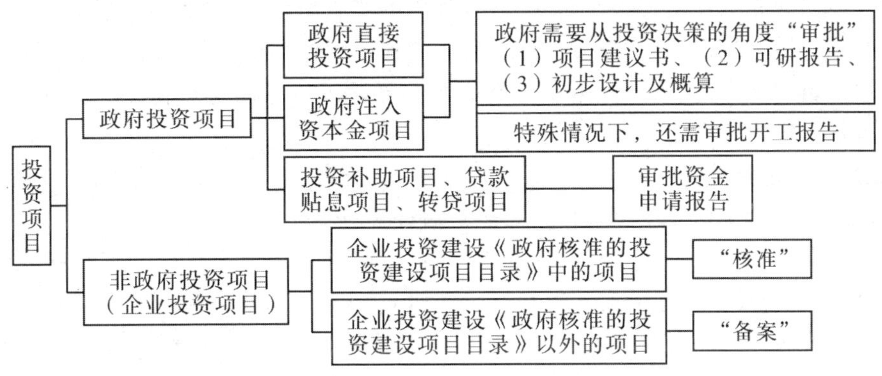

图1-2 投资项目政府管理权限

根据《国务院办公厅关于印发精简审批事项规范中介服务实行企业投资项目网上并联核准制度工作方案的通知》(国办发〔2014〕59号)的要求,对于属于企业经营自主权的事项,一律不再作为企业投资项目核准前置条件,并要求2014年年底前公布取消。企业投资建设实行核准制的项目,政府仅从维护经济安全、合理开发利用资源、保护生态环境、优化重大布局、保障公共利益、防止出现垄断等"外部性"方面进行核准。对外商投资项目,还要从市场准入、资金项目管理等方面进行核准。项目的市场前景、经济效益、资金来源和产品技术方案等"内部性"条件,均由企业自主决策、自担风险,项目核准机关不得干预企业投资自主权,不得将属于企业经营自主权的事项作为企业投资项目核准的前置条件。

(二)投资时期

投资时期是项目决策后,将项目付诸实施的时期。主要包括初步设计、施工图设计、施工和项目竣工试生产等各项工作。

1.初步设计。初步设计是可行性研究的继续和深化,就是根据批准的设计任务书所确定的重大原则,对投资项目从技术上、经济上进行具体的规划,制定具体的实施方案,并编制总概算,确定项目所需的全部建设费用。初步设计一般包括设计概论、建设规模和产品方案、总体布局、工艺流程及设备选型、主要设备清单和材料、主要技术经济指标、主要建筑物、公用辅助设施、劳动定员、环境保护、安全生产、占地面积、建设工期计划、总投资概算等文字说明及图纸。

2.施工图设计。施工图设计是对初步设计中所确定的各项建筑物、构筑物和非标准设备进行更具体和详细的设计。它是各项建筑工程、设备安装工程和非标准设备据以进行施工和制造的主要依据。该阶段还应编制施工图预算,以确定各项单项工程的造价。

3.施工。施工阶段的主要任务就是根据施工图进行各项建筑工程和设备安装工程的施工,以及非标准设备的制造,确保各项建设任务的完成。为保证施工工作的顺利进行,防止疏忽和遗漏,避免施工工作间停带来损失,必须做好施工前的准备工作。施工前准备工作主要包括:设备和材料的订购和采购,编制施工组织设计和施工图预算,建筑工程招标以及征地、拆迁、临时设施建设等。

4.项目竣工、生产准备。通过施工完成全部的建设任务后,需组织有关部门对项目进行验收。项目竣工验收是全面考察建设成果,检查决策、设计和施工质量的重要环节。竣工验收一般采取先单项工程逐个验收,后整体工程验收的程序,验收合格后应及时办理固定资产交付使用手续。同时,要做好生产准备工作。生产准备工作一般包括:按计划要求培训管理人员和生产人员,组织生产人员参加主要设备和工程的安装、调试,在投产前熟悉工艺流程和操作技术。

(三)生产(运营)时期

生产时期包括交付使用、项目总结、项目后评估三项工作。

1.交付使用(投入生产)。项目竣工验收后,按照有关规定交付生产部门投入生产或使用,以促进预期经济效益的实现。在交付使用后,主要工作是按照工艺技术的要求尽快达到设计生产能力,或者按照经营方案的要求尽快转入正常的经营,并加强生产经营管理,以期尽快实现和尽量提高项目投资的经济效益。

2.项目总结。在项目交付使用一段时间后,应根据生产经营情况,全面总结项目各阶段的工作，总结经验，吸取教训，以改进今后的项目管理。

3.项目后评价。项目后评价是对已经完成的项目进行分析和价值评定的一种活动。主要是通过对已经完成的项目的目的、执行过程、效益、作用和影响所进行的系统的客观的分析，判断投资的预期目标是否达到，项目执行过程是否合理有效，主要效益指标是否实现，通过分析评价找出成败的原因，总结经验教训，并通过及时有效的信息反馈，为未来项目的决策和提高完善投资决策管理水平提出建议，同时也为被评项目实施运营中出现的问题提出改进建议，从而达到提高投资效益的目的。项目后评价基本内容包括：项目目标评价、项目实施过程评价、项目效益评价、项目影响评价和项目持续性评价。

第二节　可行性研究与项目评估

课件

一、可行性研究

(一)可行性研究的产生和发展

可行性研究是在20世纪前叶随着社会生产技术和经济管理科学的发展而产生的。早在20世纪30年代，美国开发田纳西流域时就开始试行，作为流域开发规划的重要阶段纳入开发程序，使工程建设得以顺利进行，取得了很好的经济效益。在第二次世界大战后，特别是20世纪50年代以来，由于世界科学技术和经济管理科学的迅猛发展，可行性研究不断得到充实、完善和发展，逐步形成为一整套系统的科学研究方法，而且是综合运用多种现代科学技术成果，保证工程建设获得最佳经济效果和社会效果的一门综合性应用科学。同时，可行性研究工作，也随着社会生产力的发展和科学技术的进步而日臻完善，应用范围逐渐扩大和渗透到各个领域。虽然世界各国进行可行性研究的方法不尽相同，但作为一门学科，可行性研究已被各国所公认。当前，可行性研究不仅被经济发达国家作为工程项目投资决策的手段，而且在亚洲、非洲等地区的许多发展中国家也得到了日益广泛的应用。

自1979年开始，可行性研究的概念、内容和方法逐步介绍到我国，并运用于工业项目建设前期的技术经济分析。1981年国家计委正式发文，明确规定“把可行性研究作为建设前期工作中的一个重要技术经济论证阶段，纳入基本建设程序”。1983年又下达《关于建设项目可行性研究的试行管理办法》，重申建设项目的决策和实施必须严格遵守国家规定的基本建设程序，而可行性研究是建设前期工作的重要内容，是基本建设程序中的组成部分，进一步明确了可行性研究的程序编制、内容和评审办法，把可行性研究作为编制和审批项目设计任务书的基础和依据。随后，各部门又结合自身的行业特点，分别制定了本部门的可行性研究编制办法。随着改革开放的不断深化，市场经济的观念在人们头脑里日益加强，在建设项目的可行性研究中，经济效益评价日益受到人们的重视。为此，国家计委于1987年9月颁布了《关于建设项目经济评价工作的暂行规定》、《建设项目经济评价方法》、《建设项目经济评价参数》、《中外合资经营项目经济评价方法》等四个文件，对建设项目评价工作作了统一规定，并要求各个投资主体、各种投资来源、各种投资方式兴办的大中型建设项目、限额以上技术改造项目，均应按此规定进行经济评价。如果评价内容和质量达不到规定要求，负责评估和各级审批、设计、施工、投资等部门均不得受理。进入20世纪90年代，随着国民经济的迅速发展，国家宏观投资环境发生了巨大变化，投资建设领域出现了许多新情况、新问题。为此，国家计委及时收集全国各地在进行建设项目经济评价中的经验以及暴露的问题，于1993年4月发出《关于印发建设项目经济评价方法与参数的通知》，重新颁布了建设项目经济评价方法与参数（第二版）。《中共中央关于制定国民经济和社会发展"九五"计划和2010年远景目标的建议》明确提出，在投资领域，"要明确投资主体，建立严格的投资决策风险责任制，强化投资风险约束机制，谁投资谁决策谁承担责任和风险。全面推行建设项目法人责任制和投标招标制度，把市场竞争机制引入投资领域。""大量的竞争行业和产品，在国家政策引导下，主要靠市场配置资源，由企业按市场需求自主决策和投资。"2004年7月25日《国务院关于投资体制改革的决定》颁布实施。该决定明确提出要改革项目审批制度，落实企业投资自主权。彻底改革不分投资主体、不分资金来源、不分项目性质，一律按投资规模大小分别由各级政府及有关部门审批的企业投资管理办法。对于企业不使用政府投资建设的项目，一律不再实行审批制，区别不同情况实行核准制和备案制。其中，政府仅对重大项目和限制类项目从维护社会公共利益角度进行核准，其他项目无论规模大小，均改为备案制，项目的市场前景、经济效益、资金来源和产品技术方案等均由企业自主决策、自担风险，并依法办理环境保护、土地使用、资源利用、安全生产、城市规划等许可手续和减免税确认手续。对于企业使用政府补助、转贷、贴息投资建设的项目，政府只审批资金申请报告。各地区、各部门要相应改进管理办法，规范管理行为，不得以任何名义截留下放给企业的投资决策权利。并提出要简化和规范政府投资项目审批程序，合理划分审批权限。按照项目性质、资金来源和事权划分，合理确定中央政府与地方政府之间、国务院投资主管部门与有关部门之间的项目审批权限。对于政府投资项目，采用直接投资和资本金注入方式的，从投资决策角度只审批项目建议书和可行性研究报告，除特殊情况外不再审批开工报告，同时应严格政府投资项目的初步设计、概算审批工作；采用投资补助、转贷和贷款贴息方式的，只审批资金申请报告。具体的权限划分和审批程序由国务院投资主管部门会同有关方面研究制定，报国务院批准后颁布实施。2006年7月3日，《建设项目经济评价方法与参数》（第三版）也正式颁布实施。可见，我国可行性研究与投资决策将进入一个新的阶段。

（二）可行性研究的概念

项目的可行性研究，是根据市场需求和国民经济长期发展规划、地区发展规划和行业发展规划的要求，对拟建项目有关的市场、社会、经济、技术等各方面情况进行深入细致的调查研究，对各种可能拟定的技术方案进行认真的技术分析和比较论证，对项目建成后的经济效益和社会效益进行科学的预测和评价。在此基础上，对拟建项目的技术先进性和适用性、经济合理性和有效性，以及建设可能性和可行性，进行全面分析、系统论证、多方案比较和综合评价，由此确定该项目是否可靠，并为开展下一步工作打下基础。简言之，可行性研究就是在项目的投资前期，对拟建项目进行的全面、系统的技术经济分析和论证，从而为项目投资决策提供可靠依据的一种科学方法和工作手段。

一项好的可行性研究，应向投资者推荐技术经济的最优方案，即在各种可行的投资方案中选择最佳方案。其研究结论，可使投资者明确，从企业角度看该项目具有多大的财务获利能力，投资风险有多大，是否值得投资建设；从国家和社会角度看项目是否值得投资；可使银行和其他资金提供者明确，从贷款者角度看该项目是否能够按期或提前偿还资金。这种在投资前期进行全面、系统的分析研究，是保证弄清拟建项目在技术、经济、工程上的可行性，避免和减少建设项目的决策失误，加强投资决策的科学性，提高项目的综合投资效益的根本措施。

(三)可行性研究的阶段划分

一般情况下，一个完整的可行性研究应包括投资机会研究、初步可行性研究、详细可行性研究三个阶段。各阶段研究的内容由浅入深，项目投资和成本估算的精度要求由粗到细，研究工作量由小到大，研究的目标和作用逐步提高，因而研究工作的时间和费用也逐渐增加。这种循序渐进的工作程序，既符合项目调查研究的客观规律，又能节省人力、时间和费用，从而取得良好的经济效果。因为在任何一个阶段，只要得出“不可行”的结论，就可立即刹车，不再继续进行下一步研究；如果认为可行，则转入下一阶段的工作，并可根据项目的规模、性质、要求和复杂程度的不同，进行适当调整和精简。如对规模小和工艺技术成熟或不太复杂的工程项目，可直接进行可行性研究；对有的项目，经过初步可行性研究，认为有把握的，就可据以做出投资决策。

1.投资机会研究

投资机会研究，又称投资机会确定，其任务是提出项目投资方向的建议。即在一个确定的地区和部门内，根据自然条件、市场需求、国家产业政策和国际贸易情况，通过调查、预测和分析研究，选择建设项目，寻找投资的有利机会。

投资机会研究一般比较粗略，它主要是从投资的效益和盈利的角度来研究投资的可能性，进行投资机会鉴别，提出备选项目，以引起投资者的投资兴趣和愿望。投资机会研究可分为一般机会研究和项目机会研究。一般机会研究就是对某个指定的地区、行业或部门鉴别各种投资机会，或是识别和利用某种自然资源或工农业产品为基础的投资机会。在对一般投资机会做出最初鉴别之后，再进行项目的机会研究，即将项目的设想转变为概略的项目投资建议，以引起投资者的注意，使其做出投资响应，并从几个有投资机会的项目中经济地做出抉择，然后，编制项目建议书，为初步选择投资项目提供依据。经批准后，列入项目建设前期工作计划，作为投资者对投资项目的初步决策。

2.初步可行性研究

初步可行性研究，是正式的详细可行性研究前的预备研究阶段。经过投资机会研究认为可行的建设项目(即项目建议书批准后)，表明该项目值得继续研究，但在不能肯定是否值得进行详细可行性研究时，就要先做初步可行性研究，以进一步判断这个项目是否具有较高的经济效益。经过初步可行性研究，认为项目具有一定可行性，便可转入详细可行性研究阶段。否则，就终止该项目的前期研究工作。

初步可行性研究阶段的主要目标是：

(1)分析投资机会研究的结论，并在占有详细资料的基础上做出初步投资估价。需要深入弄清项目的规模、原材料来源、工艺技术、厂址、组织机构和建设进度等情况，进行经济效果评价，以判定是否有可能和必要进行下一步的详细可行性研究。

(2)确定对某些关键性问题需要进行专题辅助研究。例如：市场需求预测和竞争力研究，原料、辅助材料和燃料动力等供应和价格预测研究，工厂中间试验、厂址选择、合理经济规模，以及主要设备选型等研究。在广泛的方案分析比较论证后，对各类技术方案进行筛选，选择最佳经济效益方案，排除一些不利方案，缩小下一阶段的工作范围和工作量，以利于节省时间和费用。

(3)鉴定项目的选择依据和标准，确定项目的初步可行性。根据初步可行性研究结果编制初步可行性研究报告，判定是否必要继续进行研究。如通过所获资料的研究确定该项目设想不可行，即立即停止工作。本阶段是项目初选阶段，研究结果应做出是否投资的初步决定。

3.详细可行性研究

详细可行性研究又称最终可行性研究，通常简称为可行性研究。它是工程前期研究的关键环节，是项目投资决策的基础。它为项目决策提供技术、经济、商业方面的评价依据，为项目的具体实施建设和生产提供科学依据，因此，该阶段是进行详细深入的技术经济分析论证阶段。其目标是：

(1)深入分析研究有关产品方案、生产纲领、资源供应、厂址选择、工艺技术、设备选型、工程实施进度计划、资金筹措计划，以及组织管理机构和定员等各种可能选择的技术经济方案，并推荐一个以上可行的投资建设方案。

(2)着重对投资总体建设方案进行企业财务效益和国民经济效益的分析和评价，对投资进行多方案比选，确定一个能使项目投资费用和生产成本降到最低限度，以取得显著经济效益和社会效益的最佳建设方案。

(3)确定项目投资的最终可行性和选择依据标准，对拟建投资项目提出结论性意见。可行性研究的结论，可以是推荐一个认为最好的建设方案；也可以提出一个以上可供选择的方案，说明各自的利弊和可能采取的措施；或者提出“不可行”的结果。如果最终评价结果的数据表明项目是不可行的，则应该调整各种参数和生产纲领，调整原材料投入或工艺技术，以便提出可行方案；当方案调整后经过经济技术评价仍属不可行，则拟建项目不能进行投资。按照可行性研究结论编制出最终可行性研究报告，并作为项目投资决策的基础和重要依据。

(四)可行性研究的内容

进行可行性研究之后，应编写可行性研究报告。一般工业建设项目的可行性研究报告应包括以下基本内容：

1.总论。简述项目的主要内容，包括项目的主要建设内容、创新点、技术水平、技术指标介绍，以及项目的主要用途及应用范围介绍；说明项目的社会经济意义、目前的进展情况；简述本单位实施项目的优势和风险及应对方式；阐明项目计划目标，其中，总体目标包括项目执行期间预计投资总额、项目完成时达到的生产阶段、实现年生产能力、企业资产规模和企业人员规模等，经济目标包括项目完成时预计实现的年工业总产值、年工业增加值、年销售收入、年交税总额、年净利润、年创汇额等，技术、质量指标包括项目完成时，项目产品达到的主要技术性能指标及企业通过的质量认证体系、项目产品执行的质量标准、项目产品通过的国家相关行业许可认证等;列明计划新增投入资金来源、到位时间及金额;列出主要技术经济指标对比表(项目实施前后的比较);阐明可行性研究结论等。

2.产品的市场需求和拟建规模。主要内容包括:调查国内外市场近期需求状况,并对未来趋势进行预测,对国内现有工厂生产能力进行估计,进行销售预测、价格分析,判断产品市场竞争能力及进入国际市场的前景,确定拟建项目的规模,提出市场营销战略与策略,对产品方案和发展方向进行技术经济论证比较。

3.资源、原材料、燃料及公用设施情况。包括:经过全国储量委员会正式批准的资源储量、品位、成分以及开采、利用条件的评述;所需原料、辅助材料、燃料的种类、数量、质量及其来源和供应的可能性;有毒、有害及危险品的种类、数量和储运条件;材料试验情况;所需动力(水、电、汽等)公用设施的数量、供应条件、外部协作条件,以及签订协议和合同的情况。

4.厂址选择。指出建厂地区的地理位置,与原材料产地和产品市场的距离。根据建设项目的生产技术要求,在指定的建设地区内,对建厂的地理位置、气象、水文、地质、地形条件、地震、洪水情况和社会经济现状进行调查研究,收集基础资料,了解交通运输、通信设施及水、电、汽、热的现状和发展趋势;厂址面积、占地范围、厂区总体布置方案,建设条件、地价、拆迁及其他工程费用情况;对厂址选择进行多方案的技术经济分析和比较,提出选择意见。

5.项目设计方案。在选定的建设地点内进行总图和交通运输的设计,进行多方案比较和选择,确定项目的构成范围、主要单项工程(车间)的组成、厂内外主体工程和公用辅助工程的方案比较论证;项目土建工程总量的估算,土建工程布置方案的选择,包括场地平整、主要建筑和构筑物与厂外工程的规划;采用技术和工艺方案的论证、技术来源、工艺路线和生产方法,主要设备选型方案和技术工艺的比较;引进技术、设备的必要性及其来源国别的选择比较;设备的国外分交或与外商合作制造方案设想;以及必要的工艺流程图。

6.环境保护与劳动安全。对项目建设地区的环境状况进行调查,分析拟建项目"三废"(废气、废水、废渣)的种类、成分和数量,并预测其对环境的影响,提出治理方案的选择和回收利用情况;对环境影响进行评价,提出劳动保护、安全生产、城市规划、防震、防洪、防空、文物保护等要求以及采取相应的措施方案。

7.企业组织、劳动定员和人员培训。包括全厂生产管理体制、机构设置的选择;工程技术和管理人员的素质和数量的要求;劳动定员的配置方案;人员的培训规划和费用的估算。

8.投资估算、项目融资方案与资金使用计划。包括总投资费用、各项建设支出和流动资金的估算;资金来源、筹集方式,各种资金来源所占的比例;资金的数量和资金筹措成本;项目融资方案比较;项目总投资分年使用计划与资金筹措。

9.经济效益和社会效益分析与评价。包括总生产成本、单位生产成本的计算;营业收入与税费计算;利润计算;财务内部收益率、净现值、投资回收期、固定资产投资借款偿还期等财务评价指标计算与财务效益评价;外汇效果分析;不确定性分析与风险评价;国民经济效益评价和社会效益分析与评价。

10.综合评价与结论、建议。包括:建设方案的综合分析评价与方案选择,运用各项数据从技术、经济、社会、财务等各个方面论述建设项目的可行性，推荐一个或几个可行方案供决策参考，提出项目存在的问题以及结论性意见和改进建议。

(五)可行性研究的作用

1.可作为拟建项目投资的依据。它对建设项目的规模、产品方案、生产方法、原材料来源、场区选择与布置、建设工期和经济效益、资金筹措等问题都作了详细的计算和安排，有明确的评价意见，因此，可为项目投资决策提供可靠的依据。

2.可作为向银行申请贷款的依据。目前，世界银行等国际金融组织，中国人民建设银行、中国投资银行等国内专业银行，都要根据可行性研究报告，对申请贷款的项目进行全面、细致的分析与评估，确认建设项目经济效益好、具有偿还能力、不会承担很大风险时，才会给予贷款。

3.可作为与建设项目有关部门商谈合同和协议的依据。一个建设项目，它在原材料、协作件、燃料、供电、供水、运输、通信等很多方面都需要和有关部门协作，在签订合同或协议时，都应以可行性研究为依据。对于技术引进和进口设备项目，国家规定必须在可行性研究报告批准后才能同外商正式签约。

4.可作为项目编制初步设计的基础。可行性研究重在研究，对产品方案、建设规模、场区位置、生产工艺、主要设备选型等都作了多方案比较和论证，确定了原则，推荐了最佳建设方案。

可行性研究批准后，进入项目投资实施时期，初步设计中必须以此为依据，一般不另作重大方案的比较和论证。批准的可行性研究投资额，初步设计时不应突破。

5.可作为安排项目计划和实施方案，进行项目所需的设备、材料订货等的依据。经批准后的可行性研究报告，就可据以安排项目的计划，作为具体的实施方案，进行项目所需的设备和材料等的订货，并按计划使用建设资金，确定各方面工作的实施进度。

6.可作为环保部门审查建设项目对环境影响的依据。我国基本建设环境保护法规定，编制可行性研究时，必须对环境影响做出预评价。审批可行性研究报告时，应同时审批环境保护方案 。

7.可作为向当地政府或城市规划部门申请执照的依据。经批准的可行性研究报告，可向项目所在地的政府或城市规划部门申请建设执照，没有建设执照的项目是不能实施的。

8.可作为国家各级计划部门编制固定资产投资计划的依据。可行性研究报告经批准后，便可列入国家固定资产投资计划，并取得各级计划部门的支持，保证按计划使用建设资金，原材料、燃料、供电、供水、运输、通信等问题即可得以解决。

二、项目评估

(一)项目评估的概念

项目评估作为抉择投资项目的一种专门方法与科学，是20世纪70年代末伴随着可行性研究引进我国的。其原始含义就是对项目的评审和估价。在国外，项目评估一般属于银行审查贷款项目的专用名词，有的叫项目审查，也有的叫项目评价。在我国项目评估已超越了银行专有的狭义范围，成为投资项目决策的必经程序，即在项目决策阶段，从全局角度出发，用系统的观点，根据国民经济发展规划，对拟建项目进行全面审查，以鉴别项目优劣，决定取舍。因此，我国的项目评估，是指在拟建项目投资决策前，对其建设的必要性、技术的可行性、经济的合理性进行全面系统的技术分析与论证的一项综合性的工作。

(二)项目评估的内容

1.项目建设的必要性评估。项目建设必要性评估，是从国家宏观调控的角度出发，考察项目建设在社会经济发展中的作用和对国民经济整体以及社会发展的影响，衡量项目建设的必要性。具体包括：(1)分析项目建设是否符合国家的产业政策和产业结构，是否符合国家总体布局和地区经济结构的需要；(2)市场分析与预测，即考察项目产品的国际、国内市场的供求状况，对其未来的发展趋势进行认真的调查和科学的预测分析，从而做出科学的判断和决策，为项目的建设和实施提供科学的依据。

2.项目建设条件评估。主要评估拟建项目是否具备基本的建设条件和生产条件，包括：(1)厂址选择评估，如自然条件(工程地质、水文地质、地形、气象等)是否适宜，是否符合生产力布局和总体规划的要求；(2)能源、动力、交通运输、原材料是否有可靠保证，是否经济合理；(3)相关及配套项目是否同步建设，零配件供应是否有保障；(4)资源利用是否合理，是否考虑到了资源的优势利用及技术进步的因素；(5)基础设施条件(生活福利、文化教育、公共交通等)是否统一规划和合理布局；(6)是否认真考虑到了保护环境及生态平衡的因素。

3.项目技术评估。项目技术评估是项目投入产出的一个重要因素。不同的技术方案，投资不同，其产生的效益也不同。通过对技术方案的评估，分析其工艺技术和设备的先进性和适用性，以保证选择最佳的技术方案。技术评估的内容包括：(1)技术评估的原则及工作程度、内容。(2)技术、设备的选择评估，包括技术、设备的先进性和经济合理性、适用性评估；技术设备的安全可靠性、协调一致性评估，以及消化吸收能力评估等；技术、设备的选择方法等。(3)项目规模分析，包括影响项目规模的因素分析及项目经济规模的确定方法。

4.基础数据的预测和分析。即分析和测定项目固定资产投资、流动资金投资及建设期利息等，并预测项目投产后各年的生产经营成本、销售收入、利润、税金等数据，为进行财务评估和国民经济评估作准备。

5.项目的财务评估。项目财务评估是依据国家现行的财税制度，从财务角度分析计算项目的效益和费用，依据预测的数据，分析计算项目的财务评价指标，如投资利润率和利税率、财务净现值、内部收益率、借款偿还期等指标，以考察项目的盈利能力、借款清偿能力以及外汇效果，从而考察项目建设本身的财务可行性。财务分析通常采用静态分析和动态分析相结合的办法。

6.项目的组织管理评估。项目的组织管理是搞好项目建设的重要保证，直接关系到项目的成败，因此应重视对项目组织管理的评估。即认真分析项目的组织管理机构是否健全、合理，能否适应项目的实施；项目的领导班子人员是否配备齐全，管理经验、工作水平、业务素质能否适应项目管理的需要；项目管理的各种规章制度、生产责任制度是否建立和健全并落实；劳动力的技术素质、文化素质能否适应建设的需要，人员培养计划是否适应项目发展的需要等。

7.项目的国民经济评估和社会评估。项目建设的国民经济评估是投资项目经济评估的核心部分，它是从国家整体的角度来看该投资项目所带来的效益和所花费的费用。主要运用定性分析和定量计算相结合的方法，分析项目的国民经济效益、社会效益以及对环境的影响。

8.项目的风险评估。项目的风险评估是项目评估的一个重要组成部分。由于投资项目的建设需要一定的周期，其项目评估是基于对市场需求的未来发展趋势所作的估计与预测，是对国民经济未来一定时期的发展趋势的估计，但是未来的市场究竟如何，国民经济发展究竟怎样，是难以准确预测的，所以，建设一个投资项目就要准备承担一定的风险。投资项目的风险评估就是通过对各种不确定因素对项目经济评价指标的影响来预测项目可能承担的风险，进而分析项目经济评估可靠性如何。项目风险评估通常包括盈亏平衡分析、敏感性分析及概率分析等。

9.项目总评估。项目总评估是项目评估的最后一个内容，它是在以上几个方面评估的基础上，归纳分析结果和评估意见，进行最后的综合平衡、分析判断，对拟建项目的必要性以及技术、经济的可行性进行总的评价，做出项目评估的明确结论，从而提出评估报告和建议。

(三)项目评估的作用

项目评估在投资管理中的重要地位，是由其本身的科学性所决定的。建设项目不论大小，都是一个复杂的系统，凭借个人直觉和经验进行决策，很难避免失误。而在项目投资活动中采用项目评估这一方式，对于加强建设项目管理，实行项目科学的投资决策，促进提高投资效果等方面都有着重要作用。

1.项目评估是正确进行投资决策的保证

投资决策是对全社会或某一具体建设项目投资活动做出的判断和决定。投资决策包括宏观投资决策和微观投资决策两方面的内容。宏观投资决策从国民经济和社会角度出发，对一定时期内投资的规模、方向、结构和布局进行抉择和决定。微观投资决策(亦称项目投资决策)是对拟建项目的重大技术经济问题，如项目建设的必要性、建设条件、经济效益和社会效益等根本性问题做出判断和决定。

宏观投资决策与微观投资决策有着密切关系。宏观投资决策关系到整个国民经济和宏观效益，影响国民经济和社会发展全局，是一种战略性决策，其决策正确与否将直接影响到经济发展速度、持续稳定性和投资效果。微观投资决策直接关系到项目微观经济效益，属于战术、战役性决策，它对拟建项目的成败和效益的好坏起着决定性的作用，一旦决策失误，就会造成投资的巨大浪费和损失。可见，宏观投资决策是微观投资决策和前提和条件，对微观投资决策具有指导作用；微观投资决策是宏观投资决策在具体项目上的落实，宏观投资的方针、政策，要通过建设项目来贯彻。因此，微观投资决策正确与否不仅仅影响一个项目的得失，而且对国民经济全局也将产生很大影响，它是搞好宏观投资决策的基础。

然而，在建设项目管理的全过程中，评估是最终的决策环节。任何决策虽然都是产生于做出决定的一瞬间，但这一瞬间决定如果是正确的话，都是来源于长时间的大量的调查研究。没有周密的调查研究，则瞬间决定往往产生差错。投资决策更是如此，开展项目评估工作，要进行一系列的调查，掌握可靠的数据，比如要收集拟建项目所在地区的自然环境和社会经济情况的有关资料；要从项目主管部门和各级国家机关收集有关项目发展的方针、政策和规划等方面的要求；以及从类似企业与科研设计机构收集项目建设、生产方面的技术经济资料等等。并且进一步还要把这些资料进行整理，运用科学的方法作系统、周密的测算与分析，预测市场供求变化趋势，合理确定项目的建设规模与产品方案，从而确定项目建设的必要性；评审项目采用技术的先进与适用程度，落实其生产建设条件，搞清项目的协作配套要求，推断项目的技术可行性；同时，还要分析测定项目的效益及其经济合理性。不仅如此，在项目评估中还要把项目的成本与收益置于条件不确定的境遇下进行推断与估算，以测定项目可能遇到的风险和项目抗御风险的能力。很明显，项目评估过程运用的这种成套的现代化科学分析方法，对于传统的项目论证评价方法来说，无疑是一种质的飞跃。而这一套理论与方法的运用自将大大推进项目决策的科学化，从而确保国家的投资政策顺利贯彻执行，减少或避免决策的失误。

2.项目评估是取得资金来源的依据

项目评估是投资决策的前奏，不经评估的项目是不能列入投资计划的，更重要的是没有资金来源。按规定，未经评估的项目，银行不能贷款。凡是需要贷款的项目，银行都要进行详细评估。

在社会主义市场经济条件下，银行是经营货币资金的经济组织，它所从事的信贷等业务活动，必然受到价值规律的影响与制约。发放投资贷款，就要掌握这种贷款只能在投资项目有了收益后才能回收的特点，充分考虑贷放资金使用的效益，确保贷款能够按期收回。因此，与项目投资决策程序相适应，银行对项目的投资是否提供贷款也采取两阶段决策办法。即当项目业主在编制拟建项目的项目建议书时，就可向银行提出要求获得贷款的意向，由银行根据国民经济发展规划要求和择优扶植的原则，对申贷项目的必要性与合理性进行初步审查，筛选出备选项目，达成贷款的意向性协议，作为准备进行项目评估的对象。等到项目建议书批准后，测定项目的财务经济效益，估算项目的积累能力和偿债能力。银行只对确实具备按期还贷能力的项目发放投资贷款。所以，项目评估，对银行来说，可为其贷款决策提供依据；对借款项目来说，则是它获得资金来源的必要条件。

3.项目评估是实施项目管理，促进提高投资效果的基础

通过项目评估，投资部门或供应投资贷款的银行可以掌握项目建设内容与规划进度、投资数额和资金筹措方式，以及项目的经济效益、回收效益的能力和偿还借款的能力等全盘情况。这些情况是国家分配投资资金和银行选择贷款项目，确定信贷资金投放的必要资料，也是对投资实施阶段和项目竣工投产后进行投资管理和监督检查的依据。在项目实施过程中，管理人员把实际发生的情况和数据与评估所掌握的资料进行对比分析，及时发现设计、施工、项目进度、资金使用、物资供应等方面的问题，采取措施，纠正偏向，促进项目顺利完成，使投资发挥预期效果。在项目建成投产后，管理人员还可以将评估时预测的情况和实际发生的情况进行对比分析，找出生产方面或评估方面存在的问题和差距，从中总结经验，提高项目管理水平。

此外，项目评估还是抓好重点项目的保证。重点项目是国民经济建设的中枢，抓好重点规划项目决策前的评估工作，是重点项目成功的关键，同时也是投资银行做好重点建设

项目投资管理工作的必要前提。贷款银行主动参与重点项目的前期工作，对每个项目做好全面深入细致的评估分析，为重点项目的投资决策和经营管理提供科学可靠的数据，从而保证重点项目经济效益的实现。

4.项目评估是使宏观效益和微观效益统一起来的手段

在投资领域里，投资结构不合理，是目前较为突出的问题。结构不合理也是微观效益与宏观效益发生矛盾的根源。评估工作要求，既评价企业财务效益，又评价国民经济效益，只有两者都达到好的程度，才是合乎要求的项目。改革开放以来，我国在总结投资建设中正反两方面经验的同时，借鉴国外的成功做法，逐步形成和规范了项目评价方法及其指标体系，统一了项目评估和决策应用的重要经济技术指标。这样，不仅使每个项目经过需要—可能—可行—最佳的逐步深入的分析、比选，使决策优化，而且通过运用影子价格、影子汇率、社会折现率等经济参数，分析计算项目需要国家为之付出的代价及其对国家的贡献，全面综合地考察项目的社会效益与宏观可行性，从而使项目的微观效益同宏观效益统一起来。

三、可行性研究与项目评估的关系

项目评估与可行性研究是项目投资的两项重要前期工作，两者既有共性，也各有特点，彼此有着密切联系，但又不无界线与区别。

(一)项目评估与可行性研究的共同点

1.两者同处于项目投资的前期。可行性研究要对投资项目在市场需求、技术、工程、外部协作和经济上的合理性和可行性进行全面的分析与论证；项目评估是在决策前对项目的可行性研究报告及其所选方案作系统的评审、估价和提出决策性建议。两者都是投资前期的重要准备工作。

2.两者的出发点是一致的。项目评估与可行性研究都要从市场需要出发，把资源条件同产业政策与行业规划结合起来进行抉择。

3.两者研究和评估的内容与方法是相通的。项目评估与可行性研究应当运用同一尺度，即运用规范化的评价方法和统一颁布的技术标准、经济参数及定额资料，经过测算、验证、衡量和比较，形成抉择性建议。同时，两者考察的基本内容都要：(1)根据国情，从实际出发，进行产品的市场研究，判断项目是否必要；(2)评价项目的工艺技术方案，核实项目的生产条件是否具备，技术上是否可行；(3)进行财务、经济效益分析，预测项目的效益，判断项目是否合理。

4.两者的目的和要求是相同的。项目评估同可行性研究一样，目的是要提高建设项目投资前的技术经济分析水平，为实现项目决策科学化、规范化服务，促使项目提高投资效果。既然如此，理所当然地，从事这两项工作，均应组织精干的队伍，认真对待，力求广泛、深入地进行预测分析，实事求是地采取科学方法，自始至终遵守国家有关的法规与制度，保证资料可靠，数据准确，得出的结论客观而公证。

(二)项目评估与可行性研究的区别

1.工作的主体不同。项目的可行性研究由项目业主主持。项目业主可以把这项工作委托给专业的设计单位或咨询机构去执行，但受托的这些单位与机构只对项目业主负责。而项目评估由投资决策机构或项目贷款金融机构负责，当然这些机构也可把这项工作委托给专门的咨询机构去做，评估的主体是投资决策机构。

2.进行项目评价的视角和着重点有所不同。可行性研究主要从企业角度去估量项目的盈利能力，决定项目之弃取，因此比较侧重于投资项目的微观经济效益；而决策机构所作的项目评估，则必须对项目的微观和宏观效益都进行考察。因此，在可行性研究的基础上开展项目评估，必须将微观问题再拿到宏观中去进行权衡。

3.项目评估与可行性研究在项目决策过程中所处的时序和地位有差别。从时序上看，可行性研究在前，项目评估在后，项目评估在可行性研究的基础上进行。从服务对象和地位方面考察，可行性研究为业主服务，是项目业主投资决策的依据。项目评估为决策机构服务，它实际上是可行性研究的再研究，其目的在于决策，通常比可行性研究更具有权威性。因此，项目业主的最终决策会受到项目评估结果的影响，特别是业主的资本金不够充裕需向银行贷款时。

总之，在投资决策过程中，可行性研究和项目评估是两大基本步骤。它们一前一后，相辅相成。两者在决策程序中的关系是：前者为后者提供工作基础；后者承前者进行进一步的论证，是前者的自然延伸和再研究。

第三节　投资项目评估的原则和要求

课件

一、项目评估的基本原则

（一）评估的客观公正性原则

客观公正性就是在项目评估中要尊重客观规律，不带主观随意性，讲求科学性。

坚持评估的客观公正性原则，首先要求项目评估人员避免各种先入为主的观念，克服主观随意性和片面性。项目评估中的随意性和片面性，既可来自项目评估人员自身，也可来自项目评估人员外部的影响，如投资承办单位不实事求是的愿望、上级决策者不实事求是的意图等。

对于来自外部的愿望和意图，项目评估人员首先应根据实事求是的精神加以鉴别，不受其主观性和片面性的干扰，不违心地对拟建项目进行评审和估价。避免先入为主的观念，克服主观性和片面性，是坚持客观性原则的基本前提，也是项目评估公正性的必要保证。其次要求项目评估人员深入调查研究，全面系统地掌握可靠的信息资料。深入调查研究是尊重客观事实、尊重客观规律的具体体现。不进行深入的调查研究或在调查研究过程中不下真功夫，就难以认识客观事物及其客观规律，也会落入主观性和片面性的窠臼。深入调查研究，全面系统地掌握信息资料，是坚持客观性原则的基本要点，也是项目评估科学性的基本保证。

总之，只有坚持项目评估工作的客观性原则，才能保证项目评估的公正性和科学性。

这条原则对项目评估人员的思想作风、工作作风和职业道德作风提出了最基本的要求。

(二)分析的系统性原则

系统性原则，就是在评估中考虑任何问题，都要有系统观念，也就是将拟建投资项目当作一个开放的系统看待。

任何一个投资项目，不论大小，都是一个系统，都是由相互关联、互相制约的内部要素构成的有机体，并且是与外界环境条件有着广泛联系的技术经济实体。投资项目的内部因素，包括产品种类及生产规模、生产工艺、设备及技术、厂址及平面布置等；投资项目的外部条件，包括产品的社会需求，生产建设条件，项目所处的自然及生态环境，与项目投入产出相联系的协作配套关系，与项目的财务经济效益相关的价格、税收、信贷、利率等财政金融政策。

用系统观念对拟建项目进行评审和估价，就是要求从投资项目内部要素的内在联系，从其内部要素与外部条件的广泛联系入手，进行全面的动态的分析论证，来判断项目的生命力。因此，系统性原则要求项目评估人员克服孤立地、静止地分析问题的僵化思想，在全面系统动态的分析论证过程中，创造性地对拟建项目进行评审和估价。

(三)评估的效益性原则

效益性原则，就是在项目评估中要以投资效益的好坏作为鉴别项目优劣和取舍的标准。

项目评估涉及项目技术、经济的各个方面，通过评估要判断项目在技术上是否可行，在经济上是否合理。一个建设项目，由于规模和产品不同，设备和工艺不同，原材料供应和运输方式不同等，客观上存在着许多方案。而不同方案的效益是有别的，这就要进行多方案比较，找到效益最好的方案。再说，对于一个好的项目，技术上可行是它的前提条件，经济上合理才是它的最终标志。有些项目技术上可行，甚至比较先进，但经济上并不合理，对这类项目，不能因技术上先进而加以接受，否则就违背了评估的效益性原则。

在贯彻效益性原则时，要处理好投资项目的财务效益和国民经济效益的关系。不同的主体有不同的利益。一般来说，投资企业和贷款银行比较重视项目的财务效益，而国家则应重视项目的国民经济效益。因此，在决策时应对以下几种情况做出不同的决断：一是项目的财务效益和国民经济效益都不好的项目，属于经济上完全不合理的项目，应予以否定；二是项目的财务效益好，而国民经济效益不好的项目，本质上也是经济上不合理的项目，也应该予以否定；三是项目的财务效益和国民经济效益都很好的项目，属于经济上完全合理的项目，应予以接受；四是项目的财务效益差，而国民经济效益好的项目，也属于经济上合理的项目，也应予以接受，但这类项目简单地接受将会对投资企业和贷款银行造成不利的影响，投资企业和贷款银行不易接受，因此，有必要对这类项目提供可行的优惠政策和措施，改善其财务状况，提高项目的财务效益。

(四)评估方法的规范化原则

方法规范化原则，就是评估工作中所采用的定性和定量分析方法，必须符合客观实际，体现事物的内在联系。项目评估是一种科学的项目决策方法，同时也是一种规范的科学决策方法。项目评估能够得到广泛应用，除了它所具有的科学性以外，使用规范化的方法，也是项目评估得以广泛应用的重要条件。

项目评估的规范化方法论体系，构成了项目评估学科的稳定结构和基本内容，如项目的财务经济效益的指标体系，每个指标的内涵、考核范围和计算方法，评价参数的使用，不确定性分析的方法和指标计算，方案比较选择的方法及指标的计算等。如果项目评估人员在这些规范方法之外，使用自认为可行的方法，就脱离了公认的标准，也就无法判断其结论的正确性。因此，规范化原则要求项目评估人员，首先要学习和掌握好项目评估的规范化方法，其次要处理好使用规范化方法与创造性评估的关系。一般来说，使用规范化方法并不影响项目评估人员的创造性劳动，而是项目评估人员创造性劳动容易得到承认的必要条件。

（五）评估指标的统一性原则

指标统一性原则，是指在项目评估中所使用的国家参数、效益指标的标准化，也就是衡量项目经济效益应采用统一的标准和尺度。同一个项目，用不同的指标进行评价，其结果大不一样。指标的统一性不但在项目的最终评价中起标准尺度作用，而且也是方案比较选择的依据，标准不一，方案就没有可比性。实行统一指标标准，就等于把不同的项目，置于相同的起跑线上，这样才能把诸多复杂因素化为单一因素，从而减轻评价难度。

在项目评估中，要实现指标统一性这一原则，首先国家有权机关应制定统一的评价参数，如基准收益率、折现率、基准投资回收期等；其次在评估过程中运用参数和各种收益指标时，要特别注重针对性，即不同行业和工业门类，应使用相应的评价参数和评价指标。

（六）评估价值尺度的合理性原则

价值尺度的合理性原则，就是在评估投资效益时，使用合乎于项目评估目标的价值尺度，计量项目的成本和效益。价值尺度是计算项目成本和效益时使用的计量价格。使用不同的计量价格，将会给项目的成本和效益带来不同的价值判断。

价格是项目评估中经济效益的核心问题，贯彻合理使用价值尺度的原则，要求进行项目的财务评估、经济评估和社会评估时，分别使用与之相适应的计量价格。

项目的财务评估，主要是用于判断项目在现行财税制度下的财务盈利能力和财务清偿能力。因此，项目财务评估的合理尺度应该是财税制度所要求的现行价格，即现实经济生活中通行的价格。

项目的经济评估，主要是用于分析项目是否做到资源的合理配置和有效利用，是否在一定的经济增长目标下花费最小的代价或在一定的代价下取得最大的经济增长。因此，项目的经济评估应该使用反映资源合理配置和有效利用的影子价格，它反映项目使用资源和创造资源的真正社会经济价值。

项目的社会评估，其核心内容是在项目经济评估的基础上进一步考虑新增国民收入的合理分配问题，从而将增长目标和公平目标统一起来，追求国民福利的最大化。项目新增国民收入在不同时间和不同空间的分配，对社会目标的贡献是不相同的，它们具有不同的社会价值。因此，需要使用社会价格来评价项目在一定量新增国民收入的前提下对实现公平分配目标所作的贡献。

（七）评估资金的时间价值原则

资金时间价值的主要内容是：等额资金在不同的时间具有不等的价值，其差别为资金的时间价值，其表现形式就是利息。也就是说，利息是一种资金的时间价值，它是一定数额的资金经过一段时间后所增加的价值。

在项目评估中，贯彻讲求资金时间价值的原则，首先是为有关评价指标规定最低的取舍标准，即评价基准。它在项目寿命期内将具有“资金的时间价值”特征。其次是采用动态分析方法，即贯彻“资金时间价值”原理的现值法，利用预测的现金流量表，对项目的成本和效益进行贴现，通过贴现后的成本与效益相比较，计算有关动态分析指标，这样就将资金的时间价值观念直接包含在项目评价指标和评价方法之中了。

二、项目评估的要求

(一)动态分析与静态分析相结合

动态分析与静态分析相结合，要以动态分析为主。动态分析中对某一现象在时间序列上变化情况的分析评估必须强调时间因素，利用复利计算方法，将不同时间内效益费用的流入和流出折算成同一时点的价值，为不同方案和不同项目的经济比较提供了相同的基础，并能反映出未来时期的发展变化情况。静态分析是对某一现象在时点上的分析。强调动态分析并不排斥静态分析。静态指标一般比较简单、直观，使用起来比较方便，在项目评估过程中可以根据工作阶段和深度要求的不同，计算静态指标，进行辅助分析。

总之，在项目评估中，既要着眼于近期效益，也要着眼于长远效益；既要分析它们在某一时点上的状况，也要分析它们的发展趋势。只有这样，评估的结果才能更可靠、更合理。

(二)定量分析与定性分析相结合

定量分析与定性分析相结合，要以定量分析为主。项目经济评价的本质要求是通过对项目过程中的效益和费用的计算分析，对项目建设生产过程中的诸多经济因素给出明确的数量概念，从而得出结论和建议。这就要求在项目评价中，凡能定量化的经济要素都应进行定量分析和计算，将有关工艺技术方案、工程方案、环境方案等经济价值用定量指标表现出来。但是，投资项目是一个复杂的系统，总会有一些经济因素不能量化，不能进行直接的数量分析，对此则应进行实事求是的、准确的定性描述，结合定量分析得出评价结论。

(三)宏观效益分析与微观效益分析相结合

宏观效益分析与微观效益分析相结合，要以宏观效益分析为主。对项目进行经济评价，不仅要看项目本身获利多少、有无财务生存能力，还要考察和分析项目的建设和经营对国家有多大贡献以及需要国家付出多大的代价，这样才能实现项目评价的宏观效益和微观效益分析相结合。现行项目评价分为财务评估和国民经济评估两个层次。财务评估是对企业或项目本身的财务进行分析，主要包括盈利能力和偿还能力分析，借以判断拟建项目的财务可行性。国民经济评估是从国民经济宏观角度出发，在市场、技术、资源和财务评估的基础上，通过对费用、效益的鉴别和度量，评价项目对增加国民收入和其他经济目标的贡献，以最终确定项目的可行性。

(四)全过程效益分析与阶段效益分析相结合

全过程效益分析与阶段效益分析相结合，要以全过程效益分析为主。项目评估的最终要求，是要考察项目整个计算期（包括建设期和生产经营期）全过程中经济效益的大小。过去往往只重视项目投资多少、工期长短、造价多不多，没有重视项目投产的经济效益。目前采用的方法，强调把项目评估的出发点和归宿点放在全过程的经济分析上，运用了净现值、内部收益率等能够反映项目整个计算期经济效益的指标，并用这些指标作为项目取舍的判别标准。

（五）价值量分析与实物量分析相结合

价值量分析与实物量分析相结合，要以价值量分析为主。价值量分析是把物资、劳动、时间等放在设定的影子价格、影子工资等经济参数条件下，量化为资金价值，进而进行计算分析。实物量分析是直接测算项目所需物资及其平衡等。不论是财务评估还是国民经济评估，都要设立若干实物指标和价值指标，并强调把物资因素、劳动因素、时间因素等量化为资金价值因素，对任何项目或方案都采用可能的同一价值量进行分析，并据以判别项目或方案的可行性。

（六）预测分析与统计分析相结合

预测分析与统计分析相结合，要以预测分析为主。项目的建设和投产都是未来的事，未来市场需求、未来国民经济发展状况如何，直接影响着项目的经济效益。因此，进行项目经济评价，既要以现有状况水平为基础，又要进行有根据的预测，无论在财务评估和国民经济评估中，除了对现金流入和流出的时间、数额进行常规预测的同时，还要对某些不确定的因素和风险性进行盈亏平衡分析、概率分析和敏感性分析。在项目评估过程中，有时还要用到一些统计分析方法。

第四节　投资项目评估的程序

课件

一、组建评估小组

对投资项目的评估，要根据项目自身的特点，组织评估人员。简单的项目，可指定专人负责。对于重点项目，由于评估内容复杂、涉及面广、技术性强，因此应组织专门的评估小组。成立评估小组或评估委员会时，要注意组织结构的完整性，既要有财务经济分析人员，又要有熟悉工程建筑的人员等。评估小组内部，要明确分工，落实责任，互相配合，并制订好评估工作计划，有步骤、有目的地开展工作。

二、制定评估计划

项目评估工作计划，是项目评估各项工作的事前规划，是项目评估工作有条不紊进行的指导性文件。其内容一般应包括：

1.明确评估的目的。即根据项目的性质、特点，明确项目评估的原因、背景，需要解决的问题和达到的目标。

2.明确评估内容。即根据不同项目不同决策者的要求,结合本项目的目的、性质、特点,确定进行分析评估的具体内容。

3.确定评估方法。即为了达到评估的目的,确定采用什么方法,采用什么资料等。

4.确定评估进度。即根据调查,评估和审查分析的内容、范围,时间要求是否紧迫,制定出项目评估的时间进度。

三、收集评估资料

项目评估所需资料,包括有关该项目产品市场、厂址选择、生产技术、建设条件、工程造价、生产成本、产品价格、税收等方面的资料。通常可通过两个途径取得:一是从可行性研究报告中取得,二是通过调查搜集。一般说,评估需要的基本数据、资料大部分可从项目的可行性研究中取得,但必须进行核实,弄清每个数据的来源、计算依据、计算方法以及数据间的关联之后,作为评估论证用;此外,还应根据评估内容与分析要求,进行企业调查和项目调查,进一步搜集必要的数据和资料。所谓企业调查,是指通过索取书面资料和现场实地考察访问,对主办改扩建项目的企业进行调查。要求透彻地了解和掌握历史沿革,现有生产规模,近年生产经营状况、经济效益和存在问题。而项目调查,则以同评估对象有密切关联的单位、部门甚至咨询机构为调查对象,搜集有关项目产品的国内外市场、工艺技术、设备选型、原材料供应、产品价格和成本等方面的资料。对于调查中收集到的资料,要查证核实,加工整理,汇总归类,使之真实、准确、系统、完整,以便同可行性研究报告比较分析,作为编制评估报表及文字资料之用。

四、审查分析

审查分析,在开展调查研究和收集资料数据的基础上,对项目进行全面的审查、分析、评价。其具体步骤是:

1.评价分析项目的基本情况。即主要对项目单位的基本情况进行审查分析,如分析项目的地理位置、自然条件、机构组成、人员素质,以及主要产品的品种、结构、销路、价格,基础设施、能源、交通运输等情况,据此可对项目做出初步的判断。

2.分析评价项目的技术可行性。主要分析技术是否先进适用,工艺设计方案是否合理可靠等。

3.评价项目的规模和市场预测。即根据项目发展的预定规模和市场的发展趋势,预测分析项目原材料、能源、交通运输、预防污染的保证程度,以及产品市场上的销售情况。

4.项目基础数据的预测和分析。即根据有关书面资料和实际调查研究的资料,评价审查项目建设的总投资和分年投资,预测投产后各年的生产成本、经营收入、利润及归还贷款的情况等,为项目经济评价做好准备。

5.进行财务评价和国民经济评价。根据预测分析的基础数据计算财务评价和国民经济评价的有关指标,并结合定性分析评价项目的社会效益以及对环境和生态平衡的影响等。

6.进行风险评估。进行项目评估的数据是根据现状预测分析得出的,由于预测数据的时间差异和地区差异，使这些数据都带有近似性。同时由于项目的投资要在未来产生效果，项目评价是对未来发展的预测和估计，因此所有的项目都具有内在的不确定性和风险性，因此进行项目的风险评估是必要的步骤。

五、编写项目评估报告

项目评估报告是向有关领导和决策部门报告项目情况和评估结论的书面文件，是项目评估工作成果的集中表现。因此，项目评估报告的质量是检验项目评估工作好坏或成败的重要标志。

评估报告是以审查分析过程中大量的数据测算、指标计算与论证推断为基础来编写的，它提出对项目评估的意见和结论，并报送有关部门。一般而言，重大建设项目和技术改造项目的评估报告，先由各有权单位评审定稿后报送上级机关，上级机关签署意见后再分送领导机关和项目主管部门，领导机关批准后便可实施项目。一般项目评估报告可直接由所在地的有权单位组织审查，签署意见后再报送领导机关和项目主管部门，领导机关批准后即可进行项目的实施。

能力训练

材料：

厦门通信科技有限公司是1992年2月1日注册并正式投入运营的高科技通信公司，位于厦门市火炬高新技术产业开发区内，注册资金为壹亿捌仟万元人民币，是中国最大的电脑开发和生产企业，是国内最早从事手机研制和生产的厂家，是我国最大的电子产品出口企业之一，是国内最早从事无线掌上电脑并自主研究推出GPRS－PocketPC原型机的厂家，现为国家级高新技术企业，是国产手机的先行者之一，从1998年推出第一台自主研发的国产手机起，至今已具备二十多年手机开发、生产和业务运作的基础。目前，公司研发团队又开发一款支持GSM/GPRS标准的多媒体手机（以下简称多媒体手机），具有语音、文本、数据、基本图像处理功能，可链接Internet，已获得国家专利，并中试成功，拟进行大批量产业化生产。为确保多媒体手机产业化成功，公司决定成立多媒体手机项目产业化生产可行性研究小组，对该项目进行可行性研究，并提出可行性研究报告，供领导决策参考。

要求：

请你担任多媒体手机项目产业化生产可行性研究小组组长，提出该项目可行性研究报告撰写提纲，并组织小组成员研究完善后开展项目可行性研究。

本章知识要点及自我检测

本章案例资料

第二章 投资项目建设必要性评估

材料：

1.第一章"能力训练"中厦门通信科技有限公司相关材料。

2.根据市场调查与预测，每年全国手机销售量约7 200万部，其中多媒体手机约1 500万部，厦门通信科技有限公司研发的多媒体手机预计可占5%的市场份额。

3.据厦门通信科技有限公司提供资料，该公司研发的多媒体手机每部出厂价约3 500元，生产成本约3 000元，其中变动成本2 900元，公司年产80万部以下手机的年固定总成本约100 000 000元。

4.为推动厦漳泉同城化建设，厦门通信科技有限公司将其旗下全资电子配件子公司迁建漳州市，该电子配件子公司主要生产母公司电子产品所需零部件，并向外单位销售部分电子配件。

5.厦门通信科技有限公司财务状况良好，公司资产总额30.12亿元，资产负债率47%，被厦门市银行业评为AAA级信用单位，授信额度为2亿元。

6.公司在厦门市火炬高技术产业开发区内有两座厂房出租给外单位，其中一座厂房租期已满，若多媒体手机项目产业化论证可行，公司拟将该厂房收回改造成多媒体手机生产车间。

思考：

厦门通信科技有限公司若将多媒体手机项目产业化，你认为年产规模定多少合适？你是怎么确定这个规模的？

第一节 投资项目建设必要性评估的意义和内容

课件

一、项目建设必要性评估的意义

基本建设是一项特殊的物质生产活动，它为国民经济各部门提供物质技术基础。进行一个项目的建设必须符合国民经济发展的要求，项目拟提供的服务所生产的产品确实有市场，确实为国计民生所急需。因此，项目评估工作应以项目建设必要性评估为起点。项目建设必要性评估，就是针对所确定的建设目标，采用定性和定量分析方法，重点审查、分析和评价投资项目是否有必要确立或兴建，即对投资项目所提供的服务或生产的产品能否得到社会承认进行分析和评估。这是投资项目能否实施的先决条件。如果说一个项目根本没有建设的必要，那么，它就不允许付诸实施，项目评估的其他技术经济论证工作也都不必继续进行。因此。只有通过对投资项目建设必要性进行严格的审查、分析和评价，才能确认其确立或兴建的必要程度，从而保证项目规划和投资决策的正确性。同时，它还对控制投资规模，避免盲目建设，提高投资效益起决定性的作用。

二、项目建设必要性评估的内容

(一)拟建项目概况评估

投资项目概况是指拟建项目建设的背景、目的以及项目的其他概况。拟建项目概况评估主要依据项目调查所得的资料，结合项目可行性研究报告的有关内容，项目的基本内容、项目设想的由来和发展，亦即提出建设该项目的背景和目的，进行审查、分析和评价，从而确定所提项目建设理由是否充分，目的是否明确，是否符合国家和部门或地方的建设方针或有关经济政策，是否与企业发展的长远规划相适应；并对项目所需的投资总额、资金来源和项目财务经济效益做出初步的估算，估计项目实现建设目标的可能性，为进一步审查、分析和评价项目建设必要性作好准备，打好基础。

(二)拟建项目产品的市场需求和供给评估

市场经济条件下，市场在资源的配置中起基础性的作用。投资项目今后有没有市场，它的产品是不是为社会所需要，将从根本上决定一个项目是否有必要建设。因此，项目评估必须从市场需求和供给分析入手。市场需求与供给分析是项目评估的前提和重要组成部分，是决定项目生产力的重要环节。对产品的市场需求和供给情况进行分析，主要根据市场调查和预测的结果，对可行性研究报告中提出的拟建项目产品的市场供需状况及变动趋势进行审查和评价，以此判断建设项目产品的性能、品种、质量、规格构成是否符合国内外市场需求和有无竞争能力，确认项目是否为国民经济所需要，是否有建设的必要性。

(三)拟建项目建设与国家产业政策、国民经济规划、行业规划和地区规划关系的判断

首先，项目是否符合国家一定时期的产业政策要求，是决定项目取舍的重要依据。产业政策对项目建设具有指导作用，它可以引导投资者把资金投向鼓励发展的产业。因此，考察项目宏观上是否有必要，就必须深入研究国家的产业政策，并把项目与产业政策的要求进行对比分析。只有符合国家产业政策要求的项目，才认定是必要的。其次，项目必须同国民经济长远规划相一致。国民经济长远规划是国家在一定时期的奋斗目标和行动纲领，它确定了经济和社会发展的战略目标、步骤、重大比例关系和生产力布局等重大经济政策，是决定项目有无必要建设的前提。十年规划和五年计划是我国国民经济长远规划的主要形式，因此，只有符合十年规划和五年计划要求的建设项目，才能认定是有必要建设的。再次，项目建设必须对本地区、本行业发展有利，各地区、各行业的拟建项目必须符

合地区规划和行业规划的要求，才有利于促进地区、行业优势的发展和增强地区行业的经济实力，也才有建设的必要。

(四)项目建设与企业发展规划关系判断

市场经济条件下，企业是一个独立核算、自主经营、自负盈亏的经济实体，它和国家是两个不同的利益主体。每个企业都有它自己的发展规划和要求，企业建设也就必须符合企业发展规划的要求。因此，进行项目必要性评价时，必须把企业发展规划与国家和地区或部门的发展规划结合起来分析，判断企业的发展是否与大环境相吻合，并将项目投资与企业发展规划和要求结合起来分析，判断其是否符合企业发展规划和要求，如果符合要求，则认为项目是必要的。

(五)拟建项目生产规模分析

通过市场研究判断拟建项目产品市场后，必须进一步分析和评价拟定建设项目的生产规模。拟建项目生产规模分析，是项目建设必要性评估的又一项重要内容，它是对可行性研究报告中提出的拟建项目的设计生产能力是否与产品的市场需求相适应，是否与所取得的原材料、燃料、资金及协作配套条件相适应，是否与项目的经济规模相适应所作的审查和评价，其实质是要在可行的市场需求状况下确定拟建项目生产规模，以便能“以销定产”。生产规模分析，必须根据项目的特点、要求及项目所在行业的产业结构变化趋势，尽量做到大小适宜，以求达到投资少、成本低、效益高的目的。

第二节　市场调查

课件

一、市场调查的意义

随着我国市场经济体制的建立，市场在社会资源的配置中起着基础性的作用，它在社会经济生活中，特别是在项目投资决策中占有显著的地位。只有当投资项目生产出符合市场需求的商品或提供符合市场需要的劳务时，投资项目才具有活力，才能生机勃勃地参与市场竞争，才能生存和发展，也才能获取预期的经济效益。所以，在对项目进行评估时，就要认识市场。项目评估中研究的市场是广义的市场，重点在于了解现实市场和潜在市场，并判断市场的供求和供求趋势，这就必须进行市场分析。市场分析包括市场调查和市场预测。市场调查是认识市场、取得市场信息的基本方法。它是指应用科学的方法，对市场商品或劳务的需求和供给情况的资料进行系统的收集、记录和分析，以了解商品或劳务的现实市场和潜在市场，是市场预测的基础和前提，主要是为预测未来市场供求变化情况及其发展趋势提供依据。通过市场调查可以了解国内外市场供求状况及其发展趋势，消费者对产品的规格、型号、性能、数量、质量的需求偏好及各种需求的被满足程度，新技术、新工艺发展的趋势，发现和寻找市场需要的新产品，发现新产品和现有产品的新用途，可以对市场销售策略进行分析，为投资决策提供各种情报资料，使评估结论更符合实际，切实可行。市场调查不仅要了解现有的市场，还要挖掘潜在的市场。市场调查不应局限于项目建设的前期，在项目建成投产之后，为了适应市场的变化，不断开拓市场，及时调整经营方向，满足消费需求，仍要加强市场调查。通过调查研究，掌握反馈信息，可以不断开发新产品并为社会提供更多更好的产品。因此。市场调查在投资项目整个经济寿命期始终都发挥着极其重要的作用，贯穿投资项目经济活动的全过程。

二、市场调查的内容

(一)市场商品寿命周期调查

任何一种产品，都要经历从产生到发展直至衰亡的过程，这个过程称为产品的寿命周期。一般情况下，不同的产品寿命周期，产品的市场需求量会表现出不同的增减变化趋势。因此。通过市场商品寿命周期调查，可以了解某种商品目前处于寿命期的哪个阶段，预测其发展趋势和寿命期的长短，据以分析投资项目是否具有生命力。商品寿命期一般分为四个阶段：

1.导入期，也称萌芽期。新商品经研制试生产，投放市场试销，这是消费者对新商品认识评价的阶段。在此周期，消费者对商品的性能并不熟悉，因此需求量较少，但经过广告宣传和试销后，需求量将呈缓慢上升趋势，宜进行小批量生产。

2.成长期，也称畅销期。经过导入期的试销和宣传后，消费者对商品的性能有了充分的了解，因此，在此周期，市场对该商品的需求量急剧上升，可以扩大批量生产。

3.成熟期，也称饱和期。经过成长期后，商品已逐步满足市场需要，市场竞争激烈，使商品的需求趋于平稳，有时呈上下波动状态，在此阶段上项目，宜慎重考虑。

4.衰老期，也称衰退期。在此阶段，商品在性能、质量、花色、样式等方面开始老化，逐步为新商品所替代，需求量开始急剧下降，处于被淘汰状况，不宜再上项目。

(二)市场商品需求情况调查

市场商品需求是指消费者在一定的时期、一定的市场范围内有货币支付能力购买商品的总数量。需求调查主要包括以下几个方面：

1.市场商品需求量调查。市场商品需求量调查就是要摸清各类消费者在一定市场范围内，有货币支付能力购买某种商品的总数量。它包括国内和国外两个市场的需求量。在调查市场需求量时，不但要了解历年的实际销售量(现在需求量)，还要判断未满足需求量(潜在需求量)。这是因为，市场还有一部分由于消费者没有购买能力，或商品处于导入期鲜为人知，或市场供应不足，或因商品的性能、质量、价格、式样等未能满足消费者的要求等因素的存在而未能实现的需求，一旦条件改变，销售量就会迅速增长，即潜在需求会变成现实需求。因此，除调查现实销售量外，还必须调查测算潜在的需求量，以便正确估算目前市场需求量。在此基础上测算今后的发展趋势，才能较真实地反映市场对商品的需求。

2.市场商品品种需求调查。消费者对商品的需求是十分具体的，它需求的不仅是某类商品，而是需要某类商品中的某种商品。因此，在进行商品调查时，不能只作一般的调查，而要进行具体的商品品种调查。即要针对具体的商品规格、型号、式样、花色、品牌等进行调查。

3.市场商品质量需求调查。市场商品质量需求调查是对商品的用途、特性、满足使用者的程度,及使用者对商品质量的具体要求进行调查。从广义上讲,商品质量包括内在质量、外观质量、装潢质量和技术服务质量四个方面。

商品内在质量的调查,是指了解消费者对商品结构、性能、可靠性等方面的需求。如果商品在操作时方便、灵活、安全,使用时耗费低,性能稳定,结构合理,那么该商品的内在质量是比较好的。

商品外观质量调查,是指了解消费者对商品的大式样、颜色、光洁度和装饰等方面的需求。商品的外观质量对商品需求影响较大,颜色鲜艳、款式新颖、造型美观的商品往往会受到消费者的喜爱。

商品包装是商品的防护线或装箱物,具有保护商品质量、方便运输携带、美化和增加商品吸引力、再次利用的作用。商品包装装潢调查就是了解消费者对包装装潢的具体要求。

商品技术服务是商品质量的外延。一方面,技术服务可以使商品在使用过程中保持商品的原有质量,另一方面,可以扩大商品的宣传,促进需求。商品技术服务调查的内容包括商品使用说明、技术培训、商品运输、设备成套、设备安装、维修、零配件供应等。优良的技术服务能大大的提高商品的竞争能力。

4.市场商品价格需求调查。商品价格是商品价值的货币表现,是消费者使用商品的经济代价。商品是否有市场,质量固然重要,然而,价格高低也关系重大。在质量相同的情况下,价格低的商品,其竞争力就强一些,反之,就弱一些。因此,市场商品需求调查也包括对该商品价格的调查。在进行市场商品价格调查时,既要调查商品现有价格水平,也要了解历史的价格水平和这种价格水平的发展状况,并对价格弹性进行测定。

(三)市场商品供给情况的调查

市场商品供给是市场存在的前提条件。市场商品供给调查既要了解市场商品现有供给量,即现有生产厂家的生产、库存及进出口数量,也要了解市场商品的潜在供给量。造成市场商品潜在供给的原因是多方面的,如设备老化而降低产量,或者由于原材料供应不足而未充分利用其生产能力,或者出于销售策略的考虑而减少供应量。因此,在进行商品市场供应量的调查时,应分析这部分潜在供给量的原因及其改变的可能性,以测算现有生产能力所能提供的商品最大供应量。

生产同类产品的在建项目和规划项目将对今后商品市场供应量的增长起着重大影响。因此,进行市场商品供给量调查时,还需要对在建项目和规划项目的生产规模、投产时期以及投产后的产量进行调查,并据此预测今后不同时期的市场增加供应量。

(四)市场商品变动趋势调查

市场商品变动趋势调查,主要从动态的角度了解市场上商品的供求、库存、价格变动以及企业之间的竞争情况。

三、市场调查的方法

(一)直接调查法

1.询问调查法

(1)走访调查。这是一种当面听取被调查人意见的方法。可以采用个别采访、小组访问或座谈会等形式进行调查。这种方法的最大特点是具有灵活性,可以采用任何方式进行询问、调查。调查时如发现被调查者不符合被询问条件,可立即终止调查。

走访调查是目前项目评估中采用较多的一种市场调查方法。由于调查结果与调查人员的素质和经验有很大关系,所以,选好调查人员尤为重要。

(2)电话调查。即通过电话直接向有关单位、用户进行调查。采用电话调查可以建立长期资料供给关系,定期或不定期采访;也可以由调查人员根据抽样调查要求及规范样本范围,随时用电话向调查对象进行访问。这种方法的优点是经济迅速、情报及时。

(3)书面调查。即通过面交或邮寄书信进行调查。这种方法多采用表格的形式,故又称调查表法。设计调查表是本方法成败的关键。一般是参照调查计划,准备一套完整清单,再设计一个能让被调查者做出精确回答的调查表。

2.观察调查法

观察调查法,是调查人员在现场对调查对象的情况直接进行观察记录,取得第一手资料的一种调查方法。其特点是调查人员不直接向被调查者提出问题要求回答,而是凭自己的感觉考察记录。这种方法在产品需求调查中,常用以消费者喜爱的品种、牌号、花色、包装等的调查。

(二)间接调查法

间接调查是通过分析产品和用户之间的内在联系,了解市场需求及发展趋势,达到调查目的的方法。资料调查法和专家调查法都属于间接调查。

项目评估所需的市场资料,应尽量从全面调查中取得,但全面调查难度大,工作量大,因此,非全面调查,特别是抽样调查在项目评估中被普遍采用。抽样调查是按随机的原则从总体中抽取样本进行调查,从而推算总体的一种调查方法。随机抽样可以分为三种:

1.简单随机抽样,就是在总体单位中不进行任何有目的的选择,完全按随机原则抽选调查单位,进而推算总体的一种方法。

2.分层随机抽样,就是将总体单位按属性分为若干层(或类型),然后在各层中随机抽取样本。分层随机抽样可以避免简单随机抽样过于集中某个地区或某种特性的缺陷,从而增加样本的代表性和普遍性。

3.分群随机抽样,就是从总体中按随机原则,成群(成组)地抽取调查单位,从而推算总体的一种调查方法。其做法是:先将总体按某个标准分为许多群(组),然后成群(组)地抽取,对抽中的每个群(组)中所有单位全部进行调查,再推算总体。分群(组)抽样和分层抽样形式上基本一致,但在分类上有较大差异。分层抽样适用于界线分明的母体,分群(组)抽样适用于不宜归类的调查对象。

四、市场调查的程序

(一)制定调查计划

1.明确调查目标。调查目标是市场调查的关键问题,是正确调查的行动指南。所谓调查目标,就是在市场调查中需要解决哪些问题,通过调查要取得什么资料。调查目标主要根据拟建项目产品的种类而定,生产什么产品,是单一的产品还是多种产品,针对拟建项目生产的各种产品进行调查。

2.确定调查对象和范围。即根据调查内容和目标选择调查对象和范围,如调查的是单位还是个人;是全面调查还是抽样调查;是对国内市场进行调查,还是对国内外市场都进行调查。

3.选择合理的调查方法。调查方法是否合理得当,关系到所调查效果的好坏及调查费用的多少,因此,必须根据不同情况,选择合理适用的调查方法。

4.组织和培训调查人员。根据调查目标的难易程度,确定调查人员结构。在调查开始前,对调查人员进行短期的培训,明确调查目的和范围,掌握调查的方法和问题的焦点,熟悉调查对象和调查的技能,明确调查任务的要求和分工,了解调查进度及具体时间安排。

(二)实际调查

实际调查就是根据调查计划的要求,运用选择的调查方法,进行市场调查,收集有关的资料和数据。为确保取得良好的调查效果,调查人员在调查中必须始终保持客观的态度,不能用主观想像代替客观事实。

(三)编写调查报告

市场调查完毕后,必须对调查得到的资料进行核对、分类、汇总、整理和分析,并编写成市场调查报告,以供进行市场预测。调查报告的内容一般包括:调查研究的目的,资料收集的方法,调查的对象、范围,调查研究的发现,调查的结论等。

第三节　市场预测

课件

一、市场预测的作用

市场预测是在市场调查的基础上,应用科学方法和手段,对商品、劳务供应的需求和发展趋势做出分析、预测和判断。市场预测是市场研究的中心环节。市场调查为市场预测服务,市场预测为项目评估提供准确完备的评估资料。市场预测在项目评估中的主要作用有:

1.市场预测是投资决策的前提。市场预测可以预见未来市场变化趋势,使投资决策者认识市场供求变化和发展的规律性,了解和掌握项目产品的未来市场需求情况和潜在需求量，有助于掌握产品处于寿命周期的哪一个阶段，为投资者确定投资方向和项目建设提供客观依据。

2.市场预测是确定投资项目生产规模的主要依据。投资项目的生命力，在于它的产品销售量占领市场的持续时间和由此决定的销售效益。通过市场预测，可以初步掌握产品销售量的大小，销售价格的高低，国内外市场结构和市场需求，从而为决策产品方案和项目生产规模提供依据。

3.市场预测是实现投资项目经济效益和社会效益的保证。市场是投资项目经济效益和社会效益的实现之处。项目生产的产品，必须在市场上及时销售出去，才能取得相应的效益。加强市场预测，可使投资项目在生产经营上增强自觉性，避免盲目性，避开或减少经营风险，使生产经营活动适应市场的需求，增强投资项目和产品在国内外市场的竞争能力，加速商品和资金的周转，降低成本和费用，提高经济效益。

二、市场预测的分类

1.按预测范围可分为宏观预测和微观预测。宏观预测是总体预测，如人口预测、能源预测、工业结构预测、国民收入或国民生产总值预测，这是为整个国民经济发展提供决策依据的。当然它们也会影响一个具体项目的发展。微观预测是局部预测，如产品供需预测，它为企业或项目提供决策依据。日常项目评估中的预测属微观预测，但是，部门和国家制定项目经济评价参数时亦需进行一定的宏观预测。

2.按预测时间可分为长期预测、中期预测和短期预测。5年以上的预测为长期预测；3～5年的预测为中期预测；3年以下的预测为短期预测。项目评估中的预测属中、长期预测。具体的时间一般以项目的寿命期为准。

3.按预测的内容可分为市场需求预测、市场供应预测、市场价格预测和对外贸易预测。项目评估主要进行市场供应和市场需求预测，根据项目特点和要求，也进行市场价格和对外贸易预测。

4.按预测性质可分为定量预测和定性预测。定性预测主要采用直观材料，由有经验的专家做出主观判断，对相互影响的因素进行分析预测。这种预测主要在于判断市场特性的变化趋势。定量预测是应用一系列数学公式和计量经济模型，对需求和供应的发展趋势做出数量上的分析和判断。项目评估中的预测以定量预测为主，结合定性预测进行。

三、市场预测的内容

（一）产品需求预测

产品需求预测，是对产品的需求情况的发展变化做出的预测，它是在产品需求调查的基础上进行的。产品需求预测包括国内需求预测和出口需求预测。国内需求预测要求对国民收入的增长变化及其分配，经济、技术、社会发展计划以及产品需求的历史资料，居民的货币收入等情况做出判断，从而找出产品需求与经济发展之间的关系，据以分析预测产品的社会需求，了解需求的变化。出口需求预测是在判断产品是否具备出口条件的基础上，结合对国际市场的发展趋势分析做出判断。项目生产的产品能否出口，取决于产品的质量是否能达到国际标准，产品的价格在国际上是否有竞争力，产品在国际市场上是否有信誉，是否为传统产品或名牌产品。如果不具备出口条件，则不必进行出口需求预测。

（二）产品供应预测

产品供应预测是对产品现有生产能力的发展变化做出的预测，它是在市场供应调查基础上进行的，包括国内市场供应预测和进口产品供应预测。国内市场供应预测，首先应该对现有企业生产发展计划做出分析，还要充分掌握今后新建企业的情况，包括这些企业的生产能力、生产规模、产品结构、产品质量等。此外，还要弄清楚预测期内有哪些新的科学技术会应用于生产，这些新技术的使用对提高企业生产能力和产品质量有多大影响，对改善产品结构、增加新品种有多大作用等等。根据产品目前的生产供应能力，加上今后可能新增加的生产供应能力，并考虑今后替代产品的出现等综合因素，就能得出产品未来供给情况的分析结论。至于进口产品供应预测，应综合分析该产品在国际市场上的销售情况，国内对该产品的短缺程度，我国外贸政策等各方面因素后，才能得到合理的预测结果。

（三）产品市场占有率预测

产品市场占有率预测，就是分析判断拟建项目的产品在市场上同类产品中所占的百分比，如果产品属于内销，则预测其国内市场占有率；如果产品属于外销，则应预测产品在销售地（某些地区或国家）的市场占有率；如果产品内外销兼而有之，则要分别进行预测。市场占有率预测建立在需求和供应预测的基础上，如果这两项预测比较准确，则市场占有率的预测就会相应准确一些。

影响产品市场占有率的决定因素是产品的竞争能力。具体体现在三个方面：第一，国内外市场的竞争程度，如果产品在质量和价格方面较市场同类产品优越和优惠，则市场占有率会高一些；第二，消费者的反映，如果能获得消费者的好评，则市场占有率也会比较高；第三，拟建项目的产品性能，如果产品具有专门或特定用途，而这种用途又是比较稳定的，其市场占有率就比较稳定可靠。对于市场占有率的预测，可在一定程度上反映拟建项目产品的生命力。

四、市场预测程序

（一）确定预测目标，制定预测计划

预测是一项科学性、时间性都很强的工作。预测之前必须明确预测目标，制定预测计划。确定预测目标，就是要明确预测什么，预测多长时间、多大范围。目标确定后，便可以根据预测目标的难易程度，配置预测人员，编制预测费用，安排工作日程，制定预测计划。目标明确、计划具体是顺利有效地进行市场预测的前提和关键。

（二）收集和分析有关资料

市场预测不能主观臆断，而应以资料为基础，占有充分的市场信息和资料以及影响预测目标的各种发展变化资料，才能对市场变化的规律和预测目标的发展趋势进行具体分析、判断和推理。因此，进行市场预测必须十分重视资料的收集。市场预测收集的资料主要有市场调查获得的资料和从现有企业、主管部门、金融、科研或专业信息单位获得的资料，包括历史资料和现实资料两部分。历史资料是指历年各种有关社会的、经济的统计资料，研究报告，市场动态分析等。现实资料是指实际市场调查报告，预测期各种有关经济因素的变化资料和信息反馈资料。由于预测涉及的各种因素错综复杂，从而造成了各种资料数据的多样性和复杂性。这就要求评估人员对收集到的资料进行整理、分析，以确保资料的完整性和可靠性。

(三)选择预测方法进行预测

对预测资料收集整理后，即可根据预测目标、占有资料及项目特点选择一种或几种合适的预测方法进行预测。在具体预测时，为提高预测质量，一般采用几种预测方法，对比验证预测结果，并利用统计、数学方法建立预测模型进行测算。

(四)分析评价预测结果

分析评价就是对预测结果的准确性和可靠性进行验证，预测结果受到资料的质量、预测人员的分析判断能力、预测方法本身的局限性等因素的影响，未必能确切地估计预测对象的未来状态。因而要分析各种影响预测精度的因素，研究这些因素的影响程度和范围，进而估计预测误差的大小，评价原来预测的结果。

评价预测结果，要运用各种形式召集有关专家和职能部门进行验证和评价，反复进行测算、研究、对比、论证，以提高预测的科学性。

(五)选定预测方案写出预测报告

对预测结果进行分析评价后，应根据对预测结果的评价意见，从比较中选定预测方案，并编写出预测报告。预测报告应概括预测研究的主要活动过程，列出预测对象、目标、有关因素分析结果及主要资料和依据，预测方法的选择和模型的建立，原预测值与模型的评价和修正等内容。

五、市场预测方法

市场预测，因预测的对象、内容、期限不同，采用的方法也不尽相同。下面着重介绍项目评估中常用的几种市场预测方法。

(一)移动平均法

移动平均法是将观察期的数据自远而近，按一定跨越期向前移动，逐一求得各观察期的平均值，并以最后一个移动平均值为依据确定预测期的预测值。计算平均值可用简单算术平均法或用加权平均法，以后一种方法准确度较高。在求得某一期的预测数后，可将其视为实际数，依次向后移动一期，继续预测下一期的预测值。

1.简单移动平均法

如果产品的需求趋势平衡发展，则可用算术平均法，逐年移动计算需求量，预测公式为：

$$y=\frac{\sum_{i=1}^{n}y_i}{n}$$

式中：$\sum_{i=1}^{n}y_i$ 表示第1至第 n 期资料实际数之和；n 为期数；y 为预测值。

例如：通过调查得出某市2007—2012年自行车销售量如表2-1所示。

表2-1 单位：万辆

年度	2007	2008	2009	2010	2011	2012
自行车销售量	7	8	8	10	9	10

试预测该市2013年、2014年、2015年三年自行车销售量。则：

$$y_{2013}=\frac{7+8+8+10+9+10}{6}=8.7(\text{万辆})$$

$$y_{2014}=\frac{8+8+10+9+10+8.7}{6}=8.95(\text{万辆})$$

$$y_{2015}=\frac{8+10+9+10+8.7+8.95}{6}=9.10(\text{万辆})$$

2.加权移动平均法

在简单平均法中，我们是把各期数字相加进行简单平均来预测未来数值的。实际上，不同时期的资料对预测结果的作用是不同的。一般来说，距预测期较近的资料对预测期市场影响大，反之则小。加权移动平均法就是利用移动平均法原理，考虑不同时期资料对预测结果的影响程度（给予加权）的预测方法。其计算公式如下：

$$y=\frac{\sum_{i=1}^{n}f_i\cdot y_i}{\sum n}$$

式中：y 为预测值；y_i 为第 i 期实际值；f_i 为第 i 期权数；n 为期数。

下面按跨期6年，分别给以6、5、4、3、2、1的权数说明加权移动平均预测方法。

仍沿用上例资料，采用加权移动平均法预测某市2013—2015年自行车销售量为：

$$y_{2013}=\frac{1\times7+2\times8+3\times8+4\times10+5\times9+6\times10}{21}=9.14(\text{万辆})$$

$$y_{2014}=\frac{1\times8+2\times8+3\times10+4\times9+5\times10+6\times9.14}{21}=9.27(\text{万辆})$$

$$y_{2015}=\frac{1\times8+2\times10+3\times9+4\times10+5\times9.14+6\times9.27}{21}=9.35(\text{万辆})$$

移动加权平均法在预测对象有明显的线性增长或下降趋势时使用。

(二)指数平滑法

指数平滑法，就是将实际的统计资料分成近期和远期，各期分别取不同的权数加以平均后进行预测的一种预测方法。指数平滑法的最大特点就是考虑各期历史资料对未来数的影响是不同的，近期的影响大，远期的影响小，通过不同的系数求出其在预测数中所占的权重。基本的方法就是通过数据的平滑，求出平滑系数，然后利用平滑模型进行预测。

1.一次指数平滑法

一次指数平滑法与简单移动平均法一样，适用于历史数据呈随机波动状，而无明显发展趋势的情况下预测。计算公式：

$$s_t^{(1)}=\alpha x_t+\alpha(1-\alpha)x_{t-1}+\alpha(1-\alpha)^2x_{t-2}+\cdots$$

式中：$s_t^{(1)}$ 为第 t 期一次指数平滑值（预测值）；x 为实际数据；α 为指数平滑系数。

如果已知上期实际数据和预测数（平滑值），公式可简化为：

$$s_t^{(1)}=\alpha x_t+(1-\alpha)s_{t-1}^{(1)}$$

在指数平滑法中，α 实际上是新旧数据权重的一个分配比例，α 值的大小直接影响到预测结果。α 值是一个经验数据，它在 0～1 之间取值。从公式可以看出，α 值越大，对趋势预测值的影响越大，反之就越小。α 值的选取可参照下列原则处理：

当历史数据上下波动，基本趋势呈水平时，则 α 应取小值（0.05～0.10）；

当历史数据近期有缓慢的发展趋势时，则 α 应取较小值（0.1～0.5）；

当历史数据近期有明显的变动倾向时，则 α 应取较大值（0.3～0.5）。

要准确地确定 α 值，最好将按以上原则确定的 α 值进行试算，直至找出适合历史数据的 α 值为止。

用指数平滑法进行预测时，还必须先确定一个初始值。初始值实际上是 $t=0$ 以前所有历史数据的加权平均值。当实际数据比较多时，初始值 $s_0^{(1)}$ 对预测结果的影响不会太大，可用第一个数据 x_1 作为初始值。如果实际数据较少时（如 15 个以内），初始值的影响就比较大，一般取前几个（3～5 个）数值的平均值作为初始值。

按以上公式计算出来的第 t 期指数平滑值，即可作为预测下一期的值，继续预测下一期的平滑值。

例：某产品 2004—2012 年的销售额如表 2-2。

表 2-2　　单位：万元

年度	2004	2005	2006	2007	2008	2009	2010	2011	2012
销售量	—	710	680	720	690	700	730	720	740

要求：按一次指数平滑法预测 2013 年的销售量。

第一步，确定 α 值和初始值。根据所给的数据，表明它有缓慢增长倾向，可给定 α 值为 0.3。对于初始值，我们假定为 700 万元。

第二步，根据一次指数平滑公式计算各年的平滑值。

$s_1^{(1)}=0.3\times710+0.7\times700=703$（万元）

$s_2^{(1)}=0.3\times680+0.7\times703=696.1$（万元）

$s_3^{(1)}=0.3\times720+0.7\times696.1=703.3$（万元）

$s_4^{(1)}=0.3\times690+0.7\times703.3=699.3$（万元）

$s_5^{(1)}=0.3\times700+0.7\times699.3=699.5$（万元）

$s_6^{(1)}=0.3\times730+0.7\times699.5=708.7$（万元）

$s_7^{(1)}=0.3\times720+0.7\times708.7=712.1$（万元）

$s_8^{(1)}=0.3\times740+0.7\times712.1=720.5$（万元）

第三步，2012年的平滑值 $s_8=720.5$ 万元，即为2013年的预测值。将以上结果列成表2-3。

表 2-3

单位：万元

序号	年份	x_t	αx_t	$s_{t-1}^{(1)}$	$(1-\alpha)s_{t-1}^{(1)}$	$s_t^{(1)}$
0	2004	—	—	—	—	700
1	2005	710	213	700	490	703
2	2006	680	204	703	492.1	696.1
3	2007	720	216	696.1	487.1	703.3
4	2008	690	207	703.3	492.3	699.3
5	2009	700	210	699.3	489.5	699.5
6	2010	730	219	699.5	489.7	708.7
7	2011	720	216	708.7	496.1	712.1
8	2012	740	222	712.1	498.5	720.5

2.二次指数平滑法

当历史数据具有线性趋势的时候，用一次平滑法会产生明显的滞后偏差，这时就要用二次指数平滑法来进行分析预测。二次指数平滑法是在一次平滑法的基础上再作一次指数平滑，然后结合长期趋势值进行调整预测。计算二次平滑值的公式是：

$$s_t^{(2)}=\alpha S_t^{(1)}+(1-\alpha)s_{t-1}^{(2)}$$

式中：$s_t^{(2)}$ 为第 t 期的二次指数平滑值。

求二次指数平滑值要先确定初始值，通常直接取 $s_0^{(2)}=s_0^{(1)}$，亦可取前几个一次指数平滑值的平均值作为二次指数平滑值的初始值。

在二次指数平滑处理的基础上可建立线性预测模型：

$$Y_{t+T}=a_t+b_tT$$

式中：T 为从当前时期 t 到需预测的时期之间的时期数；a_t 为截距；b_t 为斜率。

$$a_t=2s_t^{(1)}-s_t^{(2)}$$

$$b_t=\frac{\alpha}{1-\alpha}[s_t^{(1)}-s_t^{(2)}]$$

由于二次指数平滑法考虑了数据的发展趋势，因而可用于作较长时期的预测，如中期预测。现仍以前例数据，采用二次指数平滑法预测2013年和2016年的销售额。

第一步，确定初始值 $s_t^{(2)}$ 与 α 值。假设初始值仍为700万元，α 值为0.3。

第二步,计算二次指数平滑值。

$s_1^{(2)}=0.3\times703+0.7\times700=700.9$(万元)

$s_2^{(2)}=0.3\times696.1+0.7\times700.9=699.4$(万元)

$s_3^{(2)}=0.3\times703.3+0.7\times699.1=700.3$(万元)

$s_4^{(2)}=0.3\times699.1+0.7\times700.6=700.2$(万元)

$s_5^{(2)}=0.3\times699.5+0.7\times700.2=700$(万元)

$s_6^{(2)}=0.3\times708.7+0.7\times700=702.6$(万元)

$s_7^{(2)}=0.3\times712.1+0.7\times702.6=708.4$(万元)

$s_8^{(2)}=0.3\times720.5+0.7\times708.4=712.1$(万元)

第三步,计算 a_t、b_t。

$a_8=2\times720.5-712.1=728.9$

$b_8=\frac{0.3}{0.7}\times(720.5-712.1)=3.6$(万元)

第四步,计算预测值。

2013 年的预测值为:

$y_{8+1}=728.9+3.6\times(1)=732.5$(万元)

2016 年的预测值为:

$y_{8+4}=728.9+3.6\times(4)=743.3$(万元)

(三)趋势预测法

趋势预测法,就是借助于历史资料和数据,以 x 为自变量,代表时间,以 y 为因变量,代表销售量,视 y 为 x 的函数,运用数学的最小二乘法求得变动趋势线,并使其向后延伸,借以预测未来需求发展趋势的一种方法。趋势预测法可根据所掌握数据资料的特点,分别采用一次方程(直线方程)或二次方程(曲线方程),对未来各期产品需求做出预测。

1.一次(直线)方程式

如果过去和现在产品销售量的增长趋势大体上成为一条直线或大体上符合等差数,则可采用一次方程式预测未来产品的需求量。一次方程式为:

$$y_t=a+bx \tag{1}$$

式中:y_t 为第 t 期预测值;a、b 为待定参数;x 为各年代号(如−2、−1、0、1、2 等)。

用最小二乘法可推导出一次方程的标准方程为:

$$\sum y=Na+b\sum x \tag{2}$$

$$\sum xy=a\sum x+b\sum x^2 \tag{3}$$

式中:N 为已掌握数据的年份;$\sum y$ 为各年销售量之和;$\sum x$ 为各年代号之和。

若将已掌握数据的中间年份定为 0 年,则 $\sum x=0$,代入公式(2)、(3),可得:

$$a=\frac{\sum y}{N} \tag{4}$$

$$b=\frac{\sum xy}{\sum x^2} \tag{5}$$

例:某市 2004 年至 2012 年包装板纸的销售额如表 2-4。试用一次方程式预测 2013

年至2017年的销售量。

表 2-4

年份	销售额 y/万吨	各年代号 x	xy	x^2
2004	26	−4	−104	16
2005	27	−3	−81	9
2006	29	−2	−58	4
2007	30	−1	−30	1
2008	32	0	0	0
2009	34	1	34	1
2010	35	2	70	4
2011	37	3	111	9
2012	39	4	156	16
合计 $n=9$	$\sum y=289$	$\sum x=0$	$\sum xy=98$	$\sum x^2=60$

观察各年销售额大体呈等差数列，可以采用一次方程进行预测，将以上数据代入公式(4)、(5)，得：

$$a=\frac{289}{9}=32.11$$

$$b=\frac{98}{60}=1.63$$

为验证公式是否适用，可按公式求过去各年的预测数，如与实际数偏差不大，说明公式可用，则可据标准方程 $y_t=32.11+1.63x$ 预测2013—2017年的销售量如下：

$$y_{2013}=32.11+1.63\times5=40.26\text{(万吨)}$$
$$y_{2014}=32.11+1.63\times6=41.89\text{(万吨)}$$
$$y_{2015}=32.11+1.63\times7=43.52\text{(万吨)}$$
$$y_{2016}=32.11+1.63\times8=45.15\text{(万吨)}$$
$$y_{2017}=32.11+1.63\times9=46.78\text{(万吨)}$$

2.二次(曲线)方程式

如果过去和现在产品销售量的增长趋势大体上成为一条曲线或大体上符合等比数列，则可采用二次方程式对未来产品的需求量进行预测。

二次方程式为：

$$y_t=a+bx+cx^2 \tag{6}$$

用最小二乘法推导出二次方程的标准方程如下：

$$\sum y = Na + c\sum x^2 \tag{7}$$
$$\sum xy = b\sum x^2 \tag{8}$$
$$\sum yx^2 = a\sum x^2 + c\sum x^4 \tag{9}$$

式中：a、b、c 为待定参数。

例：某市某产品2006年至2012年的销售量如表2-5。试用二次方程预测2013年至2015年销售量。

表 2-5

年份	销售量 y/万台	各年代号 x	x^2	x^4	xy	x^2y
2006	35	−3	9	81	−105	315
2007	30	−2	4	16	−60	120
2008	25	−1	1	1	−25	25
2009	35	0	0	0	0	0
2010	40	1	1	1	40	40
2011	45	2	4	16	90	180
2012	55	3	9	81	165	495
合计 $n=7$	$\sum y=265$	$\sum x=0$	$\sum x^2=28$	$\sum x^4=196$	$\sum xy=105$	$\sum x^2y=1\ 175$

观察各年销售额的变化，大体呈一条曲线，将以上数据代入公式(7)、(8)、(9)，得：

$$7a + 28c = 265$$
$$28b = 105$$
$$28a + 196c = 1\ 175$$

解方程得：

$$a = 32.38$$
$$b = 3.75$$
$$c = 1.369$$

则标准方程为：

$$y_t = 32.38 + 3.75x + 1.369x^2 \tag{10}$$

据公式(10)预测2013年至2015年销售额如下：

$$y_{2013} = 32.38 + 3.75 \times 4 + 1.369 \times 16 = 69.29(\text{万台})$$
$$y_{2014} = 32.38 + 3.75 \times 5 + 1.369 \times 25 = 85.36(\text{万台})$$
$$y_{2015} = 32.38 + 3.75 \times 6 + 1.369 \times 36 = 150(\text{万台})$$

(四)因果分析法

因果分析法是运用经济现象各变量之间的因果关系来预测未来发展变化趋势的一种

方法。

市场上某些商品供需状况的变动趋势，是由多种因素决定的，市场供需与各种因素之间存在着某种因果关系。这样，为了精确地预测市场需求的变动，需要分析影响市场需求量变化的各种有关因素，找出市场需求量变化的因果关系，建立数学模型，以引起市场需求量变化的有关因素的量的变化，来预测未来市场需求量的发展变化趋势。

回归分析法是因果预测法中的一种主要方法，它是研究两个以上变量之间关系的数学方法。运用回归分析的变量分为自变量和因变量。自变量指的是引起市场需求量变化的各种影响因素，因变量即指市场需求量。当自变量取某个特定值时，因变量则依据自变量来推测其变化和变化程度。项目评估中常用的回归分析方法有一元回归分析法和二元回归分析法。

1.一元回归分析法

一元回归分析法就是分析一个因变量与一个自变量之间的关系。在市场预测中。两个变量之间的关系一般呈线性关系。一元回归方程式为：

$$y=a+bx$$

式中：y 为因变量，即预测值；x 为自变量，即影响需求量变化的因素；a、b 为待定参数，即回归系数，a 为 y 轴截距，b 为斜率。

用最小二乘法可推出 a、b 两个待定参数的计算公式为：

$$a=\frac{\sum y-b\sum x}{n}$$

$$b=\frac{n\sum xy-\sum y\cdot\sum x}{n\sum x^2-(\sum x)^2}$$

例：某市 2005—2012 年电器需求量与人均收入统计资料如表 2-6。

表 2-6

年份	需求量 y/万件	人均年收入 x/千元	xy	x^2	y^2
2005	10	12	120	144	100
2006	12	13	156	169	144
2007	11	14	154	196	121
2008	13	16	208	256	169
2009	15	17	255	289	325
2010	18	19	342	361	324
2011	20	22	440	484	400
2012	23	25	575	625	529
合计 $n=8$	$\sum y$ =122	$\sum x$ =138	$\sum xy$ =2 250	$\sum x^2$ =2 524	$\sum y^2$ =20 123

据表资料，可求出 a、b 两个参数值为：

$$b=\frac{8\times 2\ 250-122\times 138}{8\times 2\ 524-138\times 138}=1.014$$

$$a=\frac{122-1.014\times 138}{8}=-2.242$$

将以上数据代入回归方程式，得预测的数学模型为：

$$y=-2.242+1.014x$$

假设用其他方法预测2013年至2015年该市的人均收入分别为27 000元、30 000元和33 000元，代入预测模型即可得出2013—2015年该市家用电器的需求量为：

$$y_{2013}=-2.242+1.014\times 27=25.14(\text{万件})$$
$$y_{2014}=-2.242+1.014\times 30=28.18(\text{万件})$$
$$y_{2015}=-2.242+1.014\times 33=31.22(\text{万件})$$

为判断两个变量之间是否有关系及其相关程度如何，需要对所确定的预测模型进行相关系数的检验。相关系数 γ 的计算公式为：

$$\gamma=\frac{\sum(x-\bar{x})\cdot(y-\bar{y})}{\sqrt{\sum(x-\bar{x})^2\cdot\sum(y-\bar{y})^2}}$$

或：
$$\gamma=\frac{N\sum xy-\sum x\cdot\sum y}{\sqrt{[N\sum x^2-(\sum x)^2]\cdot[N\sum y^2-(\sum y)^2]}}$$

式中：$|\gamma|\leqslant 1$。若 $|\gamma|=1$，表明两个变量完全相关；若 $|\gamma|>0.7$，表明两个变量相关程度较好；若 $0.5<|\gamma|<0.7$，表明两个变量相关程度一般；若 $|\gamma|<0.5$，表明两个变量相关程度较差；若 $|\gamma|=0$，表明两个变量完全不相关。

现将本例数据代入相关系数公式，计算得：

$$\gamma=\frac{8\times 2\ 250-138\times 122}{\sqrt{(8\times 2\ 524-138\times 138)(8\times 2\ 012-122\times 122)}}$$
$$=\frac{1\ 164}{1\ 179.57}=0.987$$

计算结果，相关系数达0.987，表明家电需求量与人均收入之间的相关程度较好。

2.二元线性回归分析法

在现实生活中，常会遇到一个因变量受多个因素影响的情况，如果仅根据一个自变量的变化去预测因变量的变化趋势，就会忽视其他自变量的变化对因变量的影响作用，因此，在有多个自变量的情况下，应采取多元回归分析方法。其中运用两个自变量进行回归分析的，称为二元回归分析。二元回归分析的方程式为：

$$y=a+b_1x_1+b_2x_2$$

式中：x_1、x_2 为两个自变量；a、b_1、b_2 为三个待定参数。

用最小二乘法可推导出以下标准公式：

$$\sum y = Na + b_1 \sum x_1 + b_2 \sum x_2$$
$$\sum x_1 y = a \sum x_1 + b_1 \sum x_1^2 + b_2 \sum x_1 x_2$$
$$\sum x_2 y = a \sum x_2 + b_1 \sum x_1 x_2 + b_2 \sum x_2^2$$

例:某产品主要供应甲、乙两个行业作为原料,因而这两个行业的产量与该产品的销售量有密切关系。假定2003—2012年甲、乙两行业的产量及其产品的销售量如表2-7,2013年甲、乙厂预计产量分别为40万吨、20万吨。要求预测某产品的销售量。

表2-7

年份	销售量 y/万吨	甲厂产量 x_1/万吨	乙厂产量 x_2/万吨	x_1y	x_2y	x_1x_2	x_1^2	x_2^2
2003	10	39	20	390	200	780	1 521	400
2004	8	36	18	288	144	648	1 296	324
2005	6	32	17	192	102	544	1 024	289
2006	4	30	16	120	64	480	900	256
2007	14	39	21	546	294	819	1 521	441
2008	12	37	20	444	240	740	1 369	400
2009	6	31	18	186	108	558	961	324
2010	6	32	17	192	102	544	1 024	289
2011	10	38	21	380	210	798	1 444	441
2012	14	39	24	546	336	936	1 521	576
合计 $n=10$	$\sum y$ =90	$\sum x_1$ =353	$\sum x_2$ =192	$\sum x_1 y$ =3 284	$\sum x_2 y$ =1 800	$\sum x_1 x_2$ =6 847	$\sum x_1^2$ =12 581	$\sum x_2^2$ =3 740

将表中计算的有关数据代入标准方程式为:

$$\begin{cases} 90 = 10a + 353b_1 + 192b_2 \\ 3\,284 = 353a + 12\,581b_1 + 6\,847b_2 \\ 1\,800 = 192a + 6\,847b_1 + 3\,740b_2 \end{cases}$$

计算求得:$a = -21.55$　　$b_1 = 0.46$　　$b_2 = 0.75$

代入二元方程式为:

$$y = -21.55 + 0.46x_1 + 0.75x_2$$

将 x_1、x_2 代入二元方程式,即可求得2013年该产品的需求量:

$y_{2013} = -21.55 + 0.46 \times 40 + 0.75 \times 20 = 11.85$(万吨)

(五)最终用途预测法

社会上某种消费品需求的增长必然引起对某种先行工业产品需求的增长。比如对彩色电视机需求的增长,必然会引起彩色显像管生产需求的增长。彩色电视机是最终用途产品,彩色显像管则是中间工业产品。我们如果要建立一个彩色显像管厂,它的规模就应该根据对彩色电视机这种最终用途产品的需求来决定。根据此原理，我们要预测中间产品的社会需求量，可以从预测与该产品相关的最终产品的需求开始，最后才能得出对该产品需求的预测结果。最终用途法对于最终用途是可数的，并且比较集中的中间产品的预测，是非常适用的。但是，对于那些最终用途繁杂分散，甚至不易确定的中间产品，就不适宜用最终用途法预测其需求量。

最终用途法的预测步骤如下：

1.查明对一种产品的所有可能用途，例如投入其他工业部门、直接消费需求、进口和出口。

2.取得或估算本产品和相关产品的技术需用系数，或叫消费系数。比如生产一台电视机需要几个显像管。

3.根据以上资料，计算该产品的总需求量。

例如，为了预测甲醇的需求量，必须首先查明使用甲醇的工业部门，这些部门包括甲醛、化肥和制药工业；接着，应计算出甲醇用于这三个工业中的消费系数，然后，以这三个工业部门制定的规划或预测的结果为基础，考虑其他次要部门对甲醇的需求量，就可以预测出甲醇的未来需求量。

最终用途法使用了消费系数，所以也称消费系数法。消费系数一旦确定，乘以活动规模，就得到预测的消费水平。下面举例说明消费水平法的运用。

例如，汽油主要提供给私人汽车、出租汽车、商业车辆和各种摩托车使用。通过调查预测某市2015年、2020年、2025年各类车辆拥有量和每年每辆车的汽油消耗量如表2-8，可进一步预测该市2015年、2020年、2025年的汽油总消耗量(需求量)。

表 2-8

车辆类型	2015年			2020年			2025年		
	车辆数/千辆	单位耗油量/(千升/辆·年)	总耗油量/百万升	车辆数/千辆	单位耗油量/(千升/辆·年)	总耗油量/百万升	车辆数/千辆	单位耗油量/(千升/辆·年)	总耗油量/百万升
汽车	110	3.20	352	150	3.20	480	210	3.20	672
出租车	40	3.60	144	60	3.60	216	90	3.60	324
商业车辆	80	11.20	896	110	11.20	1 232	140	11.20	1 568
双轮(摩托)车	280	0.12	34	410	0.12	49	700	0.12	84
其他	—	0.32	35	—	0.32	48	—	0.32	67
合计	510		1 461	730		2 025	1 140		2 715

在运用最终用途法时要注意的是，技术系数或消费系数并不是一成不变的，它们随时间、市场、生产规模和工艺技术的发展变化而变化。因此，在确定过去和未来的系数时，既要有依据，又要考虑它今后的变化。

(六)消费水平预测法

根据社会在一定条件下对某种产品的消费水平，预测在变化了的条件下的消费水平，从而推断社会对该产品总需求的方法，称消费水平法。它适用于消费资料需求预测，也可用以生产资料需求预测。一般情况下，它首先根据社会在一定时期里对某种产品的消费水平，推断出社会对该产品的总需求量。然后从总需求量中减去现有的拥有量，加上今后要更新的需求量，最后计算出未来的需求量，即为预测需求量。

消费资料的需求增长或消费水平主要受消费者的收入水平和该产品的价格水平影响。因此采用消费水平法预测产品需求时，通常要考虑若干影响需求的弹性系数。

1.收入弹性系数

需求的收入弹性系数是指由收入变化引起的需求变化程度。

不同的产品，它们需求的收入弹性各不相同。在正常情况下，收入水平提高，对高级物品如电视机、计算机、电冰箱等的需求就会增加，对低级物品的需求反而会减少，但对日常消费品如牙膏、牙刷、毛巾、肥皂等则基本不会影响。

需求的收入弹性用需求弹性系数表示。收入弹性系数为需求量的变动百分比与收入的变动百分比的比率，其表达式为：

$$E_1=\frac{\frac{\Delta W}{W}}{\frac{\Delta I}{I}}=\frac{\frac{W_2-W_1}{W_1}}{\frac{I_2-I_1}{I_1}}$$

$$=\frac{I_1(W_2-W_1)}{W_1(I_2-I_1)}$$

式中：E_1 为收入弹性系数；W_1、W_2 分别为基准年和观察年的产品需求量；I_1、I_2 分别为基准年和观察年的居民收入额。

例如，根据统计得知，某地 2011 年对啤酒的需求是人均 5 升，该年人均月收入为 1 300 元。若以 2006 年为基准，人均月收入为1 000元，人均啤酒需求为 4 升。则需求的收入弹性系数为：

$$E_1=\frac{1\ 000\times(5-4)}{4\times(1\ 300-1\ 000)}=0.833$$

这说明人均月收入每增加 1%，对啤酒的需求就增加 0.833%。

当然，对于特定的产品，其在不同收入类型、不同职业、不同地区的消费者之间的收入弹性是各不相同的。因此，以全国或某区域的人均收入水平的高低变化来确定产品的需求收入弹性，只是一种粗线条的分析。只要有可能，就应该针对职业、经济区域等进行分析。

2.价格弹性系数

产品需求的价格弹性是指产品价格变动引起需求变动的程度。很显然，商品的价格水平如何，对于消费者愿不愿意购买该商品具有很重要的影响。对一般商品来说，其价格越高，则对其需求就越少；价格越低，则对其需求就越大。需求的价格弹性用价格弹性系数表示，它是需求的变动百分比与价格的变动百分比的比率。其表达式为：

$$E_2=\frac{\frac{W_2-W_1}{W_1}}{\frac{P_2-P_1}{P_1}}=\frac{P_1(W_2-W_1)}{W_1(P_2-P_1)}$$

式中：E_2 为价格弹性系数；P_1 为原价格水平，P_2 为变动以后的价格水平；W_1 为原价格水平的需求，W_2 为价格变动后的需求。

例：某种产品 2011 年销售单价为 195 元/台，需求量为 11 000 台，2010 年销售单价降为 186 元/台，需求量增加到 12 500 台，求价格弹性系数。

$$E_2=\frac{195\times(12\ 500-11\ 000)}{11\ 000\times(186-195)}=-2.955$$

说明该产品价格每下降 1%，则需求就上升 2.955%。本例中该产品价格下降 4.62%，则需求上升 13.65%。

在应用需求价格弹性系数的时候必须注意，它是在市场结构、消费行为等因素保持不变的情况下计算出来的。如果这些因素有所改变，就应该把这些变化因素考虑进去。如本例中某产品的需求量增加，可能并不全是由于价格下降造成的，如果还有其他因素的影响使需求量增加，则在计算价格弹性系数时，应把因价格因素以外的因素引起的需求量增加剔除。此外，如果价格变化幅度较大，就会过多地偏离价格弹性系数，会造成对需求预测的偏差过大。所以，价格弹性系数仅适用于价格变化比较小的情况。

实际生活中往往会出现收入和价格同时影响需求的情况。如果收入和价格同时影响需求，则产品需求增长量为：

$$y=W_1(E_1\varepsilon_1+E_2\varepsilon_2)$$

式中，ε_1、ε_2 为国民收入增长率和价格下降幅度。

如某产品收入弹性系数为 0.7，价格弹性系数为 2.702，基准年该产品需求量为 12 500 台，假如在今后五年内国民收入年增长14.6%，该产品价格年下降 4.6%，则该产品每年增加需求量为：

$$\begin{aligned}y&=12\ 500\times(0.7\times0.146+2.702\times0.046)\\&=2\ 831.15(台)\end{aligned}$$

3.相互弹性系数

产品的需求不仅与本身的价格有关，而且与相关产品的价格有关，在市场预测中必须掌握相关产品的价格变化情况及其对预测产品需求的影响。这样，我们就要引入需求的相互弹性这一概念。

需求的相互弹性也叫需求交叉弹性，它是指一种产品的价格变动与另一种产品需求变化之间的关系。需求相互弹性系数是某种产品需求量变动百分比与另一种商品价格变动百分比之间的比率。其表达式为：

$$E_{AB}=\frac{\dfrac{W_{2A}-W_{1A}}{W_{1A}}}{\dfrac{P_{2B}-P_{1B}}{P_{1B}}}=\frac{P_{1B}(W_{2A}-W_{1A})}{W_{1A}(P_{2B}-P_{1B})}$$

式中：E_{AB}为产品的相互弹性系数，W_{1A}是A产品原先的需求量，W_{2A}是A产品在B产品价格变动以后的需求量，P_{1B}是B产品原先的价格，P_{2B}是B产品变动以后的价格。

用A产品的需求变动率同B产品的价格变动率相比，有以下三种情况：

当$E_{AB}>0$时，A产品和B产品是代用品；

当$E_{AB}=0$时，A产品与B产品无交叉弹性，即A产品与B产品无关；

当$E_{AB}<0$时，A产品和B产品是互补品。

例如X、Y、Z三组产品的价格和需求的统计资料如表2-9，试分析每组产品之间的相互弹性关系。

表 2-9

项目 \ 数值		数值 1	数值 2
X	汽油价格/(美元/升)	0.40	0.50
	汽车需求量/千辆	200	160
Y	电动刮胡刀平均价格/(美元/把)	25	30
	安全剃刀需求量/把	6	9
Z	牛奶价格/(美元/升)	0.20	0.25
	布匹数量/百万米	100	100

每种情况的E_{AB}值计算如下：

$$X=\frac{0.4\times(160-200)}{200\times(0.50-0.40)}=-0.8$$

$$Y=\frac{25\times(9-6)}{6\times(30-25)}=2.5$$

$$Z=\frac{0.2\times(100-100)}{100\times(0.25-0.20)}=0$$

在X情况下，E_{AB}小于0，则汽车需求与汽油价格成反比，$E_{AB}=-0.8$，说明汽油价格降低1%，汽车需求增长0.8%；在Y情况下，$E_{AB}>0$，则安全剃刀为电动刮胡刀的代用品，$E_{AB}=2.5$，说明电动刮胡刀价格提高1%，安全剃刀的需求增长2.5%；在Z情况下，$E_{AB}=0$，则牛奶和布匹之间不存在相互弹性。当确定产品之间有相关性时，产品需求预测就要根据相关产品可能出现的价格变化进行修正。

六、市场综合分析和产品方案分析

(一)市场综合分析

为了准确估计拟建项目的市场情况,为确定产品方案和生产规模提供依据,应将前面收集、预测的有关需求和供应的资料进行综合分析。

市场综合分析可以利用产品市场供需平衡分析表(见表2-10)进行分析。表内列出了产品目前和情况、项目投产时的情况和项目投产后一定时期的情况,通过对比分析,请据以判断投资项目产品有无市场及市场大小。

表2-10　产品市场供需平衡分析表

项　目＼时　期	目前情况	项目投产时情况	项目投产五年后情况	项目投产十年后情况
国内销售				
＋未满足之需求				
＝国内需求				
＋出口				
＝总需求				
－国内现有生产能力①				
－进口				
＝总需求超过总供给②				
本项目产量				

注:①包括目前未利用,但可以利用的潜在生产能力,不包括本项目产品。
②未考虑库存变量。

表2-10中国内外供求的目前情况一般通过市场调查取得,项目投产时及投产后一定时期的情况则通过市场预测得出,总需求和总供应按下列公式计算:

总需求＝国内需求＋出口

国内需求＝国内销售量＋国内销售未满足的需求

总供给＝国内现有生产能力＋进口

根据表2-10分析,如果不同时期总的预测需求量都超过预测供应量,说明产品长期处于“短线”,本项目产品就有比较稳定可靠的市场。如果需求和供应基本相等或忽高忽低,那么判断项目产品是否确实有市场,就需要进一步调查项目产品是否在竞争中处于有利地位(如性能较好、质量较高、设计新颖、成本低廉等),是否可能代替进口产品,其他开始筹建的同类厂是否可能停建等等。如果不同时期社会总需求小于总供应量,说明产品供过于求,产品将出现滞销,因而不必兴建生产这类产品的项目。在对产品供需情况进行分析时,应分别内销和外销的可能性进行分析。

(二)产品方案评估

产品方案是项目产品的具体规划，它根据市场的需求，确定主要产品的种类、规格、性能、质量标准，以及年产量、使用的主要原材料等投入物及其消耗定额，规划产品成本和价格等。这些内容是保证产品在国际市场上的竞争能力，有稳妥可靠的销售市场。对产品方案的分析，应重点分析主要产品的性能、规格、质量是否符合国际市场(如果是出口产品的话)标准和国家规定的标准，分析产品成本和销售价格的水平，以及资源综合利用程度。

课件

第四节　竞争力分析与投资战略选择*

一、项目竞争力分析

(一)项目竞争力分析内容

项目竞争力分析是研究拟建项目在国内外市场竞争中获胜的可能性和获胜能力，进行竞争力分析，既要研究项目自身竞争力，也要研究竞争对手的竞争能力，并进行对比，据此进一步优化项目的技术经济方案，扬长避短，发挥竞争优势。

竞争力分析主要是分析项目的优势和劣势，包括：

1.自然资源占有的优势、劣势。

2.工艺技术和装备的优势、劣势。

3.规模效益的优势、劣势。

4.新产品开发能力的优势、劣势。

5.产品质量性能的优势、劣势。

6.价格的优势、劣势。

7.商标、品牌、商誉的优势、劣势。

8.项目区位的优势、劣势。

9.人力资源的优势、劣势。

(二)项目竞争力的对比分析

竞争力的对比分析就是选择项目目标市场范围内，占市场份额较大、实力较强的几家竞争对手，将项目自身条件与竞争对手条件的优势和劣势进行对比和排序。通常通过编制竞争力对比分析表(如表2-11)完成。

---

* 参见注册咨询工程师考试教材编写组编写:《项目决策分析与评价》，第17～24页，《现代咨询方法与实务》，第22～24页，均系中国计划出版社2003年出版。

表 2-11 竞争力对比分析表

序号	比较内容	本项目优势、劣势	竞争对手优势、劣势				本项目与竞争对手对比后的优势、劣势排序
			国内竞争对手		国际竞争对手		
			对手1	对手2	对手3	对手4	
1	自然资源占有						
2	工艺技术装备						
3	规模效益						
4	新产品开发能力						
5	产品质量性能						
6	价格						
7	商标信誉品牌						
8	区位						
9	人力资源						

项目竞争能力分析，除了从项目角度分析外，还应从企业角度进行更广泛的分析，包括销售网络、财务资源、相对成本地位、管理水平等因素，采用竞争走势矩阵等分析工具进行评价。

二、企业外部环境分析

企业是存在于一定的社会经济环境中的，它与环境发生密切的联系和相互影响，外部环境影响和制约着企业的生存和发展。随着社会、经济和科技的发展，特别是区域一体化和经济全球化进程的加快，全球信息网络的建立和消费需求的多样化，企业所处的环境更加复杂和动荡，企业只有认识和接受环境的影响，并采取相应的应对策略，才能在越来越激烈的竞争中立于不败之地。为此，企业不仅要了解自身的优势和劣势，还需要对外部环境做出科学准确的判断，以充分利用环境带来的机会，规避外部环境的威胁。

影响企业生存和发展的外部因素主要包括政治（politics）、经济（economy）、社会（society）和技术（technology）四个方面，简称 PEST。

1. 政治环境。是指一个国家或地区的政治制度、体制、法律法规等，特别是与企业经营密切相关的经济法律法规，各种政治社会团体对企业活动所采取的态度和行动，以及社会重大的政治事件等。政治因素对企业的影响具有直接性、难预测性和不可控制性等特点，这些因素制约、影响企业的经营行为，尤其影响企业较长期的投资行为。

2. 经济环境。是指构成企业生存和发展的社会经济状况和国家经济政策。社会经济环境包括经济要素的性质、水平、结构、变动趋势等多方面的内容，涉及国家、社会、市场等多个领域。国家经济政策是国家调控宏观经济结构，实施国家经济发展战略的指导方针，对企业经济环境有着重要的影响。企业的经济环境主要由社会经济结构、经济发展水平、经济体制和宏观经济政策等四个要素构成。构成经济环境的关键要素包括GDP的变化发展趋势、利率水平、通货膨胀程度及趋势、失业率、居民可支配收入水平、汇率水平等等。

3. 社会环境。包括社会环境和自然环境。社会环境是指企业所处的社会结构、风俗习惯、宗教信仰、价值取向、生活方式、文化传统、人口状况、教育程度等各个方面。自然环境是指企业所处的自然资源和生态环境，包括土地、生物、矿产、能源、水资源等方面。构成社会环境的关键要素包括人口规模、年龄结构、种族结构、收入分布、消费结构和水平、人口流动性等。其中人口规模直接影响着一个国家或地区市场的容量，年龄结构则决定消费品的种类及推广方式。

4. 技术环境。技术环境对企业的生存和发展具有直接而重大的影响，不断的技术进步提高了生产效率，降低了成本，极大地影响市场的竞争格局。随着技术更新的加快，新产品层出不穷，产品的生命周期越来越短，越来越多的企业把技术研发作为企业的生存之道。技术环境分析就是分析与企业的产品有关的科学技术的现有水平、发展趋势及发展速度，跟踪掌握新技术、新材料、新工艺、新设备，分析新技术对产品生命周期、生产成本以及竞争格局的影响。

三、项目(企业)投资战略

(一)企业投资战略及其影响因素

在激烈竞争的市场经济社会中，企业投资的正确与否直接关系到企业的生死存亡。因此，如何运用有限的资金获取最大的效益，是摆在每个企业家面前的首要问题；选择恰当的企业投资战略以保证投资活动的顺利进行，也是企业家们的首要任务。

企业投资是一项全方位的工作。从横向看，它包容了企业经济活动的方方面面；从纵向看，既涉及目前企业资源的运用，更着眼于未来对资源的配置是否合理和优化。因此，企业投资战略在企业总体战略中虽是一个子战略，但属于一种高层次的综合性战略。它是经营战略的实用化和货币表现，并影响着其他分战略，如产品—市场—竞争战略、技术发展战略等。

在我国，目前影响企业选择投资战略的因素虽然很多，但基本上可归结为如下五项：一是国家的经济形势、经济政策以及企业投资自主权的大小；二是企业所属行业或即将进入的行业技术结构、技术水平和竞争结构差异及平均利润率水平；三是企业自身的经营状况及企业素质；四是市场需求状况和企业开发市场的能力；五是企业筹集和调配资源的能力。

(二)企业投资战略的基本类型及其选择

当企业对环境和自身做出尽可能透彻的分析之后，即可开始选择适当的发展战略，进而确定投资战略。

企业有创新发展和稳定发展两种基本战略，相应地，投资也有两种基本战略，即创新发展型投资战略和稳定发展型投资战略。企业选择创新发展还是稳定发展，取决于市场前景和企业态势；而选择投资战略方向（产品—市场选择）与确定投资战略态势（竞争分析）的具体内容恰恰是经营战略的核心（产品—市场—竞争战略选择），它们构成经营投资战略选择的前提。企业投资有三个基本选择，即投资战略类型选择、投资时机选择和投资规模选择（将在本章第五节专门介绍），以及最后的综合选择，即投资项目的优化组合才是投资战略选择的本体。

（三）企业投资战略方向选择

企业的战略方向是指产品和市场的综合选择，有5种可能的选择：

1.维持原有产品的市场。条件是原市场需求稳定，原产品处于其寿命周期的饱和期的前期。

2.利用原有产品发展某个细分市场。

3.改善现有产品，维持原有市场。条件是原市场需求稳定，原产品处于寿命周期的饱和期的后期。

4.发展新的细分市场。

5.发展新产品。

若选择战略方向1—3，投资战略属于稳定发展型；若选择战略方向4—5，投资战略属于创新发展型。

（四）企业投资战略态势选择

企业的战略态势取决于产品性能和价格的协调选择。共有7种战略态势可供选择。

1.领导者。某产品市场占有率最大的企业即所谓的领导者，其产品性能和价格成为市场规范。其他企业可以根据自己的特点，选择以下六种战略态势中的一种或几种与之展开竞争。

2.声望竞争者。这是由于历史或其他原因造成的。该企业的产品声誉好，故其性能相同的产品可以高于“领导者”产品的价格出售。

3.性能竞争者。其产品性能好，故价格也高于领导者。

4.价值竞争者。其产品性能好，但价格与领导者相同。

5.跟随者。价格和性能都与领导者的一致。

6.价格竞争者。产品性能与领导者的相同，但价格低。

7.经济竞争者。产品性能和价格都比领导者的低。

（五）企业投资战略类型选择

企业投资战略类型（投资策略）依赖于企业在竞争中的强弱、市场时机和市场占有率。根据这三个因素选择投资策略，则有表2-12所示的12种类型。

（六）企业投资时机选择

指企业对选定的投资对象准备在该产品寿命周期的某一阶段进行投资。企业实践表明，如果把产品寿命周期划分为导入期、成长期、成熟期和衰退期四个阶段，那么投资在这四个阶段表现出不同的特点（见表2-13）。

表 2-12 战略类型

序号	企业地位	收益与成长		
		高	中	低
1	主导	维持竞争地位现状或增加占有率 ——积极投资	维持现有地位，与同行共同成长 ——维持增长率而投资	保持现有地位 ——根据需要增加投资
2	强	改善竞争地位，提高占有率 ——积极投资	维持现有地位，与同行共同成长 ——根据需要增加投资	维持现状或收缩 ——最低限度地增加投资
3	尚可	改善竞争地位，有选择地实验 ——有选择地投资	达到适当地位并维持或收缩 ——最低限度地增加投资	收缩或分阶段撤退 ——最低限度地维持投资或停止投资
4	弱	谋求改善地位或放弃 ——有选择地投资或停止追加投资	转变方向或分阶段撤退 ——停止投资或稍稍投资	分阶段撤退或放弃 ——停止投资或抽回投资

表 2-13 产品生命周期与投资特点、要点一览表

序号	内容	导入期	成长期	成熟期	衰退期
1	阶段特点	设计尚未定型，基本无需求，成本高	设计已定型，销售增长迅速，出现竞争者	增长缓慢，利润多，市场饱和，竞争激烈	负增长，利润减少，竞争者陆续退出
2	投资优点	易抢占市场，为发展打下基础	竞争不激烈，易获利	推销和研制费用低廉，获利丰厚	为企业特殊需要服务
3	投资缺点	风险大，且开始无利可图，导致亏损	起步晚，市场份额易被竞争企业抢走	竞争易处于劣势，获利期短	利润迅速减少，甚至亏损
4	投资目的	加速产品定型，引导需求	进行速度和产量竞争，提高市场占有率	提高质量、信誉，形成特色以挤占市场	降低成本，更新换代，增加功能，延长寿命周期

经营成功的企业投资一般是将多种产品分布在寿命周期的不同阶段进行组合，主要模式有四种：

1.投资侧重于导入期产品，兼顾成长期和成熟期。这是一种颇具开发实力且创新意识强的企业通常选择的模式，是一种为获得领先地位而勇于承担风险的投资策略。

2.投资侧重于成长期和成熟期，几乎放弃导入期和衰退期。这是一种实力不足而力求稳妥快速地赢利的企业通常选择的模式，是一种重视盈利而回避风险的投资策略。

3.投资均衡分布于四个阶段。这是一种综合实力极强而且跨行业生产多种产品的企业通常选择的模式，是一种选择多角化经营战略谋求企业总体利益最大的策略。

4.投资侧重于导入期和成长期而放弃成熟期、衰退期。多见于开发能力强而生产能力弱的企业。

不同的企业可以根据自身特点和经营总战略选择上述四种投资组合之一或某一模式的变形。

(七)投资规模选择

投资规模选择是竞争力分析的重点和归宿，故专列第五节专门阐述。

课件

第五节　投资项目建设规模分析

一、项目建设规模的概念

项目建设规模指劳动力和生产资料在项目中的集中程度。项目建设规模通常有几个层次,有企业建设规模、公司建设规模、部门(行业)建设规模。建设规模的大小,受着一定的经济、技术条件制约,不同行业对生产规模的要求不同,项目规模大小也不是绝对的,时间、地点、条件不同,利弊得失也不相同。衡量建设规模大小,有多种指标,如生产能力、企业人数、固定资产价值等。项目评估中建设规模的标志主要是项目的生产能力。

一般情况下,现实中一个建设规模大的企业,其经济效益往往要比一个规模小的同类企业的经济效益好。但企业的建设规模也不是越大越好,大到一定的程度,经济效益反而会下降。因此,项目评估中对建设规模进行分析,其目的就是要寻找最佳或最合适的经济规模,即研究合理经济规模问题。

二、影响项目建设规模的主要因素

项目建设规模的确定主要取决于以下几个因素:

(一)国家的经济计划和发展规划

对于一些基础工业和基础设施项目,必须根据国家、地区和行业的经济计划与发展规划决定项目规模。如规划中要求集中生产和建设的项目,规模可以搞大一些,对那些在一定时期内不宜集中生产和建设的项目,则规模宜搞小一些。一般地说,属于国家重点或骨干项目的建设规模,要根据国家的中长期计划来考虑;对于一般项目的建设规模,则往往根据该地区行业、部门的规划需要来考虑。

(二)市场缺口量

市场是社会再生产不可缺少的一个重要环节,也是决定项目建设规模的前提条件。如果一种产品已进入衰退期,说明这种产品的市场已趋于消失,即项目的建设无必要,建设规模也就无从谈起。如果该产品市场的需求量大于市场供应量,但缺口不大,则规模宜搞小一些。如果该产品市场的需求量大大超过市场供应量,供需缺口大,则项目规模可以搞大一些。但是,项目的规模不能大于预测的市场供需缺口量。

(三)企业生产的保本规模

企业建设规模与产品成本有密切的关系。当企业规模逐步扩大时,单位产品成本逐步下降,呈现效益递增趋势;而当企业规模达到一定程度时,成本便会开始上升,呈效益递减趋势。使企业的生产成本与效益相等的规模,就是企业的保本生产规模。项目的经济规模要在保本规模以上选择。

市场供需缺口量与保本规模界定了项目规模的可取范围，即企业最小规模不能低于保本规模，最大规模不能超过市场供需缺口量。

（四）项目的行业技术特点

项目的建设规模也受到行业技术特点的制约。不同行业，要求的建设规模不同。

采掘工业的企业建设规模，主要取决于矿区的地质条件、矿物资源储量及其工业开采价值。

以农产品为原料的加工工业的规模，主要取决于原材料供应地的原料生产、供应能力以及产品的需求情况。

冶金工业的企业规模，主要取决于高炉及其冶炼联动和设备能力。冶金工业一般以大型为好，特殊企业以中型为好。

化学工业项目规模的确定，要求原材料综合利用和“三废”治理相结合，在技术工艺条件具备、资源供应集中的条件下，项目规模越小，经济效益越显著。

火力发电厂应积极向大型化发展。水力发电站的规模应根据水源流量来确定。

在机械行业中，大、重型产品生产企业一般向大型化发展；一般机械制造厂，产品品种多、批量小，应以中型为主；为地方服务的机械厂可以小型化。

纺织工业项目，由于产品市场性很强，应根据具体的市场条件，实行大、中、小企业并举，以中小企业为主的策略。

（五）项目的产品特点

除行业技术特点外，产品的特点也是影响企业规模的重要因素。产品规格简单、品种少，市场需求量大的项目，规模应以大型为主；产品规格高、结构复杂的项目，规模应以中小型为主。

产品制造过程的各个工序须在一个企业内连续进行的，或者只有采用大型企业生产才能比较充分利用资源的项目，应建设大型企业。产品刚进入成长期的项目，初期规模可以小一些，建厂时留下发展余地，待市场扩大后再进行扩建。如果产品已进入成熟期，则规模可大一些。如果已进入衰退期，一般不宜再上项目。

（六）原材料、能源等生产条件

生产条件也是决定项目规模的重要因素。生产条件包括原材料、能源、交通运输和劳动力供应条件。原材料是工业项目进行生产经营的重要物质基础条件。把项目建设规模确定在可靠的原材料供应的基础上，是确定项目规模不可违背的基本原则和前提条件。能源是使生产经营正常进行的动力，其供应能力是否可靠也是决定项目规模大小的必备条件。此外，交通运输条件、劳动力供应条件等也必须具备，否则，生产活动也难以正常进行。在潜在市场需求很大，生产条件还不充分，但预计今后将会得到改善的情况下，项目拟建规模的确定可先留有余地，以便今后条件具备时尽快扩大生产能力。

（七）项目的资金来源

项目建设规模的大小也取决于投资者的融资能力。融资能力的大小，既取决于投资者自身的信用水平，也取决于一个国家金融市场的发育水平。如果投资者的信用水平高，金融市场也发达，则投资者容易筹集到资金，项目建设规模就可以搞大一些。如果金融市场发达，但投资者的信用水平不高，则自有资金在某种意义上就成为项目的投资规模。如果金融市场不发达，投资者的信用水平也低，则项目难以筹集到资金，其建设也就成为不可能。当然，有了资金的来源渠道，也还必须深入分析和研究资金的使用条件。不同的资金使用条件，将会有不同的投资效果。因此，建设规模的确定，必须与资金可筹集量和资金使用条件相适应。

三、项目建设规模的确定方法

按照获得经济效益的程度划分，项目建设规模可分为以下四种类型：

亏损规模：销售收入小于成本消耗的规模；

保本规模：销售收入等于成本消耗的规模；

合理规模：销售收入大于成本消耗的规模，即有盈余的规模；

经济规模：经济效果最佳的规模。

我们在此主要介绍保本规模和经济规模的确定方法。

（一）保本规模的确定方法

保本规模是项目必须具备的起码规模，也叫项目的起始规模。保本规模的确定，一般采用盈亏平衡分析法。盈亏平衡分析法，就是寻找项目的收支平衡点，即建设项目建成投产后的每一年能够不亏损的最低销售量或最低销售收入，也就是销售收入等于成本消耗的那个点。进行盈亏分析一般做以下五点假设：

1.年产量等于年销售量，即产品不积压。当收支平衡时，年生产成本等于年销售收入。

2.在所分析的销售量（产量）范围内，固定成本不发生变动。

3.变动成本是与产销量成正比的线性函数。

4.销售收入是完全变动的，即销售收入随销售量的变动而变动。

5.产品价格稳定，且单价与销售量无关。

盈亏平衡分析有两种方法，一种是图解法（如图 2-1），另一种是代数法。

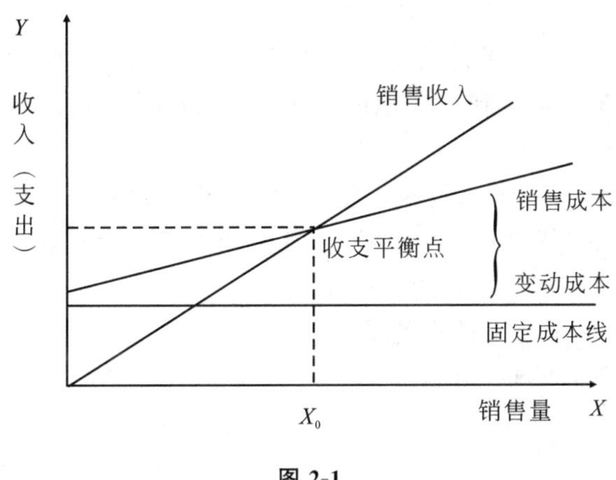

图 2-1

图 2-1 中，横轴表示产品销售量（产量），纵轴表示销售收入和销售成本。由于图中表示销售收入和销售成本的两条函数直线的斜率不同，因此就产生了一个交叉点 X_0。X_0

点表示产品销售达到一定数量时，其销售收入和销售成本正好相等，此点即称为盈亏平衡点，或称收支平衡点。

采用代数法进行盈亏平衡分析，其计算方式如下：

以 P 表示产品单位售价，Q 表示产销量，F 表示固定生产总成本，V 表示产品单位变动成本。因为盈亏平衡点的销售收入等于销售成本，所以有：

$$FQ=VQ+F$$

则：$Q=\dfrac{F}{P-V}$

例：某项目计划生产某产品，单位产品定价为 80 元，年固定成本为 900 000 元，单位变动成本为 50 元。则该项目的保本规模为：

$$\begin{aligned}Q&=\frac{F}{P-V}\\&=\frac{900\ 000}{80-50}\\&=30\ 000(\text{件})\end{aligned}$$

即当该项目年产量达到 30 000 件时，项目处于保本水平。

(二)经济规模的确定方法

确定项目经济规模的方法很多，常用的有最小费用法、方案比较法和规模效益曲线法。

1.最小费用法

最小费用法根据制约项目规模的全部费用来确定项目的经济规模。它是将不同规模下发生的各项费用分别汇总比较，选择单位产品费用最低的规模作为项目经济规模。其计算公式为：

$$F_{(V)}=S_{(V)}+P_{(V)}+T_{(V)}+Z_{(V)}E_d$$

式中：$F_{(V)}$ 为取决于产量的总费用，$S_{(V)}$ 为全部材料运到企业的费用，$P_{(V)}$ 为年产量的经营费用，$T_{(V)}$ 为全部产品运到销售地的费用，$Z_{(V)}$ 为建设项目总投资，E_d 为投资效果系数。

例：根据市场预测，某机器市场缺口量为 3 000 台，由主要设备所限定的最低保本规模为 500 台，根据对各种因素的综合分析，可能采用以下几个方案：

方案 A：建设 4 个年产 750 台的工厂；

方案 B：建设 3 个年产 1 000 台的工厂；

方案 C：建设 2 个年产 1 500 台的工厂；

方案 D：建设 1 个年产 3 000 台的工厂。

各方面有关资料如表 2-14。

表 2-14 最小费用法各种方案比较表

序号	费用项目 \ 方案规模 \ 建厂方案		A	B	C	D
			750	1 000	1 500	3 000
1	单位产品成本	经营费用/元	4 310	4 200	3 980	3 900
2		原材料运费/元	240	300	400	540
3		产品销售运费/元	70	80	120	140
4		产品成本/元	4 620	4 580	4 500	4 580
5	方案全部产品成本/万元		1 386	1 374	1 350	1 374
6	方案投资总额/万元		2 800	2 550	2 600	2 500
7	投资效果系数		0.12	0.12	0.12	0.12
8	折算年投资额/万元		336	306	312	300
9	方案总费用/万元		1 722	1 680	1 662	1 674

从表 2-11 的计算可以看出，方案 C 的总费用最小，因此，该项目的经济规模为年产1 500台机器。

2.方案比较法

项目规模的大小，受产品的市场供需情况、原材料供应、资金筹措情况和其他生产建设条件及项目成本效益等多方面因素的影响和制约。因此，实际工作中可以在分析比较影响项目规模各方面因素后，拟出多个可能实施的方案规模进行比较后，从中选出一个经济效益最佳的方案规模，即为项目的经济规模。其步骤如下：

首先，确定项目规模的选择范围。也就是界定最小项目规模和最大项目规模。最小项目规模即保本规模或叫起始规模。最大项目规模即市场对产品的供需缺口量。凡是小于保本规模或大于产品市场供需缺口量的规模方案均应被剔除。

其次，在第一步的基础上，再综合考虑原材料供应、资金筹措情况和其他生产条件等的保证程度，将规模方案中以上条件不能保证的方案再作剔除，只保留几个可能实施的方案。

再次，通过比较几个可能实施的方案，确定项目的经济规模。

例：某引进设备项目，拟生产甲产品，通过对各方面因素综合分析后，拟出 A、B、C 三个可能实施的方案，各方案的情况如表 2-15。要求用方案比较法选择项目的经济规模。

表 2-15 经济规模方案比较表

因素	A方案	B方案	C方案
生产规模/(万 m^2/年产)	600	1 000	800
总投资/万元	700	900	780
年销售收入/万元	1 140	1 642	1 417
年利润/万元	200	340	300
投资利润率/%	28.6	37.8	38.5
能源供应	满足	不足	满足
原材料供应	满足	不足	满足
应变能力	较差	较好	强
建设期/年	2年	3年	2年
达产期限/年	2年	3年	2年
对现有生产的影响	无影响	有影响	无影响

通过对表中三个方案各种因素进行综合分析比较,可以看出:

(1)A方案投资省,原材料和能源供应也都能满足,但经济效益和应变能力均较差。

(2)B方案经济效益和应变能力较好,但投资大,能源和原材料供应不足,且可能影响现有的生产。

(3)C方案经济效益和应变能力比B方案好,投资比B方案少,原材料、能源有保证,对现有生产也不会产生影响。

根据以上比较分析,可以判断C方案为最优方案,即项目的经济规模为年产甲产品800万 m^2。

3.规模效益曲线法

规模效益曲线法,也称盈利区间法。即通过作图或列表计算,在最高、最低两个盈亏平衡点之间找出一个使项目获得最大效益的建设规模的方法,具体分为规模效益曲线法和列表计算法。

在实际生产中,总收入、总成本与产量的关系往往呈现非线性关系,因此,可以通过绘制规模效益曲线图(如图2-2),确定项目最佳经济规模。

从图2-2可以看出,Q_1、Q_2 与两条曲线的交叉点为 E_1、E_2,E_1、E_2 称为盈亏平衡点。当产量在 E_1、E_2 时,收入与成本相等,不盈不亏;当产量小于 E_1 或大于 E_2 时,成本大于收入,企业将发生亏损;当产量大于 E_1 或小于时 E_2,企业将获得盈利。E_1、E_2 便是企业的最低和最高盈亏平衡点,介于 E_1、E_2 之间的斜线部分便是企业的盈利区间。在此区间内,Q_3 对应点的 E_3 处于最佳点上。在此点上,项目收入相对最大,成本费用相对最低,而利润最高。因此,在此点上对应的规模即 Q_3 就是项目的经济规模。但是,实际上由于一些具体条件的限制或影响,项目的经济规模往往不是一个点。因此,$Q_4 \sim Q_5$ 区间也就构成了项目经济规模的优选区域,即在 $Q_4 \sim Q_5$ 区间内的项目规模,其经济效益相对最大。

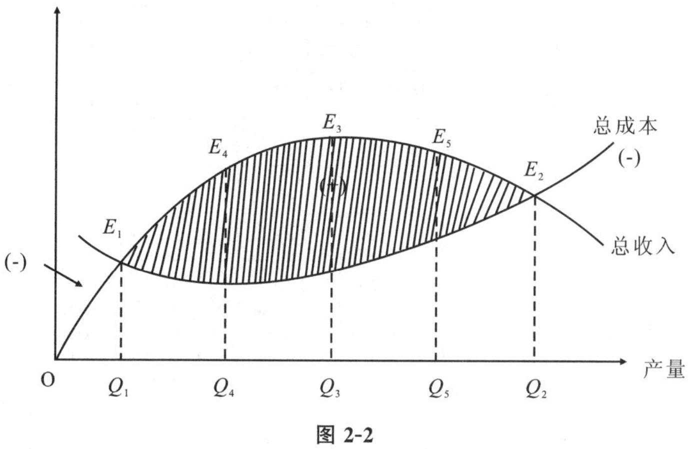

图 2-2

盈利区间法的另一种表达方式是列表计算法，即通过列表在最高、最低两个盈亏平衡点之间找出一个使项目获得最大效益的建设规模。

例如某公司年产 10 000 台以下某机械产品，年固定成本为 10 000 万元，销售单价为 10 万元，可变成本随产量不同而变化，如表 2-16 所示。其合理经济规模计算如表 2-17。

表 2-16 某产品产量及成本表

产量 Q/台	单位可变成本 V /万元	固定总成本 f	单价 P/(万元/台)
0		10 000	
1 000	10	10 000	10
2 000	8.50	10 000	10
3 000	8.00	10 000	10
4 000	7.50	10 000	10
5 000	7.00	10 000	10
6 000	7.50	10 000	10
7 000	8.00	10 000	10
8 000	8.50	10 000	10
8 800	8.86	10 000	10
9 000	9.00	10 000	10
10 000	9.50	10 000	10

表 2-17 合理经济规模计算表

产量 Q/台	单位成本/万元			总成本 C/万元			单价 P/(万元/台)	销售收入 S/万元	利润 /万元
	固定	可变 V	合计	固定 f	可变	合计			
0				10 000		10 000	10		
1 000	10	10	20	10 000	10 000	20 000	10	10 000	−10 000
2 000	5	8.50	13.50	10 000	17 000	27 000	10	20 000	−7 000
3 000	3.33	8.00	11.33	10 000	24 000	34 000	10	30 000	−4 000
4 000	2.50	7.50	10.00	10 000	30 000	40 000	10	40 000	0
5 000	2.00	7.00	9.00	10 000	35 000	45 000	10	50 000	5 000
6 000	1.67	7.45	9.12	10 000	44 700	54 700	10	60 000	5 300
7 000	1.43	8.00	9.43	10 000	56 000	66 000	10	70 000	4 000
8 000	1.25	8.50	9.75	10 000	68 000	78 000	10	80 000	2 000
8 800	1.14	8.86	10.00	10 000	78 000	88 000	10	88 000	0
9 000	1.11	9.00	10.11	10 000	81 000	9 1000	10	90 000	−1 000
10 000	1.00	9.50	10.50	10 000	95 000	105 000	10	100 000	−5 000

从表 2-17 可以看出，项目的最低和最高盈亏平衡点产量分别为年产 4 000 台和年产 8 800 台某机械产品，盈利区间内的最大年产量为 8 000 台，最优规模为年产 6 000 台某机械产品。

能力训练

能力训练一：预测产品市场需求量

材料：

据调查，某产品 2007—2011 年的市场销售资料如下附表 2-1 所示。

附表 2-1

年份	2007	2008	2009	2010	2011
销售量	480	530	570	540	580

要求：

预测该产品 2012 年、2013 年的市场销售量。

能力训练二：确定项目最佳经济规模

材料：

某公司年产 1 000 件以下产品，年固定成本为 15 万元，销售单价为 5 500 元，可变成本随产量不同而变化，如附表 2-2 所示。

附表 2-2　某产品产量及成本表

产量 Q/件	单位可变成本 V/元	固定总成本 f	单价 P(元/件)
0		150 000	
100	5 500	150 000	5 500
200	5 100	150 000	5 500
300	4 500	150 000	5 500
400	5 125	150 000	5 500
500	4 600	150 000	5 500
600	4 300	150 000	5 500
700	4 700	150 000	5 500
800	5 200	150 000	5 500
850	5 324	150 000	5 500
900	5 800	150 000	5 500
1 000	5 900	150 000	5 500

要求：

计算合理经济规模(附表 2-3)

附表 2-3　合理经济规模计算表

产量 Q/台	单位成本/万元			总成本 C/万元			单价 P(万元/台)	销售收入 S/万元	利润/万元
	固定	可变 V	合计	固定 f	可变	合计			
0				150 000		150 000	5 500		
100		5 500		150 000			5 500		
200		5 100		150 000			5 500		
300		4 500		150 000			5 500		
400		5 125		150 000			5 500		
500		4 600		150 000			5 500		
600		4 300		150 000			5 500		
700		4 700		150 000			5 500		
800		5 200		150 000			5 500		
850		5 324		150 000			5 500		
900		5 800		150 000			5 500		
1 000		5 900		150 000			5 500		

本章知识要点及自我检测

本章案例资料

第三章 生产建设条件评估

材料：

1.为推动厦漳泉同城化建设，厦门通信科技有限公司将其旗下全资电子配件子公司迁建漳州市，该电子配件子公司主要生产母公司电子产品所需零部件，并向外单位销售部分电子配件。

2.公司在厦门市火炬高新技术产业开发区内有两座厂房出租给外单位，其中一座厂房租期已满，若多媒体手机项目产业化论证可行，公司拟将该厂房收回改造成多媒体手机生产车间。

3.如果经过专家论证，厦门通信科技有限公司多媒体手机项目产业化可行，公司旗下全资电子配件子公司迁建漳州市必须与多媒体手机生产车间改造同步进行。

思考：

1.厦门通信科技有限公司在同步实施公司旗下全资电子配件子公司迁建漳州市和多媒体手机生产车间改造时应注意什么问题？

2.厦门通信科技有限公司在多媒体手机生产车间改造时应采取哪些环境保护措施？在产品生产过程中应实施哪些劳动保护和安全保护措施？

第一节 资源条件评估

课件

一、项目建设对资源供应必须遵循的原则

资源的内容非常广泛，这里所讲的资源包括未经开采加工的自然资源，即可以从自然界获得而用作工业生产的物质，如地下矿藏、土地、森林、水、空气、风、阳光、地热等，也包括已经开采加工可作为生产投入物的原材料、燃料、动力等资源。无疑，这些资源是保证项目得以顺利建设和正常生产的重要条件。因此，项目建设对资源的供应必须遵循以下几条原则：

（一）适用性原则

资源（即物料）的投入，是为了生产满足市场需要的产品。不同的物料可以制造出同一种产品，但是所制造出的产品的品种、性能、质量却可能因物料投入方案的不同而完全不同。物料的选择应首先满足适用性的原则，即制造出的产品符合项目预定的要求。例如，木浆和草浆都可以作为造纸的原料，但是在选择具体造纸项目的原料时，就必须首先确定项目所提出的成品的性能质量要求。为了保证物料供应的适应性，在评估时就既要弄清楚项目产品要求的详细规格和质量，以及对副产品及三废排放物的要求，又要准确掌握拟选物料所制定的产品、副产品及三废排放物的实际工业生产数据，并且以产品的实际生产需要为前提来选择物料供应方案。

（二）可靠性原则

资源来源的可靠性是选择物料供应方案时必须考虑的重要方面。以工业项目的原材料供应为例，工业生产建设大多是大批量的连续生产过程，稳定可靠地供应原材料是正常生产的基本条件。评价资源供应的可靠性，必须从宏观和微观方面进行考察。从宏观方面讲，社会经济系统是一个有机的、开放型的、各个部门密切关联的大系统，任何物质生产部门和国民经济其他部门存在着千丝万缕的复杂关系。因此，考察资源供应的可靠性，必须首先从宏观上把握各种物料的总体规格、结构、质量及供应效率。从微观上看，为了保证物料的可靠供应，还必须落实具体的供应渠道。在项目决策时应对供应部门或物资生产部门的供应能力进行可靠的调查与预测，最好能达成供应协议或意向书。对投资项目进行评估时，必须对国内外物料和供应状况、需求状况及供需变化趋势有较清楚的了解和科学的预测，得出可靠的物料供应来源、数量、规格、成分和供应渠道，并应估计其确定性程度，以便使项目建成后的物料供应有比较可靠的保障。

（三）经济性原则

资源供应方案的经济性，就是选择该方案所造成的项目原始投资和投产后的经营费用的高低。分析物料方案的经济性，不能仅看物料本身的价格高低，还要综合分析物料供应方案的采用对整个项目的原始投资造成的影响，对工艺技术方案及设备构成的影响，对燃料、动力及人工费用的影响，选择经济效益最佳的方案。

由于现代科技的高速发展，生产某种产品，要求选用不同的原料，与此相适应，应有不同的工艺方案，按照经济性原则，必须选择投资少、费用低、效益大的工艺方案。物料供应方案的经济性是相对的，它随着时间、地点和建厂规模的变化而变化。在进行物料供应方案选择时，必须结合当时当地的实际情况具体分析。有些项目的原材料需要进口，要受到国际市场的制约和外汇拥有量的影响。为了保证原材料的可靠供应和节约外汇，对于一些项目的原材料供应，要考虑国产化原则，项目所需原材料应尽量依靠国内生产；对于国内一时不能满足供应需要进口的原材料，也要考虑尽快实现国产化的措施。

（四）合理性原则

资源供应方案的适用性、可靠性和经济性主要是从项目本身来考虑的，合理性则是从资源在整个国民经济中利用和分配的合理程度方面进行考察的。随着资源综合利用程度的提高和物料的多元化，物料合理性的评价变得日趋复杂和重要。每一种经济资源都有多种不同的用途，并且产生不同的经济效果。随着科学技术的突飞猛进，物料供应选择的范围越来越广，而自然界的资源又是有限的，在宏观上有一个“量材使用”和“物尽其效”的合理配置问题，因此，在项目投资时，应十分重视能源问题。对于一些与国计民生有重大关系的紧缺原料，为了从宏观上保证原料分配利用的合理性，国家往往在政策方面做出限制和规定，在项目评估中必须严格执行。

(五)减少能源消耗原则

能源动力是投资项目物料供应的重要内容。同时，项目建设的其他因素，如厂址选择、工艺选择、原材料投入物的方案选择等，都对能源消耗的数量和结构有重要影响。然而，能源短缺是发展中国家普遍存在的问题，因此，在进行项目投资时，应十分重视能源问题。为了保证拟建项目做到合理利用能源和节约能源，工程项目设计必须认真贯彻国家产业政策的行业节能设计规范。

二、自然资源条件评估

(一)自然资源条件评估的重要性

一个投资项目，特别是大型投资项目，往往需要大量的资源为其服务。比如要建设一个大型铝厂，就要有丰富的铝土矿产资源和大量的电力供应，而大量的电力供应则要依赖于煤炭或者水力资源。又比如，要建设一个棉纺厂，就要有棉花。这里的铝矿、煤炭、水力、棉花等等，都是自然资源。可见，资源条件是投资项目最基本的建设条件，是项目进行生产经营最主要的物质基础，只有具备了可靠的资源条件，拟建项目才有稳固的生存基础。

但是，在经济建设的实际工作中，由于受自然资源的有限性、储藏的复杂性、分布的不均衡性等因素的制约影响，使得对拟建项目自然资源条件的分析变得格外重要。从资源有限性方面看，大多数自然资源(如矿产资源)是经过漫长的年代，在特定条件下形成的，这就决定了它们的数量是有限的，而且随着人类对自然资源的工业性消耗的增长，其数量在日益减少。因此，在一个工程项目的建设中，就不能不考虑资源有限性的约束。从资源储藏的复杂性方面看，由于工业生产用的自然资源大多埋藏在地下，其储量、成分、品质等等，往往不易探明，而其他农、牧、渔业等资源，受自然条件的影响较大，其来源也不十分稳定，这就增加了对资源分析的难度，如果凭不准确的资源信息而盲目兴建项目，容易造成重大损失。这就要求必须实事求是地对投资项目的资源条件进行评估。从资源分布的不均衡性方面看，我国不同地区的地理环境、气候条件有很大差别，资源分布也不同。因此，在确定本地区建设项目的时候，只有根据本地的资源特点、品质、储量及开采条件，扬长避短，发挥自身优势，才能做出正确决策。

(二)自然资源条件评估的内容

对投资项目自然资源条件进行评估，要结合本地区的资源情况，使项目能有效地利用自然资源。具体可从矿产资源条件和农产品资源条件两个方面进行评估分析。

1. 矿产资源条件评估的主要内容

(1)投资项目评估所需矿产资源要有国家矿产储备委员会批准的关于该资源储量、品质、开采价值及运输条件的报告，并以此作为项目建设的依据。

(2)要明确项目所需矿产资源的种类和性质，评估所需矿产资源的矿床规格(总储量、工业储量和可采储量)、类型特征、矿体形态大小、矿产品位和结构、储量的有用或有害元素、矿石的物理性能和化学性能，以及矿床开采技术和加工条件等，看其能否满足项目工艺设计方案和设备选型的基本要求。

(3)分析项目所需资源的供应数量、质量、供应方式和服务年限等。要区分地质储量和工业储量的界线，根据开采的工业储量来衡量其能够满足项目需求的程度。采用什么样的开采方式和供应方式，对项目的经济效果和成本高低构成直接影响。此外，对于需要利用稀缺资源和供应紧缺的资源项目，还需要分析评估开辟新资源的可能前景及替代途径。

(4)分析资源的综合利用程度。经济建设的发展需要大量的矿产资源，由于矿产资源属于非再生资源，所以对矿产资源应特别注意以下两个方面的综合开发利用方式的分析：

① 资源的综合开发利用。首先，对矿产资源必须综合开采。受共同地质规律的作用，若干种矿物共生的情况比较普遍，这就要求我们综合找矿，综合评价，综合开采。其次，坚持贫富兼采、节约资源的原则。在相同条件下开采富矿，经济效果比较明显，当富矿藏量不大，不能满足需要时，就应考虑对贫矿的开采。第三，应当正确确定资源利用方向，将资源开发和工业布局结合起来，尽量合理利用资源。第四，科学确定开发强度和服务年限。有效储量不多，服务年限就会缩短，如果一次性投资过多，长期经济效果便不够理想，如果开发强度过小，产量太低，又会导致近期经济效果不佳。最后，应当充分利用水利资源。

② 能源的综合开发利用。能源的综合开发利用是资源综合开发利用的一个重要方面。能源储量与人类永久需要相比较，能源是难以满足需要的，因此，除积极开发研究新能源外，能源的综合利用是节能的重要方面。节能可以减少投资，降低能耗，又可以减少运输、贮存和污染，因而自然减少了产品成本。任何一个建设项目都与能源密切相关，建设项目性质不同，对能源的要求也不同。选择能源时，首先应考虑以自然能源代替人工能源，以原油代替重油，以煤代油等；在能源利用方面，应考虑电热结合、一能多用、合理利用，提高投资效果；同时，应注意余热回收利用、能源选型，选择好节能产品。此外、建筑物建设方案应考虑采用节能措施，在可能的情况下尽可能开发利用沼气、地热、太阳能和核能等新能源。

2. 农产品资源条件评估的主要内容

(1)投资项目所需投入物为农产品，则应根据过去及目前农产品资源供应量及地区分布数据，估计测算农产品今后可能获得的品种和数量。同时考虑地区行政收购的限制及同行业的竞争和扩大农产品种植面积或试种新产品的可能性，并注意农林经济发展及世界农产品市场的变化对农产品资源供应的影响。如果项目对农产品需求量很大，需要扩大农产品种植面积和试种新产品，在评估中，应将扩大种植面积或试种品种的数量、规模、投资因素一并考虑。以某种农产品的新品种为基础原料的投资项目，要对这种新产品在当地生产供应的可靠性进行评价。

(2)投资项目所需投入物为畜产品和林产品，则要深入实地专门调查，以取得精确可靠的基础数据。

(3)投资项目所投入物为海产品，则要估计海产品来源的潜力、产量和采集费用。海产品的来源不仅取决于生态因素，而且还取决于国内政策以及国际间的双边、多边协定，特别是在海上捕捞定额方面有官方对其数量进行限制的情况下，要充分考虑投产后的运营可能造成的过多捕捞以及可能受到的限制。尤其是对渔业加工工业方面的项目，更要充分考虑各种可能情况，分析海产品在项目寿命周期内供应的可靠性。

三、原材料供应条件评估

原材料供应条件是指项目建设施工所需的建筑材料和项目生产经营所需的原料、辅助材料、半成品的供应条件。不同类型的投资项目，所需的原材料品种和规格千差万别，而且每一个投资项目的原材料需求也是多种多样的。如果将一个项目所需的全部原材料都进行分析评估，其工作量必定是相当大的。在项目评估中只要选择其中主要或关键性的原材料进行分析评估就可以了。通常是根据项目产品的类型、性质对原材料的要求，从原材料的数量、质量、价格以及运输条件等方面加以评估。

(一)原材料供应数量评估

原材料供应的数量要满足项目生产能力的需要。在评估时，应根据项目设计生产能力、选用的工艺设备来估算所需原材料的数量，并分析原材料在加工过程中所发生的不可避免的损失。

(二)原材料质量评估

原材料的质量要适应生产工艺要求，满足项目产品设计功能的需要。原材料质量性能有物理性能、机械性能、化学性能、电磁性能等表现形式，其质量性能直接影响到投资项目的生产工艺、产品质量的资源利用程度。比如，煤炭是火力发电的重要原料，但是不同地点、不同矿井开采的煤炭的化学成分含量、热值是很不相同的，这对火电厂的技术、经济代价、环境等都有直接影响。为了保证物尽其用，在进行评估时，要注意分析特定项目对各种投入物在质量和性能特征上的各种要求，保证满足项目产品设计功能的要求。

(三)原材料价格评估

原材料的价格及其变动趋势是影响项目产品成本和项目经济效益的关键因素。不同质量、不同来源的原材料，其价格是很不一样的。通常情况下，主要原材料的价格及其来源的可靠保证，对项目的技术可行性、经济合理性及合理经济规模的确定都有决定性影响。分析基本材料的价格，依据过去价格变动趋势预测未来的变化，估计材料供应价格弹性和互补性，是确立项目经济性的关键。通过技术经济分析认证，选择更适用的材料或物美价廉的代用品，是保证资源优化利用的重要途径。

(四)原材料运输方式评估

原材料运输也是原材料分析的一个重要方面。运输距离的远近、运输方式的选择等对生产连续性和产品成本影响很大，因此，都必须有周密的分析和安排。由国内供应的原材料要注意就近取材，选择合理经济的供应距离和运输方式，以保证项目生产的连续性和降低产品成本。在分析评价原材料供应条件时，应对运输能力和运输费进行测算。对于季节性生产所需的原材料，需说明短期进货数量。

(五)原材料存储条件评估

为保证项目产品的连续生产，应重视材料存储设施的建设。特别是在投入物的来源和运输容易发生困难，以至影响连续生产的情况下，这个问题更显得重要。在原材料供应条件中要包括原材料的技术规格、供应规格和合理的储备量，并计算出仓储设施的费用和仓储费用。

（六）原材料国产化可能性评估

原材料的供应，首先要立足于国内。如果必须从国外进口，则应对需要进口的原材料和其他投入物说明理由。进口原材料一定要注意供应的稳定性和运输环节，一旦国外供应来源有变化时需采取应变措施，并预测用国产原材料替代的前景。

此外，对需要生产试验的原材料，应按需要分别进行不同阶段的生产试验，以选择工艺生产方法，确定技术参数和消耗指标，测定产品质量，取得主要设备选型等各项数据，并对试验目的、试验名称和试验要求、需要试验的理由、试验方法和试验结果等相关问题进行说明。

四、燃料、动力供应条件评估

燃料主要包括固定燃料、液体燃料和气体燃料；动力则包括供水、供电、供气等动力设施条件的能力。燃料和动力统称为能源。能源的数量、品种和质量对投资项目的建设和生产能否顺利进行至关重要，能源供应条件对产品的成本和质量的关系甚为密切，因此，应认真分析燃料和动力的供应条件。

（一）燃料供应条件评估

燃料供应条件评估分析评估项目所需燃料的需求量和可供应量。项目所需燃料的种类，通常可根据项目本身的生产工艺和设备选型的要求，并依据所选燃料对产品生产过程、成本、质量、厂区环境、生态平衡的影响程度而定。在对这些因素进行综合分析评价，多方案比较择优的同时，还需要计算燃料供应数量、质量和供应方式，落实燃料的运输问题及其存储设施。

（二）水供应条件评估

投资项目所需的工业用水，按其性质可分为：原材料用水、锅炉用水、冷却用水、公寓用水和冲洗用水等。项目评估中，要根据项目所需水源、水质要求，分析和审查正式水文地质资料和化验数据，并分析计算项目生产建设用水量、供水价格对产品成本的影响；分析是否需要有节水的循环设施、污水净化设施，并估算水源、供水泵站及管网等供水设施的费用；分析供水方式，是选择由自来水公司供应，还是由自己开辟水源，如打井、开渠引水等，并根据引水方案确定供水工程。

（三）电力供应条件评估

电力是工业生产的主要动力。项目评估中，对耗电量大而又要求连续生产的项目，要对电力作专题调查研究和分析评价，认真分析项目用电总量、年耗电量以及对产品成本的影响。对于大型投资项目，还应分析评价对电网、设备的最大负荷和冲击负荷的要求，并注意供电的特定性分析，对引进技术项目还应考虑其对供电质量的要求等。

（四）热力供应条件评估

蒸汽和煤气等动力供应条件的分析评估，要分别计算其需要量，分析供应方式（集中供水、分散供应、外购等方式）及对产品成本的影响，分析自备设施投资、规格及设备选型、管网布置的合理性。选择热力供应的能源消耗方案时，要严格按照国家有关规定，合理使用能源。比如，根据国家《关于严格控制引进燃油设备的通知》的规定，对于技术引进项目，即进口成套设备、单机或补偿贸易、合作生产、来料加工、合资经营等各种方式的引进项目，不得以任何理由引进燃油锅炉。生产工艺上有特殊要求，符合燃油规定，必须烧油的，也要根据国家烧油供应的可能，从严控制，并事先报批。因此，尽量减少石油使用，实行以煤代油方案，是我国关于燃料消耗的一条重要政策。在分析评价工作中，这些政策措施必须认真贯彻执行。

此外，由于动力供应（即能源供应）是项目正常生产的重要保证，因而还应调查项目所需能源供需平衡情况。如发现不平衡或供需有困难，则应分析原因，采取积极的节能工艺和节能措施，了解供应部门对能源缺口的安排和落实情况。

第二节　厂址选择评估

课件

一、厂址选择的重要性

投资建设一个项目要求有一定的空间范围和地理环境，需要进行厂址选择。厂址选择评估就是在国家经济布局和区域发展计划的范围内选择一建厂位置，而这一建厂位置的自然和地理性、运输条件、供电、给水条件等，都能最大限度地满足建设与经营各方面的要求，使工厂的建设达到技术上可行，经济上合理。投资项目的厂址选择，是投资建设程序中的重要环节和实施建设的前提。厂址选择合理与否，不仅对项目设计、建设速度、建设投资等有影响，而且对项目建成后的产品成本、生产发展、企业管理、环境保护等方面均有直接影响。因此，厂址选择是一个具有全局性、长远性和战略性的重要问题，是一项政策性和科学性很强的综合性工作。

二、厂址选择的内容

一般情况下，确定某个建设项目的具体地址（或厂址），需要经过建设地区选择（又称选点）和建设地点选择（又称定址）两个不同层次的、相互关联又相互区别的工作阶段。地区选择是在几个不同地区之间对拟建项目适宜配置在哪个区域范围的选择，是在较大范围内研究和选择投资项目的建设地理区域，要结合考虑国家的宏观计划和生产力布局的要求；地点选择则是对拟建项目的具体施工建设地点或坐落位置的选择。可见，厂址选择是一个从宏观至微观，先选点后定址的过程。

三、厂址选择的基本要求

由于厂址选择的内容包括选点和定址两个方面，也就具有不同的原则要求。

(一)选点的基本要求

项目地区的选择是一项复杂的系统工程,其实质是固定资产投资布局和生产力布局的问题。因此,必须从国民经济和社会发展的全局出发,运用系统的观点和方法分析其利弊得失。为此,在项目建设地区的选择中应遵循以下基本原则要求:

1.要在国家和地区的国民经济发展规划和投资项目布局及城镇建设规划的指导下,按照生产力合理布局的原则选择建厂地区。投资项目布局与生产力布局之间存在着相互影响、相互制约的密切联系。一方面,投资项目建设和投产所需要的条件是否具备,有赖于现有生产力布局的状况;另一方面,投资项目又可以影响和改变现有生产力布局的状况。因为投资项目布局面向特定地区提供生产要素,扩大生产能力,成为调整生产力布局最直接、最有效的手段。因此,以国民经济和社会发展的整体利益出发,对投资项目特别是有关国计民生的重点建设项目进行合理布局,是生产力合理布局原则对投资项目建设的地区选择提出的要求。但由于各地区地理位置不同而形成的自然条件、资源条件、原有经济基础及内外联系的便利程度等方面的差异,必然形成地区经济发展的不平衡性。对此,我们要承认并自觉运用地区经济发展不平衡规律,在投资项目的地区布局时要正确处理城市与农村、内陆与边远地区、生产与生活、生产与生态、工业与农业、现在与未来等诸方面的关系,从而使工业布局同各地自然资源和技术经济条件相结合,使各地区主导工业的发展和其他工业的发展相结合,使工业生产力适当分散又合理集中,充分发挥规模经济效益;使发达地区经济的超前发展与欠发达地区经济的加速发展相结合,外引内联,逐步缩小地区之间的差距。

2.要根据不同项目的技术经济特点决定的项目指向性,选择建厂地区。项目指向性是不同产业、不同项目在选择厂址上的特殊要求,应予以特别重视。项目指向性有以下基本类型:

(1)原料指向。对于加工工业来说,原料是十分重要的,它不仅影响产品的加工工艺和质量,而且还直接影响企业的经济效益。因为,一般加工工业的原材料成本占总成本的比重都很高,所以原料的运输、仓储的供给,对于企业的经营活动而言,是必须慎重考虑的因素。一般地说,凡消耗大量原材料的工厂,如水果、蔬菜、鱼、肉等加工工厂;凡生产过程中原材料失重较大,或产品净重量只占所消耗原材料重量中的一小部分的,如有色金属冶炼行业,都应考虑接近原材料生产。

(2)市场指向。根据市场的位置建厂,对于某些行业来说,是具有重要意义的。凡产品不易运输或不易仓储的行业,如食品加工工业、日用工业品工业等,都应考虑接近消费市场。这样可以节约产品的运输成本和仓储成本,减少产品的损耗,并便于适应市场的变化,及时将产品投放市场。

(3)能源指向。能源是工业的粮食,许多大量耗电的工业企业,如铝、镁、钛的冶炼厂、铁合金厂、电石厂、人造纤维厂等,建厂地点一般应选择靠近动力基地,特别是能提供廉价电能的大型水电站附近。当然,火电厂本身的布局,也应接近燃料产地,因为对使用大量煤炭、石油作为燃料的工厂来说,总是以煤炭、石油产地作为项目建设地点为宜。

(4)技术指向。各种精密仪器仪表、电子计算机等知识密集型、技术密集型行业的投资项目的选点,应充分考虑科学技术协作的条件,因此一般应选在科学技术中心地区和文化教育事业发达、技术熟练、劳动力比较充裕的地区。

(5)环境指向。对一些高新技术产业,如遗传工程等,产业的生产技术过程要求四季温差变化小,温度、湿度适中,空气清新,无传统工业污染。这样,投资项目的选点,还要着重考虑环境条件好的地区。

3.要对各备选地区的建厂条件进行全面分析。分析内容包括:

(1)市场需求分析。通过市场调查,了解项目产出品在各地区的生产、供应、销售情况,尤其是供需缺口情况,进一步预测该产品未来供需趋势及地域分布,进而确定项目产出品的最主要消费市场和最具潜力的市场在哪个地区。

(2)劳动力资源条件分析。即分析项目所需的劳动力能否就近解决,劳动力的数量、质量、年龄、性别、工种、文化程度、技术等能否满足项目要求。

(3)生产技术协作条件分析。厂址选择要符合专业化协作和现有工业配置的原则。按照专业化协作组织生产,可以大大节约用地和建设投资,便于采用先进的工艺技术和设备,提高劳动生产率,这是保证投资项目取得较好的经济效益的重要条件。因此,拟建厂址最好选择在能够充分利用区域经济优势,便于分工协作和专业化生产的地区。

(4)环境保护和综合利用分析。项目是处于自然环境中的人造系统,地理位置、地貌、地质、气候等环境要素对项目建设和生产都会产生影响,反之,项目建设和生产又对周围环境和生态产生影响,因此要分析和评价为保护环境需付出的代价,避免对生态平衡和风景、名胜古迹的破坏。如投资火电厂、化工厂等会产生烟尘及有害气体的项目,应考虑当地的风向。同时,厂址选择还要考虑各种资源的综合利用,如矿产资源、农林资源的综合利用;对工矿企业的废渣、废气、废水要进行综合回收和处理,挖掘潜力,变废为宝。

(5)分析项目建设生产和生活对工程地质、水文地质的基本要求。即评价厂址所在地段土壤及地层构造的理化性质是否符合基建工程和生产对地质的要求,应分析项目的施工、生产、生活等方面的用水保证程度。

(6)社会、政治、经济、文化情况分析。即分析项目备选地区的开放意识、产业政策、发展规划、经济形势、生活方式、消费水平、文化传统、教育水平、科技水平、社会治安、道德风尚等影响项目投资的软环境因素。

(二)定址的基本要求

根据上述选点分析评价的基本要求确定建厂地区后,就要在已选定地区内确定具体的建厂地点。地点选择应着重从拟建项目的生产工艺特点和厂房布局对厂址的具体要求出发,根据环境对项目生产经营影响的各种因素进行利弊分析。为此,在项目定址的选择中应遵循以下基本原则要求:

1.厂区形状和面积应符合厂内总体平面布置的需要,能够按照工艺流程布置厂房和建筑物、管线、道路、仓库等,并留有发展扩建的余地。

2.厂址应靠近铁路、公路、河流和有管道运输的地方,这便于厂内专用运输线连接外运通道,尽量避免进行工程量巨大的厂外运输工程,从而降低成本费用。

3.厂址应靠近水质水量均能满足生产需要的水源,厂区地面与水源地标高要小,便于取水,同时废水排放也方便,尽量避免建设投资巨大的引水管道工程。

4.厂址应靠近城镇居民点，靠近有生产联系的企业，以便共同使用生产服务、生活服务设施，以节约土地、减少投资。

5.厂址地质构造应稳固，岩土力学性能符合厂房地基要求，地下没有断层、岩溶、流沙和废弃的矿坑，不需要花费巨大的地基处理工程。

6.厂址不应设在居民点上风方向和现有或拟建工厂的下风方向，也不宜建在窝风、易出现逆温气象的谷地、洼地里，以免废气和烟尘影响居民及工厂职工的身体健康。对于易燃、易爆、易泄漏危险的项目和强噪声的项目，应远离居民区，寻找一个隔离性的厂区。

7.厂址不应选择在各种有机物和化学废弃物的地段，也不应靠近流行性传染病易发地段，应选择在公共卫生条件好的地段上。

四、厂址选择的程序

项目选址的工作程序，一般可分为准备工作、项目选址和选址报告三个阶段。

(一)项目选址的准备阶段

1.组织选址工作组

选址工作的组织，应按项目隶属关系，由主管部门会同所在地有关单位，组织建设、设计、勘测、城市规划、环境保护、交通运输等单位的人员组成。专业的配备，应根据项目选址的任务与要求、建设项目的性质与内容而有所侧重。

2.拟定项目选址的技术经济指标

选址工作组要研究明确任务；了解区域总体规划要求，并收集地质矿产资源、原料基地分布、地区工业发展规划、区域自然经济条件等有关资料；要研究拟建企业的特点和可能建厂地区的特点，以及选址工作中的主要问题；要根据项目的生产能力及可能的远景规模，研究计算确定项目选址的主要技术经济指标。技术经济指标主要包括：项目占地面积，全厂建筑面积，职工定员，主要原材料和燃料需要量，年运输吞吐量，用、排水量及水质，用电量及要求，蒸汽用量，企业生产能力，企业车间组成，选矿厂的年尾矿排出量，工厂废渣排出量，外协要求，以及人防、安全等其他要求。

(二)项目选址阶段

1.厂址勘察和收集选厂基础资料

项目选址工作组到达各现场后，首先要到有关单位补充收集和核实资料，并与地方政府、城市规划部门等有关单位共同研究项目选址问题，拟定若干可能建厂的地点。然后进行实地勘察，调查建厂地点的场地面积、地形地势、坡度、工程地质、水质水位，了解现有房屋建筑物具体情况及占用农田拆迁民房情况，调查运输线路接轨点、电源、水源、尾矿废渣堆放位置、工人生活区位置，调查生产及基建协作条件，调查原材料、燃料、建筑材料供应地，了解环境保护要求等。

2.方案比较和分析论证

根据现场调查和勘测结果，以及搜集到的经过鉴定的资料，对各个厂址方案进行比较，通过综合分析和论证，提出推荐方案，说明推荐理由，并给出厂址规划示意图和工厂总平面布置示意图。

(三)编写厂址方案报告

厂址报告一般应包括以下几个方面的内容:

1.概述。概要叙述建厂依据及原材料供应情况,项目选址的工作过程,选址工作组成员,厂址选择原则,采取的工艺流程,可供选择的几个厂址方案和推荐方案。

2.厂址主要技术经济指标。说明工厂性质、生产特点、工艺流程及"三废"性质,列出厂址选择的主要技术经济指标。

3.建厂地区概况。即概述拟建项目建厂地区的自然、地理、经济和社会概况。

4.厂址方案的比较和论证。通过建厂条件比较、投资建设和经营费用比较、各厂址方案的优缺点及多方案的技术经济综合分析论证,推荐最佳厂址方案。

5.当地主管部门对厂址的意见。就厂址选择的结论征求当地主管部门意见,可出具一定的指示文件或协议文件。

6.存在问题及解决办法。

五、厂址选择的技术经济分析方法

厂址选择运用的技术经济分析方法很多,下面主要介绍比较常用的几种分析评价方法。

(一)分级计分法

分级计分法是将影响厂址选择的所有因素,按重要性划分等级计分,按总分值大小选择厂址的一种综合评价方法。具体步骤有三个:一是列出影响厂址的各项因素;二是按各因素的重要性,定出评价每个因素用分级计分标准;三是将被评价厂址方案的每一个因素的分值相加得总分,总分值最高的方案即为最优方案。

例:某项目有A、B、C三个备选厂址方案,决策部门采用分级计分法选择最佳厂址的过程如下:

首先,设定地区分级评分标准(见表3-1),并按此标准对三个厂址进行分级打分(见表3-2)。

表3-1 地区分级评分标准

项次	选择因素	分级标准			
		最优	良好	可用	恶劣
1	接近原料	40	30	20	10
2	接近市场	40	30	20	10
3	能源供应	20	15	10	5
4	劳动力来源	20	15	10	5
5	用水供应	20	15	10	5
6	企业协作	20	15	10	5
7	气候条件	16	12	8	4
8	文化条件	8	6	4	2
9	居住条件	8	6	4	2
10	企业配置状况	8	6	4	2
	最大分值	200	150	100	50

表 3-2　三个方案地区分级评分比较表

选择因素	A 地		B 地		C 地	
	等级	分数	等级	分数	等级	分数
1	②	30	②	30	③	20
2	②	30	②	30	①	40
3	①	20	①	20	③	10
4	①	20	④	5	②	15
5	③	10	①	20	①	20
6	①	20	③	10	②	15
7	②	12	①	16	②	12
8	③	4	③	4	①	8
9	②	6	①	8	①	8
10	②	6	③	4	③	4
合计		158		147		152

其次，设定厂址的分级评分标准（见表 3-3），并按此标准对三个厂址分级打分（见表 3-4）。

表 3-3　厂址分级评分标准

项次	选址因素	分级评分			
		Ⅰ	Ⅱ	Ⅲ	Ⅳ
1	位置	80	60	40	20
2	地质条件	50	35	25	10
3	占地	40	30	20	10
4	运输及装卸	20	15	10	5
5	环境保护及整理	15	10	8	2
	最大分值	205	150	103	47

表 3-4　三个厂址分级评分比较表

选择因素	A 地厂址		B 地厂址		C 地厂址	
	等级	分数	等级	分数	等级	分数
1	①	80	②	60	①	80
2	③	25	①	50	③	25
3	①	40	②	30	②	30
4	②	15	③	10	①	20
5	②	10	①	15	②	10
合计		170		165		165

最后,将地区和厂址的评分汇总,综合比较选择最佳厂址方案(见表 3-5)。

表 3-5 厂址选择综合评价表

厂址方案	地区评价得分	厂址评价得分	评价总分
A 方案	158	170	328
B 方案	147	165	312
C 方案	152	165	317

根据上述分析计算,总分最高的是 A 方案,因此应选择在 A 地建设项目。从上可见,采用这一方法的关键在于正确确定评价值,评价值确定不准将直接影响选择效果,因此必须特别慎重。

(二)方案比较法

方案比较法(又称费用比较法),是通过对项目不同选址方案的投资及经营费用的对比,来做出选址决定。这是一种偏重于经济方面考虑的选址方法。其基本步骤是:对初选的几个厂址方案列出选择因素,进行初步比较后,从中选出两三个较为合适的厂址方案,再进行详细的调查和勘察,计算出各方案的投资和经营费用,其中建设投资和经营费用均低的方案,为合适的方案。但经常遇到的情况是:投资较高的方案年经营费用较低,而投资较低的方案年经营费用较高,这时应通过计算追加投资回收期来比较确定。

投资回收期是项目建成投产后,收回资金总额与投资总额相等时经历的时间。追加投资回收期是追加的投资额,通过经常性经营费用的节约收回投资的时间。其计算公式是:

$$\text{追加投资回收期}=\frac{\text{追加投资额}}{\text{每年节约经营费用}}$$

在进行厂址方案比较选择过程中,若遇到甲方案的经营费用高但投资低,乙方案的经营费用低但投资高的情形时,为了对两个方案进行分析,追加投资回收期可表示为:

$$\text{追加投资回收期}=\frac{\text{乙方案的投资额}-\text{甲方案的投资额}}{\text{甲方案的年经营费用}-\text{乙方案的年经营费用}}$$

如果计算出来的追加回收期低于标准回收期,则乙方案可取,否则应选择甲方案。

第三节 交通运输与同步建设条件评估

课件

一、交通运输条件评估

交通运输是物资供应的先行官。它关系到项目建设和生产所需的物资能否及时保证供应,也关系到项目产品的生产成本和投资效益。因此,交通运输条件是项目选址必须考虑的重要条件和关键环节。交通运输条件包括厂内运输条件和厂外运输条件两方面。厂内运输条件是指原材料、半成品、产成品的水平和垂直运输,它由运输载体的形状、性质和生产工艺要求决定。厂外运输条件是指厂外运输设备和运输环节的协调与组织管理,它由建设和生产所需的运输物质的特性、数量和距离等因素决定。项目建设条件评估中,应主要分析评价项目的外部运输条件,因为这是保证项目建设生产供应和产品销售的环节。

(一)分析评价运输方式选择的经济合理性

厂外运输有铁路、公路、水路、管道、航空运输等方式。铁路运输条件包括车站的级别、铁路对货物流向的要求、通过能力、运输能力、车站到厂址的距离、是否需建铁路专用线等;公路条件主要包括通达地点、距离、路面质量等状况;水运条件包括运输航道的通航季节、上下游水深及可泊航船吨位、河流有无疏浚工程量、工厂到码头的距离等;空运条件包括飞机场的通航地点、班次、时间,工厂到机场的距离等。对项目所运输方式的选择要进行多方案比较,分析所采用运输方式是否经济合理,在时间上有无保证。分析所选择的运输方式对货物流向的要求、通过能力及运输性能情况,运输设备要与运输方式配套,并保证满足运输中的各种特殊要求,以确保安全可靠。

(二)分析评价运输环节的连续协调性

要分析运输过程中的装、运、卸、储各个环节是否协调和便于组织管理,能否保证项目建设和生产活动正常进行。同时还要具体分析评价所选择的运输设备和运费的相关关系,寻找既快速又经济的运输方式。

(三)分析评价运输距离的经济合理性

项目的物资运输包括原材料由采购地运进,产成品由项目地运出。由采购地到项目地、项目地到销售地的运距对项目投资效益有很大影响,因此,要选择合理的运距,做到经济合理。

二、同步建设条件评估

同步建设是指一个投资项目的建设与相关项目及项目内部建设同步进行,使项目发挥正常的经济效益或社会效益。它包括建设项目时间上的同步、技术上的同步和生产能力的同步以及主体工程与辅助工程的同步等方面的内容。

(一)时间安排同步的评价分析

项目同步建设的第一个要求就是相关项目的建设在时间安排上要同步。由于不同类型的建设项目在建设时间长短上是不相同的,所以时间同步的具体要求是不要求相关建设项目同时开工,但要求相关项目同时建成投产,同时发挥经济效益。

在分析时间安排的同步建设上,首先就要分析有关部门是不是安排了相关项目的同步建设计划。其次是看项目建设在时间上是否衔接。在时间衔接上过于提前和滞后都是不同步的表现。例如,为了建一个港口,安排了与干线连接的铁路工程项目。这个铁路项目的建成时间如果滞后于港口的建成时间,那么码头即使建成也只能闲置起来。相反,如果铁路比码头提前建成,那么这条为码头服务的铁路支线也不能发挥功效。这两种情况都会造成经济损失。

需要同步建设的项目如果很多时，就要对每一个建设项目的具体建设时间做出科学安排。

（二）技术同步的评价分析

技术同步的评价分析，要从投入和产出两个方面来分析。从投入方面来讲，拟建项目所采用的技术，与前序项目的技术水平应该相适应。所谓前序项目，是指为拟建项目提供投入品的项目。例如某新建轧钢厂，采用的技术非常先进，对原料钢的质量和规格的要求也较高。但与它配套的钢铁厂，生产不出这么高质量的原料钢，这样轧钢厂的效能就不能很好发挥。从产出方面来讲，拟建项目所采用的技术与后序项目的技术水平也应该相适应。所谓后序项目，是指使用拟建项目产出的项目。上述项目固然能产出高质量的钢材，但与它配套的钢材使用厂，却不需要这么高质量的钢材，这也同样会使轧钢厂的效能得不到发挥。

（三）生产能力同步的评价分析

相关项目之间的生产能力是否协调、配套也是一个同步建设问题。生产能力的同步也可以从投入和产出两方面来分析。从投入方面来看，拟建项目与它配套的前序项目的生产能力应当相适应。比如，拟建一个大型轧钢厂，可是与它配套的钢铁厂的钢产量却远低于轧钢厂的生产能力，这就是一个不同步。从产出方面来讲，拟建项目与后序项目的生产能力不适应、不配套，也是不同步。例如。拟建一个煤矿，采出的煤供应给一个配套的火电厂，可是煤矿的设计生产能力却远远高于配套电厂对煤的需求量，或者煤矿的产量远高于配套铁路的运输能力，这些都属于不同步。

生产能力的同步与不同步，是一个比较复杂的问题。因为决定一个项目建设规模的，不只是相关的建设项目规模，而且也与与拟建项目无关的一些供需情况有关系。此外，从长远发展考虑预留生产能力，或者从规模经济出发适当扩大或缩小生产规模，也都是一种正常的经济现象。因此，在生产能力的同步建设问题上，要进行多方面的调查，做出综合的分析。

（四）建设项目内部同步建设的评价分析

以上分析是相关的不同建设项目之间的同步建设问题，但是在同一建设项目内部，也有个同步建设问题。一个建设项目包括许多单项工程，单项工程又可分为若干个单位工程，如各个生产车间、管线道路工程、供水供电工程、修理车间、生活设施等等。只有这些单位工程的建设保持同步，才能保证整个建设项目发挥好的效益。

建设项目内部的同步建设也可分为时间同步、技术同步、能力同步等等。内部的时间同步就是要求各个单位工程能够同时建成投入使用；内部的技术同步主要是要求上下工序、各个车间之间的技术水准应当同步。比如说一个钢铁厂项目，炼铁厂炼出的铁，在技术上应能符合炼钢厂的要求。所谓内部的规模同步，是指各个单项工程的设计能力应该相适应，包括生产性项目之间，以及生产项目与生活设施项目之间的规模适应。

第四节 环境影响评价

课件

一、环境保护与环境影响评价

环境是指影响人类生存和发展的各种天然的和经过人工改造的自然因素的总体，包括大气、水、海洋、土地、矿藏、森林、草原、湿地、野生生物、自然遗迹、人文遗迹、自然保护区、风景名胜区、城市和乡村等。环境有自然环境和社会环境之分。自然环境是社会环境的基础，社会环境又是自然环境的发展。

环境是人类生存、生产与生活的基本条件。环境保护就是指人类为解决现实或潜在的环境问题，协调人类与环境的关系，保障经济社会的持续发展而采取的各种行动的总称。环境保护主要包括两方面的工作，一是保护。合理利用利用自然资源，防止自然环境受到污染和破坏。二是治理。采取措施，综合治理受到污染和破坏的环境。环境保护的根本目的是协调人与自然的关系，创造适合于人类生活、工作的环境，做到人与自然和谐相处。保护环境是我国的一项基本国策。《中华人民共和国环境保护法》把每年 6 月 5 日确定为“环境日”。明确规定，国家采取有利于节约和循环利用资源、保护和改善环境、促进人与自然和谐的经济、技术政策和措施，使经济社会发展与环境保护相协调。一切单位和个人都有保护环境的义务。地方各级人民政府应当对本行政区域的环境质量负责。企业事业单位和其他生产经营者应当防止、减少环境污染和生态破坏，对所造成的损害依法承担责任。公民应当增强环境保护意识，采取低碳、节俭的生活方式，自觉履行环境保护义务。

环境是人类生存的空间，是人类赖以生存和发展的基础。人类在利用其文化和技术发明改变环境为自身服务的过程中会产生许多有害物质，当这些有害的物质超过环境自身的净化和自我恢复能力时，就会破坏环境的生态平衡，从而造成环境污染，产生危害人体健康及生物正常生命活动的现象。为了实施可持续发展战略，预防因规划和建设项目实施后对环境造成不良影响，促进经济、社会和环境的协调发展，我国于 2002 年颁布出台《中华人民共和国环境影响评价法》(简称《环境影响评价法》，2003 年 9 月 1 日起实施)，并于 2006 年、2018 年两次修订完善。环境影响评价是指对规划和建设项目实施后可能造成的环境影响进行分析、预测和评估，提出预防或者减轻不良环境影响的对策和措施，进行跟踪监测的方法与制度。通俗说就是分析项目建成投产后可能对环境产生的影响，并提出污染防治对策和措施。环境影响评价法明确规定，国家根据建设项目对环境的影响程度，对建设项目的环境影响评价实行分类管理。其中，可能造成重大环境影响的，应当编制环境影响报告书，对产生的环境影响进行全面评价；可能造成轻度环境影响的，应当编制环境影响报告表，对产生的环境影响进行分析或者专项评价；对环境影响很小、不需要进行环境影响评价的，应当填报环境影响登记表。

建设项目的环境影响评价分类管理名录，由国务院环境保护行政主管部门制定并公布。

在全面深化“放管服”改革的新形势下，随着环评技术校核等事中事后监管的力度越来越大，放开事前准入的条件逐步成熟。2018 年修改后的《环境影响评价法》不再强制要求由具有资质的环评机构编制建设项目环境影响报告书(表)，规定建设单位既可以可委托技术单位为其编制环境影响报告书(表)，如果自身就具备相应技术能力也可以自行编制。建设单位应当对建设项目环境影响报告书、环境影响报告表的内容和结论负责，接受委托编制建设项目环境影响报告书、环境影响报告表的技术单位对其编制的建设项目环境影响报告书、环境影响报告表承担相应责任。设区的市级以上人民政府生态环境主管部门应当加强对建设项目环境影响报告书、环境影响报告表编制单位的监督管理和质量考核。负责审批建设项目环境影响报告书、环境影响报告表的生态环境主管部门应当将编制单位、编制主持人和主要编制人员的相关违法信息记入社会诚信档案，并纳入全国信用信息共享平台和国家企业信用信息公示系统向社会公布。任何单位和个人不得为建设单位指定编制建设项目环境影响报告书、环境影响报告表的技术单位。

二、环境污染的导因

投资项目特别是工业投资项目，在给社会带来效益的同时也给环境带来了污染。其污染因素主要有废水、废气、废渣、粉尘、噪声、振动、辐射等。其中又以废水、废气、废渣这三种污染物最为常见和污染面最大。

1.废水污染。废水是工业生产过程中的液态排放物。许多企业所排放的废水，都含有一种或多种对人体和生物有害的物质。特别严重的有造纸工业、化学工业、农药工业、胶卷洗片工业、电子工业、炼油工业、制糖工业等等。其他工业企业排放的废水，即使是无毒的，也会影响到环境卫生。这些有害废水在我国大部分都是排入水系，如河湖、江海等等，这样就造成了水的污染。水污染的首先受害者是各种鱼类。如果受污染的水被人们提取作为生活用水，会造成不同程度的中毒；这些水源如作为作物的灌溉用水，则影响作物生长，甚至会将有毒物质转移入人体内部。废水污染的危害是不言而喻的。

2.废气污染。废气是工业生产过程中的气态排放物。废气污染主要是指大气环境受到有害气体破坏，从而影响到人类活动。大气环境本来对气体污染有一定的自身净化能力。但是当排放的气体污染物的浓度和数量超过了大气的净化能力时，也会对生物的生存和人类活动带来不利影响。生产建设中随废气排放到空气中去的主要污染物是硫的氧化物、氮的氧化物、烃类、一氧化碳和颗粒粉尘等五类。

3.废渣污染。工业废渣包括矿山的废弃开采物，冶炼厂的炉渣，火电厂的粉煤灰，核工业的放射性废料以及各种工业生产中的垃圾废料等。工业废渣的大量排放不仅直接影响到排放地人们的生活环境，而且有的企业把废渣倾入江河湖泊，影响生物生长，并通过这些江河湖泊把污染带到更广泛的地区。有些废渣其污染物质随着雨水冲刷而渗入土壤，也会造成更大的污染。有些废渣，如核工业的放射性废料以及某些工业含有毒品的废渣，如处理不好，则会对周围生活区居民产生严重的人身危害。

除了对环境的“三废”污染以外，噪音也越来越严重地干扰着人们的生活。在评估中对项目未来的噪声污染情况，也要给予足够重视。

三、环境保护措施

我国《环境保护法》规定："一切企业、事业单位的选址、设计、建设和生产都必须充分注意防止对环境的污染和破坏。在进行新建、改建和扩建工程时，必须提出对环境影响的报告书，经环境保护部门和其他有关部门审查批准后才能进行设计。"根据这一规定，所有会造成环境污染的项目，都必须有相应的环境保护措施。一般建设项目的环境保护措施主要就是"三废"治理方案。治理的结果应使投资项目所排出的"三废"满足国家和地区有关污染物排放标准的规定。

（一）"三废"治理的原则

1."三同时"原则。一切新建和改扩建项目的防止污染及其他公害的设施，必须与主体工程同时设计，同时施工，同时投产。投资项目的环境保护工程必须作为项目的内容明确列出；投资项目的概算、预算和决算，要列出环境保护设施的投资数额；工程检查要包括环境保护工程的建设情况；建成项目的竣工验收要包括污染治理工程，凡污染治理工程没有建成的，不予验收，不准投产。

2.综合利用，化害为利原则。即采取综合利用方法将废物利用或化害为利，使污染物排放量降低到最小的程度。充分回收利用工厂的余热和可燃性气体作为工业或民用的燃料和热源；采用清污分流、闭路循环、一水多用等措施提高水的重复利用率和减少废水排放量；把废弃物中的有用物质加以分离回收或进行深加工，使废弃物转化为新的有用产品；将本项目不能综合利用的废弃物免费供应给有能力利用的单位。

3.采用新技术原则。即采用新技术、新工艺、新设备，以减少或根除污染。安装消烟除尘装置以减少有害气体排放量；采用无污染或少污染能源以减少燃料烟气对环境的污染；采用密闭设备和工艺以减少有害气体和粉尘的散发；安装消声防震设施以减少噪声干扰；采用无毒或低毒低害原料及工艺代替剧毒有害原料和工艺。

4.排放物达标原则。投资项目排放的污染物，必须符合国家及地方规定的排放标准，以控制新污染的产生。

（二）"三废"治理方案的确定

投资项目"三废"治理方案确定的一般步骤及内容如下：

1."三废"的内容调查及性质描述。即通过调查分析弄清项目运转过程中排出的"三废"的内容，如污染物名称、化学成分、数量、浓度等，列出"三废"清单。描述"三废"对水、空气、土壤的可能影响及对人体、动物、植物等的危害程度，判断哪些必须治理，哪些应作为治理的重点，为制定"三废"治理方案提供依据。

2.治理"三废"的工艺路线选择。即根据国内外的技术水平和工业应用情况，选择处理"三废"的工艺路线。通过比较各种工艺的优缺点，选择最优的工艺路线，达到实用、有效、经济的目的。

3."三废"治理设备选择。即根据"三废"治理工艺，确定所需主要设备；根据生产规模，测算"三废"的排放量，计算设备的处理能力和主要尺寸；确定设备是进口，还是国内制造，并将其纳入设备进口或国内制造清单。

4.“三废”治理的设施、厂房。即根据“三废”处理工艺，确定所需处理的设施（如污水处理池等）、厂房面积及其他特殊要求（如防酸碱腐蚀等）。

（三）“三废”治理费用估算

1.“三废”治理的投资，应包括技术转让费、设备费、设施和厂房及其土建工程投资费等。其中需要进口设备和引进的，应注明所需外汇金额。要将“三废”治理投资纳入项目投资总额。

2.“三废”治理运行费用，包括设备、设施运行成本、所需费用等。

四、环境保护措施分析评价

（一）审查环境影响报告书

对环境影响报告书的审查，可以从三个方面着手：一是审查可行性研究阶段是否全面分析了项目建设对周围环境产生的影响，是否提出环境报告书；二是审查环境影响报告书是否经过环保部门批准；三是审查环境影响报告书中是否提出了具体的治理对策，特别是对生产过程中产生的污染源是否提出了科学可靠的控制方案。

建设项目环境影响报告书的内容主要包括：

1.建设项目概况。

2.建设项目周围环境现状。

3.建设项目对环境可能造成影响的分析、预测与评估。

4.建设项目环境保护措施及其技术、经济论证。

5.建设项目对环境影响的经济损益分析。

6.对建设项目实施环境监测的建议。

7.环境影响评价的结论。

（二）审查治理方案

对治理方案的审查，可从两方面着手：一是审查对投入物、燃料和原材料的使用是否安排处理措施；二是审查设计任务书中的治理措施是否合理可靠，经治理的各种污染物的排放量是否低于国家环保部门规定的排放量。

（三）审查总投资与总设计

对总投资的审查，看是否包括了环保工程的相关投资，是否单独列项，来源有无保证。

对总设计的审查，看是否坚持了环保工程与主体工程同时设计、同时施工、同时使用的方针。

（四）分析环境保护的经济性

环境保护的经济性是指治理环境与不治理环境而造成的损失之间的一种对照关系。通常用治理环境所获得的成效与所付出的代价之比来衡量。即要求治理“三废”取得的效益大于或等于治理“三废”的费用。公式表示为：“三废”治理费 $\leqslant$ 治理“三废”创造的价值 $+$ 治理“三废”减少的污染费。

五、劳动保护与安全防护的分析评价

劳动保护与安全防护的目的是控制项目的内部环境污染。因此，应遵照劳动部门和消防部门的有关法规及规范，如投资项目的劳动安全和生产安全，制定必要的劳动与安全防护方案。

(一)劳动保护方案

对于生产中产生粉尘和毒气的项目，要拟定防尘防毒的劳动保护方案，以保障职工的安全和身体健康。劳动保护设施的投资费用纳入项目投资总额。方案制定的主要内容及要求如下：

1.说明生产过程中产生的粉尘和毒气的成分、性质、浓度，并分析可能造成什么职业病或影响人体健康。说明国家规定该粉尘和毒气排放的标准，从而判断哪些粉尘和毒气属应治理的，并指出重点治理内容。

2.要确定采用什么新工艺、新技术、新设备，如防尘设备、密封操作设备等，减少或消灭粉尘和毒气的产生，并达到国家规定的排放标准。

3.凡是从国外引进成套技术设备，在生产使用中产生尘毒危害的，必须同时引进或由国内制造相应配套的防尘防毒技术装备。这些技术装备若由国内配套制造，必须纳入计划，落实生产单位，与主体工种同时安装和投产使用。

4.拟建项目的外协项目在加工过程中产生尘毒问题的，要同主项目同时制定治理方案，不得将尘毒问题不加治理而转嫁给其他企业。

5.投资项目的尘毒治理必须与主体工程同时设计、审批，同时施工，同时验收，并同时投入使用。

(二)安全防护方案

投资项目使用和生产易燃、易爆物品的，应设置防火、防爆设备和设施，以保证人身安全和生产安全。安全防护设备投资费用纳入项目投资总额。方案制订的主要内容及要求如下：

1.列明生产中使用和生产的易燃易爆物品的名称、数量、性质(燃点、闪点、爆炸极限)和安全要求。明确需要防治的主要物品的名称，作为防护的重点对象。

2.专设易燃易爆物品仓库、自动控温装置、自动灭火装置等。厂房、仓库、车间的距离要符合安全距离的要求。

3. 建立必要的消防站、消防供水系统、消防通信、消防用车等。

4.对采用的新材料、新设备、新工艺，必须了解其火灾危险性的特点，并采取相应的消防安全措施。

5.建筑设计需符合国家关于建筑设计防火规范的规定。

课件

第五节　节能评估

随着经济的发展，我国重要能源资源短缺对经济发展的制约进一步加剧。今后，随着我国工业化和城镇化推进，能源资源需求总量还会增加，经济发展面临的资源约束矛盾将长期存在。节约能源资源，大力促进能源资源的高效利用和循环利用，是缓解能源资源约束矛盾的根本出路。因此，在项目可行性研究和评估阶段，对能源消耗大的项目，应进行节能评估，提出节约能源的措施。

一、能源与节约能源

能源亦称能量资源或能源资源。是指可产生各种能量（如热量、电能、光能和机械能等）或可作功的物质的统称，包括能够直接取得或者通过加工、转换而取得有用能的各种资源，包括煤炭、原油、天然气、煤层气、水能、核能、风能、太阳能、地热能、生物质能等一次能源和电力、热力、成品油等二次能源，以及其他新能源和可再生能源。在《中华人民共和国节约能源法》中所称能源，是指煤炭、石油、天然气、生物质能和电力、热力以及其他直接或者通过加工、转换而取得有用能的各种资源。

能源是制约我国经济社会可持续、健康发展的重要因素。解决能源问题的根本出路是坚持开发与节约并举、节约放在首位的方针，大力推进节能降耗，提高能源利用效率。固定资产投资项目在社会建设和经济发展过程中占据重要地位，对能源资源消耗也占较高比例。固定资产投资项目节能评估和审查工作作为一项节能管理制度，对深入贯彻落实节约资源基本国策，严把能耗增长源头关，全面推进资源节约型、环境友好型社会建设具有重要的现实意义。

节约能源是指尽可能地减少能源的消耗、增加能源的利用率的一系列行为。《中华人民共和国节约能源法》所称节约能源，是指加强用能管理，采取技术上可行、经济上合理以及环境和社会可以承受的措施，从能源生产到消费的各个环节，降低消耗、减少损失和污染物排放、制止浪费，有效、合理地利用能源。该法同时指出："节约资源是我国的基本国策。国家实施节约与开发并举、把节约放在首位的能源发展战略。"

二、节能评估

节能评估是固定资产投资项目节能评估和审查的简称，是指根据节能法规、标准，对各级人民政府发展改革部门管理的在我国境内建设的固定资产投资项目的能源利用是否科学合理进行分析评估，并编制节能评估文件或填写节能登记表。对项目节能评估文件进行审查并形成审查意见，或对节能登记表进行登记备案，并将审查意见或节能登记表作为项目审批、核准或开工建设的前置性条件以及项目设计、施工和竣工验收的重要依据。

(一)节能评估管理

我国固定资产投资项目节能评估按照项目建成投产后年能源消费量实行分类管理。

1.制节能评估报告。年综合能源消费量3000吨标准煤以上(含3000吨标准煤,电力折算系数按当量值,下同),或年电力消费量500万千瓦时以上,或年石油消费量1000吨以上,或年天然气消费量100万立方米以上的固定资产投资项目,应单独编制节能评估报告书。

2.编制节能评估报告表。年综合能源消费量1000～3000吨标准煤(不含3000吨,下同),或年电力消费量200万～500万千瓦时,或年石油消费量500～1000吨,或年天然气消费量50万～100万立方米的固定资产投资项目,应单独编制节能评估报告表。

上述条款以外的项目,应填写节能登记表。

(二)节能评估类型

节能评估通常有以下类型:

1.节能技术措施评估

(1)根据项目用能方案,综述生产工艺、动力、建筑、给排水、暖通与空调、照明、控制、电气等方面的具体措施,包括:节能新技术、新工艺、新设备应用;能源的回收利用,如余热、余压、可燃气体回收利用;资源综合利用,新能源和可再生能源利用等。

(2)分析节能技术措施的可行性和合理性。如生产强度对节能措施有较大影响,可针对不同的生产强度分别评估可行性和合理性。

2.节能管理措施评估

(1)按照《能源管理体系要求》(GB/T23331)、《工业企业能源管理导则》(GB/T15587)等标准的要求,评价项目的节能管理制度和措施,包括节能管理机构和人员的设置情况。

(2)按照《用能单位能源计量器具配备与管理通则》(GB17167)等标准要求,编制能源计量器具一览表、能源计量网络图等,评价项目能源计量制度建设情况,包括能源统计及监测、计量器具配备、专业人员配置等情况。

3.单项节能工程评估

(1)分析评估单项节能工程的工艺流程、设备选型、单项节能量计算方法、单位节能量投资、投资估算及投资回收期等。

(2)分析单项节能工程的技术指标及可行性。

凡不能纳入建设项目主导工艺流程(如热电联产)和拟分期建设(如高炉炉顶压差发电)的节能项目,应在可研报告中单列节能工程。

4.节能措施效果评估

(1)分析计算主要节能措施的节能量。

(2)评价项目节能措施效果。对单位产品(运输量、建筑面积)能耗、主要工序能耗、单位投资能耗等指标进行国际国内对比分析,说明通过采取节能措施,设计指标是否达到同行业国内先进水平或国际先进水平。

5.节能措施经济性评估

计算节能技术和管理措施成本及经济效益,评估节能技术措施、管理措施的经济可行性。

(三)节能评估报告书的主要内容

固定资产投资项目节能评估报告书应包括下列内容：

1.评估依据；

2.项目概况；

3.能源供应情况评估，包括项目所在地能源资源条件以及项目对所在地能源消费的影响评估；

4.项目建设方案节能评估，包括项目选址、总平面布置、生产工艺、用能工艺和用能设备等方面的节能评估；

5.项目能源消耗和能效水平评估，包括能源消费量、能源消费结构、能源利用效率等方面的分析评估；

6.节能措施评估，包括技术措施和管理措施评估；

7.存在问题及建议；

8.结论。

节能评估文件和节能登记表应按照《固定资产投资项目节能评估和审查暂行办法》要求的内容深度和格式编制。

固定资产投资项目建设单位应委托有能力的机构编制节能评估文件。项目建设单位可自行填写节能登记表。

固定资产投资项目节能评估文件的编制费用执行国家有关规定，列入项目概预算。

(四)节能审查

1.节能审查分类管理

固定资产投资项目节能审查按照项目管理权限实行分级管理。由国家发展改革委核报国务院审批或核准的项目以及由国家发展改革委审批或核准的项目，其节能审查由国家发展改革委负责；由地方人民政府发展改革部门审批、核准、备案或核报本级人民政府审批、核准的项目，其节能审查由地方人民政府发展改革部门负责。

按照有关规定实行审批或核准制的固定资产投资项目，建设单位应在报送可行性研究报告或项目申请报告时，一同报送节能评估文件提请审查或报送节能登记表进行登记备案。

按照省级人民政府有关规定实行备案制的固定资产投资项目，按照项目所在地省级人民政府有关规定进行节能评估和审查。

节能审查机关收到项目节能评估文件后，要委托有关机构进行评审，形成评审意见，作为节能审查的重要依据。

接受委托的评审机构应在节能审查机关规定的时间内提出评审意见。评审机构在进行评审时，可以要求项目建设单位就有关问题进行说明或补充材料。

固定资产投资项目节能评估文件评审费用应由节能审查机关的同级财政安排，标准按照国家有关规定执行。

2.节能审查的主要内容

节能审查机关主要依据以下条件对项目节能评估文件进行审查：

(1)节能评估依据的法律、法规、标准、规范、政策等准确适用；

(2)节能评估文件的内容深度符合要求；

(3)项目用能分析客观准确,评估方法科学,评估结论正确;
(4)节能评估文件提出的措施建议合理可行。

第六节　其他专项评估

课件

一、水土保持方案编制

根据国家规定,在山区、丘陵区、风沙区以及水土保持规划确定的容易发生水土流失的其他区域开办可能造成水土流失的建设项目,建设单位应当编制水土保持方案,报县级以上人民政府水行政主管部门审批,并按照经批准的水土保持方案,采取水土流失预防和治理措施。没有能力编制水土保持方案的,应当委托具备相应技术条件的机构编制。水土保持方案的实施要点如下:

(一)水土保持方案的分类管理

水土保持方案分为水土保持方案报告书和水土保持方案报告表。凡征占地面积在一公顷以上或者挖填土石方总量在一万立方米以上的建设项目,应当编报水土保持方案报告书;其他建设项目应当编报水土保持方案报告表。建设项目的初步设计,应当依据水土保持技术标准和经批准的水土保持方案,编制水土保持篇章,落实水土流失防治措施和投资概算。编制水土保持方案所需费用应当根据编制工作量确定,并纳入项目前期费用。

(二)水土保持方案的编制内容

水土保持方案的编制应当符合国家对水土保持、环境保护的总体要求,以《中华人民共和国水土保持法》《中华人民共和国水土保持法实施条例》《开发建设项目水土保持方案管理办法》等为依据,根据工程所在区域的地形地貌特征和地质条件,对水土保持措施的类型、规模、数量、布局等进行比选,选择技术合理、符合实际的项目,并严格按水土保持工程设计标准、规范要求进行设计,使水土保持设计具有投资省、效果好、易实施的特点。

水土保持方案主要内容包括:建设项目概况及项目所在地区域概况;主体工程水土保持评价与水土流失预测;水土流失防治责任范围及防治分区;水土流失防治目标及防治措施布局;水土保持工程措施和植物措施;水土保持方案投资估算与效益分析等。

(三)水土保持方案的审批要求

水土保持方案必须经过水行政主管部门审查批准。经批准的水土保持方案应当纳入下阶段设计文件中。依法应当编制水土保持方案的建设项目,建设单位未编制水土保持方案或者水土保持方案未经水行政主管部门批准的,建设项目不得开工建设。

水土保持设施应当与主体工程同时设计、同时施工、同时投产使用;项目竣工验收,应当验收水土保持设施;水土保持设施未经验收或者验收不合格的,项目不得投产使用。水土保持方案经批准后,项目的地点、规模发生重大变化的,应当补充或者修改水土保持方案并报原审批机关批准。水土保持方案实施过程中,水土保持措施需要做出重大变更的,应当经原审批机关批准。

二、水资源论证

根据国家规定，对于直接从江河、湖泊或地下取水并需申请取水许可证的新建、改建、扩建的建设项目，建设项目业主单位应当按照规定进行建设项目水资源论证，编制建设项目水资源论证报告书。建设项目取水量较少且对周边影响较小的，可不编制建设项目水资源论证报告书。建设项目水资源论证报告书，由具有审查权限的水行政主管部门或流域管理机构组织有关专家和单位进行审查，并根据取水的急需程度适时提出审查意见。业主单位在向具有审批权限的取水许可审批机关提交取水许可申请材料时，应当一并提交建设项目水资源论证报告书，作为取水许可审批的重要依据。未提交建设项目水资源论证报告书且经一次告知仍不补正的，视为放弃取水许可申请。

建设项目水资源论证报告书主要内容包括：①建设项目概况。②建设项目所在流域或区域水资源开发利用现状。③建设项目取水水源论证。④建设项目用水量合理性分析。⑤建设项目退水情况及其对水环境影响分析。⑥建设项目开发利用水资源对水资源状况及其他取水户的影响分析。⑦水资源保护措施。⑧影响其他用水户权益的补偿方案。⑨水资源论证结论。论证结论主要阐述建设项目取水的合理性；取水水源量、质的可靠性及允许取水量意见；退水情况及水资源保护措施。

三、使用林地可行性评估

我国对建设项目使用林地实行总量控制和定额管理。建设项目占用林地，经林业主管部门审核同意后，建设单位和个人应当依照法律法规的规定办理建设用地审批手续。根据《建设项目使用林地审核审批管理办法》(国家林业局令第35号)的规定，占用林地和临时占用林地的用地单位或者个人提出使用林地申请，应当填写《使用林地申请表》，同时提供建设项目使用林地可行性报告或者林地现状调查表等相关材料。建设项目需要使用林地的，用地单位或者个人应当向林地所在地的县级人民政府林业主管部门提出申请；跨县级行政区域的，分别向林地所在地的县级人民政府林业主管部门提出申请。

开展建设项目使用林地可行性报告(或者林地现状调查表)的编制工作应当遵循《建设项目使用林地审核审批管理办法》和《建设项目使用林地可行性报告编制规范》(LY/T 2492—2015)等法律法规、标准规范以及地方相关管理规定。

(一)使用林地可行性评估

建设项目可行性研究报告或者林地现状调查表的编制程序通常包括：资料准备、范围确认、现状调查、使用林地可行性分析、森林植被恢复费测算、成果编制等。编制成果包括以下三类：

1.建设项目使用林地可行性报告

建设项目使用林地面积在2公顷以上(含2公顷)的，或者涉及使用自然保护区、森林公园、湿地公园、风景名胜区等重点生态区域范围内林地的，编制建设项目使用林地可行性报告。

2.建设项目使用林地现状调查表

建设项目使用林地面积在2公顷以下(不含2公顷)的,编制建设项目使用林地现状调查表。

3.项目变更使用林地

建设项目因设计变更等原因需要改变使用林地位置或者减少使用林地面积的,分别新增、减少使用林地情况进行调查,按上述规定编制建设项目使用林地可行性报告或使用林地现状调查表。

(二)使用林地可行性评估成果要求

建设项目使用林地现状调查表成果通常包括编制单位对材料数据真实性的承诺、使用林地现状调查表(含使用林地情况简要说明和森林植被恢复费测算)、使用林地因子调查表、使用林地现状图、使用林地红线范围拐点坐标等内容。

建设项目使用林地可行性报告成果通常包括编制单位对材料数据真实性的承诺、报告正文、使用林地统计表、使用林地因子调查表、图件、使用林地红线范围拐点坐标、相关附件等内容。

其中,建设项目使用林地可行性报告的报告正文内容通常又包括项目基本情况(范围、规模、具体建设内容、布局、进度安排等)、使用林地现状情况(数量、地类、林地保护等级、使用林地类型、生态区位、具体建设内容)、使用林地可行性分析、保障措施、分析结论、森林植被恢复费测算等内容。

报告的表述应当简明扼要,言简意赅。具体建设内容和布局、使用林地现状情况、使用林地可行性分析、建设布局图和使用林地现状图是报告的重点。

建设项目变更使用林地的应对新增、减少使用林地情况进行说明和分析。

本章知识要点及自我检测

本章案例资料

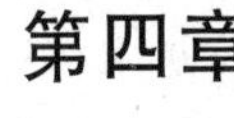

第四章 投资项目技术评估

材料：

多媒体手机项目产业化生产可行性研究小组经过调查、分析、论证，得出以下结论：未来几年国内外手机市场多媒体手机供不应求，缺口大，厦门通信科技有限公司在该类手机市场的占有率和用户信誉度都较高，同时，公司具备将多媒体手机项目产业化的生产建设条件，其环境保护方案经济可行，有必要将多媒体手机项目产业化。

思考：

假设你是多媒体手机项目产业化生产可行性研究小组组长，请你列出该项目技术评估提纲，并与小组成员研究完善后，实施该项目技术评估工作。

第一节 投资项目技术评估概述

课件

一、技术与技术评估

技术是由系统的科学知识、成熟的实践经验和操作技艺综合在一起而形成的一种从事生产的专门学问和手段。它包括三个方面的内容：为完成某种目的的科学知识和技能，为实现一定目标所选择的工艺技术方法，为落实工艺技术方法而采用的物质手段。若按其表现形式则可分为有形技术（如工艺图纸、厂房设备等）和无形技术（如人的知识、经验、技能等）。技术评估是一种技术政策研究，它系统地考察一种技术的引入、扩散可能产生的社会影响，尤其是那些非预期的、间接的、滞后的负效果。技术评估的目的是趋利避害。每个投资项目的经济效益和社会效益都是在既定的项目设计、工艺、设备方案等前提下取得的。因此，只有在技术上被认为是可行的投资项目，才有必要进一步进行财务评价和国民经济评价。

二、项目技术评估的基本原则

(一)先进适用性原则

这一原则要求项目所采用的工艺技术和设备既能在技术领域中居领先地位,又能适应生产要素的现有条件,符合国情、国力和国家技术经济发展政策。从理论上说,项目采用的工艺和设备越先进越好,但世界上最先进的技术往往因对原材料的要求过高、国内设备不配套或技术不容易掌握等原因而不适合我国的实际需要。因此一方面,我们应积极推广和使用先进技术,追踪世界高新技术的发展;另一方面,还要考虑技术的适用性,使其符合我国的实际情况。

先进技术是用各种技术经济指标来体现的。不同行业有不同的特点,评价技术水平的指标也不尽相同,如炼铁行业的"高炉利用系数",石油化工行业的"原油综合利用率",机械行业的"机械转速"、"单位产品耗电量"等。

适用技术与先进技术并不相对立,适用技术可以包括先进技术、中等水平的中间技术和较低水平的改良技术。一个建设项目根据本国和自身的条件,采用国际上先进的技术,取得好的经济效益,那么这种技术既是先进技术,又是适用技术。

适用技术应符合以下基本条件:有利于综合利用本国本地的资源,并能提高原材料、能源利用率;能与本国本地的技术水平相适应,并能充分发挥原有技术装备和技术力量的作用;在实施中可行,能取得较好的经济效益,并有利于环境保护。

坚持先进适用性原则,既要克服片面追求高新技术的倾向,又要防止以选用适用技术为由降低技术先进性的要求,影响技术现代化的速度。

(二)经济合理性原则

这一原则要求合理地协调技术和经济、功能和成本之间的关系,以最低的耗费获得最大的经济效益。

技术与经济的关系是互相促进、互相依存、互相制约的。一般情况下,要取得较好的经济效益,应采用先进的技术方案,但技术先进不一定就是经济合理。因此。应采用能取得较好经济效益的先进技术。为了保证技术方案的经济合理性,首先要求技术方案本身具有合理性,它主要体现在:设备规模或容量、产品及生产规模合理;工艺流程合理;衔接配套合理;专业化协作程度好等。贯彻经济合理性原则,既要防止单纯追求技术先进性而忽视经济合理性的现象,又要避免为一时的节约而违背技术科学规律的现象。

(三)安全可靠性原则

这一原则要求从劳动保护和环境保护的角度出发,最大限度地保证项目的技术方案不会对工作人员的身心和周围环境造成危害,同时要求项目的工艺技术方案是成熟可靠、能在实践中发挥预期效益的。

技术上产生不安全的原因大致有二:一是技术方案本身存在缺陷;二是技术使用不当或没有事先考虑防范措施而贸然使用。如果工艺不可靠,技术不过关,将会给建设和生产留下隐患,甚至造成重大的浪费损失。因此,各种新技术、新工艺必须通过实验阶段,有的还要经过中间试验，并证明其确实成熟可靠，获得有权机关通过的科学鉴定后，方可在工业生产中推广。

三、项目技术评估的基本程序

(一)收集和整理资料

按照技术分析的要求，有计划、有组织地收集资料，然后进行归纳、加工和整理，使之系统化、条理化和科学化，从而使零散的感性材料提高到理论认识阶段。收集资料时要注意了解资料的来源和可靠程度，判断资料的真实性和正确性，对资料中发现的问题和疑点，必须进一步调查核实，必要时可与类似项目的资料进行比较，以便分析判断时作必要的修正。

须收集的资料主要包括：(1)基本技术资料，包括工艺方案、工艺流程、工艺说明书、设备说明书、引进技术设备的报价单等；(2)其他技术方案资料，即生产同种产品的其他各种技术方案的有关资料；(3)可行性研究报告的有关资料，包括技术论证资料、财务经济评价资料等；(4)有关技术发展趋势的资料，如国内外与项目有关的新技术、新工艺、新设备、新材料的资料，以避免采用将要淘汰的技术。

(二)确定技术分析的重点

投资项目所涉及的技术问题十分丰富，由于种种原因，评估人员不可能也没有必要对其全部技术问题逐项进行分析。因此，需要明确技术问题的层次，以便明确技术分析的重点。

按技术影响的范围和作用，可将技术问题划分为三个层次。第一层次，对整个国家、地区、行业有影响的技术问题。这类技术问题涉及面广、影响大，关系项目全局，应首先明确，如对技术政策、环境、生态有影响或对原材料、能源动力有影响的技术问题。第二层次，对项目本身有决定性作用的内在技术问题。这类技术问题是项目的关键，也是技术分析的重点，如工艺及流程方案、主要工艺环节(工序)、主要设备和关键性零配件等。第三层次，一般技术问题。这类技术问题对项目的总体影响不大，可以不作详细分析。

四、项目技术评估的影响因素

任何一个社会经济系统选择任何一种技术都要受到如下共性因素的制约，这也是我们对项目拟选技术评价时应考虑的主要因素。

(一)需求因素

企业开发引进某项技术，一是为了满足社会对某种产品(或服务)的需要，二是为了取得明显的经济效益。一般地，技术进步有两种模式，一种是由市场需求引起的技术进步，称为市场吸引模式；另一种是由于追求科学技术的可能性引起的技术进步，称为技术推进模式。市场需求是技术开发与选用的一个重要制约因素。市场需求从两个方面影响技术选择与评价：一是市场需求决定项目生产的产品、规格、质量以及生产规模、生产类型，进而要求项目选用相应的生产工艺和生产设备。二是市场需求结构因社会经济的发展而变化。企业为适应市场动态的发展和需求结构的变化，必须调整技术结构，促进技术发展，以保持市场竞争地位。

(二)资源因素

主要是指资金、人力、能源、原料、机械设备以及其他生产资料的制约。资金短缺对资金密集型技术形成制约，人力素质与数量制约知识密集型技术的选择，能源对高耗能技术形成制约，原料对加工技术形成制约，机器设备及其他生产资料对技术选择的制约程度取决于国家的技术水平和生产能力以及进口的可能性。

(三)经济技术环境因素

经济技术环境是指能使技术发挥效益的经济技术条件，包括基础设施、技术能力等。基础设施是为生产提供一般性共同条件的设施。直接为项目生产系统运行提供条件的有运输通信、动力、供水、供气等设施以及厂房、仓库等，间接为项目生产系统服务的有住宅、食堂、医院、学校、商店、公园等公用福利设施和生活服务设施。具备必要的基础设施是项目顺利建设并充分发挥效益的必要条件。技术能力是指对某一生产领域有关的各种知识的理解与掌握程度，也是技术选择应考虑的重要因素 。

(四)社会分工环境制约因素

社会分工环境是指生产社会化程度。随着社会发展和技术进步，社会化程度越来越高，生产专业化是生产社会化的重要形式，而专业化水平在很大程度上影响到技术的选择。这是由于专业化生产水平决定采用什么样的生产组织方式，而按不同生产组织方式构成的生产系统所选用的技术和设备也不相同。通常，专业化水平越高，生产组织方式也就越先进合理，而先进的生产组织方式往往是高效先进的技术得以选用的重要条件。

(五)自然生态环境制约因素

任何技术采用都不应当对当地的自然环境和生态系统构成危害，影响人类生活、劳动和自然生物的生存。

五、项目技术评估的内容

项目技术评估的内容包括生产工艺评估、设备评估、工程设计评估等三个方面。详细内容在本章后面各节中予以介绍。

课件

第二节　生产工艺评估

一、生产工艺评估的必要性

生产工艺是生产产品所采用的工艺流程和制作方法。它是设计的技术内容的核心。采用什么样的工艺，关系到确定什么样的生产设备的问题。所以生产工艺方案的确定不仅涉及项目投资的多少、项目工期长短，而且对未来产品的产量和质量、成本和费用、经济效益和社会效益都产生直接影响。再者,生产工艺是根据项目生产的特点、生产性质和功能来确定的,不同产业部门的生产工艺过程各不相同,各有特色,不同的工程设施也各有不同的工艺要求。可见,项目生产工艺评估的目的是确定生产全过程技术方法的可行性,因而做好项目工艺评估工作对项目的评估具有重要意义。

二、生产工艺评估的内容

(一)工艺可靠性的分析评估

工艺的可靠性是指所选的工艺必须是成熟的,在实践中能发挥预期效益的。可靠性是工艺选择的前提,项目的工艺不可靠,企业的生产经营活动就无法正常进行,甚至会造成重大的浪费和损失。新工艺要进入生产领域,必须经过实验阶段,基本解决了各种技术问题,并经有关部门鉴定后,才能进入生产阶段。对危害性较大,但又必须采用的先进工艺,必须有可靠的防范措施,确保生产者的人身安全和环境不受污染方可使用。为了保证可靠性,还应分析该工艺在国外有无成功的先例,在国内是不是第一次使用,有无使用经验,可能会遇到什么风险和困难,利弊大小等,才能确定能否采用。

(二)工艺流程合理性的分析评估

工艺流程的合理性,就是工艺过程要符合加工制造规律,使产品在过程中行程短、时间省、质量高、耗费小。为此,应使工艺流程符合以下要求:

1.生产过程的连续性。连续性是指产品在生产过程中的各个阶段、各个工序之间的流动,在时间上是衔接的和连续的。保持和提高生产过程的连续性,可以缩短产品的生产周期,加速资金周转,提高产品质量,提高生产效率,提高设备和设施的利用率。连续性同生产工艺和生产组织的水平有关,如提高机械化、自动化水平,采用先进的流水线,就能提高生产过程的连续性。

2.生产过程的协调性。生产过程的协调性是指生产过程的各阶段、各工序之间在生产能力上应有适合产品生产要求的比例关系。也就是各工序配备的工人数量及其技术水平,配置的设备数量及其精度、效率,应和产品加工的技术要求和劳动量大小互相协调。保持生产过程的协调性,是顺利进行生产和提高经济效益的保证。要保持协调性,必须正确配置各类人员和设备。

3.过程的适应性。生产过程的适应性是指生产过程能够适应市场需求多变的特点。市场需求的不断变化,要求产品在品种、功能等方面与之相适应。因此,工艺技术也需要具有一定的灵活性,以便在市场需求变化时能及时调整改变制造方法和工艺流程。如批量生产应按对象专业化的原则进行工艺布置,自动化程度要高。而对中小批量生产则应按工艺专业化原则进行工艺布置,适应程度要高。

(三)工艺适用性的分析评估

1.原材料、燃料、加工对象的适用性。即采用的工艺应和原材料、燃料、加工对象相适应。不同的生产工艺,往往要求不同质量的原材料,因此,应分析生产工艺对原材料的型号、规格、成分等技术指标的要求;若已确定了原材料,则应分析生产工艺能否满足原材料的要求。同时还应考虑原材料供应来源和供应量能否保证生产的需要。

2.对产品质量的保证程度。产品质量的好坏主要是由工艺所决定的，随着生产和技术的发展，市场对产品质量的要求越来越高，项目采用的工艺必须满足产品质量的要求，使产品在性能、可靠性、耐用性、安全性、经济性等方面满足市场的需求。

3.综合利用和节约能源。产品生产要消耗一定的原材料、能源、劳动力等资源。节约资源和充分利用资源是选择工艺的重要原则，不同的工艺方案，资源的消耗量是不同的。如无切削加工工艺较切削加工工艺能节约大量材料；采用自动化生产工艺可节约劳动力；炼钢过程中采用连铸连轧工艺可大量节约能源和劳动力。综合利用也是节约资源的有效方法，对资源的多层次利用和合理利用，都可以提高综合效益。

4.工艺对实施条件的要求。一定的工艺对其实施条件有一定的要求。有些行业，工艺对实施条件有特殊要求，如有些产品的生产需要净化、恒温、防火等条件，因此在项目评估时必须检查其实施条件能否满足工艺的具体要求，是否采取了必要措施。

(四)生产工艺经济性的分析评估

项目工艺方案的经济性，主要表现在产品制造成本上。降低产品成本，提高经济效益，是投资建设的主要目的。因此，技术评估必须注意对产品制造成本的分析。

在评价工艺经济性时，要对各种工艺方案的年产品制造成本进行比较，选取年产品制造成本最低的方案。若只有一个方案，则可与同类项目的先进水平进行比较，以评价其经济性。

三、生产工艺评估的方法

生产工艺方案的经济评估，是选择能达到项目设计要求，满足项目经营条件的前提下，工艺成本最低的方案。生产工艺评估的方法很多，可以从技术的功能方面进行分析，也可以从技术的经济方面进行分析。这里仅对经济分析方法中通常所采用的工艺成本法进行介绍。

(一)工艺成本法的步骤

1.确定工艺成本。通常可把工艺成本划分为两类，有些费用与产量发生正比例变化，称之为变动费用，如人工费、主要原材料费用；而有些费用与产量的增减无直接关系，称之为固定费用，如折旧费、管理费等。

2.画出不同工艺方案的费用与产量关系的坐标图。

3.对不同工艺方案进行经济分析、评价和选择。在分析、评价工艺方案时，应根据具体情况区别对待。

(二)不同生产工艺方案下的工艺成本法的运用

1.项目规模一定，且固定费用相同的工艺方案的选择

设 Q 为产品年产量(即项目规模)，F 为工艺成本中的固定费用，V 为单位产品变动费用，C 为产品年工艺成本。现有工艺方案Ⅰ和Ⅱ：V_1、V_2 分别是它们单位变动费用，且 $V_1>V_2$。若项目规模一定，且固定费用相等，则有：

$$C_1 = V_1 \times Q + F$$

$$C_2 = V_2 \times Q + F$$

由于 $V_1>V_2$，故 $C_1>C_2$，因此应选择工艺成本低的方案Ⅱ。

2.固定费用不同的工艺方案选择

仍用上例的资料。假设 $F_1<F_2$，其他条件相同，则有以下三种情况，如图 4-1。

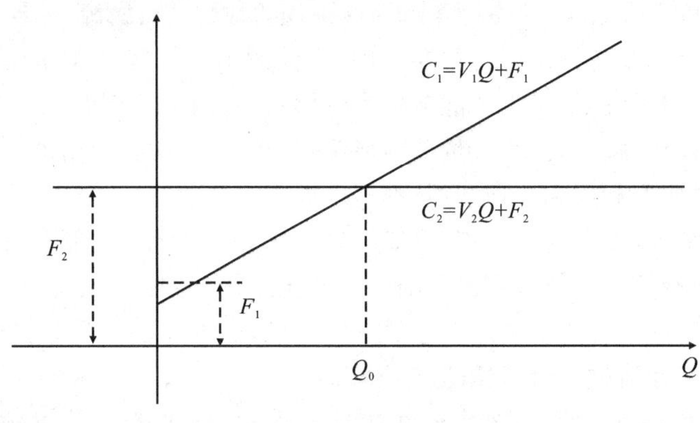

图 4-1

①当 $Q=Q_0$ 时，$C_1=C_2$，这时两个方案的工艺成本相等，可根据具体情况，任意选择；

②当 $Q<Q_0$ 时，$C_1<C_2$，此时选择方案Ⅰ较为经济；

③当 $Q>Q_0$ 时，$C_1>C_2$，此时选择方案Ⅱ较为经济。

3.增加投资的工艺方案选择

如果工艺方案设计增加投资时，应通过计算追加投资回收期来比较方案。假设 I_1、I_2 为方案Ⅰ和Ⅱ的投资额，且 $I_1>I_2$，C_1 和 C_2 为方案的工艺成本，且 $C_2>C_1$，则追加投资回收期 $P_。$为：

$$P_{。}=\frac{I_1-I_2}{C_2-C_1}$$

追加投资回收期说明方案Ⅰ比方案Ⅱ多追加的投资，经过多少年能够用方案Ⅰ比方案Ⅱ成本的节约额把其收回来。这个指标若低于本行业的基准投资回收期或平均投资回收期，则表明追加投资是合理的；反之，则应选择投资小的方案。

第三节　设备评估

课件

一、设备评估的重要性

设备是机器、机械、运输工具及生产装备的统称。工业设备按其在生产中的作用，一般可分为生产设备、辅助设备和服务设备三大类。生产设备是指生产流程作业线上能生产目标产品的设备；辅助设备主要指辅助生产车间的运输、动力维修设备等；服务设备是指间接为生产服务的设备，如办公设备、安全设备、生活服务设施等。

设备是实现生产目标的工具和手段，生产能力和工艺技术决定设备的数量和容量。工艺技术通过设备所具有的功能来实现，没有先进的设备，先进的工艺就不能实现；没有先进的工艺技术，先进的设备也不能发挥应有的作用。另外，设备是固定资产的重要组成部分，设备的选择直接决定着固定资产的投资。因此，设备评估和生产工艺评估有着同等重要的地位。

投资项目的设备评估的主要对象是生产设备和辅助设备。评估设备时既要按照选定的工艺确定选什么型号、什么规格和多少数量的设备进行评估，也要根据不同行业的不同特点、不同具体条件进行综合分析。

二、设备评估的主要内容

(一)设备生产性评估

设备的生产性，指设备的生产效率，是用单位设备在单位时间内的生产能力来衡量的。设备的生产能力是由设备生产效率和设备有效工作时间决定的。评估时应核实：

1.设备实际生产能力与项目设计能力的吻合程度。必须从实际出发，既留有余地，又不要造成实际生产能力的过多消费。

2.生产过程中各工序应配置的设备台数。要结合实际情况，确定各工序设备生产能力的配置比例及设备数量。

3.设备达到生产能力的条件是否具备，提高设备生产能力的措施是否切实可行。

设备数量的确定方法如下：

$$\text{单台(套)设备生产能力}=\begin{matrix}\text{设备有效}\\\text{工作时间}\end{matrix}\times\begin{matrix}\text{单台(套)设备}\\\text{产量定额}\end{matrix}$$

$$\begin{matrix}\text{该设备应}\\\text{配置台数}\end{matrix}=\frac{\text{设计生产能力}}{\text{单台(套)设备生产能力}}$$

(二)设备可靠性评估

设备的可靠性，指在规定的时间内，在规定的使用条件下，设备无故障地发挥规定功能的程度。设备可靠性愈好，发生故障的可能性愈小。可靠性高的设备对提高产品质量和保证生产正常进行有重要作用。引进设备存在一个主要问题，就是设备质量的可靠性问题。有的引进设备是既无商标又无厂家和技术资料的旧设备，无可靠性可言。因此，对引进设备可靠性的评估必须十分重视，以避免给企业生产带来缺陷，造成经济损失。

(三)设备耐用性评估

设备的耐用性，指设备的使用寿命。使用寿命的评估要对设备的物质寿命、技术寿命和经济寿命进行综合考虑。设备的物质寿命，指设备从开始投入使用，由于物质磨损使设备老化、损坏直到报费为止所经历的时间；设备的技术寿命，即设备从开始使用，到因技术落后而被淘汰所经历的时间；设备的经济寿命，指设备从开始使用到设备由于老化，要依靠高额使用费来维持及至设备被淘汰所经历的时间。在现代科学技术迅速发展的条件下，新技术、新设备不断出现，使设备的技术寿命、经济寿命不断缩短。因此，在评估设备使用寿命时，一定要对技术发展的趋势给予足够的重视，以便选择使用寿命较长的设备。

（四）设备安全性评估

设备的安全性，指设备对生产安全的保障性能。选择设备时，要考虑设备安全防护措施，应保证生产人员的安全和保证工作环境的安全。如给机床安装自动断电的装置、自动停车的装置等以保护操作人员的安全，在煤矿井下设置防爆装置以防止瓦斯爆炸。

（五）设备维修性评估

设备在运行过程中，设备整机和零部件会发生物质磨损，维修是不可避免的。设备的维修性包括设备维修次数、零部件的互换性、标准化和维修的难易程度等。维修性能好的设备，结构合理，易于装卸检验，标准化水平高，互换性好。对引进项目的设备维修，不仅要考虑维修的难易程度，还应考虑其易损零部件能否在国内制造或需从国外取得。设备的维修性，会影响正常生产，影响项目实际生产能力，因此，在性能、价格接近的情况下，应选择维修性好的设备。

（六）设备配套性评估

设备的配套性指相关联设备之间的数量、技术参数之间的吻合程度。按规模可分为单机配套、机组配套和项目配套。单机配套是指一台机器中，各种工具、附件等要配备齐全；机组配套，是指一台机器中，主机、辅机等要配备成套；项目配套，是指一个投资项目所需的生产、辅助、服务和各种设备要配备成套。设备评估的配套性，不仅要求量上的配套，还要求质上的配套，这样，才能使设备充分发挥应有的功能。

对于进口设备的配套问题应注意以下几点：

1.引进设备之间要配套。在引进设备时，有时由于考虑国外各厂家的设备和价格因素，分别从不同厂家购买设备组成生产线，要特别注意它们之间技术、效率等方面的协调配套。如果引进生产线的设备从国外几个制造厂购买，可采用总承包方式解决各厂之间协作配套问题，以保证全套设备的正常运行和产品质量。如果有的项目采取部分设备从国外引进，而对其他部分设备只引进技术由国内制造，也应注意相互的协作配合。

2.引进设备与国产设备配套。设备组合方案中既包括国外引进设备，又包括国内设备的，必须注意它们之间技术、效率等方面的协调配套。更重要的是，选择的设备必须与现实的国内生产系统相适应。比如，引进高效率的轧机，必须是轧出的钢板的宽度与国产剪板机的宽度相适应的轧机。

3.引进设备要与原有设备、厂房配套。对于改建、扩建项目，除要保留一部分原有国产设备外，还将利用原有厂房安装新引进的设备，因此必须注意引进设备的质量性能能否与原有设备相配套，以免由于设备的不匹配而影响正常生产，或者由于和厂房不配套，使买来的设备长期搁置一旁而拖延建设时间，造成消费。

（七）设备灵活性评估

工艺设备的灵活性即柔性，是指对要加工的原材料等条件要求的严格程度和设备适应生产方案改变的能力。柔性比较大的工艺设备，在未来的生产中，比较容易适应改变后的产品结构，对减少项目的风险很有益处。由于项目投资存在许多不确定性因素，有些风险是难以预测的。项目投产运营后，可能要根据当时客观情况的变化而改变生产方案。

生产方案的改变是生产能力的改变、品种规格的改变，甚至是产品对象的改变。对于生产方案基本不变的项目，单条生产线的生产能力应尽可能大，设备应尽量选用专用设备，以适应大规模、高效率生产的需要。对于生产方案经常改变的项目，单条生产线的规模不宜太大，应多选用通用设备，选用适应生产方案改变能力较强的设备。

(八)设备费用、能耗评估

采用国内设备或引进国外设备都要求在技术先进、安全可靠的前提下，尽量使设备费用控制在最低限度，以降低投资总额。同时，还应坚持节能原则，项目应尽量选用耗能低的设备。因为，节能好的设备，其热效率、能源利用率高，能源消耗量少。

三、设备选择评估的方法

为了选择经济上合理的设备，需要对设备的购置方案进行分析对比，以便从几种性能、功能等条件相似的设备中选择经济性最好的设备。常用的方法有：

(一)投资回收期法

投资回收期，是指企业使用设备后，每年所得的收益偿还设备的投资所需要的时间。

投资回收期采用的计算方法如下：

$$\text{投资回收期}=\frac{\text{设备的投资额}}{\text{年利润}+\text{年税金}+\text{年折旧额}}$$

上述公式假定每年的利润、税金、折旧额均相等。若各年收益不等则逐年累计其金额，再与投资额相比较。在其他条件相同的情况下，以投资回收期短的方案为好。

(二)年费用法

设备费用一般由设备购置费和设备使用费构成。设备购置费包括设备售价、运费和安装费；设备使用费包括能源消耗费、保养维修费、操作工人工资等。

年费用法是将设备的最初购置费，按复利计算原则换算为使用寿命期内平均每年的费用，再与年使用费用(维持费用)相加，求出设备每年的总费用。通过比较不同设备购置方案的年总费用，就可选择出最佳方案。

年费用的计算公式为：

$$\text{设备的年度总费用}=\text{初始投资费用}\times\text{资本回收系数}+\text{年维修费用}$$

式中：资本回收系数$=\dfrac{i(1+i)^n}{(1+i)^n-1}$，可查表求得；$i$ 为利息率或收益率；n 为使用寿命期。

第四节 软技术转让评估

一、软技术转让评估的重要性

软技术转让包括工业产权的技术转让(如专利权、商标权转让)、技术服务性的转让(如工程合同、技术援助等)、销售方面的软技术转让(如专门营销)等。随着我国的改革开放,引进技术和软件日益增多,碰到的软技术转让问题也越来越多。一方面,通过软技术转让使我国得到并掌握先进的手段,从而推广到经济建设中去,推动了国民经济的发展;另一方面,我国过去一直比较重视硬件设备技术的引进及其评估,而忽视了软件技术的引进及其评估,严重影响了项目的整体效益。因此,在项目评估中加强对软技术转让的评估工作,具有重要的现实意义。

二、软技术转让评估的内容

(一)专利转让评估

专利权是某项发明的专有权。这种专有权主要是指不许他人在技术有效期内使用、仿造或出售所发明的产品、技术诀窍、工艺和技艺等。专利权取得者对发明物拥有产权,并可以使用这种权利,也可以将这种权利转让给他人。专利权都有时间限制,一旦期满,其技术资料则属公众所有。所以,专利权通常是一种技术垄断权,具有合法性、时效性、独占性、地域性和获利性的特征。

专利许可证是专利转让方与接受方签订的一种法律协定,规定双方的权利以及在行使这些权利时应受到的限制。专利技术是指取得了专利权的某项发明所具有的技术。

专利转让的接受方取得专利的目的可能不同:一是要得到某种专属权,如专利技术的使用权、专利产品的生产权和销售等方面的独享权;另外一些接受者可能仅仅是为了取得专利技术。发展中国家获取专利的目的则侧重于后者。

我国是已经建立了专利制度的国家,国外发明的专利在我国同样受到保护。所以我们购买专利许可证,除了要引进专利技术外,也应当坚持某些专利方面的要求,如专利产品出口的权利、对专利转让方的一些限制性要求等。此外,在项目评估中对专利的评价还要注意以下几个方面的问题:

1.专利许可证协定中的专利是否已在接受方的市场上公布了的专利;

2.专利的有效时间有多长;

3.接受方是否已谈妥了下达专利制造、使用和销售的权利;

4.出口区域是否有类似的专利;

5.是否保障接受方免受第三方对于侵犯专利的索赔;

6.在专利许可证协定失效后和专利失效前,接受方是否能操作工艺,制造和销售产品;

7.接受方是否必须向转让方购买产品或部件；

8.专利接受方是否要接受以下限制：生产地点、生产额、产品价格、分让专利权、销售区域、产品组、必须使用转让方人员等。只有对以上问题有满意答复后，方能认为这种专利转让是可以接受的。

(二)专有技术转让评估

1.专有技术和专利的区别

专有技术一般理解为指从事生产活动所必需的，未向社会公开的秘密技术知识、工艺流程、设计方案和实践经验等。此外，国际上也把有助于市场上产品销售和具有一定商业价值的机密和组织手段归属于专有技术的范畴。

专有技术与专利不同，它们的主要区别在于：专有技术是秘密的技术知识或经验，而专利则是公开的技术；专有技术的垄断仅依靠持有人及其引进人的保密，可不受时间、地域的限制长期存在，而专利权则具有严格的时间性和地域性；申请专利的技术在范围上受到法律的限制，而专有技术的范围十分广泛，几乎不受限制。

2.转让专有技术的标准

专有技术转让一般涉及其有形部分，即各种数据、图纸、图表、配方、诀窍等，这些专门知识综合起来就可以形成某种先进的或专有的生产手段。转让的专有技术应具备三条标准：

(1)应当具有实用性。即已在实际生产中应用，并能满足接受方的技术目标。

(2)其保密部分应能给予接受方以某种竞争优势，即技术上或市场上的优势。

(3)应当是具有产权的技术资料。即应是转让方拥有转让权的资料，而不是剽窃的或公共性的资料。

3.专有技术转让评估应注意的几个问题

(1)专有技术有多少内容是需要保密的，保密期多长，能否接受。

(2)要详细了解专有技术的性质、专有技术的应用性和合法性、除保密资料以外的其他补充资料。

(3)专有技术对本项目的适用性，所需投资、生产费用、产品质量及产品在市场上的竞争力，对原材料的要求等等。

(4)转让方对接受证书使用专有技术的限制是否合理，如使用范围、销售区域、制造地点、生产数量及其他限制条件。

(5)专有技术使用期限是否合适，如从什么时候开始使用，在使用期内能否完全吸收该技术。

(6)转让方能否对工艺或产品提供保证书。比如采用的原材料规格对工艺性能的影响、原材料和能源的消耗对成本的影响、关键设备工艺性能的保证、施工方面责任分担的保证等等。这些保证对于涉及工艺的产品的生产来说，是很重要的。

(7)转让协议中，是否有解决各种技术问题仲裁措施的具体条款。

(8)转让方是否提供工厂操作手册、设备保养手册、专有材料、产品检验设施、工厂投产的各种服务以及产品资料等。

(三)技术帮助评估

对于某些建设项目来讲，引进的技术既不是专利，也不是专有技术，而是独立于这两者以外的技术帮助。专利是有专利权规定的，专有技术的一部分是秘密的，而技术帮助所提供的资料与技能，既无专利权，又不是保密的，只是引进国内尚不掌握的一种技术帮助。技术帮助的作用在于在提供方的帮助下，引进方能学习利用和掌握某些公开的技术资料和技能，以便既快又省地建立起生产设施并能有效地开辟国内外市场。

技术帮助有短期服务和长期服务之分。短期服务是关于生产设备的设计和建造方面的服务。它又可分为咨询性服务和工程性服务。咨询服务有估价市场、确定产品、分析投资、选择厂址、引进技术、设备鉴定等等。工程性服务包括选定厂址、施工准备、招聘人员、采购建筑材料和设备、检验设备、建造厂房和安装机器等。

长期服务是工厂建成以后，为了达到经营目标而由提供方经常提供的技术和管理服务。

在项目评估时，重点评价技术帮助的有效性和经济性。

(四)商标转让评估

商标是企业用来标明其经营商品的一种专用标识，是一种无形的产权。好的商标凝聚着社会的崇高信誉，能为企业创造丰富的收入。商标经注册登记，其所有权便得到认可，并依法得到保护。商标同专利一样，也具有独占性、获利性、地区性和时间性。但商标的法定限制时间较长，且期满后还可再注册使用。此外，在一个国家，不同厂家生产的同一种商品，只能有一个商标的“注册使用者”。

在商标转让中，引进方必须评价该商标的吸引力、社会信誉程度和获利能力的大小。转让方应对其评价结果加以保证，保证商标所应有的效力。如果发现商标被人盗用，则应要求转让方承担法律的起诉义务。通常，商标转让方为了保持商标的社会信誉，要求对产品质量有检验权和核准权以及其他约束性的权力。

三、软技术评估的方法

软技术(尤其是专利技术、专有技术)引进一般按其获利能力计价，用提成计价法计算。评估计价是否合理，往往用转让方享受的利润分享率来衡量。国际合理的利润分享率为15%～25%。在此值范围内被认为转让是合理的，超过了这个范围，被认为转让是不合理的。供、受两方签订转让合同时，只商定一个提成率 r 和计价基础 S，待技术投入使用获利后，再按规定分期计算使用费。行业不同，其提成率 r 值也不同，一般为2%～6%；计价基础 S 一般为引进技术产品的销售额。技术转让提成费 D 的计算式为：

$$D=S\cdot r \qquad 或 \qquad r=\frac{D}{S}$$

若引进技术获利额为 E，则：$r=\dfrac{D}{S}=\dfrac{D}{E}\cdot\dfrac{E}{S}=a\cdot b$

式中：$a=\dfrac{D}{E}$ 为利润分享率；$b=\dfrac{E}{S}$ 为销售利润率。

上式可见，提成率 r 为利润分享率 a 和销售利润率 b 之乘积。若提成率 r 不变，则利润分享率 a 和销售利润率 b 成反比，即 a 随 b 的增加而减少或随 b 的减少而增加。若销

售利润率 b 不变，提成率 r 就高，利润分享率 a 也高；若利润分享率 a 不变，提成率 r 高，销售利润率 b 也高。所以，在引进技术谈判时，任意确定一个提成率是非常危险的。确定提成率必须考虑引进技术的获利能力。利润率低，其提成率就必须要小，否则外商利润分成率就将超出合理界限。若引进技术获利能力强，即使提成率高些，外商利润分享率也不会超出合理界限，引进方还是可接受的。

例如，某外商转让一项软技术，期望在 10 年中回收技术使用费 30 万美元，预测该技术获利总额为 150 万美元，产品销售量 10 万，单价 50 美元。则：

提成率：$r=\dfrac{D}{S}=\dfrac{300\ 000}{100\ 000\times 50}=6\%$，检验此提成率是否合理。

销售利润率：$b=\dfrac{E}{S}=\dfrac{1\ 500\ 000}{100\ 000\times 50}=30\%$

故外商利润分享率：$a=\dfrac{r}{b}=\dfrac{6\%}{30\%}=20\%$

a 检验在 15%～20% 之间，是合理的。所以 6% 的提成率是可以接受的。

提成率不变（6%），若销售利润减少，由 150 万减到 50 万，则销售利润率 b 将由 30% 降到 10%，利润分享率 a 将由 20%提高到 60%（$a=\dfrac{r}{b}=\dfrac{6\%}{10\%}=60\%$），此利润分享率已远远超过了合理的允许范围，是不能接受的。

第五节　总平面布置和建筑工程方案评估

课件

一、总平面布置方案评估

（一）总平面布置的内容

投资项目的技术方案和设备方案确定之后，就要着手对项目的总平面布置方案、土建工程方案及公用辅助设施方案进行设计。总平面布置方案设计，就是根据企业的生产性质、规模和生产工艺等要求，结合建厂地区的自然、气候、地形、地质，以及厂内外运输、公用设施和厂际协作等具体条件，按照原料进厂到成品出厂的整个生产工艺过程，对生产车间、辅助生产设施和生活用房等建筑物和构筑物在厂区内进行经济合理的布置，并对交通运输总平面进行组织布置的规划设计工作。工业企业的总平面设计主要包括全厂分区布置方案和厂区外运输方案两大方面的设计。其主要内容由以下几部分组成：

1.总平面布置；

2.竖向布置；

3.铁路、公路、水路等运输线路布置；

4.管道电缆线路等综合布置；

5.绿化及美化设施。

建设项目总平面布置不仅要在总平面图上表示建筑物、构筑物、交通路线、地上地下工程技术管线及绿化美化设施相互之间的合理配置，而且要创造符合项目生产特性的、统一的、协调的建筑整体。并根据企业和生产过程、自然条件、运输要求及城市规划等具体条件，充分考虑到竖向布置、管道、铁路、绿化、人流、物流等合理性及经济性。竖向布置是在不同的地形条件下，布置建筑物、构筑物、铁路、道路等的标高，保证工艺运输有良好的联系，合理地排除雨水通道，并使土石方量达到最少。铁路、道路和水运规划是根据企业的生产要求，结合厂外运输条件合理地选择运输方式，以便合理地解决厂内外原材料、燃料、废料和半成品及成品等的运输问题。管道综合布置是使各种工程管道有相互合理的位置和走向，使之在平面及空间结构上相协调。绿化及美化设施的目的在于通过良好的生产环境，保护和增进职工身体健康，提高劳动生产率。

(二)总平面布置方案评估

分析评价总平面布置方案，在明确项目组成范围，即项目由哪些单项工程组成以及各单项工程的界线以后，必须从以下几方面对项目总平面的合理性进行分析论证：

1.分析评价总平面布置是否满足生产工艺过程的要求。总平面布置方案必须满足生产工艺过程的要求，这是总平面设计中最根本的依据。要求总平面设计能保证生产过程的连续性，主要生产作业线无交叉、无逆流现象，使生产线最短、最直接，各建筑物之间布置紧凑。

2.分析评价厂内外运输是否满足要求。即根据工厂的投入和产出物及废弃物的总量，不同种类、不同运输方式与运输工具等要求，合理组织厂内外运输，并从运量、运距、运输负荷变化及投资与经营费用等方面分析，对不同的运输方式进行比较，从中选择方便、经济的运输设备及合理的运输路线。

3.分析评价总平面布置方案是否适合厂区的气候、地形、工程水文地质等自然条件和城市规划的要求。选择合理的总平面布置形式，应结合建设场地的地形、主导风向、地层耐力与地下水位等自然条件来考虑，使厂房和构建筑物布置与自然条件相适应，为生产、运输和生活创造有利条件和良好环境。厂房的外形、层数、朝向和道路等厂区总平面布置的空间处理，应符合城市规划要求，与周围建筑群体和地形配合，统一协调，从而保证技术上合理、工程上经济。

4.分析评价卫生、防火和安全防护是否满足要求。对卫生、防火、防震、防噪音等方面要有相应的治理措施。如采用无害工艺，设置防护间隔距离等，并要符合有关规定要求。

5.分析评价是否注意节约用地。节约用地可采用车间合并、合理留用土地、分期征用等措施。如在原厂区内新建车间和附属工程，应注意新建筑物与原有建筑物之间的总平面布置的协调性。

(三)总平面布置方案的技术经济评估指标

总平面布置方案的经济合理性，需用一系列技术经济指标来反映和比较。比较分析的方法，有同一项目的几个不同总平面布置方案的比较选优，也有相同性质、相同规模不同项目之间的比较，特别是与已建成投产的同类项目相比较，更有现实意义。这些指标一般可分为三类：

1.总量指标，包括厂区用地面积、生产区及生活区面积、厂外工程面积、建筑物及构筑物占地面积、建筑系数、厂区利用系数等。其中,建筑系数和厂区利用系数可以反映总平面布置方案是否合理。

2.工程量指标,包括厂区场地平整土方(石方)工程量(挖土量、填土量)、铺设道路长度、面积、铁路展线总长度、管线沟渠长度、广场铺砌面积、排水工程、绿化面积、厂区围墙长度等,以及单位工程量费用,反映项目总平面及运输方案建设投资是否经济合理。

3.经营费用指标,包括铁路及公路运输的每年运输量及年运费,每吨货物运费,铁路、道路及其构筑物的维护养护费用及绿化厂区的费用,反映在项目生产经营期间,总平面部分的经营费用是否经济合理。

二、工程设计评估

(一) 建筑工程方案选择的要求

1.要充分利用和改造原有厂房和公用设施。对于技术改造项目,一般应尽量利用和改造原有厂房和公用设施,不搞或少搞建筑工程,以达到投资少、见效快、效益高的目的。对于原有厂房的利用,应注意原有厂房的荷重和层高等是否与拟新增的设备相适应,有的需要改造,也有的需要部分新建。

2.建筑物要适应引进技术和设备的技术要求。对于需要技术引进和设备进口的项目,为了保证质量和生产效益,往往对新建筑物有一些特殊的技术要求。在进行建筑工程设计时,要特别重视调查拟新建项目的技术和设备对建筑物工程的技术要求,并以此为依据进行建筑设计,以便使建筑物符合生产工艺要求。

3.建筑物的空间设计要力求节约。无论是新建还是改扩建项目,都要求每个建筑的空间平面设计在满足生产要求的前提下力求节约。这就要求正确选择厂房建筑的层数或层高,正确安排车间内的平面布置(柱网位置、设备布置及工作空间),力求做到在适用的原则下,尽量减少车间(或其他建筑物)的体积和面积。

4.建筑物的结构设计要力求经济适用。建筑物的结构类型,按所采用的材料不同有多种多样。各种结构的工程特性不同,投资费用也不同,在建筑项目的建筑工程设计中,应根据经济、适用的原则,以及项目生产的实际需要、厂房的大小和当地的具体条件,合理选用。

(二)建筑工程方案评估

1.建筑物的空间平面设计方案评估

(1)根据生产性质和生产工艺要求,分析选择厂房层数。一般而言,单层厂房适用于需要大跨度的、生产时震动大和散发大量热气,以及有重型生产设备、超重设备的车间,例如冶金工业的钢铁联合企业中铸工、锻工、轧钢等车间。多层厂房适用于工艺过程比较紧凑,需要组织垂直工艺流程,可利用重力输送原料,设备重量和产品重量都较少,以及需要保持恒温、恒湿的各种轻型车间,如化工厂、面粉厂、食品厂、仪器仪表厂等。

(2)根据车间内部运输方式及其他因素,分析选择厂房高度。多层厂高的高度应综合考虑生产工艺、采光、通风以及建筑经济各方面的因素。因此,正确选择车间内运输方式,对减少厂房高度,降低工程造价有重要意义。

(3)评价厂房建筑(车间)平面布置的合理性。在工艺流程、技术参数和主要设备选择确定以后，本着达到物料流向最经济、操作控制最有利、检测维修最方便的原则，采用多方案比较，选择经济实用的厂房建筑（车间）的平面布置方案。厂房（车间）平面布置方案的选择，应满足生产工艺的要求，保证生产线的合理布置，使设备与生产操作有一定的空间，各个工序之间有最短、最直接的联系，车间之间和车间内部运输方便，并适应全厂的工艺流程。同时要充分利用车间平面面积的空间，在保证生产安全和具有良好的工作环境的前提下，尽量节省厂房面积。

(4)评价柱网布置的合理性。项目平面布置中最关键的是合理确定柱网，即确定柱子的跨度和间距。跨度的大小经常根据设备的尺寸布置情况、产品运输及生产操作所需的空间来决定。柱距是根据结构方案的技术经济合理性和现实条件的可能性来确定的。根据设备的外形、前后位置、各种物料的投入和流向、操作要求、公用动力的引入位置、产出物的输出方向等作通盘研究。

(5)评价厂房的体积和面积是否合理。在不影响生产能力的前提下，应尽量减少厂房（车间）的体积和面积。采用先进工艺和高效能的大型生产设备，向空间发展，可节省用地面积；采用大跨度大柱距的厂房平面设计形式，可提高平面利用系数；改进厂区与厂房内的运输方式，可增加厂房的有效使用面积。

2.建筑结构设计方案的评估

根据适用、经济、美观的原则，以及生产工艺的需要、厂房的大小和建设场地的具体条件，合理选择厂房建筑的结构形式，并适应目前工业用房建筑结构向"轻质、大跨、空间、薄壁"方向发展的趋势，以薄壳结构、悬索结构、折板结构等装配式结构，以及现浇混凝土筒体结构，逐渐替代以往广泛采用的梁板结构。结构的造型必须因地制宜，结合工程特点，就地取材，充分利用当地的建材资源，降低运输费用，切实做到技术先进，经济合理，安全适用，施工方便。在满足生产使用要求的前提下，广泛采用新结构、新构件、新材料，充分利用地方材料和工业废料，节省"三材"，促进工程设计的标准化、施工的机械化，逐步提高建筑的工业化水平。

（三）建筑工程方案和技术经济评价指标

1.厂房空间平面设计方案的技术经济指标。包括：(1)生产面积、辅助面积和服务面积的比重，(2)每个生产工人所占的生产面积，(3)单位设备所占的生产面积，(4)单位产量占地面积和建筑面积等等。

2.厂房建筑结构体系的技术经济评价指标。包括：(1)建设工期，(2)劳动消耗，(3)材料消耗，(4)混凝土折算厚度，(5)建筑物自重，(6)建筑造价等。

3.厂房结构方案的技术经济评价指标。包括：(1)结构构件的造价，(2)制造构件所需的劳动消耗，(3)主要建材消耗，(4)装配程度，(5)装配式构件的统一程度，(6)取暖费和燃料消耗，(7)使用期限，(8)结构构件的重量等。

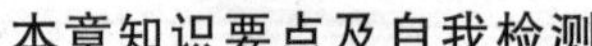

本章知识要点及自我检测

本章案例资料

第五章 财务基础数据评估

材料：

多媒体手机项目产业化生产可行性研究小组已完成该项目市场需求预测、生产规模、工艺技术方案、建厂条件和厂址方案、环境保护、工厂组织和劳动定员以及项目实施规划诸方面的研究论证和多方案比较，下一步的主要工作就是对该项目是否有效益进行分析和论证，毕竟效益和风险是投资者最为关心的问题，而要判断项目的效益，首先必须清楚该项目在建设和生产过程中的投入和产出情况，也就是要进行项目的财务基础数据预测，然后将投入和产出进行对比，就可以大概的了解项目是否有效益，在此基础上，再运用一定的方法计算分析后，便可以得出项目是否有效益的结论。

思考：

假设你是多媒体手机项目产业化生产可行性研究小组组长，请你列出进行项目财务效益分析需要的财务基础数据，并与小组成员共同商讨各项数据的预测方法（建议编制各种基础数据预测表）。

第一节 财务基础数据评估概述

课件

一、财务基础数据评估的意义

财务基础数据是指与项目寿命期内全部经济活动有关的数据，如投资额、成本、价格、销售收入、税金、折旧等。

财务基础数据评估是指在建设必要性、生产建设条件和技术评估的基础上，按照评估办法规定的要求和方法，调查、收集、鉴别、评审和测算一系列财务经济数据，并填列财务经济数据预测表的工作。

财务基础数据评估是项目评估的中心环节，只有通过这个环节，将拟建项目前面几个方面评估确定的数据、资料和参数转换成各种经济数据，才能对拟建项目进行财务效益和国民经济效益评估，从而进一步确定项目经济上的合理性，最后判断项目的可行性。可见，它是项目评估中一项承上启下的工作，是项目财务经济效益评估的基础和前提，它关系到项目评估结果的科学性、合理性和实际性，从而影响项目投资决策。因此，在评估项目财务基础数据时，必须实事求是、准确无误，严禁人为扩大或缩小。

二、财务基础数据评估的内容

(一)项目寿命期

项目寿命期是指投资项目从开始建设至项目经济寿命期终止所经历的时期，即建设项目的建设期和生产期，也称为项目计算期。它是预测其他财务基础数据的前提。

(二)投资成本

投资成本是为建设项目所耗费的总投资，包括固定资产投资、无形资产投资、开办费、建设期利息和建成投产后需要垫付的流动资金。投资成本评估所提供的数据可作为固定资产折旧、贷款偿还期预测的依据。

(三)产品成本

产品成本是指项目建成投产后，为生产各类产品，在一定时期所消耗的生产费用。项目评估中的产品成本需从不同的角度进行衡量，主要有产品总成本、经营成本以及固定成本、变动成本和单位产品成本。产品成本评估所提供的数据是利润、收益评估的依据，也是项目决策的重要数据。

(四)固定资产折旧

固定资产折旧是项目建成投产后，按规定提取的固定资产折旧额。折旧可作为产品成本、利润、贷款偿还期评估的依据。

(五)销售收入和税金

销售收入与销售税金是指项目出售产品所获得的收入和向国家缴纳的各种税金。销售收入和销售税金评估提供的数据是利润和收益评估的重要依据。

(六)利润

利润是项目取得的财务成果，包括营业利润、投资净收益和营业外收支净额。利润评估提供的数据是进行贷款偿还期评估的直接依据。

(七)贷款偿还期

贷款偿还期是项目投产后，按国家规定的可用以归还贷款的资金归还贷款本金和利息所需要的时间。贷款偿还期评估主要是为项目偿还能力分析提供有关资料，以利于项目决策。

在实际工作中，通常把财务基础数据评估获得的数据资料，编制成财务数据估算表，以便为项目进行财务效益评估和国民经济效益评估提供依据。项目评估需要编制的财务数据估算表主要有固定资产投资估算表、流动资金估算表、投资计划和资金筹措表、主要产出物和投入物使用价格依据表、单位产品成本估算表、固定资产折旧估算表、无形及递延资产摊销估算表、总成本费用估算表、产品销售(营业)收入和销售税金及附加估算表、利润估算表、借款还本付息估算表等。

三、财务基础数据评估的原则

(一)尊重事实原则

提供真实可靠的评估数据是财务基础数据评估的质量要求。因此,开展财务数据评估必须实事求是,不许弄虚作假人为调整数据和参数。

(二)尊重科学原则

科学的预测方法和技术是财务数据评估顺利进行的基本要求。这就要求在财务数据评估中,对采用的调查方法、统计方法、预测方法、计算公式、数学模型等,都要尊重科学,以便使财务数据正确、可靠、可信、可用。

(三)尊重规章制度原则

现行规章制度是项目建设和生产经营的直接依据。在财务数据评估中,必须符合现行政策、法规和有关制度规定,如《建设项目经济评价方法与参数》、《会计法》、《税法》、《企业财务通则》、《企业会计准则》、《商业银行法》等。

(四)坚持可比性原则

"可比性"是财务经济效益评估对财务基础数据评估提出的要求,即计算方法和计算口径与项目所在行业现行实务保持一致,以保证评估资料与实际资料的可比性;效益与费用计算口径一致,即计算范围、计算时期、计算依据的参数(如折旧率、利率、税率和价格等)保持一致,以保证投入与产出在同一标准的基础上进行评估测算。

(五)尽量符合项目实际情况原则

由于项目之间存在着地理位置、周围环境、管理水平、工艺技术水平等方面的差异,在调查中,选取和评估财务基础数据时,必须要从本项目的实际情况出发,因时因地制宜,既不迁就落后,又不脱离实际地选用过低或过高的指标。

四、财务基础数据评估的步骤

(一)确定评估目标,制定工作计划

由于各个项目的背景、条件、技术经济特点、可行性研究报告的质量等不同,财务基础数据评估工作的内容和侧重点也不一样,因此,要针对项目特点,制定工作计划,明确评估对象、内容、重点、力量和时间安排等等。

(二)收集和熟悉有关资料

进行财务基础数据评估涉及的资料很多,大致可以分为以下三类:

1.可行性研究报告和相关资料

财务基础数据是在可行性研究的基础上进行的。有些数据在可行性研究中已作了初步的测算,并且已经收集了一些相关的资料。这些数据和资料必须加以收集和利用。

2.有关部门的规章、制度、办法、标准等

如银行或计委或有关部门的项目评估办法、建设项目经济评价方法与参数、基本建设贷款实施条例和实施细则、财政部门有关税收规定及税目税率表、拟建项目主管部门的概

算指标和取费标准、企业会计制度与会计报表、主管部门的财务规定等等，都是项目评估人员据以评估测算投资成本、产品成本、销售收入和销售税金及附加、利润等基础数据的依据文件。

3.与拟建项目相类似的工程项目和生产企业有关的财务资料

同类型项目的有关概算投资、同类型企业的流动资金占用、生产成本、销售价格、利润、税收等财务资料及同类企业的经营历史都是进行项目财务基础数据评估的直接参照物，因此，必须加以收集和利用。如果是改扩建项目，还必须收集原有企业的各种财务资料。

(三)分析测算财务基础数据

根据拟建项目各种财务数据的内在联系，按顺序分别对各种财务数据进行分析和测算，这是财务基础数据评估的关键环节。

(四)填制财务基础数据预测表

为了反映各项财务基础数据的构成，便于财务经济效益评估，在测算各项财务基础数据的同时，应按评估办法的规定和要求，填制相应的表格。

第二节　项目寿命期与固定资产折旧评估

课件

一、项目寿命期评估

项目寿命期包括项目建设期和生产期(或称使用期、经营期)。项目寿命期是分析和评价项目全部经济活动的重要依据，对其他财务基础数据产生直接影响。项目寿命期确定是否合理，直接关系到其他财务基础数据预测和财务经济效益评估的准确性。

(一)建设期评估

建设期评估方法有：

1.按项目的性质、规模，根据主管部门的规定确定。如纺织工业部门曾规定，小型项目建设期为18个月，中型项目建设期为36个月。

2.依据或参照主管部门制定的建设期定额，并注意建设项目所在地区的类别和工期定额种类进行确定。

3.一次性估算法。通常先按单位工程、单项工程分别确定，再汇总计算项目总工期较为准确合理。但是，在评估阶段，由于掌握的仅有项目建议书和可行性研究报告等资料，难以计算各单位工程的具体作业时间，因而一般采用一次性估算法。具体做法可根据统计资料，套用以往同类工程建设期；或参照以往类似工程的实际工期，进行适当的调整。

由于建设项目具有单件性特点，即使是同一类项目，也会因性质、规模、地点、时间、施工方法和管理水平等的不同而存在差异。因此，无论采用上述哪种方法预测项目的建设期，都必须结合项目的具体情况，因时因地制宜，既不要把建设期定得过长，也不能不切实际地缩短建设期。

(二)项目生产期评估

项目生产期包括投产期和正常生产期。投产期是项目从建成投产或交付使用起,到实际年产量达到设计生产能力时止所经历的时间。正常生产期也称达到设计生产能力期,它是指达到设计规定的生产能力100%时的生产期。

工业项目的生产期一般按综合折旧寿命期确定。固定资产,特别是主要设备寿命期可分自然寿命期、技术寿命期和经济寿命期。自然寿命期主要指项目的使用期限,即设备经投入使用到不能修复而报废所经历的时间。随着科技进步和维修质量提高,设备的自然寿命将不断延长,设备的老化维修费用也将不断增加,经济上不合算,因此,一般不能作为项目生产期的评估依据。技术寿命期是指设备从投入使用到因无形损耗而被淘汰所经历的时间,亦称有效寿命期。随着科学技术进步,无形损耗加剧,技术寿命将不断缩短。这一特点必将对项目生产期评估产生一定的影响。经济寿命期是指设备从投入使用到继续使用已经不经济而提前报废所经历的时间。经济寿命期通常是以成本(即折旧费与修理费之和)最低而确定的设备更新的最佳期限。

项目生产期的确定以主要设备的经济寿命期为基础,并考虑其技术寿命期限的影响进行评估。通常有以下两种评估方法:

1.折旧率法

折旧率法是根据设备的折旧率来测算经济寿命期的方法。其计算公式为:

$$设备经济寿命期=\frac{设备原值}{设备原值\times 年折旧率}=\frac{1}{年折旧率}$$

如果折旧率充分考虑了技术进步等无形损耗和费用效益因素,则折旧率法是较合理的方法。

2.设备最佳更新期法

以确定设备的最佳更新期作为项目的经济寿命期的方法,称设备最佳更新期法。设备在使用过程中的年平均经济成本是由设备的折旧和使用设备的操作维修费组成的。根据余额递减折旧法的原理,设备在使用过程中,折旧费会逐年减少。同时由于设备的技术性能下降等原理,设备的操作维修费用会逐年增加。通过计算,可以找出使设备年平均成本最低的点,这个点所对应的设备使用年份,就是设备的经济寿命期。假设设备逐年增加的费用相等,呈线性函数,年增量为λ,残值为零,则设备经济寿命期的计算公式为:

$$n=\sqrt{\frac{2p}{\lambda}}$$

例如,某项目拟采用的主要设备的购置价格为19万元,使用费年增加量为0.6万元,其经济寿命期为:

$$n=\sqrt{\frac{2\times 19}{0.6}}=8(年)$$

另外，还可以采用列表法确定设备的经济寿命期。

例：某项目主要设备原值 1 600 万元，预计使用 12 年，残值 80 万元。采用双倍余额递减法计算的各年折旧费和修理费如表 5-1。

表 5-1

年份	年折旧额/万元	年修理费/万元	年总费用/万元
1	267	80	347
2	222	85	307
3	185	95	280
4	154	110	264
5	129	128	257
6	107	139	246
7	89	150	239
8	74	180	254
9	62	201	263
10	52	220	272
11	90	235	325
12	89	248	337

上表计算结果表明，设备年平均成本最低的年份为第 7 年，即第 7 年为设备的最佳更新期。

有些部门对项目的经济寿命期作了规定，如投资银行规定项目评估中的经济寿命期为 15 年，水电部规定为 25 年，国家计委规定为 20 年，这些都可作为确定项目经济寿命期的依据。

二、固定资产折旧评估

固定资产折旧，是固定资产在使用过程中，由于损耗而逐步转移到生产成本中的价值，很难用技术的方法正确确定。我国的固定资产折旧方法是由财政部统一规定的，大致可分为平均折旧法和加速折旧法两种。

(一)平均折旧法

平均折旧法是根据固定资产的损耗程度均衡地计提折旧的方法。根据具体计算方法不同，平均法又可分为平均年限法和工作量法。

1.平均年限法

平均年限法又称直线法，是按照应提折旧总额除以固定资产使用年限，平均计算折旧的方法。其计算公式为：

$$年折旧额=\frac{固定资产原始价值\times(1-预计净残值率)}{固定资产预计使用年限}$$

式中预计净残值率等于预计残值减去预计清理费用的差额除以固定资产原始价值，固定资产预计使用年限可用项目经济寿命期代替。

在实际工作中，年折旧额通常是通过折旧率计算求得的，即：

$$年折旧额=固定资产原值\times年折旧率$$

$$年折旧率=\frac{年折旧额}{固定资产原值}\times100\%$$

$$=\frac{固定资产原值-预计净残值}{固定资产原值\times预计使用年限}\times100\%$$

折旧率有个别折旧率、分类折旧率和综合折旧率。评估时，可根据项目具体情况采用综合折旧率或分类折旧率计算折旧。

2.工作量法

工作量法是指按固定资产在预计使用年限内可以完成的工作量比例计算折旧额的方法。由于固定资产价值的损耗同其完成的工作量有直接关系，因此，将固定资产应提折旧总额除以该固定资产预计使用年限内可完成工作量，就可求得单位工作量的应提折旧额。用这种方法可以正确地为各期（如月）使用程度相差较大的固定资产计提折旧。如汽车运输设备可按其行驶里程（吨/公里）计算折旧。其计算公式为：

$$每单位工作量折旧额=\frac{固定资产原始折旧\times(1-预计净残值率)}{预计使用年限内总的工作量}$$

$$固定资产月折旧额=每单位工作量折旧额\times该固定资产当月实际的工作量$$

(二)加速折旧法

加速折旧法又称递减折旧费用法，是指在固定资产预计计提折旧年限内，前期相对多提折旧，后期相对少提折旧的方法。常用的加速折旧法有年数总额法和双倍余额递减法。

1.年数总和法

年数总和法又称合计年数法，是指将固定资产原值减去净残值后的净额，乘以逐年递减的分数（即折旧率）计算折旧的方法。这个分数的分子为固定资产继续可使用的年限，分母是使用年限的逐年数字的总和。其计算公式为：

$$年折旧额=\left(固定资产原值-预计净残值\right)\times\frac{尚可使用年数}{年数总和}尚可使用年数$$

$$=折旧年数-已使用年数年数总和$$

$$=折旧年限\times\frac{折旧年限+1}{2}$$

2.双倍余额递减法

双倍余额递减法是用直线法折旧率的双倍去乘以固定资产在每一会计期间的期初账面价值(即固定资产净值)计算折旧的方法。其计算公式为:

$$年折旧率=\frac{2}{固定资产预计使用年限}\times 100\%$$

年折旧额=年初固定资产账面净值×年折旧率

年初固定资产净值=固定资产原值-已提累计折旧额

实行双倍余额递减法计提折旧的固定资产,应当在固定资产折旧年限到期以前两年内,将固定资产账面净值扣除预计净残值后的净额平均摊销,这样才能保证在计提折旧年限内提足折旧。

第三节　总投资估算与资金筹措方案评估

课件

项目总投资指建设项目从前期准备工作开始到项目全部建成投产为止所发生的全部投资费用,包括建设投资和流动资金两部分。总投资是项目评估的一项主要财务基础数据,它对项目的经济效益有较大的影响,又是固定资产折旧和投资贷款偿还期评估的依据。准确地评估项目总投资是项目评估工作的一项重要内容。

一、建设投资估算

建设投资是建设项目在建设过程中实际发生的全部费用。它由固定资产投资、固定资产投资方向调节税、无形资产投资、递延资产投资、建设期利息五部分组成。

(一)固定资产投资估算

固定资产投资是指建造固定资产过程中实际发生的全部费用。包括建筑工程费、设备费、安装工程费、其他费用及不可预见费用。项目评估中常用的固定资产投资估算方法有编制概算法、单位生产能力估算法和装置生产能力指数法。

1.编制概算法

编制概算法是以国家或地区编制概算指标和地区单位估价表为依据估算固定资产投资的方法。

(1)估算建筑工程费用

建筑工程费用由直接费、间接费、计划利润和税金四部分组成。直接费包括人工费、材料费、施工机械使用费和其他直接费,可按建筑工程量和当地建筑工程概算综合指标计算。间接费包括施工管理费和其他直接费,一般以直接费为基础,按间接费率计算。计划利润以建筑工程的直接费与间接费之和为基数,按照规定的费率计提。税金包括营业税、城市维护建设税和教育费附加,根据有关的税率和费率计算得出。

(2)估算设备购置费

设备购置费包括需要安装和不需要安装的全部设备、工器具及生产用家具购置费等。一般根据设备原价和运杂费进行计算。

设备购置费＝设备原价×(1＋设备运杂费率)

工器具及生产用家具购置费＝设备购置费×费率(或按预计的金额计算)

(3)估算安装工程费用

安装工程费用包括设备及室内外管线安装的费用,由直接费、间接费、计划利润和税金四部分组成。其中直接费可按每单位设备或按设备原价的百分比估算;间接费按间接费率进行估算;计划利润以安装工程的直接费与间接费之和为基础,按照一定的费率计取;税金包括营业税、城市维护建设税和教育附加费附加,按规定的有关税率或费率计算。

(4)估算其他费用

其他费用是指根据有关规定应列入固定资产投资的除建筑安装工程费和设备购置费及安装费以外的一些费用。它包括土地征用、勘探设计、建设单位管理费等多项细目。其中有规定和取费标准的,按有关规定和取费标准进行估算;没有规定和没有取费标准的,按预计可能发生的数额进行估算。

(5)估算不可预见费

不可预见费又称预备费。它包括基本建设预备费和涨价预备费用。一般情况下,不可预见费可以前面四项费用之和为基数,按一定的比例估算。

2.单位生产能力估算法

单位生产能力估算法是根据生产能力与投资的相互关系,用统计部门或主管部门提供的单位生产能力投资消耗指标来粗略匡算拟建项目投资的方法。其计算公式为:

$$K_{总} = K \times R$$

式中:$K_{总}$ 为拟建项目固定资产投资总额,K 为从统计部门或主管部门取得的项目所属行业同类项目的单位生产能力投资,R 为拟建项目总设计生产能力。

运用此法估算项目固定资产投资,要注意选择相类似生产规模和工艺技术的单位生产能力投资指标。因为不同生产规模和工艺技术的单位生产能力投资会有很大的差异。同时还必须注意时间、地点、建设条件等因素对单位生产能力投资的影响。

3.装置生产能力指数法

装置生产能力指数法又称生产规模指数法或0.6指数法。它是根据装置能力与装置投资之间存在着相互关系的原理,选用已经建成项目的固定资产投资,估算不同规模同类项目的固定资产投资的方法。其计算公式为:

$$I_2 = I_1 \times \left(\frac{Q_2}{Q_1}\right)^n \times C$$

式中:I_2 为项目装置投资,I_1 为已经建成的同类项目的装置实际投资,Q_2 为投资项目的装置能力,Q_1 为已建成项目的装置能力,C 为价格指数,n 为指数($0 \leqslant n \leqslant 1$)。

这种方法的关键是要确定一个适当的 n 值。统计资料表明，n 的平均值大约在 0.6 左右。所以此法又称为 0.6 指数法。当项目以增加设备的装置尺寸来达到扩大生产能力时，n 值可取 0.6～0.7；当项目以增加相同设备的装置数量来达到扩大生产能力时，n 值可取 0.8～1.0。

装置费用只是一个建设项目的主要组成部分的投资费用。因此，算出装置费用后，还需用其他方法计算出其他部分的投资费用，并进一步估算出项目的全部费用。

(二)固定资产投资方向调节税估算

按固定资产投资方向调节税暂行条例规定，纳税人进行固定资产投资，无论其资金来源渠道如何，都属征税范围。投资方向调节税的计税依据为固定资产投资总额。其计算公式为：

$$应纳税额 = 固定资产投资总额 \times 适用税率$$

固定资产投资方向调节税率可通过查《固定资产投资方向调节税税目税率表》取得。我国的固定资产投资方向调节税税率按行业和经济规模实行差别利率。

(三)无形资产投资估算

无形资产是指能长期使用(一般为一年以上)，但没有实物形态的资产。它包括专利权、商标权、著作权、土地使用权、非专利技术、商誉及其他无形资产。这是一种由特定主体控制，又不具有独立实体，能在生产经营中持续地发挥作用并带来经济效益的经济资源。

购入的无形资产按照实际支付的价款计价；投资者作为资本金或者合作条件投入的无形资产，按评估确认或合同、协议约定的金额计价；自行开发的无形资产，按开发这项无形资产过程中实际发生的费用计价；接受捐赠的无形资产，按所附单据或参照同类无形资产市价经评估计价；对非专利技术、商誉的计价，应经评估权威机构评估认定。

(四)其他资产投资估算

其他资产是指已经支付但因其受益期长于一年而不能计入当期损益，应当由以后年度分期摊销的各项费用。它包括开办费、租入固定资产改良支出及摊销期在一年以上的其他待摊费用。它们都是使项目在较长时期内受益的一次性或集中支出。

1.开办费

开办费是指项目在筹建期内发生的，未能形成有形资产和无形资产的各类费用支出，又称为前期工程费用。如项目筹备人员工资、差旅费、培训费、办公费、广告费、印刷费、注册登记费等支出。

开办费按预计可能发生的支出计价。开办费应当从项目开始生产、经营的月份起，在不短于 5 年的期限内分期摊入管理费用。

2.租入固定资产改良支出

租入固定资产改良支出是指以经营租赁方式租入固定资产的改良支出。该项支出一般数额较大，受益期长于一年，因此也归入递延资产。它也是按预计可能发生的支出计价的，并按受益期限分期摊入管理费用。

3.其他待摊费用

对于投资项目来说，其他待摊费用包括样品样机购置费、非常损失等。这些费用应在一定的时期内按照费用项目的受益期限分期平均摊销。

(五)建设期利息估算

项目建设资金凡属借款性质的，都应按规定计算投资借款建设期利息，并计入项目的建设投资总额中。

1. 国内借款

国内借款建设期利息依贷款支用情况不同，有两种计算方法。

第一种是各年贷款在年初一次支取使用，则每年应计利息为：

$$每年应计利息 = (\begin{matrix}年初借款\\本息累计\end{matrix} + \begin{matrix}本年初\\借款额\end{matrix}) \times 年利率$$

按现行制度规定，投资借款建设期利息按复利计算至投产后支付。因此，建设期内各年贷款金额(L_t)至项目建成投产时(m)的本利和(F)为：

$$F=\sum_{t=1}^{m}L_t(1+i)^{m-t+1}$$

式中：i 为贷款利率。贷款利率按银行有关规定执行。

第二种是各年贷款在年中陆续支出，则每年应计利息为：

$$每年应计利息 = (\begin{matrix}年初借款\\本息累计\end{matrix} + \frac{本年借款额}{2}) \times 年利率$$

$$期末本利和为：F=[\sum_{t=1}^{m}L_t(1+i)^{m-t}]\left(1+\frac{i}{2}\right)$$

$$项目建设期利息为：I=F-\sum_{t=1}^{m}L_t$$

如果项目从不同的渠道取得投资贷款，且各种贷款的利率不同，则应分别计算不同贷款种类的建设期利息，再汇总计算建设期利息总额。另外，如果项目通过发行债券的方式筹集资金，则还需要计算建设期支付给债权人的利息，并将其计入建设期利息总额。

2. 国外借款

国外借款的来源渠道很多，其借款偿还条件也各不相同。原则上应按已经明确的或预计可能的借款偿还条件(偿还方式、偿还期和宽限期等)计算。国外借款利息计算比较复杂。除利息外，通常还要另加一些贷款费用，如管理费、承诺费、代理费等。在项目评估中，为了简化一些贷款费用的计算，一般通过适当提高贷款利率的办法合并计算贷款利息和贷款费用。其计算方法可参考国内借款利息的计算。

项目评估中，通常将建设投资估算结果编制成《建设投资估算表》(如表 5-2)。

表 5-2　某项目投资估算表

单位：人民币，万元；美元，万美元

序号	工程或费用名称	估算价值						占总值比/%
		建筑工程	设备购置	安装工程	其他费用	总值	其中：外汇（美元）	
1	固定资产投资	3 466	22 331	8 651	5 664	40 112	3 213	
1.1	工程费用	3 466	22 331	8 651	612	35 060	2 899	
1.1.1	主要生产项目							
…								
1.2	预备费用				5 052	5 052		
1.2.1								
…								
2	无形资产投资				1 700	1 700	241	
2.1								
…								
3	递延资产投资				730	730		
3.1								
…								
4	投资方向调节税				2 127	2 127		
5	建设期利息				4 319	4 319	469	
合计(1+2+3+4+5)		3 466	22 331	8 651	14 540	48 988	3 923	

二、流动资金估算

流动资金是指项目建成投产后企业为保证其正常生产运营而购置原材料、辅助材料、包装物、燃料动力、备品备件，发放职工工资和福利费，在产品、产成品及产成品赊销等占用所需的经营性的资金。从会计角度看，流动资金是流动资产减去流动负债的差额，是项目投资成本的组成部分。从投资项目可行性研究和项目评估的特点出发，根据会计制度对流动资产和流动负债核算内容的规定，流动资金的构成内容可用图 5-1 表示。

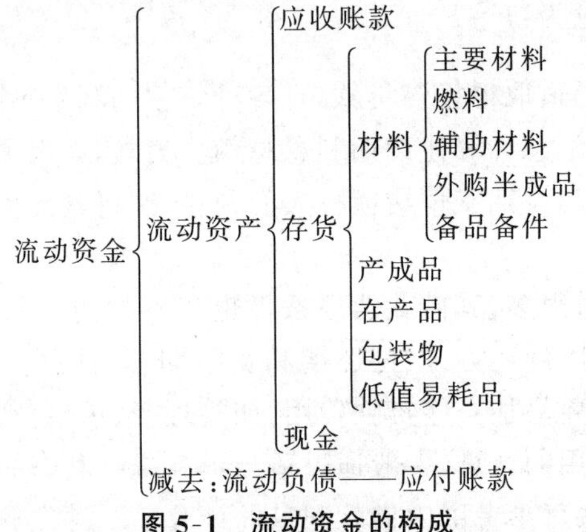

图 5-1　流动资金的构成

流动资金的估算有多种方法，在项目评估中通常采用扩大指标法进行粗略估算，如果条件具备，也可按照流动资金的构成内容分项进行详细估算。

(一)扩大指标估算法

扩大指标估算法是参照同类生产企业流动资金占销售收入、经营成本的比率及单位产量占用流动资金的比率等确定项目流动资金需要量的方法。具体可分为：

1.产值资金率法

产值资金率法是指根据项目建成投产后，预计正常生产年份可创产值（销售收入）和该行业的产值资金率来计算流动资金数额的一种方法。其计算公式为：

$$\text{流动资金需要额}=\text{正常生产年份产值（年销售收入）}\times\text{产值资金率（或销售收入资金率）}$$

一般加工工业多采用产值资金率法估算项目建成投产所需的流动资金数额。

2.成本资金率法

成本资金率法是按项目建成投产后，预计正常年份的经营成本（或总成本）资金率来计算流动资金的一种方法。其计算公式为：

$$\text{流动资金需要额}=\text{正常生产年份经营成本（或总成本）}\times\text{经营成本资金率（或总成本资金率）}$$

采掘工业项目一般采用成本资金率法估算流动资金。

3.固定资产价值资金率法

固定资产价值资金率法是根据固定资产价值和该行业的固定资产价值资金率估算项目流动资金需要额的一种方法。其计算公式为：

$$\text{流动资金需要额}=\text{固定资产价值总额}\times\text{固定资产价值资金率}$$

式中固定资产价值资金率是指流动资金占固定资产价值总额的比例。

电力工业项目一般采用固定资产价值资金率法估算其流动资金需要额。

4.产量资金率法

产量资金率法是根据单位产量占用流动资金的比率来估算流动资金需要量的一种方法。其计算公式为：

$$\text{流动资金需要量}=\text{正常年度产量}\times\text{单位产量资金率}$$

矿产项目一般采用产量资金率法估算项目所需流动资金。

(二)分项详细估算法

分项详细估算法是借助流动资产和流动负债的最低周转天数和周转次数分项目计算流动资产和流动负债需要量，并汇总估算项目所需流动资金数量的一种方法。有关计算公式如下：

$$\text{周转次数}=\frac{360}{\text{最低周转天数}}$$

$$\text{存货}=\text{原材料}+\text{在产品}+\text{产成品}+\text{包装物}+\text{低值易耗品}$$

这里的存货是指以价值量计量的，而不是指实物量。

$$\text{原材料（费）}=\text{主要材料}+\text{燃料}+\text{辅助材料}+\text{外购半成品}+\text{备品备件}$$

各种原材料费应分项估算，再汇总。

$$在产品(费)=\frac{在产品生产成本}{周转次数}$$

$$产成品(费)=\frac{产成品制造费用-固定资产折旧费}{周转次数}或=\frac{经营成本}{周转次数}$$

$$现金=\frac{职工工资及福利费总额+其他零星开支}{周转次数}$$

$$应付账款=\frac{赊购期(月数)}{12}\times\begin{matrix}全年外购材料、物质与\\年接受劳务供应总额\end{matrix}$$

项目评估工作中，通常将流动资金估算结果编制成流动资金估算表(如表5-3)。

三、资金筹措方案评估

在投资估算的基础上，应进行资金筹措方案评估。资金筹措是资金筹措方式和资金运用计划两方面工作的合称。对于投资项目来说，不同的资金筹措方案，会产生不同的经济效果。因此，必须对筹措方案进行评估。

(一)资金来源与融资方案种类

资金来源与融资方案评估就是在明确项目融资主体的基础上，通过对建设投资和流动资金来源渠道和筹措方式的分析比较，确定初步融资方案。

1.融资主体。融资主体是指进行融资活动的经济实体。确定融资主体是设定融资方案的前提。影响融资主体确定的因素主要有项目投资的规模和行业的特点，项目与既有法人资产、经营活动的联系，既有法人财务状况，项目自身的盈利能力等。按照是否依托于项目组建新的经济实体划分，项目融资主体分为新设项目法人和既有项目法人。前者依托于项目组建新的经济实体(从无到有)，后者依托于既有法人组建新的经济实体(使原有的经济实体规模扩大、结构优化、质量提高或组建相对独立的新经济实体)。

2.融资方式。按照融资主体不同，融资方式可分为新设项目法人融资和既有项目法人融资两种。在新设法人融资方式下，建设项目所需资金来源于项目公司股东投入的资本金和项目公司承担的债务资金。在既有法人融资方式下，建设项目所需资金来源于既有法人内部融资、新增资本金和新增债务资金。

3.项目资本金(项目权益资金)的来源渠道和筹措方式。项目资本金的来源渠道和筹措方式应根据项目融资主体的特点按下列要求进行选择：新设法人融资项目的新增资本金可通过股东直接投资、发行股票、政府投资等渠道和方式筹措。既有法人融资项目的新增资本金可通过原有股东增资扩股、吸收新股东投资、发行股票、政府投资等渠道和方式筹措。

4.项目债务资金来源渠道和筹措方式。项目债务资金可通过商业银行贷款、政策性银行贷款、外国政府贷款、国际金融组织贷款、出口信贷、银团贷款、企业债券、国际债券、融资租赁等渠道和方式筹措。

表 5-3　某化纤项目流动资金估算表

单位：万元

序号	项目＼年份	最低周转天数	周转次数	投产期														
				4	5	6	7	8	9	10	11	12	13	14	15	16	17	18
1	流动资产			5 997	7 711	8 567	8 567	8 567	8 567	8 567	8 567	8 567	8 567	8 567	8 567	8 567	8 567	8 567
1.1	应收账款	30	12	1 194	1 535	1 705	1 705	1 705	1 705	1 705	1 705	1 705	1 705	1 705	1 705	1 705	1 705	1 705
1.2	存货			4 769	6 132	6 813	6 813	6 813	6 813	6 813	6 813	6 813	6 813	6 813	6 813	6 813	6 813	6 813
1.3	现金	15	24	34	44	49	49	49	49	49	49	49	49	49	49	49	49	49
2	流动负债			1 038	1 335	1 483	1 483	1 483	1 483	1 483	1 483	1 483	1 483	1 483	1 483	1 483	1 483	1 483
2.1	应付账款	30	12	1 038	1 335	1 483	1 483	1 483	1 483	1 483	1 483	1 483	1 483	1 483	1 483	1 483	1 483	1 483
3	流动资金(1－2)			4 959	6 376	7 084	7 084	7 084	7 084	7 084	7 084	7 084	7 084	7 084	7 084	7 084	7 084	7 084
4	流动资金增加额			4 959	1 417	708	0	0	0	0	0	0	0	0	0	0	0	0

注：(1)生产规模为年产 2.3 万吨 N 产品，产品预测价格为每吨 15 400 元；

(2)项目拟三年建成，第四年投产，当年达产 70%，第五年达产 90%，第六年起达产 100%。生产期按 15 年计算，计算期为 18 年。

5.既有法人内部融资渠道和方式。既有法人内部融资渠道和方式,包括货币资金、资产变现、资产经营权变现、直接使用非现金资产。此外,对准资本应按下列原则处理:

(1)优先股股票在项目评价中应视为项目资本金。

(2)可转换债券在项目评价中应视为项目债务资金。

(二)资金来源与融资方案分析评估

在初步确定项目的融资主体和资金来源的基础上,应对融资方案资金来源的可靠性、资金结构的合理性、融资成本高低和风险大小,进行综合分析,并确定具体融资方案。

1.分析资金来源是否正当、合理,是否符合国家政策规定。股东投资应分析各投资者认缴的股本金额及其可靠性;贷款要有贷款银行承诺;融资要分析是否有可能获得国家有关部门的批准;利用外国政府和金融机构贷款,应核实项目是否列入利用外资备选项目;内部融资要分析既有法人的财务状况、资产负债结构、现金流量状况和盈利能力,判断分析既有法人可能筹集到并用于拟建项目的资金数额及其可靠性。同时,要根据项目的特点,分析项目是否按照国家规定的政策法规,选择政策允许的资金来源方式。

2.分析资金数额的落实情况。融资数量必须满足投资项目的最低资金要求。盲目筹措巨额资金必然造成资金闲置,而融资太少必将造成资金短缺,影响建设和生产的正常进行。

3.分析融资结构是否合理。投资项目所需的资金数额巨大,往往采用各种资金来源比例搭配组合的融资方式。因此,必须分析各种组合方案的可行性,并选择最佳的融资组合方案。在分析融资方案的组合结构时,最重要的是考虑资本金和债务资金(长期负债)的比例。在利润率大于利息率时,企业通过举债可以提高自有资金利润率。但是,如果举债太多,会加大利息负担,一旦企业经营不利,其利息负担将难以承受。因此,举债必须适度。在可行性研究和项目评估中,分析融资结构是否合理,首先要检查债务融资额和资本金的比例是否满足银行和国家的规定;其次要分析项目负债经营的投资利润率是否高于资金成本率(利息率),负债额是否与企业资金结构和偿债能力相适应,即举债是否适度。

4.分析融资成本是否低廉。资金成本是取得或使用资金所需支付的费用,包括资金占用费和资金筹集费。资金成本通常用资金成本率表示,计算公式为:

$$\text{综合资金成本(率)}=\sum \text{第 } i \text{ 种资金成本率} \times \text{第 } i \text{ 种资金占总资金的比重}$$

综合资金成本率越低的方案,其经济效益越高。

5.分析判断项目融资风险。贷款利率和汇率变化可能会引起项目投资效益下降,因此,必须充分估计利率和汇率的变化趋势,判断利率和汇率变化可能造成的投资效益下降的风险和损失程度,尽可能选择风险小的融资方案。

此外,如果是利用外资项目,还需要复核外汇来源和外汇额度是否落实和可靠,外汇数额能否满足项目的基本要求。

(三)资金分年使用计划评估

资金分年使用计划评估,主要是分析其合理性和经济性。具体包括:

1.分析年度计划投资额与建设内容即工程内容是否相一致。

2.分析计划投资额与融资方案数额是否相平衡,即年度投资总额是否突破融资总额,每个年度的投资来源和投资支出是否平衡。

对资金筹措方案进行评估后,应将评估结果编制成投资使用计划与资金筹措表(如表5-4)。

表 5-4　投资使用计划与资金筹措表

单位：人民币，万元；美元，万美元

序号	项目 \ 年份	合计人民币	1				2				3				4				5				6			
			外币	折人民币	人民币	小计	外币	折人民币	人民币	小计	外币	折人民币	人民币	小计	外币	折人民币	人民币	小计	外币	折人民币	人民币	小计	外币	折人民币	人民币	小计
1	总投资	56 072	722	3 957	5 263	9 220	2 050	11 234	14 713	25 951	1 151	6 037	7 510	13 817			4 959	4 959			1 417	1 417			708	708
1.1	固定资产(含投资方向调节税)	44 669	691	3 787	5 148	8 953	1 900	10 412	14 158	24 570	863	4 729	6 435	11 164												
1.2	建设期利息	4 319	31	170	115	285	150	822	559	1 381	288	1 578	1 075	2 653												
1.3	流动资金	7 084															4 959	4 959			1 417	1 417			708	708
2	资金筹措	56 072	722	3 957	5 263	9 220	2 050	11 234	14 717	25 951	1 151	6 037	7 510	13 817			4 959	4 959			1 417	1 417			708	708
2.1	自有资金　其中：用以流动资金	16 000			2 775	2 775			7 631	7 631			3 469	3 469			2 125	2 125								
2.1.1	资本金	16 000			2 775	2 775			7 631	7 631			3 469	3 469			2 125	2 125								
2.1.2	资本溢价																2 125	2 125								
2.2	借款	40 072	722	3 957	2 488	6 445	2 050	11 234	7 086	18 320	1 151	6 037	4 041	10 348			2 834	2 834			1 417	1 417			708	708
2.2.1	长期借款(含利息)	35 113	722	3 957	2 488	6 445	2 050	11 234	7 086	18 320	1 151	6 037	4 041	10 348												
2.2.2	流动资金借款	4 959															2 834	2 834			1 417	1 417			708	708
2.2.3	短期借款																									
2.3	其他																									

第四节　成本费用评估

一、成本费用的概念

项目建成投产后，在生产经营活动中，必然伴随着活劳动和物化劳动的消耗，这种在生产经营中的各种消耗的货币表现，称为费用，包括直接费用、间接费用和期间费用。在生产经营活动中的直接费用（包括直接材料、直接人工等）和间接费用（主要是制造费用）按照成本对象（以产品为对象）进行归集和分配，就构成了各成本对象的制造成本。因此，对象化了的费用就叫产品成本。各成本对象制造成本之和，再加上期间费用（包括管理费用、财务费用和产品销售费用）就构成了总成本费用。因此，项目总成本费用是项目在一定时期内（一般为一年）为生产和销售产品而耗费的全部成本和费用。

成本费用在项目评估中有重要的作用。它是计算项目利润、预测项目盈利能力和进行项目财务经济效益评价的重要依据；成本费用中的产品成本是确定产品价格的最低界限，是进行不同投资方案比较的基本指标。

二、成本费用的分类

（一）按成本要素分类

就是将费用的经济性质作为分类的标准，把经济性质相同的费用归为一类，从而形成各种费用要素，这些费用要素是构成产品成本的基础，可称为要素成本。

1.外购材料。指为进行生产经营活动而耗用的一切外购原材料及主要材料，外购的半成品、辅助材料、包装物、修理备用件、低值易耗品等。

2.外购燃料、动力等。指为进行安全生产经营活动而耗用的，从外单位购入的各种固体、液体、气体燃料和各种动力如电、气等。

3.工资。指应计入成本、费用的全部职工工资、奖金和津贴。

4.提取的职工福利费。指根据规定按工资总额的一定百分比从成本、费用中提取的福利费。

5.修理费。指为修理固定资产而发生的各种修理费用。

6.折旧费。指按规定的折旧费率，从成本、费用中计提的固定资产折旧费。

7.摊销费。指按有关规定，将无形资产和递延资产在规定的摊销年限内进行平摊的费用。

8.税金。指应计入费用的税金，如计入管理费用的房产税、车船税、土地使用税、印花税等。

9.财务费用。指为筹集资金而在生产经营期间发生的利息支出、汇兑损失以及相关的金融机构手续费。

10.其他费用。指以上各项费用要素之外的其他支出。如办公费、差旅费、劳动保护费、保险费、业务费、广告费、工会经费、职工教育经费、业务招待费等等。

这种分类方法既清楚地反映了企业各类费用的支出状况，也区分了各物质消耗和活劳动消耗，可用以估算一定时期内生产经营总成本和各种费用的支出数，用以编制总成本费用估算表。

(二)按费用的经济用途分类

按费用的经济用途分类就是将费用的经济用途作为分类标准，把经济用途相同的费用归为一类，从而形成各种成本费用项目。这类成本可称为项目成本。现行财务制度中所采用的制造成本法就是这种分类方法。

费用按照经济用途可分为计入产品成本的生产费用和不计入产品成本的生产费用。

1.计入产品成本的生产费用

根据费用在生产过程中的具体用途不同，计入产品成本的费用可细分为直接材料、直接人工和制造费用等成本项目。

(1)直接材料。指在生产中用来构成产品实体或变成产品主要部分的材料。包括原料及主要材料、辅助材料、备品配件、外购半成品、燃料、动力、包装物以及其他直接材料。

(2)直接人工。指直接从事产品生产的人员的工资、奖金、津贴和补贴以及按规定比例提取的职工福利费。

(3)制造费用。指企业内部各个生产单位(分厂、车间)为组织和管理生产所发生的各种费用。

2.期间费用

期间费用是指企业在一定时期内从事整个企业范围的生产经营活动所发生的费用和销售产品所产生的费用，包括管理费用、财务费用和销售费用。

(1)管理费用。指企业行政管理部门为组织和管理生产经营活动所发生的各种费用。

(2)财务费用。指为筹集资金所发生的各项费用，包括生产经营期间发生的利息净支出、汇兑净损失、调节外汇手续费、金融机构手续费及融资过程中发生的其他财务费用。

(3)销售费用。指企业在销售产品、自制半成品和提供劳务等过程中发生的各项费用。

按费用经济用途划分，能够反映生产一定种类和数量的产品所负担的各项费用总额及单位成本的构成，反映费用用于何种产品，以及发生的地点和用途。这种分类方法可用以估算产品成本构成和编制产品单位成本估算表。

(三)按产量的关系分类

按产量的关系分类就是将产品产量作为划分费用的标准，把随产量增减变动而成正比例变动的费用归为变动费用(或称可变成本)，把不随产量增减变动的费用归为固定费用(或称固定成本)。变动费用和固定费用是相对的，产量超过临界线，固定费用也会变动。

将费用划分为变动费用和固定费用有利于不确定性分析，有利于预测不同年度不同生产能力的成本费用水平，有利于成本效益分析。

三、成本费用估算

项目评估中成本费用估算一般在熟悉技术评估确定的各种定额和参数及可行性研究报告中产品成本费用预测的原始资料和数据的基础上，按成本要素的顺序，分项测算拟建项目产品单位成本费用及各年的成本费用总额。

1.外购原材料、燃料、动力估算

外购原材料、燃料、动力成本在产品成本中所占的比重较大，一般通过编制原材料、燃料、动力估算表(如表5-5)分项目、分种类进行估算。通常根据单位价格和产品单位耗用量确定。其计算公式为：

$$\text{原材料燃料动力费} = \text{产品产量} \times \text{单位产品耗用原材料燃料、动力定额} \times \text{单位价格}$$

式中，产品产量按项目设计产量分别试产、达产年份确定；单位产品耗用原材料、燃料、动力定额按工艺技术评估确定的耗用定额、参数确定；原材料、燃料、动力单位价格以近几年的市场价格为基础，结合市场供求情况预测确定。

表5-5　化纤项目外购原材料、燃料、动力估算表

序号	项　　目	单位	消耗定额	单价/元	金额/元	投产年成本/万元	投产年成本/万元	达产年成本/万元
1	达产能力					70%	90%	100%
2	原材料及辅料							
	A	吨	1.027	5 100	5 238	8 433	10 843	12 047
	B	吨	0.59	1 600	944	1 520	1 954	2 171
	C	吨	0.79	230	181	291	375	416
	D	吨	0.14	2 400	336	541	696	773
	E	吨	0.011	1 400	15	24	31	35
	F	吨	0.87	154	133	214	275	306
	小计				6 847	11 024	14 173	15 748
3	燃料及动力							
	水	吨	174	0.4	104	168	215	239
	电	度	2 755	0.17	468	753	969	1 077
	煤	吨	1.83	175	320	515	663	736
	小计				892	1 436	1 847	2 052

2.工资估算

工资根据技术评估确定的企业定员人数及结构，结合各部门职工的工资水平确定。其计算公式为：

年工资总额＝企业定员人数×每人年平均工资总额

工资包括企业各类人员工资、奖金、津贴和补贴。年平均工资可根据历史经验数据并考虑一定比率的年增长率而确定。

3.应付福利费估算

应付福利费按工资总额的一定比例提取。其计算公式为：

应付福利费 ＝ 工资总额×计提比例

4.折旧费估算

折旧费根据本章第二节介绍的方法进行测算，并编制固定资产折旧估算表（如表5-6）。

5.修理费估算

固定资产修理费一般按固定资产原值或固定资产折旧的一定百分比计提。计提的比例可根据经验数据或参考同类企业的数据加以确定。

6.摊销费估算

包括无形资产摊销和递延资产摊销。无形资产按规定期限分期平均摊销，没有规定期限的，按不少于10年分期摊销。递延资产按不少于5年的期限平均摊销。摊销费估算通过编制无形资产及递延资产估算表（如表5-7）进行。

7.财务费用

项目评估时，生产经营期财务费用的计算一般只考虑长期负债利息净支出和短期负债利息净支出；在未取得可靠计算依据的情况下，可不考虑汇兑损益及相关的金融机构手续费。长期负债利息可按下列公式计算：

$$\text{还款期间长期负债利息}=(\text{年初借款累计}-\frac{\text{年还款资金总额}}{2})\times\text{年利率}$$

还款资金来源主要有税后利润、折旧费、摊销费、自有资金等。

短期负债利息支出按短期负债金额和银行规定的贷款利率计算。

长期负债利息的计算通常通过编制借款还本付息计算表（如表5-8）进行。

8.其他费用估算

其他费用可参照同类企业的经验数据，采用其他费用占总成本费用的百分比计算。

9.总成本费用估算

前面8项费用的合计数即为总成本费用。总成本费用估算通过编制总成本费用估算表（如表5-9）分年进行估算。同时，为反映单位成本情况，还需编制单位成本估算表（如表5-10）。

表 5-6 某化纤项目固定资产折旧估算表

单位:万元

序号	年份 项目	合计	折旧率/%	投产期		达到设计能力												
				4	5	6	7	8	9	10	11	12	13	14	15	16	17	18
1	固定资产合计																	
1.1	原值	46 558	6.3															
1.2	折旧额			2 933	2 933	2 933	2 933	2 933	2 933	2 933	2 933	2 933	2 933	2 933	2 933	2 933	2 933	2 933
	净值			43 625	40 692	37 759	34 826	31 893	28 960	26 027	23 094	20 161	17 228	14 295	11 362	8 429	5 496	2 563

表 5-7 某化纤项目无形及递延资产摊销估算表

单位:万元

序号	年份 项目	摊销年限	合计	生产期									
				4	5	6	7	8	9	10	11	12	13
1	无形资产	10	1 700										
1.1	摊销			170	170	170	170	170	170	170	170	170	170
1.2	净值			1 530	1 360	1 190	1 020	850	680	510	340	170	
2	递延资产(开办费)	5	730										
2.1	摊销			146	146	146	146	146					
2.1	净值			584	438	292	146						
3	无形及递延资产合计		2 430										
3.1	摊销			316	316	316	316	316	170	170	170	170	170
3.2	净值			2 114	1 798	1 482	1 166	850	680	510	340	170	

表 5-8　某化纤项目借款还本付息计算表

单位:万元

序号	项目 \ 年份	利率/%	建设期 1	建设期 2	建设期 3	投产期 4	投产期 5	达到设计能力生产 6	达到设计能力生产 7	达到设计能力生产 8	达到设计能力生产 9	达到设计能力生产 10
1	外汇借款	9										
1.1	年初借款本息累计			3 957	15 191	21 498	18 427	15 356	12 285	9 214	6 143	3 072
1.1.1	本金			3 787	14 199	18 928	18 427	15 356	12 285	9 214	6 143	3 072
1.1.2	建设期利息			170	992	2 570						
1.2	本年借款		3 787	10 412	4 729							
1.3	本年应付利息		170	822	1 578	1 935	1 658	1 382	1 106	829	553	276
1.4	本年偿还本金					3 071	3 071	3 071	3 071	3 071	3 071	3 072
1.5	本年支付利息					1 935	1 658	1 382	1 106	829	553	276
2	人民币借款	9.72										
2.1	年初借款本息累计			2 488	9 574	13 615	13 615	10 770	7 453	4 019	279	
2.1.1	本金			2 373	8 900	11 866	13 057	10 770	7 453	4 019	279	
2.1.2	建设期利息			115	674	1 749						
2.2	本年借款		2 373	6 527	2 966							
2.3	本年应计利息		115	559	1 075	1 323	1 269	1 047	724	391	27	
2.4	本年偿还本金					558	2 287	3 317	3 434	3 740	279	
2.5	本年支付利息					1 323	1 269	1 047	724	391	27	
3	偿还借款本金的资金来源											
3.1	利润					380	2 109	3 139	3 256	3 562	3 429	3 562
3.2	折旧费					2 933	2 933	2 933	2 933	2 933	2 933	2 933
3.3	摊销费					316	316	316	316	316	316	316
3.4	偿还本金来源合计(3.1+3.2+3.3)					3 629	5 358	6 388	6 505	6 811	6 678	6 811
3.4.1	偿还外汇本金					3 071	3 071	3 071	3 071	3 071	3 071	3 072
3.4.2	偿还人民币本金					558	2 287	3 317	3 434	3 740	279	
3.4.3	偿还本金后余额(3.4－3.4.1－3.4.2)										3328	3739
	人民币借款偿还期(从借款开始年算起)　8.08 年											

表 5-9　某化纤项目总成本费用表

单位：万元

序号	项目＼年份	合计	投产期		达到设计能力												
			4	5	6	7	8	9	10	11	12	13	14	15	16	17	18
	生产负荷/%		70	90	100	100	100	100	100	100	100	100	100	100	100	100	100
1	外购原材料	229 921	11 024	14 173	15 748	15 748	15 748	15 748	15 748	15 748	15 748	15 748	15 748	15 748	15 748	15 748	15 748
2	外购燃料、动力	29 959	1 436	1 847	2 052	2 052	2 052	2 052	2 052	2 052	2 052	2 052	2 052	2 052	2 052	2 052	2 052
3	工资及福利费	4 800	320	320	320	320	320	320	320	320	320	320	320	320	320	320	320
4	修理费	22 005	1 467	1 467	1 467	1 467	1 467	1 467	1 467	1 467	1 467	1 467	1 467	1 467	1 467	1 467	1 467
5	折旧费	43 995	2 933	2 933	2 933	2 933	2 933	2 933	2 933	2 933	2 933	2 933	2 933	2 933	2 933	2 933	2 933
6	摊销费	2 430	316	316	316	316	316	170	170	170	170	170					
7	财务费用（利息、汇兑损失）	20 121	3 794	3 340	2 781	2 549	1 939	1 299	995	428	428	428	428	428	428	428	428
7.1	其中：利息支出	10 848	3 503	3 049	2 490	2 258	1 684	1 008	704	428	428	428	428	428	428	428	428
8	其他费用	13 005	867	867	867	867	867	867	867	867	867	867	867	867	867	867	867
	其中：土地使用税	1 050	70	70	70	70	70	70	70	70	70	70	70	70	70	70	70
9	总成本费用(1+2+3+4+5+6=7+8)	366 236	22 157	25 263	26 484	26 252	25 642	24 856	24 552	23 985	23 985	23 985	23 815	23 815	23 815	23 815	23 815
	其中：固定成本	86 235	5 903	5 903	5 903	5 903	5 903	5 757	5 757	5 757	5 757	5 757	5 587	5 587	5 587	5 587	5 587
	可变成本	280 001	16 254	19 360	20 581	20 349	19 739	19 099	18 795	18 228	18 228	18 228	18 228	18 228	18 228	18 228	18 228
	经营成本(9—5—6—7.1)	301 727	15 405	18 965	20 745	20 745	20 745	20 745	20 745	20 454	20 454	20 454	20 454	20 454	20 454	20 454	20 454

表 5-10　单位产品生产成本估算表

单位：元

序号	项　目	单位	消耗定额	单价	金额
1	原材料、化工料及辅料				
	A	吨	1.027	5 100	5 238
	B	吨	0.59	1 600	944
	C	吨	0.79	230	181
	D	吨	0.14	2 400	336
	E	吨	0.011	1 400	15
	F	吨	0.87	154	133
	小计				6 847
2	燃料及动力				
	水	吨	174	0.60	104
	电	度	2 755	0.17	468
	煤	吨	1.83	175	320
3	工资及福利费				892
4	制造费用				97
5	副产品回收	吨			1 043
6	单位生产成本				0
	(1+2+3+4+5)				8 879

10.经营成本估算

经营成本是指总成本费用扣除固定资产折旧费(或维简费)、无形资产及递延资产摊销费和长短期负债利息净支出以后的全部费用。即：

经营成本＝总成本费用－固定资产折旧费(或维简费)－
无形资产、递延资产摊销费－长、短期负债利息净支出

第五节　销售收入、税金和利润评估

课件

一、销售收入评估

销售收入是企业销售产品(包括半成品和副产品)及提供劳务所获取的财务收入。它是销售量的货币表现,通常也就是企业的工业产值。销售收入是企业的主要收入来源,是

评估拟建项目是否有经济效益的前提。决定销售收入的主要因素是：产品销售量和销售价格。项目评估时，假设产品的销售量等于生产量，正常生产年份产品都达到100%的设计生产能力。则销售收入的计算公式为：

年销售收入＝产品销售量×销售单价

式中：销售量分别以投产年份和达产年份确定。产品销售价格参照同类产品现行市场价格并考虑市场的变化趋势后预测确定。

如果企业生产的是新产品，没有现有的价格可参照，可按下列公式进行估算：

产品预测价格＝产品预测成本＋产品预测利润＋产品预测税金

产品预测成本按本章第四节成本测算法测算。

产品预测利润 ＝ 产品预测成本×产品成本利润率

产品成本利润率可参照类似产品或替代产品的利润水平确定。

$$\text{产品预测税金}=\frac{\text{产品预测成本}+\text{产品预测利润}}{1+\text{消费税税率}}\times\text{消费税税率}$$

消费税税率按国家规定确定；国家尚未规定的，可参照类似产品或替代产品确定。

拟建成项目产品有外销时，应计算外汇销售收入，并按可实现汇率折算成人民币，再汇总计算销售收入总额。

如果拟建项目生产多种产品，应分别计算各种产品的销售收入，并将各种产品的销售收入相加汇总计算出各年销售收入总额。

二、营业销售税金及附加评估

营业销售税金及附加是指项目建成投产后因销售产品（或提供劳务）而发生的增值税、消费税、资源税、城市维护建设税等，在财务分析中，一般将教育费附加也并入营业税金及附加一并计算。

（一）增值税评估

增值税是以商品流转额为课税对象征收的一种税收。根据规定，在我国境内销售货物或提供加工、修理修配劳务以及出口货物的单位和个人，为增值税的纳税义务人。

增值税应纳税额的计算分别以一般纳税人和小规模纳税人确定。一般纳税人销售货物或提供应税劳务，应纳税额为当期销项税额抵扣当期进项税额的余额。项目评估时，因商品的购销业务并未实际发生，销项、进项税额难以确定，因此，可采用下列公式估算项目应缴纳的增值税额：

$$\begin{matrix}\text{项目应纳}\\\text{增值税}\end{matrix}=\left(\begin{matrix}\text{销售}\\\text{收入}\end{matrix}-\begin{matrix}\text{外购原材料、}\\\text{燃料、动力等}\end{matrix}\right)\times\frac{\text{增值税税率}}{1+\text{增值税税率}}$$

增值税税率根据产品类别规定选取。目前，我国对增值税规定三档税率：一档基本税率为17%；一档低税率为13%；一档零税率（免税），适用于出口产品。具体运用时，税率可从增值税税目税率表中查得。

小规模纳税人销售货物或提供劳务，按销售额和规定的征收税率，实行简易的办法计算应纳税额，不得抵扣进项税额。计算公式为：

项目应纳增值税 ＝ 销售收入×征收率

《增值税暂行条例》规定小规模纳税人增值税征收率为6％。小规模纳税人是指全年销售额在180万元以下的商业企业和全年销售额在100万元以下的工业企业。

（二）消费税评估

消费税是对在我国境内生产、委托加工和进口应税消费品的单位和个人所征收的一种税。目前，我国只选择少数消费品在征收增值税的基础上再征收消费税。消费税实行从价定率或从量定额的办法计算应纳税额。其计算公式为：

实行从价定率办法计算的应纳税额＝销售额×税率

实行从量定额办法计算应纳税额＝销售数量×单位税额

式中：销售额为纳税人销售应税消费品向购买方收取的全部价款和价外费用。不包括应向购买方收取的增值税税额。

税率、单位税额和应税消费品可从消费税税目税率表中查得。

（三）资源税评估

资源税是对在我国境内开采或生产应纳税产品的单位和个人征收的一种税。资源税按应税产品的课税数量和规定的单位税额计算应纳税额。其计算公式为：

应纳资源税额＝课税数量×单位税额

纳税人开采或生产应税产品销售的，以销售数量为课税数量；纳税人开采或生产应税产品自用的，以自用数量为课税数量。单位税额可从《资源税税目税额幅度表》查得。

（四）城市维护建设税评估

城市维护建设税是为扩大城市维护和建设的资金来源而开征的一种税。它属于地方税。城市维护建设税按营业收入和规定的税率计算应纳税额。其计算公式为：

应纳城市维护建设税额＝营业收入×城市维护建设税税率

式中的营业收入为纳税人销售应税产品或提供应税劳务，转让无形资产或销售不动产而向对方收取的价款和价外费用。税率实行0.4％～0.6％的幅度比例税率。由各省、市、自治区、直辖市政府根据当地的经济状况和城市维护建设需要，在规定的幅度内，确定不同市县的适用税率。城市维护建设税也可以按增值税的一定比例计取。

（五）教育费附加评估

教育费附加是为改善中小学教学设施和办学条件，而征收的一种地方附加费用。它按增值税、消费税、营业税和资源税的一定比例计征。

下面举例说明税费的具体计算。

例：某项目年产N产品2.3万吨。拟3年建成，第4年投产，当年生产负荷达到设计生产能力的70％，第5年达到90％，第6年达到100％，生产期按15年计算，计算期为18年。根据市场调查，该项目产品属国内外紧俏产品，在一定时期内仍呈供不应求状态。经分析论证确定产品销售价格以近几年国内市场已实现的价格为基础，预测到生产期初的市场价格，每吨出厂价为15 400元，则正常年份销售收入为：

$$年销售收入 = 2.3\times 15\,400 = 35\,420(万元)$$

年销售税金及附加按国家规定计取，增值税税率为17%，城市维护建设税按增值税的3%计取，教育费附加按增值税的2%计取。则正常年份的销售税金及附加为：

$$年增值税 = (35\,420 - 15\,748 - 2\,052)\times\frac{17\%}{1+17\%} = 2\,561(万元)$$

$$年城市维护建设税 = 2\,561\times 3\% = 77(万元)$$

$$年教育费附加 = 2\,561\times 2\% = 51(万元)$$

$$年销售税金及附加 = 2\,561 + 77 + 51 = 2\,689(万元)$$

详细资料见表5-11。

三、利润评估

利润是企业为社会提供剩余产品的货币表现，是产品价值的重要组成部分。工业企业的利润总额包括营业利润、投资净收益及营业外收支净额。其计算公式为：

$$利润总额 = 营业利润 + 投资净收益 + 营业外收支净额$$

项目评估时，一般只计算营业利润，在缺乏可靠依据的情况下，可以不考虑投资净收益和营业外收支净额。

营业利润包括产品销售利润和其他业务利润。产品销售利润指企业销售各种产品(包括半成品和副产品)所获得的利润。评估时一般可采用下列公式估算：

$$产品销售利润 = 产品销售收入 - \begin{matrix}产品销售\\税金及附加\end{matrix} - 总成本费用$$

其他业务利润是企业销售材料、提供非工业性作业和其他销售业务取得的利润。其计算公式为：

$$其他业务利润 = 其他业务收入 - 其他业务支出$$

四、补贴收入

有些项目还应该按照有关规定估算企业可能得到的与项目建设或运营相关的补贴收入。主要有先征后返的增值税、按销售量或工作量等依据国家规定获得的补助、定额计算并按期给以的定额补贴以及属于政府扶持建设或运营而获得的其他形式的补贴，如政府与社会资本合作项目政府付费与可行性缺口补助。具体项目补贴收入，应根据财政、税务部门的规定，分别计入或不计入应税收入。

表 5-11 某化纤项目利润及利润分配表

单位:万元

序号	项目 \ 年份	合计	投产期		达到设计能力												
			4	5	6	7	8	9	10	11	12	13	14	15	16	17	18
	生产负荷/%		70	90	100	100	100	100	100	100	100	100	100	100	100	100	100
1	产品销售收入	517 132	24 794	31 879	3 540	35 420	35 420	35 420	35 420	35 420	35 420	35 420	35 420	35 420	35 420	35 420	35 420
2	销售税金及附加	39 256	1 881	2 418	2 689	2 689	2 689	2 689	2 689	2 689	2 689	2 689	2 689	2 689	2 689	2 689	2 689
3	总成本费用	366 236	22 157	25 263	26 484	26 252	25 642	24 856	24 552	23 985	23 985	23 985	23 815	23 815	23 815	23 815	23 815
4	利润总额(1—2—3)	111 640	756	4 197	6 247	6 479	7 089	7 875	8 179	8 746	8 746	8 746	8 916	8 916	8 916	8 916	8 916
5	所得税(33%)	36 839	249	1 385	2 060	2 138	2 339	2 599	2 699	2 886	2 886	2 886	2 942	2 942	2 942	2 942	2 942
6	税后利润(25%)	74 801	507	2 812	4 185	4 341	4 750	5 276	5 480	5 860	5 860	5 860	5 974	5 974	5 974	5 974	5 974
7	特种基金(25%)	18 703	127	702	1 046	1 085	1 188	1 319	1 370	1 465	1 465	1 465	1 494	1 494	1 494	1 494	1 494
8	可供分配利润(6—7)	56 098	380	2 109	3 139	3 256	3 562	3 957	4 110	4 395	4 395	4 395	4 480	4 480	4 480	4 480	4 480
8.1	盈余公积金(10%)	5819						528	548	586	586	586	597	597	597	597	597
8.2	应付利润																
8.3	未分配利润	50 279	380	2 109	3 139	3 256	3 562	3 429	3 562	3 809	3 809	3 809	3 833	3 883	3 883	3 883	3 883
	累计未分配利润		380	2 489	5 628	8 884	12 446	15 875	19 437	23 246	27 055	30 864	34 747	38 630	42 513	46 396	50 279

五、利润分配评估

企业生产经营活动的最终成果，就是经计算确定的利润总额。企业的利润总额必须按国家有关法律的规定进行分配。按现行财务制度规定，企业的利润分配顺序是：(1)税前弥补以前年度亏损(5年内)；(2)依法缴纳所得税；(3)税后补亏(5年后)；(4)提取公积金和公益金；(5)向投资者分配利润。利润总额经上述分配后的余额为未分配利润。

1.所得税评估

所得税是对生产、经营单位和个人在一定时期内获得的利润(即所得)征收的一种税款。所得税的计税基础是应纳所得额。其计算公式为：

应纳所得额＝收入总额－成本、费用和损失±税收调整项目

通过调整确定应纳所得额后，即可按规定的税率计算应纳所得税额。即：

应纳所得税额＝应纳所得额×适用所得税税率

根据现行财务制度和税法规定，我国的所得税实行比例税率。目前，除经济特区采用15％的税率，经济开发区实行24％的税率外，其他地区均采用33％的比例税率。

2.税后利润评估

税后利润为企业上交所得税以后的利润。其计算公式为：

税后利润＝利润总额－所得税

3.盈余公积金、公益金评估

盈余公积金是企业从税后利润中提取的积累资金。包括法定盈余公积金和任意盈余公积金。按现行财务制度规定，企业至少提取10％的法定盈余公积金。当法定盈余公积金达到注册资本的50％时，可以不再提取。任意公积金是指企业为了适应经营管理、控制利润分配水平以及调整各年利润分配波动等方面的需要，在向投资者分配利润前，按照公司章程或董事会决议，从税后利润(减弥补亏损)中按一定比例提取的一种准备金。

公益金是指专门用以职工集体福利设施的准备金。公益金也可分为法定公益金和任意公益金。法定公益金是按照国家规定要求提取的公益金。按现行制度规定，法定公益金的提取比例为5％。

4.应付利润评估

企业税后可供分配的利润减去公积金、公益金后的余额，即为可向投资者分配的利润。向投资者分配利润应按有关合同、协议或决定执行。

5.未分配利润评估

利润总额作上述分配后的余额即为企业未分配利润，它也是企业的一种留存收益，是企业的积累。评估时，一般将利润和利润分配情况编制成利润及利润分配表(如表5-11)加以反映。

第六节 现金流量计算

一、现金流量与净现金流量

现金流量是指项目在整个经济寿命期内逐年现金投入与产出的情况。为项目所投入的一切现金称为现金流出，包括项目建设期间的总投资、投产以后的生产经营成本和销售税金；项目建成投产后所取得的收入为现金流入。现金流量是现金流入和现金流出的总称。

项目评估中所指的现金，是项目收入和支出的实际支付，其计算方法与常规会计不同。它只计算现金收支，不计算非现金收支（如折旧、摊销费、应收应付款等）；同时，还要如实记录现金收支实际发生的时间，即什么时间发生，就在什么时候记载。由于折旧和摊销费只是在账面上做出记录，是项目系统内部的现金转移，而非实际发生的现金支付，其投资已在发生时作为一次性现金支出记入现金流量，因而不应将分摊的折旧费和摊销费再列入现金流出中，否则会重复计算。

现金流入与现金流出的差额称为净现金流量。净现金流量的计算往往以年为时间单位，即比较项目在一年内现金流入与现金流出的差额。如果将各年的净现金流量依次累计，则可以计算出累计净现金流量。现金流量可以用现金流量表加以反映。

二、现金流量表

项目建设和生产期间的现金流量是通过编制现金流量表的方式体现出来的。现金流量表可以使人们一目了然地看出项目寿命期内各年的现金收入和现金支出情况，以及项目寿命期内总的现金盈余情况，它是进行财务经济效益分析的重要工具，也是投资决策部门审查项目经济效益的重要依据。它是以建设项目作为一个独立的系统，用以反映项目在建设和生产经营年限内现金流入与现金流出情况的基本计算报表。该表通过数字对项目经济活动情况进行全面的刻画和描述。现金流量表可分为项目投资现金流量表、资本金现金流量表和投资各方现金流量表。

（一）项目现金流量表

项目现金流量表不分投资资金来源，以全部投资作为计算基础，将全部投资（包括建设投资和流动资金）视为自有资金，因而在表的栏目内不考虑贷款本金和利息的支付。利用该表计算的评价指标，可为各个投资方案（不论其资金来源及利息多少）的比较建立共同的基础。其基本格式见表5-12。

（二）资本金现金流量表

资本金现金流量表从投资者的角度出发，以投资者的出资额为计算基础，把借款本金偿还和利息支付作为现金流出。利用该表计算的各项评价指标，可用于考察项目资本金的盈利能力及向外部借款对企业是否有利。其基本格式见表5-13。

表 5-12 某化纤项目投资现金流量表

单位：万元

序号	项目 \ 年份	合计	建设期			投产期		达到设计能力												
			1	2	3	4	5	6	7	8	9	10	11	12	13	14	15	16	17	18
	生产负荷/%					70	90	100	100	100	100	100	100	100	100	100	100	100	100	100
1	现金流入	526 779				24 794	31 878	35 420	35 420	35 420	35 420	35 420	35 420	35 420	35 420	35 420	35 420	35 420	35 420	45 067
1.1	产品销售收入	517 132				24 794	31 878	35 420	35 420	35 420	35 420	35 420	35 420	35 420	35 420	35 420	35 420	35 420	35 420	35 420
1.2	回收固定资产余值	2 563																		2563
1.3	回收流动资金	7084																		7084
2	现金流出	448 278	8 935	24 570	11 164	22 621	24 888	27 250	26 657	26 961	27 352	27 503	27 494	27 494	27 494	27 579	27 579	27 579	27 579	27 579
2.1	固定资产投资（含投资方向调节税）	44 669	8 935	24 570	11 164															
2.2	流动资金	7 084				4 959	1 417	708												
2.3	经营成本	301 727				15 405	18 965	20 745	20 745	20 745	20 745	20 745	20 454	20 454	20 454	20 454	20 454	20 454	20 454	20 454
2.4	销售税金及附加	39 256				1 881	2 418	2 689	2 689	2 689	2 689	2 689	2 689	2 689	2 689	2 689	2 689	2 689	2 689	2 689
2.5	所得税	36 839				249	1 385	2 062	2 138	2 339	2 599	2 699	2 886	2 886	2 886	2 942	2 942	2 942	2 942	2 942
2.6	特种基金	18 703				127	703	1 046	1 085	1 188	1 319	1 370	1 465	1 465	1 465	1 494	1 494	1 494	1 494	1 494
3	净现金流量	78 501	−8 935	−24 570	−11 164	2 173	6 990	8 170	8 763	8 459	8 068	7 917	7 926	7 926	7 926	7 841	7 841	7 841	7 841	7 841
4	累计净现金流量	−8 953	−33 505	−44 669	−42 496	−35 506	−27 336	−18 537	−10 114	−2 046	5 871	13 797	21 723	29 649	37 490	45 331	53 172	61 013	78 501	
5	所得税前净现金流量（3+2.5+2.6）	134 043	−8 953	−24 570	−11 164	2 549	9 078	11 278	11 986	11 986	11 986	11 986	12 277	12 277	12 277	12 277	12 277	12 277	12 277	21 924
6	所得税前累计净现金流量		−8 935	−33 505	−44 669	−42 120	−33 042	−21 764	−9 778	2 208	14 194	26 180	38 457	50 735	63 011	75 288	87 565	99 842	112 119	134 043

计算指标：	所得税后	所得税前
财务内部收益率(FIRR)：	12.27%	17.72%
财务净现值(FNPV)(i_c=12%)	676 万元	16 309 万元
投资回收期(从建设期算起)	9.26 年	7.8 年

表 5-13 某化纤项目资本金现金流量表

单位：万元

序号	项目 \ 年份	合计	建设期			投产期		达到设计能力												
			1	2	3	4	5	6	7	8	9	10	11	12	13	14	15	16	17	18
	生产负荷/%					70	90	100	100	100	100	100	100	100	100	100	100	100	100	100
1	现金流入	526 779				24 794	31 878	35 420	35 420	35 420	35 420	35 420	35 420	35 420	35 420	35 420	35 420	35 420	35 420	45 067
1.1	产品销售收入	517 132				24 794	31 878	35 420	35 420	35 420	35 420	35 420	35 420	35 420	35 420	35 420	35 420	35 420	35 420	35 420
1.2	回收固定资产余值	2 563																		2563
1.3	回收流动资金	7084																		7084
2	现金流出	470 717	2 775	7 631	3 469	26 919	31 878	35 420	35 420	35 456	31 710	31 279	27 922	27 922	27 922	28 007	28 007	28 007	28 007	32 966
2.1	自有资金	16 000	2 775	7 631	3 469	2 125														
2.2	借款本金偿还	40 072				3 629	5 358	6 388	6 505	6 811	3 350	3 072								4959
2.3	借款利息支付	18 120				3 503	3 049	2 490	2 258	1 684	1 008	704	428	428	428	428	428	428	428	428
2.4	经营成本	301 727	15 405	18 965	20 745	20 745	20 745	20 745	20 745	20 454	20 454	20 454	20 454	20 454	20 454	20 454	20 454			
2.5	销售税金及附加	39 256	1 881	2 418	2 689	2 689	2 689	2 689	2 689	2 689	2 689	2 689	2 689	2 689	2 689	2 689	2 689			
2.6	所得税	36 839				249	1 385	2 062	2 138	2 339	2 599	2 699	2 886	2 886	2 886	2 942	2 942	2 942	2 942	2 942
2.7	特种基金	18 703				127	703	1 046	1 085	1 188	1 319	1 370	1 465	1 465	1 465	1 494	1 494	1 494	1 494	1 494
3	净现金流量	56 062	−2 775	−7 631	−3 469	−2 125	0	0	0	−36	3 710	4 141	7 498	7 498	7 498	7 413	7 413	7 413	7 413	12 101

计算指标：
财务内容收益率：14.10%
财务净现值(i_c=12%)：2 808 万元

(三)投资各方现金流量表

投资各方现金流量表,站在投资各方的角度,计算投资各方现金流入和现金流出。投资各方现金流入指出资方因该项目的实施将实际获得的收入,主要包括实分利润、资产处置收益分配、租赁费收入、技术转让或使用收入,其中资产处置收益分配是指对有明确的合营期限或合资期限的项目,在期满时对资产余值按股比或约定比例的分配。投资各方现金流出是指因项目实施将实际投入的各种支出,主要包括实缴股本、租赁资产支出、其他现金流出。利用该表计算的各项评价指标,可用于考察项目投资各方的盈利能力。其基本格式见表5-14。

此外,为考察项目的财务生存能力,还需要从财务的角度编制财务计划现金流量表。其基本格式见表5-15。

表5-14 投资各方现金流量表

单位:万元

序号	项　目	合计	计算期								
			1	2	3	4	5	6	7	…	n
	生产负荷/%										
1	现金流入										
1.1	实分利润										
1.2	资产处置收益分配										
1.3	租赁费收入										
1.4	技术转让或使用收入										
2	现金流出										
2.1	实缴资本										
2.2	租赁资产支出										
2.3	其他现金流出										
3	净现金流量										
4	累计净现金流量										

计算指标:

投资各方财务内部收益率(FIRR):

投资各方财务净现值(FNPV)

表 5-15　财务计划现金流量表

单位:万元

序号	项　目	合计	计算期								
			1	2	3	4	5	6	7	…	n
	生产负荷/%										
1	经营活动现金流量(1.1－1.2)										
1.1	现金流入										
1.1.1	营业收入										
1.1.2	增值税销项税额										
1.1.3	补贴收入										
1.1.4	其他流入										
1.2	现金流出										
1.2.1	经营成本										
1.2.2	增值税进项税额										
1.2.3	营业税金及附加										
1.2.4	增值税										
1.2.5	所得税										
1.2.6	其他流出										
2	投资活动净现金流量(2.1－2.2)										
2.1	现金流入										
2.2	现金流出										
2.2.1	建设投资										
2.2.2	维持运营投资										
2.2.3	流动资金										
2.2.4	其他流出										
3	筹资活动净现金流量(3.1－3.2)										
3.1	现金流入										
3.1.1	项目资本金投入										
3.1.2	建设投资借款										
3.1.3	流动资金借款										
3.1.4	债券										
3.1.5	短期借款										
3.1.6	其他流入										
3.2	现金流处										
3.2.1	各种利息支出										
3.2.2	偿还债务本金										
3.2.3	应付利润(股利分配)										
3.2.4	其他流出										
4	净现金流量(1＋2＋3)										
5	累计盈余资金										

能力训练

能力训练一

材料：

附表 5-1 为某项目成本估算表

附表 5-2 为某项目销售收入估算表

附表 5-3 为某项目损益估算表

附表 5-1　成本估算表

序　号	项　目	金　额				
		2012 年	2013 年	2014 年	2015 年	2016 年
一	单位成本/元	2 500	2 300	2 100	1 900	1 700
	其中： 物料成本	1 700	1 500	1 300	1 100	900
	制造费用	800	800	800	800	800
二	年产量/万套	12	30	36	36	36
三	年总成本/万元					

附表 5-2　销售收入估算表

序　号	项　目	金　额				
		2012 年	2013 年	2014 年	2015 年	2016 年
一	单位价格/元	4 000	3 500	2 500	2 300	2 000
二	年产量/万套	12	30	36	36	36
三	年总销售收入/万元					

附表 5-3　损益估算表

序　号	项　目	金　额				
		2012 年	2013 年	2014 年	2015 年	2016 年
一	年销售收入					
二	年生产成本 其中：外购材料成本					
三	流转税(1)					
四	利润总额					
五	所得税(15%)					
六	税后利润					

注(1)：该企业为增值税一般纳税人，增值税税率为 17%，应纳增值税额＝(销售收入－外购物资成本)×17%。

要求：

1.附表 5-1，附表 5-2 部分数据是空缺的，请补充完整。

2.请根据附表 5-1，附表 5-2 编制附表 5-3。

能力训练二

材料：

某项目经过分析测算，决定从申请贷款、发行债券和股票三个方面筹集资金，其资金成本率已经分别确定。但还须从四种资金来源比例中优选一种，有关资料见附表5-4。

附表5-4　某项目资金来源结构一览表

资金来源	待定资金来源结构/%				已定资金成本率/%
	(1)	(2)	(3)	(4)	
贷款	30	20	25	30	6
债券	20	40	30	40	8
股票	50	40	45	30	9

要求：

从以上四种资金来源结构中选优。

本章知识要点及自我检测

本章案例资料

第六章 财务效益评估

材料：

在第五章的"问题与思考"中提到，只要预测出项目在建设和生产过程中的投入和产出情况，再将两者进行对比，就可以大概的了解项目是否有效益了。但是，一般项目的建设和生产周期都比较长，有些项目不仅建设周期长，建成投入运营后，服务年限长达数十年甚至百年以上。由于通货膨胀、消费者现实消费偏好和各种不确定性因素的影响，同样金额单位的资金在不同时间点上的价值是不一样的，因此，如果只是将建设和生产过程中的各个时期的投入和产出分别进行简单的加总，再将两者进行比较，显然不能准确的判断项目到底有没有效益？效益有多大？更无法在项目与项目之间，方案与方案之间进行比较，从中选择出较优的项目和方案。还有，建设项目的投资金额往往都比较大，大多数项目尤其是一些大型的项目，可能不能完全依靠投资者的自行投入，需要向银行等借入一些资金，这里也有优化资金结构方面的考虑，项目建成投入运营后，产品和服务也有可能是部分或全部向境外提供的。以上各种问题，都需要评估者认真思考如何开展项目的财务效益分析问题？

思考：

针对材料中提到的问题，请思考：

1.同样金额单位的资金在不同时间点上的价值为什么会不一样？财务效益评估中如何处理此问题？

2.怎样才能准确的判断项目到底有没有效益？效益有多大？并在项目与项目之间，方案与方案之间进行比较？

3.大多数项目可能需要向银行等借入一些资金，项目的产品和服务也有可能是部分或全部向境外提供的，那么，在财务效益评估时如何处理这些问题？

第一节　财务效益评估概述

课件

一、财务效益评估的概念

财务效益评估，也叫微观效益分析或财务评价，它是根据国家现行的财税、金融、外汇制度和价格体系，分析计算项目直接发生的财务效益和费用，编制财务报表，考察项目的盈利能力、清偿能力及外汇效果等财务状况，据以判断项目财务上是否可行的一种经济评价方法。项目财务效益的好坏，关系到项目建成后企业本身的生存和发展，因此，财务效益评估在项目评估中占有十分重要的地位，其评估结论是决定项目取舍的基本依据。

项目经济评估分财务效益评估和国民经济效益评估。所有投资项目均需进行财务效益评估。

费用效益计算比较简单。建设期和生产期比较短，不涉及进口的项目，当财务效益评估的结论能满足最终决策需要时，可只进行财务效益评估，而不进行国民经济效益评估。此时，项目的决策以项目的财务效益评估结论为依据。

二、财务效益评估的基本目标

经营性项目财务分析可分为融资前分析和融资后分析，一般宜先进行融资前分析，在融资前分析结论满足要求的情况下，初步设定融资方案，再进行融资后分析。

在项目建议书阶段，可只进行融资前分析。

融资前分析排除了融资方案变化的影响，从项目投资总获利能力的角度考察项目方案设计的合理性，为出资决策和选择融资方案提供依据和基础。融资后分析以融资前分析和初步的融资方案为基础，考察项目在拟定的融资方案下的盈利能力、偿债能力和财务生存能力，判断项目在融资条件下财务的可接受性，明确项目对财务主体及投资者的价值贡献，为项目融资和投资决策提供依据。

对于非经营性项目，财务分析应主要分析项目的财务生存能力。

(一)考察拟建项目的盈利能力

在市场经济条件下，企业是一个独立的经济实体，在经济上实行自主经营、自负盈亏、自我发展、自我改造。因此，评价一个项目是否值得兴建，首先要考察它建成投产后是否有盈利，盈利有多大。这关系到企业能否真正做到自负盈亏、自我改造、自我发展，也关系到企业能否在市场竞争中取得发展。

(二)评估拟建项目的投资清偿能力

在分析评价项目盈利能力的基础上，必须根据投入产出原理，对项目的清偿能力进行分析。

项目的清偿能力包括两个方面的内容：一是整个项目的投资回收能力，即项目建成投产后，需要多长时间才能回收全部投资，这是投资者关心的主要问题之一；二是项目的贷款清偿能力，分析项目是否具有偿还贷款的能力，可为贷款提供决策依据。在市场经济条件下，银行和企业都要面向市场，因此，他们都十分关注项目的贷款清偿能力。企业只有按期如数归还全部贷款本息，才能尽早卸掉利息包袱，增强竞争力。银行只有如数收回贷款本息，才能实现经营资金的良性循环。

(三)分析财务生存能力

财务生存能力分析，就是在财务分析辅助表和利润与利润分配表的基础上，通过编制财务计划现金流量表，计算考察项目计算期内的投资、融资和经营活动所产生的各种现金流入和流出量、净现金流量与累计现金盈余，分析判断项目是否有足够的净现金流量维持正常运营，以实现财务的可持续性。

如果是涉及外汇收支的项目，还要对其外汇效果进行分析，即考察各年外汇余缺程度，对外汇不能平衡的项目，应提出具体的解决办法。

三、财务效益评估的原则

(一)坚持效益与费用计算口径一致的原则

财务效益评估要正确识别项目的财务效益和费用，计算口径对应一致。正确的做法是，只计算项目的内部效果，即项目本身的内部效益(直接效益)和内部费用(直接费用)，不考虑因项目存在而产生的外部效益(间接效益)和外部费用(间接费用)，避免因人为扩大效益和费用的计算范围，使得效益和费用缺乏可比的基础，造成财务效益评估失误。

(二)坚持动态分析为主，静态分析为辅的原则

静态分析是一种不考虑资金时间价值和项目寿命期，只根据某一年或某几年的财务数据判断项目的盈利能力和清偿能力的方法。它具有计算简便、指标直观、容易理解掌握等优点。但也存在计算不够准确，不能正确全面地反映拟建项目财务可行性等缺点。而动态分析方法则可以弥补静态分析方法的不足。它强调考虑资金时间价值因素对投资效果的影响，根据项目整个寿命期各年的现金流入和现金流出情况判断项目的财务效益。尽管动态分析的计算过程复杂，但计算出的指标能够较为准确地反映拟建项目的财务效益，因此，在财务效益评估中，应坚持以动态分析为主、静态分析为辅的原则。

(三)坚持采用预测价格的原则

由于项目计算期一般较长，受市场供求变化等因素的影响，投入物与产出物的价格在项目计算期内肯定会发生某些变化，若仅以现行价格为衡量项目投入物和产出物的价值尺度，显然是不科学的。因此，在财务效益评估中，应以现行价格为基础，预测生产期初的价格，计算项目的效益和费用，据以对拟建项目的财务可行性做出客观的评价。

(四)坚持定量分析为主，定性分析为辅的原则

投资项目经济评价的本质要求是对项目建设和生产经营过程中的诸多经济因素，通过效益和费用计算，给出明确的数量概念。即对项目进行财务效益评估时，要以数据说话，做到评之有据。这就要求采用定量分析的方法对项目的财务效益进行评估。但是，一

个复杂项目，总会有一些很难甚至不能数量化的经济因素，因而无法直接进行定量分析。对此，则应进行实事求是的、准确的定性分析，并与定量分析结合在一起进行评价。

四、财务效益评估的方法

评估项目的财务效益有多种方法，按其是否考虑资金的时间价值，分为静态分析方法和动态分析方法。

(一)静态分析方法

静态分析方法，也叫简单分析方法。它没有考虑资金的时间价值和项目的经济寿命期，而是利用项目正常生产年份的财务数据对项目财务效益进行分析。这种方法计算简便、指标直观、容易理解，但结论不够准确、全面。在财务效益评估中，运用静态分析法计算的主要指标有总投资收益率、资本金净利润率、投资回收期、贷款偿还期、偿债备付率、利息备付率、资产负债率、流动比率、速动比率等。

(二)动态分析方法

动态分析方法又称现值法，它考虑资金时间价值和利息因素的影响，计算整个项目寿命期的财务数据，分析项目寿命期内各年的财务经济效益，并对各年的财务经济数据进行贴现。动态分析方法计算比较复杂，也比较精确。在财务效益评估中，运用动态分析方法计算的主要指标有财务净现值、财务内部收益率等。

进行财务效益评估时，两种方法要同时采用，互相取长补短。可以先用静态分析方法进行初步评价，再用动态分析方法进行精确评价，综合评估项目的效益。

五、财务效益评估的要求

1.财务效益评估所用的数据，都要以预测数据为依据。

2.财务效益评估要考虑项目整个经济寿命期。

3.财务效益评估要用一套完整的指标体系。包括静态评估指标和动态评估指标。计算这些指标时，应尽量用数学、数理统计和计算机等现代方法和工具。

4.财务效益评估要进行不确定性分析。项目寿命期内的不确定性因素很多，加之分析数据本身的随机性很大，所以以预测数据为基础计算出的经济效益指标可能会与实际情况相差甚远。因此，需要进行不确定性分析，以增强项目评估结论的可靠性。

5.财务效益评估要进行综合分析。财务效益评估是决定项目取舍的关键，因而要从多侧面、多角度，应用多个指标，对项目的盈利能力和清偿能力进行综合分析和评价，以提供决策参考。

第二节　财务效益静态分析

一、盈利能力分析

(一)总投资收益率(ROI)

总投资收益率指项目达到生产能力后的一个正常生产年份的年息税前利润总额(EBIT)与项目总投资(TI)的比率。

对生产期内各年的利润总额变化幅度较大的项目,应计算运营期内年平均息税前利润总额与总投资的比率。其计算公式为:

$$ROI=\frac{EBIT}{TI}\times 100\%$$

评估时,利润及税金总额一般可以从利润及利润分配表中取得,利息可以从成本表中取得,投资可以从投资估算表中取得。

总投资收益率表示总投资的收益水平。总投资收益率高于同行业收益率的参考值,表明用总投资收益率表示的盈利能力能满足要求。

同行业收益率的参考值可以从《建设项目经济评价方法与参数》中查得(下同)。

(二)资本金净利润率(ROE)

资本金净利润率是指项目达到设计生产能力后的一个正常生产年份的年净利润总额(NP)或项目运营期内的年平均净利润总额与资本金(EC)的比率。它反映拟建项目的资本金盈利能力。其计算公式为:

$$ROE=\frac{NP}{EC}\times 100\%$$

项目资本金利润率高于同行业的净利润参考值,表明用项目资本金利润率表示的盈利能力满足要求。

例如,根据第五章的投资估算表、投资使用计划与资金筹措表及利润与利润分配表,可以计算出某项目的财务效益静态分析指标如下:

1.总投资收益率

$$\begin{aligned}ROI&=\frac{EBIT}{TI}\times 100\%\\&=\frac{[(111\ 640+10\ 848)/15]}{40\ 112+1\ 700+730+2\ 127+4\ 319+7\ 084}\times 100\%\\&=14.56\%\end{aligned}$$

与查表得知的行业总投资收益率参考值10%相比,项目总投资收益率比行业的参考值高4.56个百分点,说明项目单位投资收益水平大于本行业的平均水平,项目在财务上可行。

2.资本金净利润率

$$\begin{aligned}ROE &= \frac{NP}{EC} \times 100\% \\ &= \frac{(74801/15)}{16\ 000} \times 100\% \\ &= 31.17\%\end{aligned}$$

与查表得知的行业资本金净利润率参考值15%相比，项目资本金净利润率比行业的参考值高16.17个百分点，说明项目资本金盈利能力强，值得投资。

三、清偿能力分析

项目清偿能力分析主要是考察项目计算期内各年的财务状况和偿债能力。运用的指标主要有：

(一)投资回收期

投资回收期是指项目净收益抵偿全部投资所需要的时间。其表达式为：

$$\sum_{t=1}^{P_t}(CI-CO)_t = 0$$

式中：P_t 为投资回收期，以年表示；$(CI-CO)_t$ 为第 t 年项目净现金流量，其中 t 为项目计算期，以年表示。

投资回收期的计算可采用公式法或列表法。当拟建项目投产后各年的盈利水平相差不大，即各年的收益增减变动不大时，可取其平均收益额进行估算。其公式为：

$$P_t = \frac{TI}{R+D}$$

式中：P_t 为投资回收期，R 为正常年份利润总额或年平均利润总额，D 为年新增折旧额和摊销费，TI为项目总投资。

当拟建项目的盈利水平相差较大时，可采用列表法计算投资回收期。采用列表法计算投资回收期时，可利用财务现金流量表累计净现金流量计算求得。其计算公式为：

$$P_t = \left(\frac{\text{累计净现金流量}}{\text{开始出现正值年份}} - 1\right) + \frac{\text{上年累计净现金流量绝对值}}{\text{当年净现金流量}}$$

式中：P_t 为投资回收期。

项目财务效益评估计算求出的投资回收期 P_t 与部门或行业的投资回收期参考值 P_c 作比较，当 $P_t \leqslant P_c$ 时，应认为项目在财务上是可行的。投资回收期越短，项目的财务效益越好。投资回收期的计算起点，可以从项目开始建设年份算起，也可以从项目投产时算起，分析比较应注意口径一致。

例如，根据某项目财务现金流量表计算求得项目投资回收期(从建设期算起，下同)为7.8年(详见表5-12)，小于行业参考投资回收期(P_c=10.3年)，表明项目投资能按时回收，项目的投资回收能力强。

(二)资产负债率(LOAR)

资产负债率是项目各年负债合计(TL)与资产合计(TA)的比率。它反映项目各年所面临的财务风险程度和偿债能力。其计算公式为：

$$\text{LOAR}=\frac{\text{TL}}{\text{TA}}\times 100\%$$

其中：负债合计 TA＝流动负债总额＋建设投资借款

流动负债总额＝应付账款＋流动资金借款＋其他流动负债

资产合计 TL＝流动资产总额＋在建工程＋固定资产净值＋无形资产及其他资产净值

流动资产总额＝应收账款＋存货＋现金＋累计盈余资金

实际运用时，资产合计和负债合计可从资产负债表中取得。

将财务效益评估计算求出的资产负债率与行业的资产负债率作比较，当项目的资产负债率低于或等于行业的平均水平时，说明项目财务上是可以接受的。资产负债率越低，项目的抗风险能力越强。对该指标的分析，应结合国家宏观经济状况、行业发展趋势、企业所处竞争环境等具体条件判定。项目财务分析中，在长期债务还清后，可不再计算资产负债率。

(三)借款偿还期(P_d)

固定资产国内借款偿还期是指在国家财政规定及项目具体财务条件下，以项目投产后可用于还款的资金偿还固定资产投资国内借款本金和建设期利息(不包括已用自有资金支付的建设期利息)所需要的时间。其计算式为：

$$I_d=\sum_{t=1}^{P_d}R_t$$

式中：I_d 为固定资产投资国内借款本金和建设期利息之和；P_d 为固定资产投资国内借款偿还期(从借款开始年份算起，当从投产年算起时，应予注明)；R_t 为第 t 年可用以还款的资金，包括可供分配的利润、折旧、摊销费及其他还款资金。

借款偿还期可由资金来源与运用表及国内借款还款付息计算表直接推算，以年表示。其表达式为：

$$\text{借款偿还期}=\left(\text{借款偿还后资金开始出现盈余年份}-\text{开始借款年份}\right)+\frac{\text{当年偿还借款余额}}{\text{当年可用以还款资金来源}}$$

当计算出的借款偿还期能满足贷款机构的期限要求时，则认为项目是有偿还能力的。

涉及外资的项目，其国外借款部分的还本付息，应按已明确的或预计可能的借款偿还条件计算。其偿还本息的方式主要有两种：

1.等额偿还本金和利息总额

$$A=P[A/P,i,n]=P\times\frac{i(1+i)^n}{(1+i)^n-1}$$

式中：A 为每年的还本付息额，P 为建设期末(或宽限期终了)固定资产借款本金和利息之和。

还本付息额中,偿还的本金和利息各年不等,偿还的本金部分将逐年增多,支付的利息部分将逐年减少。计算公式为：

每年支付利息＝年初借款本金累计×年利率

每年偿还本金＝A－每年应计利息

2.等额还本、利息照付

等额还本、利息照付时,各年度之间偿还的本金和利息之和是不等的。即偿还期内每年偿还的本金额是相等的,利息将随本金逐年偿还而减少。其计算公式为：

每年支付利息＝年初本金累计×年利率

$$每年偿还本金=\frac{P}{n}$$

国外借款除支付银行利息外,还要另计管理费和承诺费等费用。为简化计算,可采用适当提高利率的方法进行处理。

(四)备付率

备付率是评价项目偿债能力的另一个主要指标,实践中可以根据具体情况在备付率(包括利息备付率和偿债备付率)和借款偿还期指标中两者选其一。偿债备付率和利息备付率指标适用于预先设定借款偿还期,按等额还本付息或等额还本利息照付方式计算借款还本付息的项目;而对那些要求按最大偿还能力计算借款偿还期的项目,再计算备付率指标就失去了意义。

1.利息备付率(ICR)

利息备付率是指项目在借款偿还期内可用于支付利息的息税前利润(EBIT)与当期应付利息(PI)的比值。它从付息资金来源的充裕性角度反映项目偿还债务利息的能力。其计算公式为：

$$\mathrm{ICR}=\frac{\mathrm{EBIT}}{\mathrm{PI}}$$

式中:EBIT为息税前利润;PI为计入总成本费用的应付利息。

利息备付率的含义与计算公式均与财政部对企业效绩评价的“已获利息倍数”指标相同。用于支付利息的息税前利润等于利润总额和当期应付利息之和,当期应付利息指计入总成本费用的全部利息。

利息备付率最好分年计算,计算在借款偿还期内各年的利息备付率;也可以按项目的借款偿还期内总和计算,计算借款偿还期内平均的利息备付率。分年利息备付率更能反映偿债能力。利息备付率表示使用项目盈利偿付利息的保证倍率,对于正常经营的企业来说,利息备付率至少应当大于2。利息备付率高,说明利息偿付的保证度大,偿债风险小;利息备付率低于1,表示没有足够资金支付利息,偿债风险很大。

2.偿债备付率(DSCR)

偿债备付率是指项目在借款偿还期内,可用于还本付息的资金与当期应还本付息金额的比值。可用于还本付息的资金包括折旧、摊销、总成本费用中列支的全部利息和税后利润;当期应还本付息金额包括还本金额及计入总成本费用的全部利息。

偿债备付率计算公式为:

$$DSCR=\frac{EBITDA-TAX}{PD}$$

式中:EBITDA为息税前利润加折旧和摊销费;TAX为企业所得税;PD为应还本付息额,包括本金额和计入总成本费用的全部利息。融资租赁费用可视同借款偿还。运营期内的短期借款本息也应纳入计算。

如果项目在运营期内有维持运营的投资,可用于还本付息的资金应扣除维持运营的投资。

偿债备付率最好在借款偿还期内分年计算,也可以按项目借款偿还期内的总和数据计算。分年计算的偿债备付率更能反映偿债能力。

偿债备付率表示可用于还本付息的资金偿还借款本息的保证倍率,正常情况应当大于1,且越高越好。偿债备付率低,说明还本付息的资金不足,偿债风险大。当这一指标小于1时,表示可用于还本付息的资金不足以偿还当期债务。

(五)流动比率(FR)

流动比率是指项目各年流动资产总额(TFA)与流动负债总额(TFL)的比率。它是反映项目偿付短期债务能力的指标。其表达式为:

$$FR=\frac{TFA}{TFL}\times 100\%$$

式中:TFA为现金、有价证券、应收账款、存货等项目即资产总额;TFL为应付账款、短期应付票据、一年内到期的其他债务、应付未付的工资及应付未付的税收等项目即债务总额。

流动资产和流动负债总额一般可以从资产负债表中取得。

一般情况下,流动比率越高,项目偿还流动负债的能力越强。通常认为,保持2∶1的流动比率较为合适,但是各类项目的情况不尽相同,应具体分析运用。

(六)速动比率(FFR)

速动比率是用以补充说明流动比率的指标。因为在计算流动比率时,流动资产包括存货部分。而实际上,当企业需要立即偿还流动负债时,存货很难立即变为现金,因而用流动比率反映项目的短期偿债能力具有一定的局限性。因此,在计算流动资产时,把存货部分扣除,用可变现资产(或叫速动资产)除以流动负债,计算速动比率,更能表明企业的短期偿债能力。一般认为,速动比率略大于1较为合适。速动比率的计算公式为:

$$FFR=\frac{TFFA}{TFL}\times 100\%$$

其中,速动资产即TFFA为流动资产总额扣除存货的余额。

(七)项目清偿能力实例分析

根据"某化纤项目借款还本付息计算表"(见表5-8)、项目资金来源与运用表(见表6-1)、项目资产负债表(见表6-2)的资料,进行项目清偿能力分析。

表 6-1 某化纤项目资金来源与运用表

单位:万元

序号	项目 \ 年份	合计	建设期			投产期		达到设计能力生产期												
			1	2	3	4	5	6	7	8	9	10	11	12	13	14	15	16	17	18
	生产负荷/%					70	90	100	100	100	100	100	100	100	100	100	100	100	100	100
1	资金来源	223 784	9 220	25 951	13 817	8 964	8 863	10 204	9 728	10 338	10 978	11 282	11 849	11 849	11 849	11 849	11 849	11 849	11 849	21 496
1.1	利润总额	111 640				756	4 197	6 247	6 479	7 089	7 875	8 179	8 746	8 746	8 746	8 916	8 916	8 916	8 916	8 916
1.2	折旧费	43 995				2 933	2 933	2 933	2 933	2 933	2 933	2 933	2 933	2 933	2 933	2 933	2 933	2 933	2 933	2 933
1.3	摊销费	2 430				316	316	316	316	316	170	170	170	170	170					
1.4	长期借款	35 113	6 445	18 320	10 384															
1.5	流动资金借款	4 959				2 834	1 417	708												
1.6	其他短期借款																			
1.7	自有资金	16 000	2 775	7 631	3 469	2 125														
1.8	其他																			
1.9	回收固定资产余值	2 563																		2 563
1.10	回流流动资金	7 084																		7 084
2	资金运用	151 686	9 220	25 951	13 817	8 964	8 863	10 204	9 728	10 338	7 268	7 141	4 351	4 351	4 351	4 436	4 436	4 436	4 436	9 395
2.1	固定资产投资（含投资方向调节税）	44 669	8 935	24 570	11 164															
2.2	建设期利息	4 319	285	1 381	2 563															
2.3	流动资金	7 084				4 959	1 417	708												
2.4	所得税	36 839				249	1 385	2 062	2 138	2 339	2 599	2 699	2 886	2 886	2 886	2 942	2 942	2 942	2 942	2 942
2.5	特种基金	18 703				127	703	1 046	1 085	1 188	1 319	1 370	1 465	1 465	1 465	1 494	1 494	1 494	1 494	1 494
2.6	应付利润																			
2.7	长期借款本金偿还	35 113				3 629	5 358	6 388	6 505	6 811	3 350	3 072								
2.8	流动资金借款本金偿还	4 959																		4 959
2.9	短期借款本金偿还																			
3	盈余资金	72 098									3 710	4 141	7 498	7 498	7 498	7 413	7 413	7 413	7 413	12 101
4	累计盈余资金										3 710	7 851	15 349	22 847	30 345	37 758	45 171	52 584	59 997	72 098

表 6-2　某化纤项目资产负债表

单位：万元

序号	项目 ＼ 年份	建设期			投产期		达到设计能力生产期												
		1	2	3	4	5	6	7	8	9	10	11	12	13	14	15	16	17	18
1	资产	9 220	35 171	48 988	51 736	50 201	47 809	44 559	41 310	41 917	42 955	47 350	51 745	56 140	60 620	65 100	69 580	74 060	78 540
1.1	流动资产总额				5 997	7 711	8 567	8 567	8 567	12 277	16 418	23 916	31 414	38 912	46 325	53 738	61 151	68 564	75 977
1.1.1	应收账款				1 194	1 535	1 705	1 705	1 705	1 705	1 705	1 705	1 705	1 705	1 705	1 705	1 705	1 705	1 705
1.1.2	存货				4 769	6 132	6 813	6 813	6 813	6 813	6 813	6 813	6 813	6 813	6 813	6 813	6 813	6 813	6 813
1.1.3	现金				34	44	49	49	49	49	49	49	49	49	49	49	49	49	49
1.1.4	累计盈余资金				0	0	0	0	0	3 710	7 851	15 349	22 847	30 345	37 758	45 171	52 584	59 997	67 410
1.2	在建工程	9 220	35 171	48 988															
1.3	固定资产净值				43 625	40 692	37 759	34 826	31 893	28 960	26 027	23 094	20 161	17 228	14 295	11 362	8 429	5 496	2 563
1.4	无形及递延资产净值				2 114	1 798	1 483	1 166	850	680	510	340	170	0	0	0	0	0	0
2	负债及所有者权益	9 220	35 171	48 988	51 736	50 201	47 808	44 559	41 310	41 917	42 955	47 350	51 745	56 140	60 620	65 100	69 580	74 060	78 540
2.1	流动负债总额				3 872	5 586	6 442	6 442	6 442	6 442	6 442	6 442	6 442	6 442	6 442	6 442	6 442	6 442	6 442
2.1.1	应付账款				1 038	1 335	1 483	1 483	1 483	1 483	1 483	1 483	1 483	1 483	1 483	1 483	1 483	1 483	1 483
2.1.2	短期借款				2 834	4 251	4 959	4 959	4 959	4 959	4 959	4 959	4 959	4 959	4 959	4 959	4 959	4 959	4 959
	其中：流动资金借款				2 834	4 251	4 959	4 959	4 959	4 959	4 959	4 959	4 959	4 959	4 959	4 959	4 959	4 959	4 959
2.2	长期借款	6 445	24 765	35 113	31 484	26 126	19 738	13 233	6 422	3 072	0	0	0	0	0	0	0	0	0
	负债小计(2.1＋2.2)	6 445	24 765	35 113	35 356	31 712	26 180	19 675	12 864	9 514	6 442	6 442	6 442	6 442	6 442	6 442	6 442	6 442	6 442
2.3	所有者权益	2 775	10 406	13 875	16 380	18 489	21 628	24 884	28 446	32 403	36 513	40 908	45 303	49 698	54 178	58 658	63 138	67 618	72 098
2.3.1	资本金	2 775	10 406	13 875	16 000	16 000	16 000	16 000	16 000	16 000	16 000	16 000	16 000	16 000	16 000	16 000	16 000	16 000	16 000
2.3.2	资本公积金																		
2.3.3	盈余公积金									528	1 076	1 662	2 248	2 834	3 431	4 028	4 625	5 222	5 819
2.3.4	累计未分配利润				380	2 489	5 628	8 884	12 446	15 875	19 437	23 246	27 055	30 864	34 747	38 630	42 513	46 396	50 279
计算指标：																			
	资产负债率/%	59.9	70.4	717	68.3	63.2	54.8	44.2	31.1	22.7	15.0	13.6	12.5	11.5	10.6	9.9	9.3	8.7	8.2
	流动比率/%				154.9	138.0	133.0	133.0	133.0	190.5	254.9	371.3	487.6	604.0	719.1	834.2	949.3	1 064.3	1 179.4
	速动比率/%				31.7	28.3	27.2	27.2	27.2	84.8	149.1	265.5	381.9	498.3	613.3	728.4	843.5	958.6	1 073.6

1.贷款偿还期

根据表5-8计算项目国内借款偿还期(从借款年份算起)为8.08年,能满足贷款机构要求的期限(10年内还清贷款),说明项目具有偿债能力。

有关说明:为简化计算,本案例在还款期间将未分配利润、折旧费用、推销费用都作为偿还借款的资金来源,全部用来还款。但在进行实际项目的还款计算时,可根据项目的实际情况确定。同时由于本项目没有外汇收入,因而偿还外汇借款是项目投产后以1∶6的比价购买调剂外汇按7年等额还本、计付利息的。固定资产投资国内借款偿还,在投产后按最大偿还能力计算还本付息。

2.资产负债率、流动比率、速动比率

资产负债率、流动比率、速动比率等指标计算见表6-2。

项目建成投产后,资产负债率为68.3%,还款期间最高资产负债率为63.2%,还款后资产负债率最高为22.7%,最低为8.2%,说明项目面临的风险不大,偿债能力较强。项目各年流动比率均超过113%,最高达1 179.4%,说明项目的短期偿债能力较强。项目建成投产时的速动比率为31.7%,还款期间最低速动比率为27.2%,最高达1 073.6%,说明项目投产后各年偿付流动负债的能力较强。

第三节　资金时间价值的换算

课件

一、资金时间价值的含义

资金时间价值,就是资金在时间推移中的增值能力。同额资金处于不同的时间点上,其价值大小是不同的,其差额就称为资金的时间价值。西方经济学家认为形成资金时间价值的主要原因是"时间偏好"。所谓时间偏好,就是人们对当前一定质量一定数量的财物与以后同样质量同样数量财物的估价是有偏异的,即对于前者的估价大于后者。时间偏好有三个主要原因:一是通货膨胀,即由于物价越来越高,同额的货币值越来越低(即货币由于物价上涨而贬值),人们认为现时的货币值会高于同等数量的将来货币值;二是现时的消费,即把现在的消费推迟到将来,把钱借给别人用是一种"牺牲",应当有一定的代价,这种代价就是资金的价格——利息;三是风险,即一笔钱借出去会产生什么结果是不肯定的,存在着偿还不了的潜在风险,货币持有者认为自己在承担风险,因此,要取得承担风险的报酬。

二、资金时间价值的计算方法

资金时间价值的表现形式就是利息。利息有两种计算方法:

1.单利法。单利法就是只对本金计算利息,而每期的利息不再计算利息的计算方法。按单利法计算若干年后的本利和,叫做单利终值。其计算公式为:

$$F=P(1+n\cdot i)$$

式中：F 为本利和，即终值；P 为本金，即现值；i 为年利率；n 为资金占用时间内的计息期数。

单利法的缺点是每年所得利息不再计息，不考虑利息再投入生产或流通中参与资金周转，不符合资金实际运动规律，也不能完全反映资金的时间价值。所以，在项目评估中不用单利法，而用复利法。

2.复利法。复利法就是对本金和利息均计息的计算方法。按复利法计算若干年后的本利和，叫做复利终值。其计算公式为：

$$F=P(1+i)^n$$

式中符号含义同单利法。

$(1+i)^n$ 为复利终值系数，可以从复利终值系数表查得。

复利法把前期所得的本利和作为本期的本金，再全部投入生产流通继续实现增值。复利法在项目评估中得到广泛的运用。

三、资金时间价值的表现形式

（一）复利值(F)

复利值也称复利终值、将来值或一次整付本利和，它是指现在的一笔资金 P，在年利率 i 已知的条件下，按复利计算 n 年后的本利和。其计算公式就是前述复利法本利和的计算公式。

（二）现值(P)

现值，即资金的现在瞬间价值。现值是终值的逆运算。把经过一定时间间隔后的资金折算成现在时刻的价值，叫做贴现。计算现值所用的利率叫贴现率，或叫折现率。现值的计算公式为：

$$P=F\cdot\frac{1}{(1+i)^n}$$

式中：$\frac{1}{(1+i)^n}$为现值系数，可通过查现值系数表取得。

现值的研究对于项目评估具有现实意义。在方案比选中，各个方案在资金收入和支出的时间上有很大的差异，没有可比性。贴现可以把收支统一在同一时间点上，这样就可以从这方面鉴别方案的优劣。另外，还可以用来评定预期的净收入，计算收益率和未知利率。

（三）年金复利值(F)

一定时期内，逐年收支固定相等的金额，称为年金。年金按其收付发生时间分为普通年金和期初年金。普通年金指期末收付定额款项，期初年金指期初收付定额款项。其计算方法相同，期初年金比普通年金多加 期利息。

普通年金利息复利值是指依各期定额款项计算复利的累计总值。其计算公式为：

$$F'=A\cdot\frac{(1+i)^{n-1}}{i}$$

式中：$\frac{(1+i)^{n-1}}{i}$为年金复利终值系数，可通过查表取得。

如：某企业每年存入银行 20 000 元，作为技术改造准备资金，银行利率为 10%，则三年后积累额为多少？

按年金复利终值公式计算：

$$F'=A\cdot\frac{(1+i)^{n-1}}{i}=\frac{20\ 000\times(1+10\%)^{3-1}}{10\%}=66\ 200(\text{元})$$

期初年金复利终值的计算，同普通年金相同，只要把期初年金换算成年末年金即可。以上例，存入时间为年初，则先把 20 000 元换算为期末年金，然后套用普通年金复利终值计算公式，便可求得期初年金复利终值。即：

$$20\ 000\times(1+10\%)=22\ 000(\text{元})$$

$$F'=22\ 000\times\frac{(1+10\%)^{3-1}}{10\%}=72\ 820(\text{元})$$

(四)年金现值(P)

在一定时期内，每期等额收入(或支出)累计本利和的贴现值，称为年金现值。

普通年金现值的计算公式为：

$$P'=A\cdot\frac{(1+i)^n-1}{i(1+i)^n}$$

式中：P 为普通年金复利现值；$\frac{(1+i)^n-1}{i(1+i)^n}$为年金现值系数，可通过查表取得。

期初年金现值的贴现数比普通年金现值贴现数少一期，并加上一次款的数额。其计算公式为：

$$P''=A\cdot\frac{(1+i)^n-1}{i(1+i)^{n-1}}+A$$

式中：P''为期初年金现值。

(五)偿债基金(A)

偿债基金也叫储备年金，即已知若干年后需要的资金数额，求每年应等额存款的数额。其计算公式为：

$$A=F\cdot\frac{i}{(1+i)^n-1}(\text{本公式适用条件为 }A\text{ 发生在期末})$$

式中：$\frac{i}{(1+i)^n-1}$储备年金系数可通过查表取得。

(六)资金回收值(A′)

一次借款,逐年等额偿还方式,叫做资金回收值或资金还原,即已知年金现值 P,求普通年金 A'。其计算公式为:

$$A'=P\cdot\frac{i(1+i)^n}{(1+i)^n-1}$$

式中:$\frac{i(1+i)^n}{(1+i)^n-1}$为资本还原系数,也称资本回收系数,可通过查表取得。

课件

第四节 财务效益动态分析

一、财务净现值(FNPV)

财务净现值是反映项目在计算期内获利能力的动态指标,是按行业基准收益率(可通过查《建设项目经济评价方法与参数》取得)或设定的折现率(当行业未制定基础收益率时),将项目计算期内各年净现金流量折现到建设期初的现值之和。其表达式为:

$$\text{FNPV}=\sum_{t=1}^{n}(\text{CI}-\text{CO})_t\cdot(1+i_c)^{-t}$$

式中:FNPV 为财务净现值;$(\text{CI}-\text{CO})_t$ 为第 t 年的现金流入与现金流出的差额,即净现金流量;$(1+i_c)^{-t}$ 为 i_c 下第 t 年的折现系数。

为了计算净现值,在确定每年的净现金流量以后,还应明确折现率、计算期和年序编号的方法问题。项目财务效益评估所用的折现率除有特殊规定外,一般采用行业的基准收益率(i_c);计算期由建设期和生产期构成(其确定方法详见第五章相关内容介绍);年序编号按国际惯例采用年末法,即从 1 开始编号,表示所有的现金流量均在年末发生。

根据选择项目的"现值法则":

1.采用任何净现值为正数的方案(包括净现值为零的方案),放弃任何净现值为负数的方案。

2.如果每个项目(或几个项目组合)是互不相容的,则采纳有最大现值的那个项目。

3.当净现值等于零时,说明项目的内部收益率恰好就是规定的基准收益率,即项目能获得行业的平均收益水平;如果净现值大于零,则说明项目除获得行业平均收益水平之外,还有一定的超额收益,也就是说上此项目能够使项目所在行业的平均收益水平得到提高。因此,只有净现值为正数(包括零)的项目或备选方案才是可取的,否则应当舍弃。在投资总额相等的情况下,净现值越大的项目或方案,其经济效益越显著。

财务净现值可以根据财务现金流量表计算求得。根据项目财务投资现金流量表可计算求得项目财务净现值,根据资本金财务现金流量表可计算求得资本金财务净现值,根据投资各方财务现金流量表可计算求得投资各方财务净现值。

净现值是项目寿命期内各年净现金流量的现值。在投资总额相等的情况下，可以按净现值的大小对项目或备选方案排序。但如果投资额不等，仅仅根据净现值的大小进行决策就可能导致失误。因此，净现值也不能反映项目或备选方案的确切的收益水平。

二、财务净现值率($FNPV_R$)

为了克服净现值在投资不等的情况下不能排序的缺点，财务效益评估应计算财务净现值率。财务净现值率是财务净现值与全部投资现值之比，即单位投资现值的净现值。它是反映项目单位投资效益的评价指标。其计算公式为：

$$FNPV_R=\frac{FNPV}{I_P}$$

式中：$FNPV_R$ 为财务净现值率，I_P 为总投资现值。

用净现值率衡量项目或方案的优劣，应选择净现值率大于或等于零的项目或方案。净现值率越大，单位投资创造的效益越大，项目或方案的效益越好。

三、财务内部收益率(FIRR)

财务内部收益率是项目计算期内各年净现金流量现值累计等于零时的折现率。它是评价项目盈利性，进行动态分析时采用比较普遍的一个数据，反映项目对占用资金的一种补偿、报酬和恢复能力。由于它不受外生变量的影响，不是可任意选择的一个利率，而是决定于项目本身的经济活动，即项目本身的现金流出与流入的对比关系，完全根据项目自身的参数，试图在项目之内找到一个事先并不知道的利率，即找到使现金流出现值和流入现值恰好相等的那个利率，所以称为内部收益率。其表达式为：

$$\sum_{t=1}^{n}(CI-CO)_t\cdot(1+FIRR)^{-t}=0$$

式中：*FIRR* 为财务内部收益率。

实际运用时，财务内部收益率可根据财务现金流量表中的净现金流量现值，用试差法(或叫插入法)计算求得。试差法的公式为：

$$FIRR=i_1+\frac{(i_2-i_1)\times FNPV_1}{|FNPV_1|+|FNPV_2|}\times 100\%$$

式中：i_1 为偏低的折现率，i_2 为偏高的折现率，$FNPV_1$ 为偏低折现率下的财务净现值，$FNPV_2$ 为偏高折现率下的财务净现值。

一般情况下，以偏低折现率计算出的净现值为正值，以偏高折现率计算出的净现值为负值，以两者之间的一个折现率计算出的净现值为零，这个折现率就是内部收益率。用试差法计算财务内部收益率时，试算用两个相邻的偏高、偏低的折现率之间的差额，一般不超过2%，最高不超过5%。

例：某项目当折现率为13%时，财务净现值为－620万元；当折现率为12%时，财务净现值为 3 733 万元。采用试差法计算的财务内部收益率为：

$$FIRR = i_1 + \frac{(i_2 - i_1)\times FNPV_1}{|FNPV_1| + |FNPV_2|}\times 100\%$$

$$= 12\% + \frac{(13\% - 12\%)\times 3\ 733}{|3\ 733| + |-620|}\times 100\%$$

$$= 12.86\%$$

将财务内部收益率与各行业、各部门的基准收益率作比较，当财务内部收益率大于或等于行业基准收益率时，应认为项目在财务上是可以接受的，反之应予以否定。

财务效益评估时，财务内部收益率可以通过财务现金流量表计算求得。根据项目财务现金流量表可计算求得项目财务内部收益率，根据资本金财务现金流量表可计算求得资本金财务内部收益率，根据投资各方财务现金流量表可计算求得投资各方财务内部收益率。

以上三个动态分析评分指标，各有优缺点，应结合应用，综合考虑项目或方案的效益。表 6-3 介绍指标的运用。

表 6-3　动态分析指标运用表

指标 用途	净现值 (NPV)	内部收益率 (IRR)	净现值率 (NPV_R)
项目评估	NPV≥0 可接受	IRR≥i_C(或 i_S) 可接受	NPV_R≥0 可接受
互斥方案比选	投资额相同时，选择 NPV 较大者；投资额不同时，结合 NPVR 一起考虑。	不能直接用，可计算差额投资内部收益率 ΔIRR，当 ΔIRR≥i_C(或 i_S)时，投资额大的方案较好。	有资金限制时，NPVR 大者为优。
项目排队(独立方案按优劣排序的最优组合)	不能直接用	不能直接用	按 NPVR 结合 NPV 大小排序

表中 i_S 为社会折现率，是项目国民经济效益评估时使用的基本判据(评价参数)。

四、动态投资回收期(P_t')

动态投资回收期是项目开始建设后累计净现值回收投资所经历的时间。其表达式为：

$$P_t' = \sum_{t=1}^{n}(CI - CO)_t \cdot (1 + i_c)^{-t} = 0$$

式中：P_t'为动态投资回收期。

动态投资回收期可直接从财务现金流量表求得，其计算公式为：

$$P_t' = (m-1) + \frac{\left|\sum_{t=1}^{m-1} \mathrm{NPV}_t\right|}{\mathrm{NPV}_m}$$

式中：m 为累计净现值开始出现正值年份；$\frac{\left|\sum_{t=1}^{m-1} \mathrm{NPV}_t\right|}{\mathrm{NPV}_m}$ 为从 1 至 $m-1$ 年的累计净现值的绝对值；NPV_m 为第 m 年的净现值。

五、财务效益评估动态分析实例

根据某项目项目财务现金流量表（表 5-12）计算得出项目所得税前财务内部收益率为17.72%，财务净现值（$i_c=12\%$）为 16 309 万元。项目所得税后财务内部收益率为 12.27%，财务净现值为 676 万元。财务内部收益率大于行业基准收益率，说明项目的盈利水平能满足行业的要求；财务净现值均大于零，说明该项目在财务上是可行的。

项目所得税前投资回收期为 7.8 年（含建设期），所得税后投资回收期为9.26年，均小于行业基准投资回收期（$P_c=10.3$年），表明项目投资能按时回收。根据资本金现金流量表（表 5-13）计算得出资本金财务内部收益率为 14.10%，资本金财务净现值（$i_c=12\%$）为 2 808 万元，表明项目自有资金获利能力强；资本金内部收益率（14.10%）大于项目内部收益率（12.27%），说明举债对投资者有利。

非盈利性项目的财务分析主要分析项目的财务生存能力，盈利性项目在盈利能力和偿债能力分析的基础上，为了考察项目财务的可持续性，也需要进行财务生存能力分析。

进行财务生存能力分析主要是要判断项目财务的可持续性。财务可持续性应首先体现在有足够大的经营活动净现金流量，其次每年的累计盈余资金不应出现负值。若出现负值，应进行短期借款，同时分析该短期借款的期限长短和数额的大小，进一步判断项目的财务生存能力。短期借款应体现在财务计划现金流量表中，其利息计入财务费用。为维持项目的正常运营，还应分析短期借款的可靠性。对于非经营性的项目，财务分析应按下列要求进行。

1. 对没有营业收入的项目，不进行盈利能力分析，主要考察项目的生存能力。此类项目通常需要政府长期补贴才能维持运营，应合理估算项目运营期各年所需的政府补贴数额，并分析政府补贴的可能性和支付能力。对有债务资金的项目，还应结合借款偿还要求进行生存能力分析。

2. 对有营业收入的项目，财务分析应根据收入抵补支出的程度，区别对待。收入补偿费用的顺序应为：补偿人工、材料等生产经营耗费，缴纳流转税，偿还借款利息，计提折旧和偿还借款本金。有营业收入的非经营性项目可以分为两类：

（1）营业收入在补偿生产经营耗费、缴纳流转税、偿还借款利息、计提折旧和偿还借款本金后尚有余额，表明项目在财务上有盈利能力和生存能力，其财务分析方法与一般盈利项目基本相同。

（2）对一定时期内收入不足抵补全部成本费用，但是通过在运行期内逐步提高价格

(收费)水平,可实现其设定的补偿生产经营耗费、缴纳流转税、偿还借款利息、计提折旧和偿还借款本金的目标,并预期在中长期产生盈余的项目,可只进行偿债能力分析和财务生存能力分析。由于项目运营前期需要政府在一定的时期内给以补贴,以维持经营,因此,应估算各年所需的政府补贴数额,并分析政府在一定的时期内可能提供财政补贴的能力。

课件

第五节 财务外汇效果分析

一、外汇平衡分析

涉及外汇收支的项目,应在编制财务外汇平衡表(见表 6-4)的基础上进行外汇平衡分析,考察项目计算期各年的外汇余缺程度。

编制财务外汇平衡表,关键是正确计算项目计算期各年的外汇来源和外汇运用,在此基础上分析项目计算期各年的外汇盈余或短缺情况。对外汇不能平衡的项目,应提出具体的解决办法。

表 6-4 财务外汇平衡表

单位:万元

序号	年份 / 项目	建设期		投产期		达到设计生产能力				合计
		1	2	3	4	5	6	……	n	
	生产负荷/%									
1	外汇来源									
1.1	产品销售外汇收入									
1.2	外汇借款									
1.3	其他外汇收入									
2	外汇运用									
2.1	固定资产投资中外汇支出									
2.2	进口原材料									
2.3	进口零部件									
2.4	技术转让费									
2.5	偿付外汇借款本息									
2.6	其他外汇支出									
3	外汇余缺									

注:(1)其他外汇收入包括自筹外汇等;

(2)技术转让费是指生产期支付的技术转让费。

二、财务外汇效益分析

对于涉及产品出口创汇及替代进口节汇的项目,在上述财务效益评估的基础上,还应进行项目的财务外汇效益分析。财务外汇效益分析就是分析和评价涉外项目建成投产后可能给国家外汇平衡情况带来的影响，计算项目外汇净现值、换汇成本及节汇成本等指标，用以衡量项目对国家外汇的净贡献或净消耗。

（一）财务外汇流量分析

1.外汇流量的有关概念

（1）外汇流量，指外汇流入或外汇流出实际发生的货币数量。

（2）外汇流入量，主要包括产品外销收入和其他外汇收入。

（3）外汇流出量，主要是进口原材料、零部件的费用，支付的技术转让费、偿还外汇借款本息以及其他的外汇支出。

（4）净外汇流量，是指拟建项目计算期内各年度的外汇流入量与外汇流出量之差额。

（5）替代进口收入，指项目的产品经确认可替代进口产品而为国家节约的外汇额，即项目计算期里以实际到岸价格计算的替代进口产品的外汇收入，减去投资外汇的本息和生产投入外汇的余额。

2.财务外汇流量表

涉外项目、生产替代进口产品项目，评价时一般需编制外汇流量表（见表6-5），用以测算分析期各年的净外汇流量、财务外汇净现值、财务换汇成本以及财务节汇成本等指标。

财务外汇流量表中的外汇流入，主要表现为项目建成投产后的产品外销或替代进口节汇；外汇流出表现为建设期借款本息、引进技术转让费、进口原材料及零部件等费用。

3.净外汇流量的计算

净外汇流量＝产品外销收入＋其他外汇收入－进口原材料费用－进口零部件费用－技术转让费用－偿还外汇借款本息－其他外汇支出

上式中的进口原材料费用和进口零部件费用以及技术转让费，均指生产期发生的费用。

表6-5 财务外汇流量表

序号	年份 项目	建设期		投产期		达到设计生产能力				合计
		1	2	3	4	5	6	……	n	
	生产负荷/%									
1	外汇收入									
	1.产品外销收入									
	2.其他外汇收入									
2	外汇流出									
	1.进口原材料									
	2.进口零部件									
	3.技术转让费									
	4.外汇借款本利									
	5.其他外汇收入									
3	外汇净流量 1－2									
4	产品替代进口收入									
5	净外汇效果 3＋4									

计算指标：财务外汇净现值（$i=\quad\%$）

财务换汇成本或财务节汇成本

(二)财务外汇净现值

财务外汇净现值是指根据折现率计算的各年财务外汇净现金流量之和。财务外汇净现值是分析和评价项目对外汇状况影响程度的重要指标,用以衡量项目对国家外汇的净贡献(创汇)或净消耗(用汇)。财务外汇净现值的表达式为:

$$FNPV_f=\sum_{t=1}^{n}(FI-FO)_t\cdot(1+i)^{-t}$$

式中:$FNPV_f$ 为财务外汇净现值,FI 为财务外汇流入量,FO 为财务外汇流出量,$(FI-FO)_t$ 为第 t 年财务外汇净现金流量,i 为折现率,一般可取外汇贷款利率。

计算财务外汇净现值所需资料从财务外汇净现金流量表中获取。

财务外汇净现值直观、明确地反映项目对国家外汇的影响状况。指标数值为正,说明项目对国家外汇有贡献,从外汇平衡角度看项目是可以接受的;指标数值为负,说明项目对国家外汇有净消耗,从外汇角度看项目是不可以接受的。

对于替代进口的项目,可由净外汇效益替代财务净外汇现金流量计算财务外汇净现值。财务外汇效益为净外汇现金流量与产品替代进口收入之和。

(三)财务换汇成本

财务换汇成本是分析、评价项目产品在国际上的竞争能力,进而判断其产品是否出口的一个指标,它适用于面向出口的项目。

财务换汇成本是指换取1美元外汇所需要投入的人民币数额。其计算式为:项目计算期内生产出口产品所投入的国内资源的现值与生产出口产品的外汇净现值之比:

$$\text{财务换汇成本}=\frac{\sum_{t=1}^{n}DR_t(1+i)^{-t}}{\sum_{t=1}^{n}(FI-FO)_t(1+i)^{-t}}\text{(人民币/美元)}$$

式中:DR_t 为项目在第 t 年生产出口产品投入的国内资源(包括投资、工资及其他投入)。

财务换汇成本所需的资料从财务外汇流量表及财务现金流量表中获得。财务换汇成本低于或等于汇率,说明项目出口产品是合算的,项目可以接受。如果高于汇率,则可以放弃该项目。

(四)财务节汇成本

财务节汇成本是指节约1美元外汇所需投入的人民币数额。产品虽然内销,但经主管部门批准可能替代进口的项目,应计算财务节汇成本。其计算式为:

$$\text{财务节汇成本}=\frac{\sum_{t=1}^{n}DR_t(1+i)^{-t}}{\sum_{t=1}^{n}(FI-FO)_t(1+i)^{-t}}\text{(人民币/美元)}$$

式中:DR_t 为项目在第 t 年生产替代进口产品所投入的国内资源(包括国内投资、原材料、工资及其他投入)。

财务节汇成本所需的资料从财务外汇流量表中获得。

将计算出的结果与汇率相比，如果节汇成本小于或等于汇率，则项目是可行的，否则，是不可行的。

能力训练

能力训练一

材料：

1.第五章"能力训练"中补充完整的附表5-1为某项目成本估算表，附表5-2为某项目销售收入估算表，附表5-3为某项目损益估算表；

2.附表6-1某项目简易现金流量表。

附表6-1　某项目简易现金流量表

单位：万元

序号	项　目	金　额							
		2010年	2011年	2012年	2013年	2014年	2015年	2016年	合计
一	净现金流量								
二	累计净现金流量								
三	贴现系数(15%)								
四	净现值								
	主要财务指标	1.年平均投资净利润率： 2.投资回收期： 3.财务净现值： 4.财务内部收益率：							

备注：

(1)该项目新增投资25 000万元，其中，企业自筹24 000万元，申请财政专项资助1 000万元。

(2)项目资金使用计划：项目投资期为2010年至2012年，25 000万元资金按照工程进度分别于2010投入500万元，2011年投入11 500万元，2012年投入13 000万元(流动资金)。

(3)固定资产折旧按5年平均计提，每年计提600万元。

要求：

1.根据附表5-1、附表5-2、附表5-3及附表6-1备注编制附表6-1某项目简易现金流量表。

2.评价某项目的财务效益。

能力训练二

材料：

附表6-2为某项目财务现金流量表，附表6-3为某项目资本金财务现金流量表。

要求：

将附表6-2、附表6-3数据补充完整，并评价该项目的财务效益。

附表 6-2　某项目财务现金流量表

单位：万元

序号	项目＼年份	合计	建设期		投产期		达到设计生产能力期					
			1	2	3	4	5	6	7	8	9	10
	生产负荷/%				70	90	100	100	100	100	100	100
1	现金流入	148 639.23	0.00	0.00	13 314.00	17 118.00	19 020.00	19 020.00	19 020.00	19 020.00	19 020.00	23 107.23
1.1	产品销售收入	144 552.00			13 314.00	17 118.00	19 020.00	19 020.00	19 020.00	19 020.00	19 020.00	19 020.00
1.2	回收固定资产余值	976.21										976.21
1.3	回收流动资金	3 111.02										3 111.02
2	现金流出	121 135.64	11 486.07	7 657.38	11 957.40	12 360.58	13 168.03	12 901.23	12 901.23	12 901.23	12 901.23	12 901.23
2.1	建设投资（不含建设期借款利息）	19 143.45	11 486.07	7 657.38								
2.2	流动资金	3 111.02			2 302.70	541.52	266.80					
2.3	经营成本	97 803.64			9 555.45	11 691.45	12 759.45	12 759.45	12 759.45	12 759.45	12 759.45	12 759.45
2.4	销售税金及附加	1 077.53			99.25	127.60	141.78	141.78	141.78	141.78	141.78	141.78
3	净现金流量											
4	累计净现金流量											

计算指标：全部资金财务内部收益率（FIRR）＝

全部资金财务净现值（FNPV）（i_c＝12%）＝

全部资金静态投资回收期（从建设期算起）＝

附表 6-3　某项目资本金财务现金流量表

单位：万元

序号	项目 \ 年份	合计	建设期		投产期		达到设计生产能力期					
			1	2	3	4	5	6	7	8	9	10
	生产负荷/%				70.00	90.00	100.00	100.00	100.00	100.00	100.00	100.00
1	现金流入	148 639.23	0.00	0.00	13 314.00	17 118.00	19 020.00	19 020.00	19 020.00	19 020.00	19 020.00	23 107.23
1.1	产品销售收入	144 552.00			13 314.00	17 118.00	19 020.00	19 020.00	19 020.00	19 020.00	19 020.00	19 020.00
1.2	回收固定资产余值	976.21										976.21
1.3	回收流动资金	3 111.02										3 111.02
2	现金流出	133 541.75	3 787.87	2 525.24	14 122.32	17 118.00	19 020.00	17 765.04	14 205.34	14 231.74	14 231.74	14 231.74
2.1	资本金	7 121.43	3 787.87	2 525.24	808.32							
2.2	借款本金偿还	16 282.78			2 450.82	3 675.62	4 435.92	3 417.72				2 302.70
2.3	借款利息支付	3 820.30			1 205.42	1 017.02	702.06	348.68	136.78	136.78	136.78	136.78
2.4	经营成本	97 803.64			9 555.45	11 691.45	12 759.45	12 759.45	12 759.45	12 759.45	12 759.45	12 759.45
2.5	销售税金及附加	1 077.53			99.25	127.60	141.78	141.78	141.78	141.78	141.78	141.78
2.6	所得税	7 436.07			3.05	606.31	980.79	1 097.40	1 167.33	1 193.73	1 193.73	1 193.73
3	净现金流量											

计算指标：资本金财务内部收益率（FIRR）=

资本金财务净现值（FNPV）（i_c =12%）=

能力训练三

材料：

1.甲项目生命周期为10年，其中，建设期2年，生产期8年，项目现金流量数据见附表6-4，行业投资回收期参考值为6年，行业基准收益率为12%。

2. 乙项目的投资总额为4 000万元，其中建设投资3 000万元，第1、2年各投入2 000万元、1 000万元；铺底流动资金1 000万元，于第3、4年分别投入600万元、400万元，乙项目与甲项目投资的行业和地区不同，适用的所得税税率也不同。

3.根据策划公司提供的资料得知，乙项目的投资回收期为5.70年，财务净现值1 044.68万元，财务内部收益率为18.72%。

附表6-4 甲项目现金流量表

单位：万元

序号	项目	建设期				生产期					
		1	2	3	4	5	6	7	8	9	10
1	现金流入			2 500	4 200	4 200	4 200	4 200	4 200	4 200	4 000
1.1	销售收入			2 500	4 200	4 200	4 200	4 200	4 200	4 200	2 500
1.2	残值回收										500
1.3	流动资金回收										1 000
2	现金流出	2 100	1 400	2 367	3 300	2 900	2 900	2 900	2 900	2 900	2 667
2.1	建设投资	2 100	1 400								
2.2	流动资金			600	400						
2.3	经营成本			1 600	2 500	2 500	2 500	2 500	2 500	2 500	2 500
2.4	销售税金			150	252	252	252	252	252	252	150
2.5	所得税			17	148	148	148	148	148	148	17
3	净现金流量										
4	累计净现金流量										
5	净现值										
6	累计现净现值										

要求：

1.判断甲项目是否可行。

2.比较甲、乙项目的优劣，并做出投资决策。

本章知识要点及自我检测

本章案例资料

第七章　国民经济效益评估

材料：

大家都知道，投资者最关心的问题是效益和风险。理论上讲，市场经济环境下，对于项目建设具有必要性，技术上可行，建设生产条件具备的建设项目，只要财务效益评估的结果是可行的，一般就可以得出项目可行的结论。但是，由于市场的局限性，单纯的财务效益评价并不能准确的反映项目的外部性，特别是有些货物的财务价格扭曲，不能真实反映项目投入的真实成本、产出的真实价值，财务成本不能包含项目对资源的全部耗费，财务效益不能包含项目产出的全部经济效果，因此，需要进行国民经济效益评估。

思考：

1.是否所有的项目都需要进行国民经济效益评估？为什么？如果不是所有的项目都需要进行国民经济效益评估，那么，哪些项目需要进行国民经济效益评估？

2.国民经济效益评估与财务效益评估有什么异同之处？

3.如何进行国民经济效益评估？如果国民经济效益评估与财务效益评估的结论不一致，怎么判断项目的可行性？

课件

第一节　国民经济效益评估概述

一、国民经济效益评估的作用

国民经济效益评估是按照资源合理配置的原则，从国家整体角度考察项目的效益和费用，用货物影子价格、影子工资、影子汇率和社会折现率等经济参数，分析、计算项目对国民经济的净贡献，评估项目的经济合理性。

对于财务价格扭曲，不能真实反映项目产出的经济价值，财务成本不能包含项目对资源的全部耗费，财务效益不能包含项目产出的全部经济效果的项目，需要进行国民经济效益评估。以下项目通常需要进行国民经济效益评估：

(1)具有垄断特征的项目;

(2)产出具有公共产品特征的项目;

(3)外部效果显著的项目;

(4)资源开发项目;

(5)涉及国家经济安全的项目;

(6)受过度行政干预的项目。

国民经济效益评估的主要作用是:

(一)国民经济效益评估是宏观上合理配置资源的需要

国家的资源,如资金、外汇、土地、劳动力以及其他自然资源等,总是有限的,必须在资源的各种相互竞争的用途中做出选择。而这种选择必须借助于国民经济评价,从国家整体的角度来考虑。把国民经济作为一个大系统,项目的建设作为这个大系统中的一个子系统,项目的建设与生产,要从国民经济这个大系统中汲取大量的投入物,同时也向国民经济这个大系统提供一定数量的产出物。国民经济评价就是评价项目从国民经济中所汲取的投入与向国民经济提供的产出物对国民经济这个大系统的经济目标的影响,从而选择对大系统目标最有利的项目和方案。因此,国民经济评价是一种宏观评价,对于建设社会主义市场经济,宏观评价具有十分重要的意义。只有多数项目的建设符合整个国民经济发展的需要,才能在充分合理利用有限资源的前提下,使国家获得最大的净效益。

(二)国民经济效益评估是真实反映项目对国民经济净贡献的需要

项目经济评估包括财务评估与国民经济评估。财务评估是对项目在财务上的盈利性和财务收支上的清偿能力进行分析与评价。由于财务评估是站在企业的角度对项目的评价,而企业利益并不总是与国家利益相一致,如税金对于企业是费用支出,而对于国家则不是费用支出;同时由于种种原因,项目的投入物和产出物的财务价格失真,不能真实反映项目对国民经济的真实贡献,所以,必须通过国民经济评估才能清楚一个项目对国民经济整体的净贡献。

(三)国民经济评估有利于项目投资决策科学化

一是有利于引导投资方向,运用经济净现值、经济内部收益率等指标及体现宏观意图的影子价格、影子汇率等参数,可以起到鼓励或抑制某些行业或项目发展的作用,促进国家资源的合理分配。

二是有利于控制投资规模,国家可以通过调整社会折现率这个重要的国家参数来调控投资总规模,当投资规模膨胀时,可以适当提高社会折现率,控制一些项目的通过。

三是有利于提高计划质量,项目是计划的基础,有了足够数量,经过充分论证和科学评价的备选项目,才便于各级部门从宏观经济角度对项目进行排队和取舍。

二、国民经济效益评估与企业财务效益评估的关系

企业财务效益评估是国民经济效益评估的基础和前提,国民经济效益评估是企业财务效益评估的完善与深化,二者的主要联系表现为都是对项目成本效益的分析评价,企业

财务效益评估所用的数据，加工整理后便构成国民经济效益评估的数据，评估的方法也大致相同。而它们之间的区别主要是：

(一)评估角度的差异

企业财务效益评估是从企业角度分析项目对企业产生的财务效果，偏重于项目盈利水平及偿债能力的评价。国民经济效益评估从国家角度评价拟建项目对国民经济所产生的效应，偏重于净效益和纯收入的分析，它不但要评估项目对国民经济的贡献，还应分析国民经济为项目所付出的代价。

(二)评估任务的差异

企业财务效益评估可为项目选定和生产规模方案的选择提供财务数据，但不能为重大项目的决策服务；而国民经济效益评估可用于拟建项目的择优及拟建项目生产规模的选择，是重大项目决策的主要依据。另外，企业财务效益评估主要关心项目的融资来源和还本付息能力；而国民经济效益评估则主要关心项目是否应当兴建，以及拟建项目应有多大的生产规模。

(三)评估范围的差异

企业财务效益评估范围较为狭窄，一般只限于项目和企业本身，而且只考虑项目直接的可用货币度量的财务效益；国民经济效益评估的面较宽，不仅要考虑项目对国民经济和和社会可用货币度量的直接影响，还要考虑间接的、外部的、相关的，以及不能用货币度量的影响。所以国民经济效益评估在定量分析之外，还应进行一些定性分析，以便对项目做出全面评价。

(四)费用与效益内容的差异

企业财务效益评估将项目的全部支出都作为费用，列为项目的成本或项目的资金流出；而国民经济效益评估则将其中的转移支付如税金、利息从中扣除，同时，国民经济效益评估不考虑过去已经发生的沉没成本。因此，在进行国民经济效益评估时，首先应对成本与效益的内容进行鉴别，使它们评估的内容能体现各自的角度。

(五)计价基础的差异

在企业财务效益评估中，投入产出物以市场价格为基础计价，这种价格一般称为财务价格；在国民经济效益评估中，要用既能反映投入产出物的价值，又能反映其稀缺程度的影子价格进行评估。影子价格的运用可以使有限的资源得到最优利用，从而带来最好的效益增长。鉴于影子价格是对资源进行最优配置的一种价格，因此在国民经济效益评估中对一般的通货膨胀不予考虑，而企业财务效益评估则必须考虑通货膨胀的影响。

(六)依据资料的差异

在企业财务效益评估中，一般采用国家统一颁发的各行业的基准内部收益率作为计算和评价项目经济效益的依据；在国民经济效益评估中，则使用统一规定的理论利率作为评估依据，这种理论利率一般又称为社会折现率或经济折现率。对于涉及进出口的物品，企业财务效益评估要运用法定汇率或挂牌汇率，国民经济效益评估则要运用影子汇率或市场汇率。企业财务效益评估中，其基本资料是根据财务数据编制的财务现金流量表；而在国民经济效益评估中，基本资料是根据影子价格和国民经济原则编制的国民经济效益费用流量表。

(七)评估对象的差异

在一般情况下,对于没有财务收入的项目,不进行企业财务效益评估,如防洪工程、环保工程、水土保持工程等毋需进行企业财务效益评估。但是,不管有无直接财务收入,一些重大的有关国计民生的项目,投入产出物财务价格明显不合理的项目,特别是对能源、交通基础设施和农林水利项目,以及某些国际金融组织的贷款项目和某些政府贷款项目,应按要求进行国民经济效益评估。

(八)人员要求的差异

企业财务效益评估的指标比较容易计算,评估标准比较容易掌握,一般的评估人员即可胜任;国民经济效益评估的有关计算比较复杂,尤其关于影子价格的理论和计算方法不容易把握,要求评估人员具有较高的理论水平和较为丰富的工作经验。

三、国民经济效益评估的内容

(一)投资净产值分析

净产值是社会物质生产部门在一定时期内为社会创造的新的价值,它由劳动者所得的报酬和纯收入两部分构成,实际是社会物质生产部门创造的国民收入。净产值的提高,既反映了人民物质文化水平的改善,也反映了一定时期内社会进行扩大再生产能力的增长,而且,净产值的增长速度也体现了一个国家经济实力的增强情况。投资净产值的分析主要是对投资净产值率的分析。

(二)投资纯收入分析

项目投资所带来的纯收入主要包括税金和利润,它是社会消费与社会积累的来源,是国民经济发展的决定性因素,因而也是拟建项目对国民经济贡献大小的标志。对投资纯收入的分析,主要是对投资利税率和投资回收期的分析。

(三)投资净效益分析

投资净产值和投资纯收入分析,并不能概括建设项目对社会所作的全部贡献,如果同时考虑项目的外部效益和外部费用,可以在更大范围、更高层次对拟建项目进行评估。净效益是与项目有关的全部效益扣除全部费用的剩余,因此,净效益实际是一种扩大了的纯收入指标。其具体内容将在第九章再予叙述。

(四)经济净现值和经济内部收益率分析

为了从动态角度反映项目的国民经济盈利能力,应计算项目的经济净现值和经济内部收益率。为此,应在对基础数据调整的基础上编制国民经济效益费用流量表,并利用社会折现率计算经济净现值和经济内部收益率。经济净现值必须为正,经济内部收益率必须大于社会折现率,这样,就能基本保证建设项目对国民经济有一定的贡献。

(五)外汇效益分析

随着我国对外开放程度的提高,合资项目、引进项目会越来越多,涉及的外汇流转相应变得日益复杂。在世界经济发展中,外汇收支对经济发展起着不容忽视的作用。所以对涉外项目的外汇流入、外汇流出进行比较并进行外汇效益分析,也是国民经济效益评估中的一个主要内容。外汇效益分析,主要是对经济外汇净现值和经济换汇(或节汇)成本的分析。

(六)社会效益分析

建设项目的效益,除直接的、可定量分析的经济效益外,还存在着间接的、辅助的、不可计量的效益即社会效益。对拟建项目进行社会效益分析,是对国民经济效益评估的补充与完善。建设项目的社会效益分析,主要有相关投资效益分析、就业效果分析、能源效果分析、环境保护分析及分配效果分析等等。

四、国民经济效益评估的步骤

(一)收集和整理有关数据资料

需要收集和整理的资料包括国家颁发的项目经济评价的方法、参数及有关规定,有关项目投入物、产出物的现行市场价格及其国际市场价格,有关价格调整的资料,及国民经济发展、外贸管理体制等方面的最新动态等等。

(二)识别费用与效益

由于财务效益评估和国民经济评估对费用和效益的含义及划分范围不同,这样在国民经济评估中就应对费用和效益进行识别和划分,剔除国民经济内部的转移性支付,如税金、补贴、国内借款利息等;对间接费用、间接效益进行识别,确定费用与效益的计算范围。

(三)调整价格

根据收集来的数据资料,结合费用和效益的计算范围,将各项投入物和产出物的现行价格调整为影子价格。价格调整对合理地进行费用效益计算,正确地进行国民经济效益评估都是至关重要的。

(四)计算费用和效益

在价格调整的基础上计算费用和效益,不仅包括直接费用和直接效益的计算,而且包括间接费用和间接效益的计算。费用、效益计算是否全面、正确,直接关系到评价指标能否反映国民经济效益的大小,并进而决定国民经济效益评估结论是否真实客观。

(五)填制有关表格,计算并分析评估指标

根据计算出来的项目寿命期各年的费用和效益,编制国民经济费用流量表,据以计算经济内部收益率、经济净现值等评价指标。涉及产品出口创汇或替代进口节汇的项目,还要编制经济外汇流量表,据以计算经济外汇净现值、经济换汇成本或经济节汇成本等外汇效果指标,并根据指标计算结果予以分析评价,得出国民经济效益评估结论。

第二节 国民经济评估的费用与效益

课件

一、项目国民经济费用与效益的内涵

划分投资项目的费用与效益,是相对于项目的目标而言的。国民经济评估是从整体国民经济增长的目标出发，以项目对国民经济的净贡献大小来考察项目，所以，国民经济评估中的费用和效益比财务评估中的成本和效益的范围要宽得多。

(一)项目国民经济费用

项目国民经济费用，是指项目存在而使国民经济所付出的代价。不论哪个部门或单位，因为项目建设而损失的价值都视作项目的费用。项目的费用不仅包括本身的直接费用，而且还包括外部的间接费用。对项目的投入物来讲，费用还是一个机会成本的概念。投入物作为一种稀缺的资源，它有许多种用途，投到一个项目上去，就失去了其用于别的用途获得效益的机会，那么，这种投入物投到项目上国民经济所付出的代价就是放弃其他使用机会而获得的最大效益。但要注意的是，投入物作为其他用途的机会一定是切实可行的，不但要在技术上可行，而且要在经济等方面可行。

(二)项目国民经济效益

项目国民经济效益，是指项目对国民经济所作的贡献。这种效益不但包括项目本身所获得的利益，而且还包括国民经济其他部门因项目存在而获得的利益。所以，效益不仅是指项目自身的直接利益，而且还包括项目所产生的外部的间接效益。

二、项目国民经济费用和效益的识别

(一)国民经济费用与效益识别的基本原则

确定投资项目经济合理性的基本途径是将项目的费用与效益进行比较，进而计算其对国民经济的净贡献。因而，正确识别费用与效益，是保证经济评价正确性的重要条件。一般地说，凡项目对国民经济所作的贡献，均计为项目的效益；凡国民经济为项目所付出的代价，均计为项目的费用。在识别项目国民经济费用与效益时，应遵循以下原则：

1.国家原则

对项目的收支活动都应从国家或国民经济角度出发，看其是否花费了社会资源，是否真正产生了效益。凡是属于转移支付部分，如果没有真正花费社会资源，其支出就不能列为项目的经济费用；如果没有真正增加国民收入，其收入就不能列为项目的经济效益。换言之，凡转移性质的收支项目，都应从效益、费用流量中剔除。

2.边际原则

对项目国民经济费用和效益的分析，应观察费用增加额、效益增加额与产量增加额的增量比例。通常，边际含有极小的意义，在经济数学中，边际变化是用求微商的方法来计算的。例如，边际费用是每增加一个单位产量所引起的总费用的变动额，由于固定费用相对稳定，故单位变动费用就是项目的边际费用。从兴建某个项目或不兴建某个项目(即有无项目)对国民经济的影响来确定项目的费用与效益方面看，在有项目时，不仅会发生投资的增量，也会发生费用和效益的增量。就微小变动而言，国民经济效益评估中的费用和效益都是边际的，因而，在识别项目国民经济费用与效益中，应遵循边际原则。

在经济效益的具体计算上应遵循支付意愿原则和接受补偿意愿原则，经济费用的计算则应遵循机会成本原则。

(二)项目国民经济费用的识别

1.直接费用的识别

直接费用是指项目使用投入物所产生并在项目范围内以影子价格计算的经济费用。它是费用的主要内容。根据投入物的具体情况,直接费用的确定也有所不同。

(1)因项目存在而增加项目所需投入物的社会供应量。此时,项目直接费用表现为其他部门为供应本项目投入物而扩大生产规模所耗用的资源费用。

(2)减少对其他相同或相似企业的供应,即项目的投入物是由减少对其他企业的供应而转移过来的。此时项目直接费用表现为减少对其他项目(或最终消费者)投入物的供应而放弃的效益,即项目的投入物单位使用量在其他企业所获得的效益与项目所转移过来的投入物总量的乘积。其他企业的效益应用影子价格计算。

(3)增加进口或减少出口的投入物。增加进口就是因为项目存在而使国家不得不增加进口,以满足其对投入物的需要,其费用可看作是国家为增加进口而多支付的外汇。减少出口系指因项目使用了国家用来出口的商品作为投入物从而减少了国家的出口量,其费用是国家因减少出口而损失的外汇收入。

2.间接费用的识别

间接费用(亦称外部费用)是指由项目引起的,而在项目的直接费用中未得到反映的那部分费用。例如:工业项目产生的废水、废气和废渣引起的环境污染及对生态平衡的破坏,项目并不支付任何费用,而国民经济付出了代价。工业项目造成的环境污染对生态的破坏是一种外部费用,一般较难计算,除按环保部门规定征收的排污费计算外,也可以用被污染的农作物和江河湖泊的水产品或森林的价值损失作为项目污染和对生态环境的破坏所造成的损失。如果环境污染给国民经济造成的损失很明显,且难以计量,则可根据国家的控制污染要求进行定性分析。

(三)项目国民经济效益的识别

1.直接效益的识别

直接效益是指由项目产出物产生并在项目范围以内以影子价格计算的经济效益。它是项目产生的主要经济效益。根据产出物的具体情况,直接效益的确定也有所不同。

(1)项目投产以后增加总的供给量,即增加了国内的最终消费品或中间产品。此时,项目直接效益表现为增加该产出物数量满足国内需求的效益。

(2)项目投产以后减少了其他相同或类似企业的产量,即从整个社会来看,没有增加产品的数量,只是项目投产后产品数量代替了其他相同或类似企业的等量产品。这时项目的直接效益是被替代企业因为减产而节省的资源价值,即项目产出物替代其他相同或类似企业的产出物,使被替代企业减产从而减少国家有用资源耗费(或损失)的效益。

(3)增加出口或减少进口的产出物。增加出口就是项目投产以后增加国家出口产品的数量,其效益可看作是增加出口所增收的国家外汇。减少进口是指项目投产以后,其产品可以替代进口产品,减少国家等量产品的出口,其效益可看作是减少进口所节约的外汇。

2.间接效益的识别

间接效益(亦称外部效益)是指由项目引起的而在直接效益中未得到反映的那部分效

益。如在建设一个钢铁厂的同时，又修建了一套厂外运输系统，它除为钢铁厂服务外，还使当地的工农业生产和人民生活得益，这部分效益即为钢铁厂的外部效益。又如某水泵厂生产一种新型节能水泵，用户可得到较低的运行费用的好处，但由于种种原因，这部分效益未能在水泵的财务价格中全部反映出来，因此，这部分节能效益未能完全反映到水泵厂的直接效益中。这部分节能效益也就是水泵厂的外部效益。

间接效益分为可计量和不可计量两部分。可计量的间接效益主要是对上下游企业所产生的效益，即由于项目投产后使原有的上下游企业多余的生产能力得以发挥或达到经济规模所产生的额外的效益。上游企业的效益，主要是指一个项目的建设会刺激那些为该项目提供原材料或半成品的经济部门的发展而产生的效益。下游企业的效益，主要是指生产初级产品的项目对以某产出物为原料的经济部门产生的效益。计算项目对上下游企业所产生的外部效益时，应注意三个方面的问题：

(1)随着时间的推移，如果没有该拟建项目，上下游企业的生产能力利用率也可能会发生变化，因而应考虑项目生产期这种可能的变化，按照有无对比法计算实际的外部效益。

(2)考虑到其他的拟建项目也可能有类似的效益，不能把全部间接效益都归属于所评估的项目，否则会引起重复计算。

(3)在对一个项目的多方案比较时，有关方案通常都有类似的效益，因此，除不同生产规模的方案比较外，其他方案比较时可不考虑对上下游企业所产生的效益。

不可计量的间接效益是指因项目存在而产生的人们不易把握的、比较抽象的、从项目的直接效益中反映不出的国民经济效益。例如，由于项目的存在美化了周围的自然风景，净化了污染，以及由技术培训和技术推广所产生的技术扩散效益。再如，拟建一个技术先进的项目，会培养和造就大量的技术和管理人才，这些效益大部分为本项目所吸收，但由于人员的流动，使先进技术和科学的管理方法在本地区以至全国扩散，从而带动整个国家技术水平的提高，使整个国民经济获益。这些效益都是很抽象的，人们不易把握，所以难以计量。但若不予考虑，可能会人为地缩小项目的效益，所以，在国民经济效益评估中应力争给予定性分析。

需要说明的是，项目范围内主要为本项目服务的商业、教育、文化、卫生、住宅等生活福利设施的投资应计为项目的费用。这些生活福利设施所产生的效益，可视为已体现在项目的产出效益中，一般不必单独计算。

项目的间接费用和间接效益统称为外部效果。为了减少外部效果计量上的困难，一般将直接相关项目合在一起作为“联合体”进行评估，同时，采用影子价格计算费用和效益，在很大程度上使项目外部效果在项目内部得到体现。因此，通过扩大计算范围和调整价格两步工作，实际上已使大部分外部效果内部化，从而达到简化外部效果计算的问题。

四、转移支付的处理

转移支付是指财务效益评估中某些费用和效益以货币形态在项目与社会经济实体之间相互转移，而不同时发生资源相应变动的经济现象。某些在财务效益评估中出现的费用和收入，并不伴有相应的资源投入和资源产出，不影响社会资源最终的增减，只反映对资源分配的控制权和使用权从项目转移给其他社会实体，或者从其他社会实体转移给项目。项目与其他社会实体之间这种并不伴随有资源变动的纯粹货币性质的转移，即为转移支付，它包括税金、补贴、国内借款利息及土地费用等项内容。在国民经济效益评估中，对上述转移支付应予以剔除。

1.税金。从企业角度来看，税金是企业实际支出的金额，应计入成本。但实质上，税收是调节分配的一种手段。从国民经济角度看，税收实际上并未花费国家任何资源，它只是企业和税收部门之间的一项资金转移。无论国家是否豁免税金，都不减少国民经济花费在该项目上的代价，或腾出任何资源可供别用。所以，在国民经济效益评估中，不管税金的具体形式如何，不管是哪一个税种的税金，都是转移支付，而不是一项经济费用。

2.补贴。补贴可看作是一种与税金相反的转移支付，是国家为了鼓励生产和使用某些原材料或产品，采取优惠的方式给生产者或使用者以价格上的优待。从生产者或使用者角度分析，补贴无疑是一项净收益。但从社会资源实际消耗的角度看，补贴并没有减少社会费用，即没有减少使用资源的真实成本，不代表社会资源的增减，只是货币在政府和项目之间的转移。所以，在国民经济效益评价中，补贴既不作为费用，也不作为效益。

3.利息。借款利息分国内借款利息和国外借款利息。项目支付的国内借款利息，是国民经济内部企业与银行之间的资金转移，并不涉及社会资源的增减变化，所以，在项目国民经济效益评估中，国内借款利息既不列为费用，也不列为效益。但是，项目支付的国外借款利息，则是支付给外国的有关金融机构，造成国内资源向国外转移，是国民经济的一项损失，应列为项目的费用。

4.土地费用。土地费用是项目建设征购土地的实际支付，是项目转移给地方政府、村镇集体、其他企业或农民的货币资金。从国民经济全局看，土地费用的支付并没有造成资源的增加或减少，因此，在国民经济效益评估中不能列为费用。但土地作为一项资源有它的机会成本，即被项目占用后就不能作其他用途，国民经济为此付出了一定的代价，因此，应将土地的机会成本列为国民经济费用。

另外，教育附加在国民经济效益评估中不列为费用，也应按转移支付处理。

第三节　国民经济效益评估的价格调整

课件

一、项目投入物和产出物的划分

为了进行价格调整，把项目投入物和产出物分为外贸货物、非外贸货物和特殊投入物三种类型。

（一）外贸货物

外贸货物是指其生产或使用将直接或间接影响国家进出口的货物。包括项目产出物中直接出口（增加出口）、间接出口（替代其他企业产品使其增加出口）或替代进口（以产顶进减少进口者)；项目投入物中直接进口(增加进口)、间接进口(占用其他企业的投入物使其增加进口)或占用原可用以出口的国内产品(减少出口者)。

(二)非外贸货物

非外贸货物是指其生产或使用将不影响国家进出口的货物。除了所谓"天然"非外贸货物，如建筑物、国内运输及商业等基础设施的产品和服务外，还有由于运输费用过高或受国内、国外贸易政策和其他条件的限制不能进出口的货物。

(三)特殊投入物

特殊投入物指劳动力和土地。这一类货物在调整其价格时，应分别作特殊处理，其调整后的价格应能反映其真实的社会费用。

二、货物影子价格的表现形式

影子价格是从国民经济角度评价项目的主要投入物和产出物所使用的合理价格，它反映了对这些货物真实价值的度量，可以用直接值(绝对值)和换算系数两种形式给出。

1.把货物的财务价格转换为影子价格，可以直接选用某一适宜的合理价格。

2.用价格转换系数求得，即用财务价格乘以某一适宜的价格换算系数(通常由国家或部门统一测定)。按下式计算：

$$价格换算系数=\frac{影子价格}{财务价格}$$

$$影子价格=财务价格\times价格换算系数$$

影子价格不仅取决于某一社会折现率下的国内生产价格体系，它还取决于国内市场价格、影子汇率、货物稀缺程度及供求关系等各种因素。

三、价格调整的方法

影子价格属于重要的国家参数，原则上应由国家有关权威机构测算颁布。但可作为项目投入物和产出物的货物成千上万，由于各方面条件的限制，不可能测算出所有投入物和产出物的价格，有相当一部分需要项目评估人员自己进行计算。投资项目投入物和产出物的影子价格，应根据所归纳的三种货物类型分别采用不同的方法进行调整计算确定。

(一)外贸货物影子价格的计算

外贸货物的影子价格，是以口岸价格(视同国际市场价格)为基础计算的。由于项目所在地距离口岸有远有近，项目使用的原料、设备及产品距离市场有远有近，所以，要对口岸价格予以调整计算。计算结果，投入物为到厂影子价格，产出物为出厂影子价格。

1.投入物的影子价格计算

(1)直接进口产品(国外产品)

$$影子价格=\text{CIF}(到岸价格)\times影子汇率+\begin{matrix}项目到口岸的国内\\运费和贸易费用\end{matrix}$$

(2)间接进口产品(国内产品,如木材、钢材、铁矿、矽矿等,以前进口过,现在也大量进口)

影子价格=CIF×影子汇率+口岸到原用户的运输费用及贸易费用-供应厂到用户的运输费用及贸易费用+供应厂到项目的运输费用及贸易费用

原供应厂和用户难以确定时,可按直接进口考虑。

(3)减少出口产品(国内产品,如石油、可出口的煤炭和有色金属等,以前出口过,现在也能出口)

影子价格=FOB(离岸价格)×影子汇率-供应厂到口岸的运输费用和贸易费用+供应厂到项目的运输费用和贸易费用

供应厂难以确定时,可按FOB计算。

2.产出物的影子价格计算

(1)直接出口产品(外销产品)

影子价格=FOB×影子汇率-项目到口岸的运输费用和贸易费用

(2)间接出口产品(内销产品,替代其他货物使其他货物增加出口)

影子价格=FOB×影子汇率-原供应厂到口岸的运输费用及贸易费用+原供应厂到用户的运输费用及贸易费用-项目到用户的运输费用及贸易费用

原供应厂和用户难以确定时,可按直接出口考虑。

(3)替代进口产品(内销产品,以产顶进,减少出口)

影子价格=CIF×影子汇率+口岸到用户的运输费用及贸易费用-项目用户的运输费用及贸易费用

用户难以确定时,可按CIF计算。

(二)非外贸货物影子价格的计算

1.投入物影子价格的确定

(1)能通过原有企业挖潜增加供应量的投入物,确定影子价格时,首先对该投入物的可变成本进行分解,求出其出厂影子价格;再加上生产厂家到项目的运输费用及贸易费用,即为该种投入物的影子价格。

(2)在拟建项目计算期内需通过增加投资扩大生产规模来满足拟建项目需要的投入物,计算其影子价格时,应首先对其全部成本(包括可变成本和固定成本)进行分解,求出其出厂影子价格,再加上从生产厂家到项目的运输费用和贸易费用即可。当难以获得分解成本所需要的资料时,可参照国内市场价格定价。

(3)项目计算期内无法通过扩大生产能力增加供应量(减少原用户的供应量)的投入物,确定其影子价格时,可取国内市场价格、国家统一价格加补贴(若有时)中较高者,再加上从生产厂家到项目的运输费用和贸易费用即可。

2.产出物影子价格的确定

(1)增加供应量满足国内消费的产出物,其影子价格的确定方法为:供求均衡的,按财务价格定价;供不应求的,参照国内市场价格并考虑价格变化的趋势定价,但不应高于相同质量产品的进口价格;无法判断供求情况的,取上述价格中较低者。

(2)不增加国内供应数量,只是替代其他相同或类似企业的产品,致使被替代企业停产或减产的产出物,影子价格的确定方法为:若项目产出物与被替代产品质量相同,按被替代产品相应的可变成本分解定价;提高产品质量的,原则上按被替代产品的可变成本加提高质量而带来的国民经济效益定价,其中提高产品质量带来的效益,可近似地按国际市场价格与被替代产品的价格之差确定。产出物按上述原则定价后,再计算出厂影子价格。

为简化调价工作,对某些常用外贸货物,则可直接用其国内市场价格乘以国家定期公布的相应的影子价格换算系数计算求得。

3.非外贸货物的成本分解

用成本分解法对某种货物进行分解,得到该货物的分解成本,是确定非外贸货物影子价格的一种重要方法。成本分解原则上应是对边际成本而不是对平均成本进行分解。如果缺乏资料,也可分解平均成本。必须用新增投资来增加项目所需投入物供应的,应按其全部成本(包括可变成本和固定成本)进行分解;可以发挥原有企业生产能力增加供应的,应按其可变成本进行分解。成本分解的步骤为:

(1)按费用要素列出某种非外贸货物的财务成本、单位货物的固定资产投资额及占用的流动资金,并列出该货物生产的建设期限及建设期各年投资比例。

(2)剔除上述数据中包括的税金。

(3)按影子价格计算的有关方法规定,对外购原材料、燃料和动力等投入物的费用进行调整。其中有些可直接使用给定的影子价格或换算系数。对重要的外贸货物应自行测算其影子价格。重要的非外贸货物可留待第二轮分解。有条件时,也应对投资中某些占比例大的费用项目进行调整。

(4)工资及福利费和其他费用项目原则上不予调整。

(5)计算单位货物总投资(包括固定资产和流动资金)的资金回收费用(M),对折旧和流动资金利息进行调整。

$$M=(I-S_v-W)(A/P,i_s,n_2)+(W+S_v)i_s$$

因:$I=I_F+W$

故:$M=(I_F-S_v)(A/P,i_s,n_2)+(W+S_v)i_s$

当 $S_v=0$ 时,则 $M=I_F-(A/P,i_s,n_2)+Wi_s$

式中:I 为换算为生产期初的全部投资;I_F 为换算为生产期初的固定资产投资,按可变成本分解时,I_F 为零;W 为流动资金占用额;S_v 为计算期末回收的固定资产余值;i_s 为社会折现率;n_2 为生产期。I_F 计算公式为:

$$I_F=\sum_{t=1}^{n1}I_t(F/P,i_s,n_1-t)=\sum_{t=1}^{n1}I_t(1+i_s)^{n1-t}$$

式中:I_t 为建设期第 t 年调整后的固定资产投资,n_1 为建设期。

(6)必要时对上述分解成本涉及的非外贸货物进行第二轮分解。

例:某项目需要某种主要原料,被视为非外贸货物,在进行项目国民经济评估时,需将其作为主要投入物的该货物的财务成本费用进行分解以求得它的影子价格。由于缺乏边际成本费用资料,故采用平均成本费用进行分解。经调查可知生产该种货物单位(吨)固定资产投资为1 426元,占用流动资金192元。有关财务成本费用如表7-1。成本分解步骤:

第一步:进行投资调整并计算资金回收费用。

固定资产形成率为96%,则每吨固定资产投资为:1 426÷96%=1 485.4(元)其中建设工程费用占20%,将建筑费用按钢材、水泥、木材的影子价格分别调整后,单位固定资产投资调高1 623.5元。建设期为2年,各年投资均等,社会折现率为10%,换算生产期初单位固定资产投资为:

$$I_F=\sum_{t=1}^{n1}I_t(1+i_s)^{n1-1}$$
$$=\frac{1\ 623.5}{2}\times(1+0.1)+\frac{1\ 623.5}{2}=1\ 704.7(\text{元})$$

表 7-1

项　　目	单位	耗用量	耗用金额/元
一、外购原材料、燃料、动力			798.83
原料A	m^3	5.2	463.37
原料B	吨	0.3	24.64
燃料C	吨	1.5	75.12
燃料D	吨	0.07	13.14
电力	千度	0.35	32.64
其他			110.31
铁路货运			67.24
汽车货运			12.37
二、工资			59.24
三、职工福利			8.19
四、折旧费			56.20
五、大修理费			24.24
六、利息支出			8.36
七、其他支出			27.52
单位成本费用			982.58

项目生产期为20年,不考虑资产残值回收,则年资金回收费用M为:

$$M=I_F[A/P,i_s,n]+W\cdot i_s$$
$$=1704.7\times[A/P\cdot10\%\cdot20]+192\times0.1$$
$$=1\ 704.7\times0.117\ 5+192\times0.1$$
$$=219.5(\text{元})$$

扣除原财务成本费用中的折旧和利息,单位固定成本调高额为:

219.50−56.20−8.36=154.94(元)

第二步：对外购原料、燃料及动力进行调整。

1.外购原料A为外贸货物，属直接进口，CIF价为55美元/m^3，当时影子汇率为8.4元人民币/美元，项目地处口岸附近，故运费不作考虑，贸易费率为6%，则：

$$(55\times8.4\times5.2)\times(1+6\%)=2\ 546.54(\text{元})$$

A原料成本费用调高额为：

$$2\ 546.54-463.37=2\ 083.17(\text{元})$$

2.外购燃料C被视为非外贸货物，影子价格82元/吨，则单位成本调高额为：

$$82\times1.5\times1.06-75.12=55.26(\text{元})$$

3.外购燃料D为外贸货物，且可以出口，*FOB*价格减运费和贸易费为130元/吨，则其成本费用调高额为：

$$130\times8.4\times0.07-13.14=63.30(\text{元})$$

4.已知当时电力分解成本费用为0.18元/度，则电力影子价格成本费用调高额为：

$$350\times0.18-32.64=30.36(\text{元})$$

5.铁路货物运价换算系数为2.6，则成本费用调高额为：

$$67.24\times2.6-67.24=107.58(\text{元})$$

6.汽车货物运价换算系数为1.05，则其成本费用调高额为：

$$12.37\times1.05-12.37=0.62(\text{元})$$

7.原料B为非外贸货物，可通过老企业挖潜增加供应。此处按可变成本费用进行第二轮分解：

(1)编制原料B财务成本费用表(可变成本费用部分)如表7-2。

表7-2

项目	单位	耗用量	耗用金额/元
a	m^3	0.020	1.12
b	吨	0.004	1.87
c	吨	0.015	0.56
d	吨	0.140	0.83
电力	千度	0.070	4.51
铁路货运			0.18
汽车货运			0.09
其他			9.32
可变成本合计			18.48

(2) a为外贸货物，CIF价为52美元/m^3，贸易费用率6%，则其成本费用调高额为：

$$52\times8.4\times0.02(1+0.06)-1.12=8.14(\text{元})$$

(3) b为外贸货物，其换算系数为1.75，贸易费用率6%，则其成本费用调高额为：

$$1.87\times1.75\times1.06-1.87=1.60(\text{元})$$

(4) c 为非外贸货物，影子价格为 76 元/吨，贸易费用率 6%，则其成本费用调高额为：

76×0.015×1.06－0.56＝0.65(元)

(5) d 为非外贸货物，价格换算系数为 1.72，贸易费用率 6%，则其成本费用调高额为：

0.83×1.72×1.06－0.83＝0.68(元)

(6)电力为非外贸货物，影子价格取 0.18 元/度，则成本费用调高额为：

70×0.18－4.15＝8.45(元)

(7)铁路货运换算系数为 2.6，则其成本调高额为：

0.18×2.6－0.18＝0.29(元)

(8)其他项目均不作调整，这样综合上述原料 B 的分解，可变成本费用为：

8.14＋1.60＋0.65＋0.68＋8.45＋0.29＋18.48＝38.29(元)

将 38.29 元作为 B 原料的影子价格，再加上 6%的贸易费用为 40.59，该项成本调高额为：

24.64－40.59×0.3＝12.46(元)

第三步：综合以上五项成本调高额得：

154.94＋2 083.17＋63.30＋55.26＋30.36＋107.58＋0.62－12.46＝2 482.77(元)

于是，分解成本费用为：982.58＋2 482.77＝3 465.35(元)

即该项目所需非外贸货物单位影子价格为 3 465.35 元。

(三)特殊投入物影子价格的计算

1.劳动力的影子价格计算

劳动力的劳务费用按影子工资计算。影子工资用劳动力的社会成本来度量，即该劳动力不被拟建项目使用时，他在原岗位上为社会创造的净效益，另外还包括社会为劳动力就业而付出的，但职工又未得到的其他花费如搬迁费、培训费、城市交通费等等。劳动力的影子工资等于劳动力机会成本与因劳动力转移而引起的新增资源耗费之和。

影子工资＝财务工资×影子工资换算系数

影子工资的确定应符合下列规定：

(1)影子工资应根据项目所在地劳动力就业状况、劳动力转移成本测定。

(2)技术劳动力的工作报酬一般可由市场供求决定，即影子工资一般可以财务实际支付工资计算。

(3)对于非技术劳动力，根据我国非技术劳动力就业状况，其影子工资换算系数一般取为 0.25～0.8；具体可根据当地的非技术劳动力的供求状况确定，非技术劳动力较为丰富的地区可取较低值，不太富余的地方可取较高值，中间状况可取 0.5。

2.土地的影子价格计算

在财务效益评估中，土地征购及迁移等费用都作为支出，计入固定资产投资中。而从国民经济角度看，这笔费用除居民搬迁等系社会为项目增加的资源消耗仍应计为项目的费用外,其余支出均系国民经济内部的转移支付,在国民经济效益评估中不应列为费用。国民经济效益评估中的土地费用,应能反映该土地不用于本项目所能创造的净效益(即土地的机会成本)以及社会为此而增加的资源消耗(如居民搬迁等)。

实际工作中,土地的影子价格应根据具体情况来定。若项目占用的土地是没有什么用途的荒山野岭,国家不会因此而遭受任何损失,不会因此而增加资源消耗,则土地影子价格可视为零。若项目占用经济用地,则无论该土地原用于农业、工业或商业,项目占用之后都会使国家损失一部分效益。在这种情况下,土地的影子费用为因项目占用土地而损失的原用于农业、工业或商业所产生的净效益(即土地的机会成本)与搬迁费之和。若项目占用居住用地,则土地的影子费用包括为原住户购置新居住用地的机会成本,以及原住户搬迁而实际花费的搬迁费。

土地影子价格按下列公式计算:

土地影子价格=土地机会成本+新增资源消耗

式中,土地机会成本按拟建项目占用而使国民经济为此放弃的该土地"最佳替代用途"的净效益计算;土地改变用途而发生的新增资源消耗主要包括拆迁补偿、农民安置补助费等。在实践中,土地平整等开发成本通常计入工程建设费用中,在土地影子价格的计算中不再重复计算。

土地影子价格应根据项目占用土地所处的位置、项目情况以及取得方式的不同分别确定,具体应符合以下规定:

(1)通过招标、拍卖和挂牌出让方式取得使用权的国有土地,其影子价格按财务价格确定。

(2)通过划拨、双方协议方式取得使用权的土地,应分析价格优惠或扭曲的情况,参照公平交易价格,对财务价格进行调整。

(3)经济开发区优惠出让使用权的国有土地,其影子价格应参照当地土地市场交易价格类比确定。

(4)当难以用市场交易价格类比方法确定土地应征价格时,可采用收益现值法或以开发投资应得收益加土地开发成本确定。

当采用收益现值法确定土地的影子价格时,应以社会折现率对土地的未来收益和费用进行折现。

建设项目如需占用农村土地,以土地征用费调整计算土地的影子价格。具体应符合以下规定:

(1)项目占用农村土地,土地征收补偿费中的土地补偿费和青苗补偿费应视为土地机会成本,地上附着物补偿费及安置补偿费视为新增资源消耗,征地管理费、耕地占用税、耕地开垦费、土地管理费、土地开发费应视为转移支付,不作为费用。

(2)土地补偿费、青苗补偿费、安置补偿费的确定,如与农民进行了充分的协商,能够保证农民的应得利益,土地应征价格可以按土地征补偿费中的相关费用确定。

(3)如果存在征地费用优惠,或在征地过程中缺乏充分协商,导致土地征收补偿费低于市场价格,不能充分保证农民利益,土地的影子价格应参照当地正常土地征收补偿费标准进行调整。

在国民经济效益评估中，对土地影子价格有两种处理方式：一是计算项目占用土地期间逐年净效益的现值之和，作为土地费用计入项目投资中；二是将逐年净效益的现值换算为年等值效益，作为项目每年的投入。通常采用第一种方式。

例：某工业项目建设期为3年，生产期17年，拟占用水稻耕地2 000亩。占用前三年每亩平均产量为0.5吨，每吨收购价1 200元，出口口岸价预计每吨180美元。估计该地区的水稻年产量以4%的速度递增，水稻生产成本调价后按收购价的40%计算。美元市场汇率为8.6元人民币，影子汇率换算系数为1.08元，i_s为12%。则土地机会成本计算如下：

第一，每吨稻谷按口岸价格计算的产地影子价格：

口岸价格折合人民币＝180×8.6×1.08＝1 671.84(元/吨)

贸易费用＝1 671.84÷(1＋6%)×6%＝94.63(元/吨)

运输费用＝18.8×1.84＝34.59(元/吨)

(运距按500公里计算，铁路运价为18.8元/吨，换算系数为1.84)

产地影子价格＝1 671.84－94.63－34.59＝1 542.62(元/吨)

第二，每吨稻谷的生产成本：

按收购价格40%计算为：1 200×40%＝480(元/吨)

第三，生产每吨稻谷的净效益：

1 542.62－480＝1 062.62(元/吨)

第四，20年内每亩土地的净效益现值：

$$\sum_{t=1}^{20} 1\,062.62\times 0.5\times\left(\frac{1+4\%}{1+12\%}\right)^t=5\,352.22(\text{元})$$

第五，项目占用2 000亩土地，20年内净效益现值：

5 352.22×2 000＝1 070.444(万元)

国民经济效益评估中，取该值为占用土地的机会成本，因占用农地不发生搬迁费，故以上计算的土地机会成本也就是该项目的土地影子价格。

(四)社会折现率、影子汇率及贸易费用率

1.社会折现率

社会折现率是从国民经济角度对资金机会成本和资金时间价值的估量，也即资金的影子价格。它是国民经济评估的重要参数，是计算经济净现值等指标采用的折现率，也是衡量经济内部收益率的依据。它是项目经济可行性和方案比选的主要判据。社会折现率由国家统一测定发布，目前我国社会折现率规定值为8%。

2.影子汇率

影子汇率是从国民经济角度对外汇价值的估量，是外汇的影子价格。在国民经济评估中，影子汇率用于外汇与人民币之间的换算，同时，又作为经济换汇或节汇成本的依据。影子汇率取值的高低，直接影响项目(或方案)比选中的进出口型项目的决策。我国进行国民经济评估时，用国家外汇牌价乘以影子汇率换算系数得到影子汇率，即：影子汇率＝影子汇率换算系数× 外汇牌价。其中，影子汇率换算系数是一个重要的通用系数，由国家统一测定发布，目前规定取值为1.08。

3.贸易费用率

国民经济评估中的贸易费用是指物资系统、外贸公司和各级商品批发站等部门花费在货物流通过程中的以影子价格计算的费用(长途运输费用除外)。贸易费用率则是用以计算贸易费用时的一个系数,其大小取决于物资流通的效率、生产资料价格总水平、汇率等因素。

贸易费用率取值一般为6%,对少数价格高、体积及重量较小的货物,取值可适当降低。由贸易费用率计算货物的贸易费用时使用下列公式:

进口货物的贸易费用=到岸价×影子汇率×贸易费用率

$$\text{出口货物的贸易费用}=\frac{\text{离岸价}\times\text{影子汇率}-\text{国内长途运费}}{1+\text{贸易费用率}}\times\text{贸易费用率}$$

非外贸货物的贸易费用=出厂影子价格×贸易费用率

不经商贸部门流转、由厂家直供的货物,不计算贸易费用。

四、价格调整方法的具体运用

例:某项目国民经济评价是在财务评价的基础上进行的,采用国家公布的参数。主要投入物和产出物的影子价格是按定价原则自行测算的(例中数据请结合第五、六章阅读)。

(一)效益和费用范围的调整

1.转移支付的处理

以下三项费用属国民经济内部转移支付,不作为项目费用:

(1)项目引进设备、材料缴纳的关税及增值税;

(2)固定资产投资方向调节税;

(3)销售税金及附加和土地使用税。

2.关于间接效益和间接费用的计算

该项目引进先进的技术设备,通过技术培训、人才流动、技术推广和扩散,整个社会都将受益,这种效益在影子价格中没有得到反映,理应计为项目的间接效益,但由于计量困难,只作定性描述。

(二)效益和费用数值的调整

由于效益与费用范围的调整,涉及外汇与人民币换算时以影子汇率代替官方汇率以及对主要投入物和产出物用影子价格代替财务价格等原因,将导致效益与费用数值的变化。现在财务评估的基础上,对调整的项目分述如下:

1.投资调整

固定资产投资由42 542万元调整到36 309万元。

(1)建筑工程费用的调整。按影子价格换算系数1.1对财务评估的建筑工程费用进行调整,由3 466万元调到3 813万元。

(2)设备购置费的调整。从引进设备费中剔除关税及增值税;用影子汇率代替官方汇率(影子汇率换算系数为1.08),即用5.48×1.08=5.92元进行调整;用贸易费用率6%代替财务评估设备购置费中的贸易费用率进行调整;引进设备国内运费所占比重较小,没有进行调整。

国内配套设备影子价格换算系数为1。运费所占比重比较小,没有进行调整。

(3)安装工程费用调整。从引进的材料费中剔除关税和增值税;用影子汇率代替官方汇率等,使安装工程费用由8 651万元调为7 440万元。

(4)其他费用的调整。该项目引进设备的软件费用所需外汇用影子汇率换算为人民币,致使该项费用由1 321万元调到1 427万元。

该项目占用的土地为一般农田,土地费用的计算,采用项目占用土地在整个占用期间逐年净效益的现值之和,作为土地费用计入建设投资中的方式。具体计算如下:

项目建设期3年,生产期15年,共占用农田250亩,该建设用地位于黄淮海区。经分析,在一年期间小麦与花生可以兼种,查表得小麦的净效益为139元/亩·茬,花生的净效益为602元/亩·茬。这样,最大经济效益NB_0为139+602=741/亩·茬,在计算期内年净效益增长率g为3%,社会折现率为12%,项目寿命期n为18年;由于NB_0根据1990年年初的统计数据计算,项目开工期为1992年,所以$\tau=2$。

①每亩土地的机会成本为:

$$OC = NB_0(1+g)\tau+1\times\frac{1-(1+g)^n(1+i)^{-n}}{1-g}$$

$$=741\times(1+0.03)^3\times\frac{1-(1+0.03)^{18}(1+0.12)^{-18}}{0.12-0.03}$$

$$=6\ 986(元/亩)$$

土地机会成本总额=6 989元/亩×250亩=175万元

②新增资源消耗的计算。在新增资源费中,由于没有拆迁费用,经测算其他新增资源费用和土地机会成本相当。新增资源费也按175万元计取。

土地费用总额=175×2=350(万元)

将350万元作为土地费用,替代财务评价其他费用中的土地征购费612万元。其他费用由3 042万元调至2 907万元。

(5)由于采用了影子价格而扣除的设备材料涨价预备费。

调整后的分年投资计划见表7-3。

表7-3 某项目调整后分年投资计划

项目	第一年	第二年	第三年	合计
分年投资比例/%	20	55	25	100
固定资产投资/万元	7 262	19 970	9 077	36 309

(6)流动资金调整。流动资金由7 084万元调整为6 263万元。国民经济评估投资调整计算见表7-4。

表 7-4　某化纤项目国民经济评价投资调整计算表

单位：人民币，万元；外币，万美元

序号	项目	财务评价				国民经济评价				国民经济评价比财务评价增减(±)（人民币）
		合计	其中			合计	其中			
			外币	外币折人民币	人民币		外币	外币折人民币	人民币	
1	固定资产投资	42 542	3 454	18 929	23 613	36 309	3 454	20 448	15 861	—6 233
1.1	建筑工程	3 466			3 466	3 813			3 813	347
1.2	设备	22 331	2 029	11 119	11 212	18 848	2 029	12 012	6 836	—3 483
1.2.1	进口设备	16 497	2 029	11 119	5 378	13 014	2 029	12 012	1 002	—3 483
1.2.2	国产设备	5 834			5 834	5 834			5 834	0
1.3	安装工程	8 651	870	4 768	3 883	7 440	870	5 150	2 290	—1 211
1.3.1	进口材料及费用	6 833	870	4 768	2 065	5 622	870	5 150	472	—1 211
1.3.2	国产部分材料及费用	1 818			1 818	1 818			1818	
1.4	其他费用	3 042	241	1 321	1 721	2 907	241	1 427	1 480	—135
	其中：土地费用	612			612	350			350	—262
1.5	基本预备费	3 749	314	1 751	2 028	3 301	314	1 859	1 442	—448
1.6	涨价预备费	1 303			1 303					—1 303
2	投资方向调节税	2 127			2 127					—2 127
3	建设期利息	4 319	469	2 570	1 749					—4 319
4	流动资金	7 084			7 084	6 263			6 263	—821
合计		56 072	3 923	21 499	34 573	42 572	3 454	20 448	22 124	—13 500

2.经营费用的调整

根据投入物影子价格的定价原则，对表5-5投入物中占比重较大的物品进行了调整。调整项目如下：

(1)外购原料A为非外贸货物，该种货物只要发挥原有项目生产能力就能满足供应，所以按其可变成本进行分解，以确定原料影子价格。原料A的单位可变成本和调整后的耗用金额见表7-5。

表7-5　某项目原料A分解成本计算表(可变成本)

项目	单位	耗用量	财务成本/元	分解成本/元
原料a	吨	1.283	3 363	4 036
原料b	吨	0.19	304	560
原料c	吨	0.21	53	53
其他			135	135
燃料、动力				
水	吨	157	63	63
电	度	665	121	145
煤	吨	2.2	308	293
可变成本合计				5 285

调整说明和分解步骤如下：

①原料a为非外贸货物，在国内用途很广，属短线产品，经测算其影子价格换算系数为1.2，调整费用为4 036元。

②原料b为外贸货物，其到岸价为470美元/吨，影子汇率5.92美元，贸易费用率6%，用影子价格重新计算该项费用为：470×5.92×1.06×0.19=560元。

③原料c所占比重较小，不予调整，取其财务价格。

④外购电力。从该地区电的影子价格表查得0.2181元/度，用影子价格计算的电费为：0.2181×665=145元。

⑤外购燃料煤。该项目所在城市煤的影子价格(包括贸易费用)为133.05元/吨，用影子价格计算的燃料煤费用为：133.05元/吨×2.2吨=293元。

⑥水和其他项目不予调整

以上各项单价包含了运输费用，难以单列，故不单独调整。

通过①～⑥各步的计算，得到原料A的影子价格为5 285元/吨，由于原料A直接供货，不经商贸部门，所以不考虑运费及贸易费用。其影子价格就是5 285元/吨。

(2)原料B为外贸货物，到岸价为447美元/吨，由于项目地处港口，运费忽略不计，贸易费用率6%，故用影子价格计算的费用为：447×5.92×1.06=2 805元/吨。

(3)原料C为非外贸货物，且为长线产品，经测算影子价格换算系数为0.91，按计算的费用为：2 400×0.91=2 184元/吨。

(4)电费按电力影子价格0.2181元/度进行调整。

(5)外购燃料煤的调整。项目所用煤热值为5 000千卡/公斤,且项目距煤单位较近,故直接用项目所在城市的影子价格133.05元/吨(含贸易费用)计算煤的费用。

(6)其他各项不予调整。

国民经济评估经营费用调整计算见表7-6。

3.销售收入的调整

N产品为外贸货物,这种产品在国内外市场均属紧俏产品。如果不建该项目,我国还需进口。根据外贸货物的定价原则,应按替代进口产品影子价格的确定方法确定产品的影子价格,其确定的方法为"替代进口"产品的影子价格等于原进口货物的到岸价格乘以影子汇率,加港口到用户的运输费用及贸易费用,再减去拟建项目用户的运输费用和贸易费用。具体用户难以确定时,可按到岸价计算。由于该项目难以确定具体用户,所以N产品的影子价格是按近几年进口这种产品的到岸价,并考虑其变化趋势确定的。每吨到岸价为2 300美元。按下式计算:

N产品影子价格=到岸价×影子汇率
=2 300×5.92=13 616元/吨

国民经济评估销售收入调整计算见表7-7。

第四节　国民经济效益评估指标

课件

一、国民经济效益评估基本报表

国民经济效益评估包括国民经济盈利能力分析和外汇效果分析。基本报表包括全部投资国民经济效益费用流量表(见表7-8)和国内投资国民经济投资效益费用流量表(见表7-9)。前者以全部投资作为计算基础,用以计算全部投资经济内部收益率、经济净现值等评价指标;后者以国内投资作为计算基础,将国外借款利息和本金的偿还作为费用流出,用以计算国内投资的经济内部收益率、经济净现值等指标,作为利用外资项目经济评价和方案比较取舍的依据。对于涉及产品出口创汇或替代进口节汇的项目,还需编制经济外汇流量表(见表7-10),以计算经济外汇净现值、经济换汇成本和经济节汇成本等指标,进行外汇效果分析。

表 7-6　某化纤项目国民经济评价经营费用计算表

序号	产品名称	单位	年消耗量	财务评价/万元				国民经济评价/万元			
				单价/元	达产70%	达产90%	达产100%	单价/元	达产70%	达产90%	达产100%
1	外购原材料化工料及辅料										
	A	吨	23 621	5 100	8 341	10 840	12 045	5 285	8 738	11 234	12 483
	B	吨	13 570	1 600	1 519	1 953	2 171	2 805	2 664	3 425	3 086
	C	吨	18 170	230	291	375	417	230	291	375	417
	D	吨	3 220	2 400	540	694	772	2 184	481	634	708
	E	吨	252	1 400	24	31	35	1 400	24	31	35
	F	吨	20 000	154	215	277	308	154	215	277	308
	小计				11 024	14 173	15 748		12 413	15 976	17 757
2	外购燃料及动力										
	水	吨	4 000 000	0.6	168	216	240	0.6	168	216	240
	电	度	63 380 000	0.17	753	969	1 077	0.218 1	967	1 243	1 382
	煤	吨	42 000	175	514	661	735	133.05	389	501	557
	小计				1 436	1 847	2 052		1 525	1 961	2 179
3	工资及福利费				320	320	320		320	320	320
4	修理费				1 467	1 467	1 467		1 467	1 467	1 467
5	财务费用(汇兑损失)				291	291	291				
6	其他费用				867	867	867		797	797	797
	其中:土地使用税				70	70	70				
	经营费用合计				15 045	18 965	20 745		16 522	20 521	22 520

表 7-7　某化纤项目国民经济评价销售收入计算表

产品名称	年销售量/吨	单价/元	达产 70%(第 4 年)			达产 90%(第 5 年)			达产 100%(第 6～18 年)		
			外销收入/万美元	内销收入/万元	收入小计/万元	外销收入/万美元	内销收入/万元	收入小计/万元	外销收入/万美元	内销收入/万元	收入小计/万元
财务评价：N产品	23 000	15 400		24 794	24 794		31 878	31 878		35 420	35 420
国民经济评价：N产品	23 000	13 616		21 921	21 921		28 185	28 185		31 317	31 317

表 7-8 某化纤项目国民经济效益费用流量(全部投资)

单位:万元

序号	项目 \ 年份	合计	建设期			投产期		达到设计能力生产期												
			1	2	3	4	5	6	7	8	9	10	11	12	13	14	15	16	17	18
	生产负荷/%					70	90	100	100	100	100	100	100	100	100	100	100	100	100	100
1	效益流量																			
1.1	销售收入	457 227				21 921	28 185	31 317	31 317	31 317	31 317	31 317	31 317	31 317	31 317	31 317	31 317	31 317	31 317	31 317
1.2	回收固定资产余值	1 643																		1634
1.3	回收流动资金	6 263																		6 263
1.4	项目间接效益																			
	效益合计	465 124				21 921	28 185	31 317	31 317	31 317	31 317	31 317	31 317	31 317	31 317	31 317	31 317	31 317	31 317	39 214
2	费用流量																			
2.1	固定资产投资	36 309	7 262	19 970	9 077															
2.2	流动资金	6 263				4 384	1 253	626												
2.3	经营费用	329 803				16 522	20 521	22 520	22 520	22 520	22 520	22 520	22 520	22 520	22 520	22 520	22 520	22 520	22 520	22 520
2.4	项目间接费用																			
	费用合计	372 375	7 262	19 970	9 077	20 906	21 774	23 146	22 520	22 520	22 520	22 520	22 520	22 520	22 520	22 520	22 520	22 520	22 520	22 520
3	净效益流量	92 749	−7 262	−19 970	−9 077	1 015	6 411	8 171	8 797	8 797	8 797	8 797	8 797	8 797	8 797	8 797	8 797	8 797	8 797	16 694

计算指标:

经济内部收益率(EIRR) 19.86%

经济净现值(ENPV)($i_s=8\%$) 22 947.22 万元

表 7-9 某化纤项目国民经济效益费用流量(国内投资)

单位:万元

序号	年份 项目	合计	建设期			投产期		达到设计能力生产期												
			1	2	3	4	5	6	7	8	9	10	11	12	13	14	15	16	17	18
	生产负荷/%					70	90	100	100	100	100	100	100	100	100	100	100	100	100	100
1	效益流量																			
1.1	销售收入	457 227				21 921	28 185	31 317	31 317	31 317	31 317	31 317	31 317	31 317	31 317	31 317	31 317	31 317	31 317	31 317
1.2	回收固定资产余值	1 634																		1 634
1.3	回收流动资金	6 263																		6 263
1.4	项目间接效益	0																		
	效益合计	465 124				21 921	28 185	31 317	31 317	31 317	31 317	31 317	31 317	31 317	31 317	31 317	31 317	31 317	31 317	39 214
2	费用流量																			
2.1	固定资产投资中国内投资	15 861	3 172	8 724	3 965															
2.2	流动资金中国内投资	6 263				4 384	1 253	626												
2.3	经营费用	329 803				16 522	20 521	22 520	22 520	22 520	22 520	22 520	22 520	22 520	22 520	22 520	22 520	22 520	22 520	22 520
2.4	流至国外的资金	31 586				5 408	5 109	4 811	4 513	4 214	3 915	3 616								
2.4.1	国外借款本金偿还	23 226				3 318	3 318	3 318	3 318	3 318	3 318	3 318								
2.4.2	国外借款本金支付	8 360				2 090	1 791	1 493	1 195	896	597	298								
2.4.3	其他	0																		
2.5	项目的间接费用	0																		
	费用合计	383 513	3 172	8 724	3 965	26 314	26 883	27 957	27 033	26 734	26 435	26 136	22 520	22 520	22 520	22 520	22 520	22 520	22 520	
3	净效益流量	81 611	−3 172	−8 724	−3 965	−4 349	1 302	3 360	4 284	4 583	4 882	5 181	8 797	8 797	8 797	8 797	8 797	8 797	8 797	16 694

计算指标:

经济内部收益率(EIRR)　22.07%

经济净现值(ENPV)(i_s=8%)　21 440.26 万元

表 7-10 某化纤项目经济外汇流量表

单位：万元

序号	项目 \ 年份	合计	建设期			投产期		达到设计能力生产期												
			1	2	3	4	5	6	7	8	9	10	11	12	13	14	15	16	17	18
	生产负荷/%					70	90	100	100	100	100	100	100	100	100	100	100	100	100	100
1	外汇流入																			
1.1	产品替代进口收入	67 239.42				3 223.81	4 144.89	4 605.44	4 605.44	4 605.44	4 605.44	4 605.44	4 605.44	4 605.44	4 605.44	4 605.44	4 605.44	4 605.44	4 605.44	4 605.44
1.2	外汇借款	3 454	691	1 900	863															
1.3	其他外汇收入	0																		
	流入小计	70 493.42	691	1 900	863	3 223.81	4 144.89	4 605.44	4 605.44	4 605.44	4 605.44	4 605.44	4 605.44	4 605.44	4 605.44	4 605.44	4 605.44	4 605.44	4 605.44	4 605.44
2	外汇流出																			
2.1	固定资产投资中外汇支出	3 454	691	1 900	863															
2.2	进口原材料	8 847				424	545	606	606	606	606	606	606	606	606	606	606	606	606	606
2.3	进口零部件	0																		
2.4	支付技术转让费	0																		
2.5	偿付外汇借款本金利息	5 332				913	863	812	762	711	661	610								
2.6	其他外汇支出																			
	流出小计	17 633	691	1 900	863	1 337	1 408	1 418	1 368	1 317	1 267	1 216	606	606	606	606	606	606	606	606
3	净外汇效果	53 060.42	0	0	0	1 886.81	2 736.86	3 187.47	3 237.44	3 288.47	3 338.44	3 389.44	3 999.44	3 999.44	3 999.44	3 999.44	3 999.44	3 999.44	3 999.44	3 999.44

计算指标：

经济外汇净现值($ENPV_f$)($i_s=8\%$)　　22 802.95 万美元

经济节汇率　　4.57 元/美元

二、国民经济效益评估指标

(一)经济净现值

经济净现值(ENPV)是指用社会折现率将项目计算期各年的净效益流量折算到建设期初的现值之和。换言之,是用给定的社会折现率计算的项目全部效益现值减去全部费用现值的差额。其表达式为:

$$\text{ENPV}=\sum_{t=1}^{n}(E_I-E_O)_t(1+i_s)^{-t}$$

式中:i_s 为社会折现率,E_I 为经济现金流入量,E_O 为经济现金流出量,$(E_I-E_O)_t$ 为第 t 年经济净现金流量。

经济净现值可行性判别标准为 ENPV≥0。此时表明项目收益达到或超过了社会折现率的水平,因此,项目是可行的。ENPV>0,也可以表述国家为拟建项目付出代价后,除得到符合社会折现率的社会盈余外,还可以得到以现值计算的超额社会盈余:ENPV=0,表明项目投资的净贡献刚好满足社会折现率的要求。

(二)经济净现值率

经济净现值率,是经济净现值与投资现值之比。其表达式为:

$$经济净现值率=\frac{\text{ENPV}}{I_p}$$

式中:I_P 为调整后投资(包括固定资产和流动资金)的现值。

经济净现值率作为经济净现值的补充指标,其可行性判别标准为$\frac{\text{ENPV}}{I_p}\geqslant 0$,此时方案方可以接受。净现值率的最大化有利于实现有限资金的最优利用。

(三)经济内部收益率

经济内部收益率(EIRR)是项目在计算期内各年经济净效益流量的现值累计等于零时的折现率。其表达式为:

$$\sum_{t=1}^{n}(\text{EI}-\text{EO})_t(1+\text{EIRR})^{-t}=0$$

经济内部收益率可根据国民经济效益费用流量表,利用试算法求解。为方便国民经济效益费用流量表的编制,可将投资调整、销售收入调整及经营费用的调整的结果用表格的形式反映出来,然后根据这些辅助报表直接编制国民经济效益费用流量表。

经济内部收益率可行性判别标准为 $\text{EIRR}\geqslant i_S$。此时表明项目投资对国民经济的净贡献能力达到或超过了要求的水平。

(四)外汇效果分析

涉及产品出口创汇及替代进口节汇的项目,应进行外汇效果分析,计算经济外汇净现值、经济换汇成本或经济节汇成本。

1.经济外汇净现值(ENPV_F)是反映项目实施后对国家外汇收支直接或间接影响的

重要指标，用以衡量项目对国家外汇真正的净贡献(创汇)或净消耗(用汇)。其表达式为：

$$ENPV_F=\sum_{t=1}^{n}(EFI-EFO)_t(1+i)^{-t}$$

式中：EFI为外汇流入量，EFO为外汇流出量，$(EFI-EFO)_t$ 为第 t 年的净外汇流量。

经济外汇净现值可通过经济外汇流量表计算求得。当有产品替代进口时，可按净外汇效果计算经济外汇净现值。

2.经济换汇成本和经济节汇成本

当有产品直接出口时，应计算经济换汇成本。它是用货物影子价格、影子工资和社会折现率计算为生产出口产品而投入的国内资源现值(以人民币表示)与生产出口产品的经济外汇净现值(通常以美元表示)之比，亦即换取1美元外汇所需要的人民币金额。它是分析评价项目实施后在国际上的竞争力，进而判断其产品应否出口的指标。其表达式为：

$$\text{经济换汇成本}=\frac{\sum_{t=1}^{n}DR_t(1+i_s)^{-t}}{\sum_{t=1}^{n}(EFI'-EFO')_t(1-i)^{-t}}$$

式中：DR_t 为项目第 t 年为生产出口产品投入的国内资源(包括投资、原材料、工资、其他投入和贸易费用)；$(EFI'-EFO')_t$ 为项目生产出口产品第 t 年的外汇净流量。

当有产品替代进口时，应计算经济节汇成本，它等于项目计算期内生产替代进口产品所投入的国内资源的现值与生产替代进口产品的经济外汇净现值之比，即节约1美元外汇所需的人民币金额。其表达式为：

$$\text{经济节汇成本}=\frac{\sum_{t=1}^{n}DR_t(1+i_s)^{-t}}{\sum_{t=1}^{n}(EFI'-EFO')_t(1-i)^{-t}}$$

式中：DR_t 为项目第 t 年为生产替代进口产品投入的国内资源(包括投资、原材料、工资、其他投入和贸易费用)，$(EFI-EFO)_t$ 为项目生产替代产品第 t 年的外汇净流量。

经济换汇成本或经济节汇成本(元/美元)小于或等于影子汇率，表明该项目产品出口或替代进口是有利的，项目是可行的。

三、国民经济效益评估实例

根据某项目全部投资国民经济效益费用流量表(见表7-8)、国内投资国民经济效益费用流量表(见表7-9)、项目经济外汇流量表(见表7-10)、项目国内资源流量表(见表7-11)资料，进行国民经济效益评估。

表 7-11　某化纤项目国内资源流量表

单位：万元

序号	年份 / 项目	合计	建设期			投产期		达到设计能力生产期												
			1	2	3	4	5	6	7	8	9	10	11	12	13	14	15	16	17	18
1	固定资产投资中国内资金	15 861	3 172	8 724	3 965															
2	流动资金中的国内资金	6 263				4 384	1 253	626												
3	经营费用中的国内资金	277 389				14 009	17 290	18 930	18 930	18 930	18 930	18 930	18 930	18 930	18 930	18 930	18 930	18 930	18 930	18 930
4	其他国内投入	0																		
5	国内资源流量合计	299 513	3 172	8 724	3 965	18 393	18 543	19 556	18 930	18 930	18 930	18 930	18 930	18 930	18 930	18 930	18 930	18 930	18 930	18 930

国内资源流量合计：104 135 万元

1.由经济效益费用流量表计算出如下指标：

(1)全部投资的经济内部收益率(EIRR)等于19.86%，大于社会折现率8%；国内投资经济内部收益率为22.07%，也大于社会折现率8%，说明项目经济上是可以接受的。

(2)在社会折现率为8%时，全部投资的经济净现值(ENPV)为22 947.22万元，大于零。这说明国家为了这个项目付出代价后，除得到符合社会折现率的社会盈余外，还可以得到22 947.22万元现值的超额社会盈余；国内投资净现值在社会折现率为8%时，为21 440.26万元，也大于零，说明项目是可以接受的。

2.根据国内资源流量表和经济外汇流量表，计算得出项目计算期内生产替代进口产品所投入的国内资源现值为104 135万元，生产替代进口产品的经济外汇现值为22 802.95万美元，则：

$$\text{经济节汇成本}=\frac{104\ 135}{22\ 802.95}=4.57(\text{元/美元})$$

经济节汇成本4.57元/美元小于影子汇率8.65元/美元，说明该项目替代进口对国家是有利的。

第五节　区域经济与宏观经济影响分析

一、区域经济与宏观经济影响分析的含义

区域经济影响分析指从区域经济的角度出发，分析项目对所在区域乃至更大范围的经济发展的影响。宏观经济影响分析指从国民经济整体的角度出发，分析项目对国家宏观经济各方面的影响。

直接影响范围局限于区域的项目应进行区域经济影响分析。直接影响国家全局的项目应进行宏观经济影响分析。

二、区域经济与宏观经济影响分析的范围

具备下列部分或全部特征的特大型建设项目应进行区域经济影响分析或宏观经济影响分析：

1. 项目投资额巨大，工期超长(跨5年或10年规划)。

2. 项目实施后所在区域或国家的经济结构、社会结构及群体利益格局等有较大的改变。

3. 项目导致技术进步或技术转变，引发关联产业或新产业群体的发展变化。

4. 项目对生态与环境影响大，范围广。

5. 项目对国家经济安全影响较大。

6. 项目对区域或国家长期财政收支影响较大。

7. 项目的投入或产出对进出口的影响大。

8. 其他对区域经济或宏观经济有重大影响的项目。

三、区域经济与宏观经济影响分析的内容

区域经济与宏观经济影响分析应立足于项目的实施能够促进和保障经济有序高效运行和可持续发展,分析重点应是项目与区域发展战略和国家长远规划的关系。分析的内容应包括下列直接贡献和间接贡献,有利影响与不利影响。

1. 项目对区域经济或宏观经济的直接贡献通常表现在:促进经济增长,优化经济结构,提高居民收入,增加就业,减少贫困,扩大进出口,改善生态环境,增加地方或国家财政收入,保障国民经济安全等。

2. 项目对区域经济或宏观经济影响的间接贡献表现在:促进人口合理分布和流动,促进城市化,带动相关产业,克服经济瓶颈,促进经济社会平衡发展,提高居民生活质量,合理开发、有效利用资源,促进技术进步,提高产业国际竞争力等。

3. 项目可能产生的不利影响包括:非有效占用土地资源、环境污染、损害生态平衡、危害历史文化遗产;出现供求关系与生产格局的失衡,引发通货膨胀;冲击地方传统经济;产生新的相对贫困阶层及隐性失业;对国家经济安全可能带来的不利影响等。

四、区域经济与宏观经济影响分析指标体系

区域经济影响与宏观经济影响分析应遵循系统性、综合性、定性分析与定量分析相结合的原则。其指标体系宜由总量指标、结构指标、社会与环境指标和国力适应性指标构成。

1. 经济总量指标反映项目对国民经济总量的贡献,包括增加值、净产值、纯收入、财政收入等指标。总量指标可使用当年值、净现值总额和折现年值。

2. 经济结构指标反映项目对经济结构的影响,主要包括三次产业结构、就业结构、影响力系数等指标。

3. 社会与环境指标主要包括就业效果指标、收益分配指标、资源合理利用指标和环境影响效果指标等。为了分析项目对贫困地区经济的贡献,可设置贫困地区收益分配比重指标。

4. 国力适应性指标表示国家的人力、物力和财力承担重大项目的能力,一般用项目使用的资源占全部资源总量的百分比或财政资金投入占财政收入或支出的百分比表示。

以上各项指标应与国家统计部门的统计口径一致。

区域经济影响分析与宏观经济影响分析,可将项目的总产出、总投入、资源、劳动力、进出口总额等作为区域或宏观经济的增量,通过建立各种既有科学依据,又反映项目特点的经济数学模型,分别计算“有项目”和“无项目”时的经济总量指标、经济结构指标、社会与环境指标及国力适应性指标,并根据有无对比原则进行分析。

区域经济与宏观经济影响分析通常宜做专题研究。已做社会评估的项目，可以不必单独进行区域经济与宏观经济影响分析，而将区域经济与宏观经济影响分析包含在社会评估里。

能力训练

材料：

1.某拟建项目计划从日本引进某型号数控机床若干台，每台机床重量为82吨，FOB价为8.6万美元，美元与人民币的汇率为1:6.7元人民币，数控机床运费率为103美元/吨，运输保险费率按0.266%计算，进口关税执行最低优惠税率，优惠税率为10%，增值税率为17%，银行财务费为0.5%，外贸手续费1.5%，设备运杂费率2%。(FOB为离岸价)

2.影子汇率转换系数为1.08，国内公路运费转换系数为1.24.

要求：

1.计算该设备财务价格。

2.调整计算该设备影子价格。

提示：

进口设备预算价格＝货价＋国外运费＋运输保险费＋银行财务费＋外贸手续费＋关税＋增值税＋国内运杂费

本章知识要点及自我检测

第八章 投资项目社会评估

材料：

对投资项目进行科学的评价与分析，是实现项目决策科学化，提高项目效益及其经济持续性发展的关键。国内外的经验表明，对投资项目仅从财务效益和国民经济效益的角度进行评价，是不足以对项目做出最优的选择的，还必须从项目对社会发展目标的贡献和影响方面分析其利弊得失，使项目得以整体优化，以保证其顺利实施，而且项目符合社会需求并能为社会所接受，往往能提高项目的经济效率。然而就投资项目的社会评价的理论体系和评价方法而言，国内尚未形成一套完整的理论体系，而且不同的项目对社会影响涉及的面及影响程度具有差异性，因此。不同项目社会评估的内容和采用的方法不一样。虽然，从理论上讲，所有的投资项目都要进行社会评估，但是，项目的社会评估难度大、要求高，并且需要一定的资金和时间投入，因此，实际工作中并不是任何项目都有必要进行社会评估。

思考：

1.为什么不是所有的项目都要进行社会评估？

2.哪些项目需要进行社会评估？

3.如何进行社会评估？

课件

第一节 投资项目社会评估概述

一、项目社会评估的含义

项目社会评估，是从社会角度评价投资项目对实现国家（地方）各项社会发展目标所做的贡献与影响。社会是由经济、政治、文化、教育、卫生、安全、国防、环境保护等各个领域组成的，社会发展目标也包括上述各个领域的目标。一个项目的建设与社会各个生活领域的发展都或多或少有着联系，任何一个投资项目都直接或间接地促进社会生产的发展和人民物质文化生活水平的提高。可见，对投资项目进行社会评价是项目评估的一个重要方面。

项目对社会发展目标的贡献，是指由于项目的实施，对社会的各项发展目标带来的益处，即从全社会考察项目创造的社会效益，一般是指正效益。具体包括投资的经济效益、社会效益、环境效益、有形效益和无形效益等。所谓有形效益是指以货币形态反映的社会价值或实物效益；无形效益是指保健、文化水平的提高，劳动条件的改善等。

项目对社会发展目标的影响，包括自然影响和社会影响。自然影响是指项目建设对自然及生态环境的影响，对自然资源的影响等；社会影响是指项目建设对社会人口、劳动形式、劳动组织、社会就业、社会政治、文化艺术的影响。

项目对社会发展目标的影响，有直接影响也有间接影响，有近期影响也有远期影响，有有利影响也有不利影响，有明显影响也有潜在影响等。项目对社会发展目标的影响也包括项目与社会环境的相互影响。

具体地说，投资项目的社会评估是指分析由于项目的建设与实施，对社会经济、自然资源利用、自然与生态环境、社会环境等方面的影响。社会环境包括社会福利、社会保障、社会稳定、安全、文化、保健、精神文明建设、组织管理等方面的影响，也包括项目与当地社会环境的相互影响及相适应的分析。如项目与当地社会的生产组织机构、社会政治、文化、民族关系、生活质量、生产习惯等各方面的相互影响如何，社会各方面对项目的执行是否有阻力、有影响，项目是否与当地社会环境相适应，等等。

并不是任何环境下对任何项目都需要进行社会评估。社会评估有助于将项目建设方案设计和实施与区域性社会发展相结合。它力求找到经济与社会之间的有机联系和减少社会风险的方法，并有利于促进社会稳定。社会评估适用于那些社会因素较为复杂，社会影响较为久远，社会效益较为显著，社会矛盾较为突出，社会风险较大的项目。主要包括：

1. 需要大量移民搬迁或者占用农田较多的项目，如交通和水利项目，以及采矿和油田项目。

2. 具有明确社会发展目标的项目，如减轻贫困项目、区域发展项目和社会服务项目，如文化、教育和公共卫生项目。

二、项目社会评估的特点

(一)宏观性

社会发展目标如经济增长目标、公平分配目标、社会安全目标、稳定目标、就业目标、控制人口目标、国防目标，一般是根据国家宏观经济与社会发展需要制定的，因而社会评估必须从全社会的宏观角度考察项目的存在对社会带来的贡献与影响。社会发展目标涉及各个生活领域，虽然不是每个项目的社会效益都涉及社会各个生活领域的发展目标，但其考察角度应包括社会各个生活领域，有什么效益就分析评价什么效益。因而项目社会评估是对项目的全面分析与评价，既有与经济活动有关的社会效益、环境生态效益，又有广泛的非经济的社会效益。这是项目社会评估的宏观性所在。

(二)间接效益多

项目的社会效益与影响虽然有直接的(如就业效益、节能效益、创汇效益,对教育的影响,对文化生活的影响等),但许多社会效益往往是间接效益或外部效益,如工业项目对科学技术进步的作用,对提高用户产品质量的作用;建设某轻工厂对促进当地农业发展的效益;水利项目对地方供水、促进地方工农业发展的效益;新建公路减少相关公路拥挤,节约旅客时间的效益等,都是项目的间接效益或外部效益。所以项目社会评估具有间接效益多的特点。

(三)多目标性

财务、经济评价目标比较单一,主要是财务盈利与经济增长。而社会评估涉及社会生活各个领域的发展目标,必须分析多个目标,考虑多种社会效益与影响。如果要综合考察其社会效益,判断项目的社会可行性,一般采用多目标综合分析法。

(四)长期性

经济评估计算期一般为20年,而社会评估要考察近期与远期社会发展目标,项目对居民健康、寿命的影响,对生态与自然环境的影响,对居民文化水平、人口素质的影响,可能是几十年,甚至几代人的问题。因而社会评估的效益与影响,往往具有长期性。

(五)定量难

社会效益与影响多种多样,许多不仅不能用货币定量,也难以用实物定量。例如项目对文化的影响,对社会稳定安全的影响,对增加人们闲暇时间的影响,对人民风俗习惯的影响,常常都不好量化。因此,项目社会评估必须用定量与定性分析相结合的方法,以定性分析为主

(六)行业特征明显

经济评估可以对各行业项目使用统一的内部收益率、净现值等指标计算项目的经济效益。社会评估则由于项目社会效益的多样性,难以使用统一的指标计算综合社会效益,而且各行业项目对社会发展目标的贡献与影响有很大差异。城市基础设施项目、交通项目、社会事业项目有的几乎没有直接的财务效益,主要是社会效益;农业、林业、水利项目社会效益都很广泛,特别是水利项目,影响的地域范围大,时间长,远非其他项目可比;工业项目以经济效益为主,与农、林、水利项目相比,社会效益相对属于次要地位。因此,项目社会评估的指标设置,各行业能通用的少,专用的多。其定性分析各行业项目所涉及的范围,差别也较大。这是项目社会评估的重要特点。社会评估必须注意结合行业特点进行评价,并设置各行业的实施评价方法,指标设置要注意通用与专用相结合的问题。

三、开展项目社会评估的必要性

1.是保证投资项目与所处社会环境相协调,提高经济效益的需要。任何投资项目都存在于一定的社会环境中,与整个社会生产与生活领域有着千丝万缕的联系。社会环境对费用与效益及企业未来的生存与发展必然产生或多或少的影响,因此,在对投资项目进行财务评估和国民经济评估的同时,还应从整个社会的各项发展目标来衡量项目的利弊得失,选择经济可行并与社会环境相协调的项目,以保证项目顺利实施,从而提高经济效益。

2.是实现合理的经济布局的需要。我国的经济布局无论是从地域上还是从行业上来看都是极不平衡的。在东南沿海地区位置优越，经济发展快，人民生活水平得到很大提高，社会效益比较显著，投资吸引力大；大部分内地城市，由于受资金短缺等因素的影响，经济发展还很缓慢。在行业上有的飞速发展，处于国际领先地位；有的很落后，行业结构明显不合理，制约着经济的发展。这既有历史的原因，也有客观上的原因，但主要还是有关政策以及我国的投资决策体制方面的原因。

社会评估能够很好地解决经济布局不合理的问题，即通过适当提高发达地区和发达行业的社会效益的标准和给予落后地区、落后行业适当的倾斜，使得同样一个项目建设在发达地区的社会效益相对于建设在落后地区的社会效益要小，从而使落后地区、落后行业的项目能够优先入选，从而保证国家经济布局的合理性。

3.是加强投资管理与调控的需要。项目社会评估是一种宏观评价，可以克服项目决策中急功近利的单纯财务观点与局部观点，重视全面实现投资项目对经济与社会发展目标的贡献，有利于减少投资的短期行为和盲目建设，建立健全正常的投资建设秩序，促进与加强投资的宏观管理与调控。

此外，随着我国投资体制的改革，企业实行投资法人责任制，由企业法人对项目的投资承担风险，自主经营，自负盈亏。在这种情况下，各个投资主体从其自身的利益出发，往往会产生追求、重视项目的经济利益，而忽视社会效益的倾向。为了保证不同的投资主体的投资项目都真正做到经济效益与社会效益的统一，客观上要求重视和完善项目社会评估方法。这也是我国社会主义市场经济条件下对投资管理的新要求。

4.是保护人类生存环境的需要。投资建设项目除财务、国民经济效益外，客观上还存在着社会效益与环境效益。如果只进行经济评估，不进行社会评估，就不能全面反映项目建成后对社会、环境等方面的实际影响。我们知道，人类赖以生存的土地、水资源、能源等自然资源是很有限的，投资项目的建设，一方面创造出丰富的物质财富和高效的生产率，另一方面也排出大量的废气、废液、废渣及噪音，使人类生存环境恶化，给人们的身心造成极大的危害，给国民经济造成巨大损失。开展社会评估，不但有利于我国的经济建设合理利用有限的资源，保护自然与生态环境，而且也有利于保证国家社会发展目标的顺利实现。

四、项目社会评估的原则

(一)政策原则

社会评估主要应用于那些对国家、地区和行业能够产生巨大影响的项目。一般而言，大中型项目所产生的经济效益和社会效益会直接影响到我国的经济发展。因此，进行项目社会经济评估必须认真贯彻党和国家经济建设有关社会发展的方针、政策，遵循国家有关的法规。

(二)计划原则

进行项目社会评估，要以国民经济和社会发展战略和计划期国家制定的国民经济与社会发展计划的社会发展目标为依据，以近期目标为重点，兼顾远期各项社会发展目标，并考虑项目与当地社会环境的关系，尽可能使分析评价能全面反映该项目投资所引起的各项社会效益与影响。

(三)可比原则

社会评估是一项复杂的工作，要求进行充分的数据收集和整理，进行各方面的价值判断比较，并且在进行社会评估时，无论是定量还是定性分析，都应注意具有可比性。

(四)排序原则

每个投资项目按其功能不同都有主要目标，项目对实现各项社会发展目标的重要程度，依项目建设的目标，结合国家的政策而定。社会评估应根据其重要程度进行分类排序，以作为综合评估的基础。

五、项目社会评估的步骤

(一)确定评估目标与范围

根据项目建设的主要目标与功能和国家(地区)的社会发展目标，由评估人员对主要社会因素进行分析研究，找出项目对社会各方面可能产生的影响，选出项目应当评估的目标。分析项目评估的目标要确定哪些是主要的，哪些是次要的，各种影响可能波及的地区范围与边界以及时间范围。空间范围一般是项目建设所在的社区、县及相邻的社区、县。有的水利项目涉及多省、市的较广地区。时间范围一般是寿命期或预测可能影响的年限。

(二)选择评估指标

根据评估目标与范围，选择评估指标，包括各种效益与影响的定量分析与定性分析的指标。

(三)调查预测，确定评估标准

收集影响区域现有的社会经济、自然资源利用、自然与生态环境、社会人文情况及其他社会环境因素的资料，并预测项目影响时间范围内可能变化的情况等，作为评估的标准。这就是进行有无项目对比的“无项目情况”。

(四)制定备选方案

根据项目的目标，不同的建设地点、厂址，不同的资源、工艺路线等，提出若干可供选择的方案(或经济评估中已提出的不同建设方案)，并采取访问、座谈等方式征求项目影响区域范围内，特别是厂址周围地区政府和社会群众的意见。

(五)进行预测评估

根据调查预测资料，对每一备选方案进行定量分析评价。其一般做法是：(1)对备选方案进行预测，计算各项社会效益与社会影响中能够定量的指标，通过对历史统计资料的分析、对社会发展趋势的估量，以及参考同类项目的历史经验等资料，采用适宜的科学预测方法进行预测，预测社会基础情况及项目各种社会效益与影响的情况，对比“有”和“无”项目实施的不同情况，从而计算出各项定量指标的数据。(2)对各种不能定量的影响进行定性分析，判断各种定性分析指标对社会目标与当地社会环境相互影响达到的程度。(3)分析各种定量与定性分析指标的重要程度，进行各种效益与影响的排序，并找出若干重要的指标深入分析研究，制定必要的减轻不利影响的措施。(4)进行综合分析评价，即采用多目标综合评估法或矩阵分析法总结评估，求得各方案的综合社会效益。

(六)选出最优方案

首先将各方案的综合效益进行比较，选出最优方案。在比较综合效益时，要注意比较社会效益或影响较大的，特别是重大的单项指标。或者只比较重要的指标，选出最优方案，然后对最优方案进行全面分析评价，得出评价结论。其次对最优方案的不利影响及存在问题提出补救措施与解决办法，并估算各项补偿费用与措施费，作为社会费用，计入项目总投资中。

(七)专家论证

根据项目的具体情况，召开不同规模的专家论证会，将选出的最优方案提交专家论证，充分吸收专家的意见，必要时对方案予以修改、调整。

(八)评估总结

将上述调查、预测、分析、比选方案、推荐最优方案的过程、分析论证情况、比选与论证的费用等，写成报告，提出项目社会评估的优劣和是否可行的评估结论，形成项目评估说明书，作为项目评估报告(财务评估、经济评估、社会评估)的重要组成部分，上报项目审批单位。

六、项目社会评估的方法

(一)多目标定量分析综合评估法

可采用德尔菲法、矩阵法、层次分析法等多目标综合分析评估法。由评估者根据定量与定性分析指标的复杂程度，任选其中一种方法。这些方法一般都要组织若干专家根据项目所处环境及国家有关政策，对各项指标进行分析、评分，确定其在评估中的重要程度，并给出相应的权重，求出项目的综合社会效益。

(二)矩阵分析总结评估法

此法是将各项定量分析与定性分析指标列成一矩阵表，即项目社会评估综合表。将各项定量与定性分析指标的单项评估结果，按评估人员提供出的权重排列顺序，列于矩阵表中，使决策者对各单项指标的评估情况一目了然。然后由评估人员对矩阵表中所列的指标进行分析，阐明每一指标可行与否及其对项目的社会可行性的影响程度，并将一般可行且影响 小的指标排除，着重考察影响大的指标，权衡其利弊得失，指出影响项目可行性的关键所在，从而提出对项目社会评估的总结评价，确定项目社会评估是否可行。

(三)有无对比分析法

有无对比分析法就是通过对比有项目情况和无项目情况，判断项目对社会影响的一种分析方法。通过有无项目对比分析，确定拟建项目可能引起的社会变化，预测各种社会影响的性质、范围和程度。在社会评估中，无项目情况，就是没有拟建项目情况下区域的社会情况；有项目情况，就是考虑拟建项目建设运营引起各种社会经济变化后的社会经济状况。有项目情况减去同一时刻的无项目情况，就是由于项目建设引起的社会影响。

第二节　投资项目社会评估的内容、价格与权数

一、项目社会评估的主要内容

(一)项目与经济活动直接相关的社会效益分析

项目的社会效益是指在经济评估中没有反映出来的效益，是指项目对实现社会发展目标的影响及所作的贡献。这里的目标是指除去经济评估以外的社会发展目标，包括人口、生态环境、自然资源、科技进步、劳动就业、卫生保健、居民收入和消费、住房与生活服务、教育、文化生活以及社会保障、社会福利、社会安定、安全等。有些指标既可以定性也可以定量；有些指标不能定量，就应定性分析。

(二)项目的分配效益分析

分配效益分析就是对项目在正常年度所获得的净收益(利润与税金之和)在国家、地方、企业之间分配比重的分析，以利于贯彻实现合理而公平分配的原则。

(三)环境影响分析

项目环境产生的影响常常是不能用价值衡量的。为了减轻环境污染对人和自然的损害，除了适当选择项目的建设地址外，还必须有治理"三废"的可靠措施，保证将"三废"排放的数量及危害程度控制在国家规定的标准以内。

项目所在地区的各种社会因素，如当地的文化水平、风俗习惯、人口结构、卫生状况、生产的社会组织、家庭与家庭结构、劳动力状况、土地等各种资源的取得与控制等，会对将来项目的设计与实施产生程度不同的影响。根据国际经验，项目社会分析的主要目标是使设计项目适合"人"，适应于所处的社会环境、生态环境，即与所在地区的社会、生态、环境相适应，并促使地区社会经济进步与发展，以适应该项目的生存发展。因此，对项目进行环境影响评估时，通常应考虑以下问题：第一，应估计对周围环境(包括历史文物和自然景观)的破坏影响程度；第二，应分析各种污染对人畜健康和作物生长、产量的影响；第三，应评估对生态平衡所产生的后果；第四，应预测为了治理环境、保护生态平衡所花费的投资。同时，就项目的投入、产出、投产后的生产过程三个方面分析其污染程度，并对采用的治理措施，以及这些措施的效果进行定性描述。

二、项目社会评估的社会价格的确定

(一)社会价格

社会价格是在考虑了项目收入对社会的影响的前提下，项目的投入物和产出物的价格。可以在影子价格的基础上进行调整而得到。其公式可表示如下：

社会价格＝影子价格＋收入分配影响

收入分配影响即项目收入对社会的影响，可以通过项目收入用于积累和消费，以及分配于不同方面的分配权数来计算得出。

(二)社会价格的确定方法

由于社会价格考虑了项目收入对社会的影响，即考虑了公平分配的因素，因此在社会评估中，投入品的影子价格不调整，产出品的影子价格要进行调整。其计算公式：

所求社会价格＝产出品的影子价格＋收入分配影响

项目产品的价格需由其价值来决定，而其构成分为三个部分，即 $C+V+M$，其中 $V+M$ 即为项目的净收入，因此，只需调整 V 和 M 即可。从消费和积累的角度看，V 属于目前的消费，M 属于积累。由于二者在社会效益方面起着不同的作用，因此需要给二者以不同的权数。以产出品中的 C 加上调整以后的 V 和 M，即可得该产品的社会价格。但有一点需注意，以上分析是在未考虑收入在地区之间分配的价值差异的情况下的社会价格。

例：某项目产品的影子价格为 100 元，其构成中，C 为 40 元，V 为 30 元，M 为 30 元。权数分配如下：V 的权数是 0.85，M 的权数为 1.0，则 V 的社会价值为 $30\times0.85=25.5$ 元，M 的社会价值为 $30\times1.0=30$ 元，因此该产品的社会价格即是 $40+25.5+30=95.5$ 元。

如果还要考虑项目收入在地区之间分配对社会的影响，则需在上述基础上进一步对 V 和 M 进行调整。

假设上例的项目分别建在甲地区和乙地区。甲地区是沿海发达地区，乙地区是内地比较落后的地区。那么在上例 C 为 40 元，V 为25.5元，M 为 30 元的基础上，还需要分析项目净收入在两个地区分配的问题。假定在甲地区消费的权数为 1.2，投资的权数为 1.0；在乙地区二者的权数分别为 1.8，1.5。可得如下结论：

该产品在甲地区的社会价格为：

$$40+25.5\times1.2+30\times1.0=100.6\text{(元)}$$

该产品在乙地区的社会价格为：

$$40+25.5\times1.8+30\times1.5=130.9\text{(元)}$$

三、项目社会评估分配权数的估算

(一)分配权数

项目的收入用于投资和消费，以及分配于不同的地区、行业，对社会有不同的影响，因此用分配权数来表示其对社会影响的程度，即能体现社会效益的大小。能实现较大社会效益的分配权数就大，反之则分配权数就小。

(二)权数的估算

一般情况下，只考虑项目收入用于投资和消费以及用于不同地区所需的分配权数。

1.投资和消费权数的估算

首先选择计量单位，一般以投资为计量单位，所以，投资的权数为 1.0，而消费的权数需要进行计算。

从前面社会价格的确定中，我们已经知道，项目所创造的 M 部分可以用于再投资，可以在将来再创造一系列的 V 和 M，所以我们可以根据边际资金产出率来计算单位消费的社会价值，即消费的权数。

假设 C 代表单位消费，I 代表单位投资，R 代表边际投资净产值率，W 代表消费权数，则：

$$W_c=\frac{C}{I+R}$$

例如：设边际投资净产值率为 20%，则消费的分配权数为：

$$W_c=\frac{1}{1+0.2}=0.833$$

2.地区分配权数

地区分配权数是由该地区的人均投资水平和人均消费水平决定的。其计算方法如下：

假设：W_{RI} 和 W_{RC} 分别为发达地区的投资和消费的权数，W_{PI} 和 W_{PC} 分别为落后地区的投资和消费权数，$\overline{C}_R$ 和 $\overline{C}_P$ 分别为发达地区的人均消费水平和落后地区的人均消费水平，$\overline{I}_R$ 和 $\overline{I}_P$ 分别代表发达地区和落后地区的人均投资水平，以分配给发达地区的收入为计量单位，则：

$$W_{RI}=W_{RC}=1.0$$

$$W_{PI}=\frac{\overline{I}_R}{\overline{I}_P} \qquad W_{PC}=\frac{\overline{C}_R}{\overline{C}_P}$$

例：甲、乙两个项目分别建在上海和西藏，上海的人均消费水平为 10 000 元，人均投资水平为 50 万元；西藏的人均消费水平为8 000元，人均投资水平为 30 万元。则：

$$W_{RI}=W_{RC}=1.0$$

$$W_{PC}=\frac{10\ 000}{8\ 000}=1.25 \qquad W_{PI}=\frac{50}{30}=1.67$$

反之，若以分配给落后地区的收入为计算单位，则：

$$W_{PI}=W_{PC}=1.0$$

$$W_{RI}=\frac{\overline{I}_P}{\overline{I}_R}=\frac{30}{50}=0.6 \qquad W_{RC}=\frac{\overline{C}_P}{\overline{C}_R}=\frac{8\ 000}{10\ 000}=0.8$$

第三节　投资项目社会评估指标

课件

一、项目社会评估定量指标

(一)就业效果指标

我国是个人口大国，就业问题比较突出。就业问题对社会稳定、安全影响重大。根据这种情况，国家的劳动就业政策的主要目标是充分就业；其次要求兼顾效果与安定，合理配置劳动力。因此，为促进充分就业的社会发展目标与国家劳动就业政策目标的实现，应设置就业效果指标。

就业效果指标，可按目前采用的单位投资就业人数计算。即：

$$\text{单位投资就业人数}=\frac{\text{新增总就业人数（包括本项目与相关项目）}}{\text{项目总投资（包括直接投资与间接投资）}}$$

总就业人数可分为拟建项目的直接投资所产生的就业人数和与该项目直接相关的项目的间接投资所新增的间接就业人数。因此，上述指标可分解为以下两项指标，即：

$$\text{单位投资直接就业人数}=\frac{\text{本项目新增的就业人数（人）}}{\text{本项目直接投资（万元）}}$$

$$\text{单位投资间接就业人数}=\frac{\text{相关项目新增的就业人数（人）}}{\text{相关项目投资（万元）}}$$

式中，本项目新增就业人数一般指项目投入生产经营后正常年份新增的固定就业人数。项目建设现场施工增加的临时就业人数不计入，可在定性分析中另行分析。如果项目投入生产经营后，主要解决临时就业，例如林业项目，其临时就业人数可按劳动和社会保障部门规定的有关标准折算为固定就业人数，并加以说明。

相关项目新增就业人数，一般是指与项目直接相关的配套项目，如铁路专用线、港口及其他公用服务设施等未列入本项目投资的工程增加的就业人数。应注意新增就业人数与投资的计算口径一致。

需要指出的是，投资项目创造的就业机会，往往与项目采用的技术和项目的经济效益密切相关，劳动密集型企业与资金技术密集型企业，就业效益相差悬殊；行业不同，产品不同，单位投资创造的就业机会也相差很大，项目的就业效益与经济效益常有矛盾。这使就业效果指标很难建立一定的标准衡量其优劣。因此，在评估时应根据项目的行业特点、企业属何种类型（劳动密集还是资金、技术密集），结合所在地区劳动就业情况进行具体分析。一般说，从社会就业的角度出发，在待业率高的地区，单位投资所能提供的就业人数应是越多越好。特别是在经济效益相同的条件下，就业效果大的项目应为优先项目。如果当地劳动力紧张，或拟建项目是高技术产业，就业效果指标的权重就应减少，可以只作为次要的评估指标。

(二)分配效果指标

分配效果指标是指检验项目收益分配在国家、地区、企业、职工之间的分配比重是否合理。计算公式表示为：

$$国家收益比重=\frac{项目上缴国家财政的利润、税金}{利润+税金}\times100\%$$

$$地方收益比重=\frac{项目上交地方财政的利润、税金}{利润+税金}\times100\%$$

$$企业收益比重=\frac{企业纳税后的利润}{利润+税金}\times100\%$$

$$职工收益比重=\frac{职工个人收入}{利润+税金}\times100\%$$

关于国家、地方和企业、职工个人的收益比重值为多少合理，目前还没有一个判别的标准，评估分析时应主要考虑两方面的因素。一是考虑项目的地区分布情况。如果项目分布在贫困落后地区，或老、少、边、穷地区时，地方收益比重、企业收益比重相对大些。贫困地区分配效益指标可取贫困地区项目经济收益净现值乘以贫困地区分配权数求得。二是考虑项目投资资金来源构成与收益分配比重两者相适应。如果项目资金主要来源于地方自融资金，那么，地方收益的比重应相对大些；如果主要来源于国家政府投资，那么，国家收益比重应相对大些；如果主要来源企业内部积累资金，企业收益比重应相对大些。总之，衡量收益分配比重应贯彻谁投资谁收益的原则。

对于利用外资的项目，尤其是中外合资项目，还涉及国内与国外的外汇收益的分配关系，其分配效果按以下公式计算：

$$\begin{array}{l}税后利润\\国外收益比重\end{array}=\frac{国外所得利润}{交纳所得税后的利润}\times100\%$$

$$\begin{array}{l}税后利润\\国内收益比重\end{array}=\frac{国内所得利润}{交纳所得税后的利润}\times100\%$$

$$=1-税后利润同国外收益比重$$

$$\begin{array}{l}外汇遣返\\比重\end{array}=\frac{遣返外汇(美元)}{外汇净收益(美元)}\times100\%$$

公式中，交纳所得税后的利润可从财务预测数据中取得；国外税后利润的分配，应根据有关协议和合同划分；遣返外汇也要按规定测算，遣返外汇的内容包括外籍人员工资、利润分成、专利权使用费、国外贷款利息等。计算有关比重后，可与其他中外合资企业所得比重进行比较，审查分析国外所得的各项内容是否符合法律规定，保证拟建项目应有的国内经济效益部分。

(三)节约自然资源效果指标

保护并节约资源是我国社会发展的近期和长远目标，因此，投资项目的社会效益评估应考虑节约资源的效益。在分析投资项目节约资源的效益时，应结合具体项目灵活掌握，项目主要涉及哪种自然资源，就分析评价哪种资源，能定量的就定量计算，不能定量的就进行定性分析。对于节约能源、节约土地、节约水资源的评估可采用以下公式计算：

$$\text{单位产值综合能耗}=\frac{\text{项目的综合能耗}}{\text{项目的净产值}}$$

单位产值综合能耗应与部门或行业定额标准比较，单位产值所耗费的能源越少，项目的能源利用率越高，项目的社会效益越好。

$$\text{单位投资占用耕地}=\frac{\text{项目占用耕地面积（亩）}}{\text{项目总投资（万元）}}$$

单位投资占用耕地可根据同类项目的经验进行评定。

$$\text{单位产品生产耗水量}=\frac{\text{项目年生产耗水量}}{\text{主要产品生产量}}$$

单位产品耗水量由主管部门按现行规定的定额考核。我国很多地区水资源缺乏，而工农业用水占总消耗水量的比重很大，因此设置节约用水资源数量指标，可以促进各地研究节约用水。

(四)环境影响指标

自然环境影响是项目社会评估的一个重要方面。关于环境保护，我国设有专门机构管理，并制定了环保的法律。设置环境影响指标，只是在环保系统工作的基础上将环境治理效益纳入社会评估，评价由于项目实施对环境影响的后果，以促使投资项目更加重视对环境污染的治理，并全面反映项目的社会效益与影响。在定量分析中设立环境质量指数指标，就是评价项目对各项环境污染物的治理达到国家或地方规定标准的程度。环境质量指数采用各项环境污染物治理的指数之和的算术平均数，如果该项目对环境的影响很大，各项污染物聚集的程度对环境影响的差别很大，可以对各项污染物聚集的程度给予不同的权重，然后再求平均指数。

经过处理达到国家或地方规定标准的污染物对自然环境仍存在影响的问题，在项目定性分析中再予以分析。环境影响指标计算式为：

$$\text{环境质量指数}=\frac{\sum_{i=1}^{n}Q_i/Q_{io}}{n}$$

式中：n 为该项目排出的污染环境的有害物质的种类如废水、废气、废渣、噪音、放射物等，有几种计算几种；Q_i 为第 i 种有害物质排放量；Q_{io} 为国家或地方规定的第 i 种物质最大允许排放量。

二、项目社会评估定性分析

项目的社会效益与影响比较广泛，许多不能定量分析，只能进行定性分析。原则上除列出指标计算的社会效益外,未列定量指标的社会效益与影响,以及定量指标反映还不够全面的社会效益,应采用定性分析的方法进一步进行分析评价。下面的项目定性分析指标纲要,可根据项目所涉及的社会效益与影响有选择地使用。

(一)对社会经济方面的影响

1.项目对科技进步的影响,一般可就如下问题进行分析:

(1)项目采用的工艺技术属于哪类水平(如国际先进水平、国内先进水平、国内一般水平)?

(2)项目采用的是先进技术,它对国家、部门、地区科学技术进步有何影响?

(3)项目采用的工艺技术如属新技术开发性质的,这项新技术能在项目实施时熟练掌握吗?其推广应用的前景如何?项目中能推广应用的新技术有多少项?它们对国家、部门、地区将带来哪些社会效益?

(4)项目采用的技术,对普及当地人民的科学知识,提高人民的科学水平有无影响?

2.项目对国民经济发展的影响:

(1)项目对本部门经济有何影响?

(2)项目对相关部门的经济有何影响?

(3)项目对国民经济生产力布局、国民经济结构有何影响?

(4)项目对国民经济发展远景有何影响?

(5)项目对提高国民经济效益有何影响?

3.项目对地方经济的影响:

(1)项目对地方经济的影响范围有多大?

(2)项目使地方人均国民收入提高了多少?(应计算项目增加的国民收入和项目直接带动的地方企业增加的国民收入。如果当地同时有几个项目投产,地方企业增加的国民收入,受几个项目影响,则应根据影响的大小,按本项目应分摊的比例计算。)

(3)项目使当地交通条件改善,对促进地区经济发展有何影响?

(4)项目引起的地方经济发展,是否带动了地方文化教育的发展和医疗卫生条件的改善?

4.项目有无节约时间的效益?对社会经济与人民生活有何影响?

(1)节约生产时间有多少?可能产生多少国民收入?

(2)增加闲暇时间有多少,对人民的生活质量有何影响?

5.项目实施后,生产的产品可以打入国际市场吗?其国际竞争力如何?

(二)自然资源

1.项目对自然资源综合利用有无贡献?

2.项目是否影响当地土地使用上的变化(如大坝、灌溉规划、机场、铁路、矿山、工厂建设等)?如何补偿原有土地的收入?如何安排原有耕地的作物?当地群众有无意见?

3.项目建设占地多少?利用情况如何?与同类项目比较有无浪费国土资源?

4.项目对当地国土资源的开发有何贡献?

5.项目的取水方案对当地水资源与人民生活有无近期和远期的影响?如有,采取什么措施解决?

(三)自然与生态环境的影响

1.项目对自然环境的各种影响是否都采取了处理措施？有哪些没有处理？为什么？

2.已经处理、达到规定标准的各种污染物,还有无近期或长远的影响？如有,如何采取监测或其他有效的解决措施？

3.项目对生态环境有无近期和长远的影响,如是否有破坏森林、植被,造成水土流失,影响野生动植物保护等问题,采取什么措施防止其对生态平衡的破坏？

(四)项目对当地社会环境的影响

1.对当地人口的影响：

(1)项目建设与实施是否引起当地人口变化？变化情况如何？农业人口转为城镇人口有多少？

(2)项目所在地区原有计划生育工作是否受到项目建设与实施的影响？即项目实施对控制人口、计划生育是否不利？如果不利,采取什么措施保证计划生育的国策得以贯彻执行？项目实施后,是否应扩大当地的计划生育机构？

(3)项目对当地劳动力状况是否进行了调查？在项目设计中对当地男女劳动力的安排是否适当？是否尊重了当地习俗？是否促进妇女获得社会上的平等地位？

(4)项目是否涉及所在社区和有关社区人口的迁移？是否安排了迁移规划？迁出与迁入的人口的生活、就业是如何安排的？这些人对居住地区变动有无抵触？如有,采取什么措施解决？如何采取适当措施保证迁出者不低于原有生活水平并有所提高？如何保证迁入、迁出者与当地居民生活融洽,保持社会安定？

(5)项目对当地人口及其长远的文化素质有何影响？

(6)项目的直接参与者是当地人还是外地人？如是外地人,则其家属子女粮食户口、就业、上学等实际生活问题方面有无困难？如有困难,采取什么措施解决？

2.对当地人民文化教育的影响：

(1)项目对当地普及义务教育有无影响？

(2)项目对当地扫除文盲、半文盲有无影响？

(3)项目是否建设了文化娱乐、体育设施？如果有,对繁荣当地人民文化生活有何影响？项目对当地文化生活有无不利影响？如有,采取什么措施解决？

(4)项目对当地的风景、文物古迹、旅游区有无影响？

3.对当地人民卫生保健的影响：

(1)项目是否增加或扩大了当地的医疗保健设施和当地的人均医生数量(或项目为职工建设的医疗保健设施是否对当地开放)？是否增加了当地营养品供给,增加了当地的防疫设施等？如增加了医疗保健设施,对增进人民寿命有无影响？

(2)项目是否有传播某些细菌的问题,可能影响某些疾病在人群与动物中传播？是否影响了人民卫生健康习惯的改变？如果有,应采取什么补救措施？

4.对当地社区的基础设施和当地城市建设的影响：

(1)项目所在地区有关社区的基础设施和有关的城市建设现状如何？将来如何发展？

(2)项目建设的有关基础设施如道路、供排水、供汽(气)等工程与当地社区发展如何结合？对当地城市建设有无影响？这方面存在什么问题？如何采取措施解决？

5.项目是否增加了当地的基础设施与生活服务设施等的管理机构？对当地社区的组织结构有无影响？如有，取得当地政府与社区人民的同意了吗？

6.项目与当地社区人民生活的相互影响：

(1)项目对当地社区人民家庭内部收入有无影响？

(2)项目对当地人民改善居住条件有无有利或不利影响？

(3)项目是否增加了当地的公用服务设施，方便了人民生活？

(4)项目对人民的社会福利有无影响？

(5)项目对当地人民的生活习惯有无影响？

(6)项目建设与实施，由于职工增加，对当地人民的生活供应有无影响？对当地生活用品的价格是否有影响？这方面应采取什么措施？

(7)项目建设与实施中当地企业对职工的生活供应是否有保证？如粮、油、肉、蛋、蔬菜等生活资料，当地能否供应？如果供应不了，采取什么措施解决？

(8)企业职工的生活服务设施如何解决？与当地政府和社区群众关系如何？如存在问题，应采取什么措施？

7.项目对当地人民的社会保障，如老年人、残疾人等的社会保障有无影响？

8.对社会安全、稳定的影响：

(1)项目建设与实施，对当地民族团结有无影响？是否遵循了我国的民族政策，尊重了当地各民族的风俗习惯、宗教信仰等？如果这方面有不利影响，应采取什么预防措施？

(2)项目对加强国防、巩固边防有无影响？

(3)项目对当地的交通有无影响？是否可能增加交通事故，影响人民生活安全？应采取什么预防措施？

(4)由于项目建设与实施，增加了当地的固定人口与流动人口，是否可能增加犯罪率，影响当地的社会秩序、安全、稳定？这方面应采取什么预防措施？

(5)项目对减少当地的自然灾害有无贡献？有无增加当地自然灾害的危险？

9.项目受益者是谁？有多少人以何种方式受益？有无项目受损者？或项目建设与实施是否会使一部分人的生活受到不利影响的？对受损者如何补偿？是否与他们进行了讨论，听取了他们的要求与意见？

10.项目所需的原材料、燃料、动力等物资供应，与地方有无关系？如果需要当地解决，是否存在问题？取得了地方政府与社区群众的支持吗？

11.所在地区有无乡规民约、风俗习惯限制和影响项目建设与实施？如有影响，应采取什么措施使项目与社区相适应？

12.当地政府对项目的态度如何？如何使他们参与项目决策、设计与实施，以取得地方政府对项目的充分支持？

13.在群众参与方面，项目决策、设计、实施中，涉及当地人民切身利益的有关问题以及文化传统问题，是否邀请了当地社区群众参加讨论，充分听取了他们的意见，取得了他们对项目的充分支持与谅解？对有关的方案与措施，当地群众是否参与了讨论、决策？

14.地方政府管理机构如不能适应项目的实施与发展(如当地公安、政法等机构是否需要扩充)，需采取什么措施解决？这类措施是否与当地政府商议，取得了当地政府的同意？所需费用、人员如何解决？

上述定量分析与定性分析，实际运用时，应根据具体情况与需要，并结合行业的专用指标与定性分析指导意见有选择地应用，不要求所有的项目都全面计算以上指标和运用以上定性分析指标纲要。

表 8-1　项目社会评估综合表

序号	社会评估指标（定量与定性分析）	分析评估结果	简要说明（包括措施、补偿及其费用）
1			
2			
3			
4			
5			
…	……	……	……
	总结评价		

本章知识要点及自我检测

本章案例资料

第九章 不确定性分析

材料:

某项目经过评估专家组分析与论证,认为该项目建设上具有必要性,技术上可行,建设生产条件具备,财务效益评估和国民经济效益评估的结果也都是有效益的。评估专家组,建议业主尽快实施该项目。董事会根据专家组建议,决定投资该项目,2007 年项目建成投产,产品销往国内外,遗憾的是该项目并未获得预期的效益,项目投产的第二年就出现了亏损。于是,有些股东对评估组财务效益和国民经济效益评估的准确度和可信度产生怀疑,认为当初决策投资该项目太轻率了。

思考:

你认为当初董事会决策投资该项目是否太轻率了?项目评估中应如何提高财务效益和国民经济效益评估的准确度和可信度,避免或减少投资决策的失误?

第一节 不确定性分析概述

课件

一、不确定性分析的概念

项目评估工作中,大量计算分析所用的数据都是来自预测和估计。现实生活中,由于环境、条件等客观因素的变动和主观预测能力的局限,投资项目的实施结果(投资效果和经济效果等)不一定符合评估人员原来所作的预测和估计。因此,无论采用哪种方法对项目进行财务效益和国民经济效益评估,总是带有一些不确定性的因素。不确定性因素的作用超过一定程度时,就会给所评估的项目带来风险。一般地说,不确定因素和风险存在是不可避免的,因此,在财务效益和国民经济效益评估中,需要进行不确定性分析。

在对投资项目进行财务经济效益评估时,需要采用价格、折现率、经济寿命期、产品生产规模等一系列变量来测算项目的投资成本、经营成本、销售利润等指标。由于这些变量受多种条件的制约或影响,使得将来的情况很难与项目评估中所假设或预测的结果完全一致，这种不一致就是项目的不确定性。

一个建设项目，特别是重大建设项目，在决策过程中，需要考虑到政治、经济、社会、资源、技术等多方面因素的影响，这些因素将随着时间、地点、条件的改变而不断发生变化。这些变化的因素，人们一般地称之为不确定性因素。

由于有不确定性因素存在，要求在评估项目的财务经济效益时，必须计算和分析对项目有重大影响的各种因素的变化对项目盈利水平的影响程度，并要估算出对经济评估指标有重大影响的敏感因素、变化范围，以及出现在此范围的概率。这种以计算和分析各种不确定性因素变化对项目经济效益的影响程度为目的的经济分析工作，称之为不确定性分析。

二、不确定性的主要因素

不确定性因素的产生，有的是因环境条件变化而造成的。项目评估中所考虑的因素会随时间的推移、地点的转移和环境的变迁而变动。实际上，项目评估本身就是在不确定的情况下进行的，因此，这是产生不确定性的客观原因。不确定性也会来自评估工作本身，例如基础数据预测不准，对有关问题估计认识不足，对某些情况、条件和数据甚至要做出假定，这是产生不确定性的主观原因。具体地讲，对项目评估影响较大的不确定性因素主要有：

(一)价格变化

投资项目投入物和产出物的价格是影响项目经济效益的基本因素，拟建项目的投资成本、产品生产成本和销售收入无不与价格有关。影响价格变动的有通货膨胀和价格调整两大原因，一些重大项目，建设期和生产期都很长，价格不确定性更为显著，因而必然会影响对经济效益的评价甚至导致错误决策。所以进行不确定性分析时，就要考虑价格上涨或下降一定幅度所引起的评价指标变动，分析由于通货膨胀和物价调整产生的影响。

(二)工艺技术变化

技术是实现项目经济效益的主要手段之一。项目技术与项目的经济效益有密切的联系。项目评估时，每一个参数，每一个单位的投入和产出，每一个效益指标，均以评估当时条件下的科学技术生产工艺水平为依据。但随着科学技术的发展，生产工艺在不断提高和完善，特别是当今世界，技术更新速度越来越快，整个社会的科学技术发展日新月异。这样，以项目评估时的生产工艺水平确定的各种参数指标，将会使今后的生产发展和技术进步的社会水平不断变化，甚至引起项目产品的更新换代，导致产品成本费用和竞争能力的变化，从而影响项目的经济效益。

(三)生产能力变化

项目建成投产后，由于种种原因，诸如原材料、燃料、动力供应不足，交通运输不配套，技术操作不熟练，产品销路不畅通，管理水平不高等等，都会造成生产能力达不到原设计能力，以至影响项目的经济效益。

(四)投资费用变化

如果在项目评估阶段，对固定资产和流动资金的投资数额估计偏低或偏高，以及建设期和投产期缩短或延长，也会引起建设项目的投资费用发生变化，导致项目的投资规模的扩大或缩小，从而影响建设项目的经济效益。

（五）项目计算期变化

项目评估中的许多指标，都是以项目计算期（也称项目寿命期）作为分析基础的，如净现值、内部收益率等等。随着科学技术的进步，建设项目所采用的一些技术、设备以及工艺等很可能提前老化，从而使其寿命期也提前结束。另外，随着经济的发展，市场需求的变化，项目的寿命期也会缩短。这在科学技术飞速发展的当今社会里是一个不容忽视的问题。项目计算期的缩短，或者其中建设期延长、投产期和达产期推迟，这些无疑都会极大地减少项目的收益。

（六）生产成本变化

在项目评估中，考虑最多的则是生产成本变化，这是因为项目生产成本对项目经济效益的关系最大，生产成本增高，必然影响项目的收益。

生产成本是由多项因素综合决定的。这些因素的变化，也会给项目生产成本带来变化。此外，项目产量的增减变动对生产成本的影响也很大，产量增加，生产成本可能也会增加；生产成本还可能由于技术的发展而变化，如一项新技术或新材料的应用，可能会降低消耗，从而使生产成本下降，影响产品经济效益。

（七）基准折现率变化

大量的评估实践说明，基准折现率对于现值计算是一个十分敏感的因素，往往基准折现率只要变动百分之几，就可能完全改变对项目评估的结论。在评估中可以选用不同的折现率计算项目的现值收益，也就是把基准折现率看作是一个不确定性因素。这种做法在国外也有，比如加拿大政府建议以 10%作为初始的折现率，而以 5%和 15%这两个折现率作敏感性分析。

（八）外汇汇率变化

汇率在项目评估中也是一个十分敏感的因素，特别是对于那些涉外项目。汇率变化对项目的影响，主要是从投资费用、生产成本、销售收入等方面表现出来的。当一个项目需要引进国外设备时，汇率上浮，都会增加设备国内价格；对于一个利用国外原材料进行生产的企业，汇率的上浮，必然会使它以国内价格表现的销售收入增加，反之亦然。所以，汇率变化会非常直接地影响项目的经济效益。

（九）人为投资环境变化

良好的投资环境不仅对吸引投资有巨大作用，而且对项目经济效益也会有很大影响。投资环境包括硬环境和软环境。硬环境指自然环境，包括地理条件、自然资源、人力资源和基础设施；软环境包括人为自然环境和人为环境。人为自然环境指经济发展水平、经济增长速度、劳动生产率高低、经济效益和经济结构的现状；人为环境指在一定政治经济形势下的政策、方针和法规的制定及现状。一个国家的法规是否健全、政策是否连续都会影响建设项目的不确定性，给建设项目带来风险。一般地，人为投资环境的变动是很难预见和控制的。但是，对重大项目或对政策、法规较敏感的项目，以及某些涉及国际贸易的项目，都应对人为投资环境带来的不确定性进行估计分析。

总之，影响项目经济效益的因素是多种多样的，不同类型的建设项目，不确定性因素对其的影响程度也各不相同。因此，评估人员应区分不同的建设项目，抓住关键因素进行具体分析，找出引起经济效益变化的主要原因。

三、不确定性分析的方法

不确定性分析的方法很多，项目评估中常用的方法主要有盈亏平衡分析、敏感性分析和概率分析（详细内容在本章二～四节中专门介绍）。盈亏平衡分析只用于财务效益分析，敏感性分析和概率分析可同时用于财务效益分析和国民经济效益分析。

课件

第二节　盈亏平衡分析

一、盈亏平衡分析的概念

盈亏平衡分析又称保本分析、收支平衡分析、损益临界分析。它是根据项目正常生产年份的产量、成本、产品销售价格和税金等数据，计算分析产量、成本和盈利三者之间的关系，确定销售总收入等于生产总成本时即盈亏平衡点的一种方法。在盈亏平衡点上，企业既无盈利，也无亏损。在不确定性分析中，投资者可以通过盈亏平衡分析，判断拟建项目能够经受多大风险而不致发生亏损。

盈亏平衡点的表达形式有多种，既可以用实物产量、单位产品售价、单位产品的可变成本以及年总固定成本的绝对量表示，也可以用某些相对值表示，如生产能力利用率。其中以产量和生产能力利用率表示的盈亏平衡点应用最为广泛。

根据生产成本及销售收入与产量（销售量）之间是否呈线性关系，盈亏平衡分析又可进一步分为线性盈亏平衡分析和非线性盈亏平衡分析。

二、线性盈亏平衡分析

（一）线性盈亏平衡分析的前提条件

1.产品产量等于销售量；

2.产量变化，单位可变成本不变，从而总生产成本是产量的线性函数；

3.产量变化，销售单价不变，从而销售收入是销售量的线性函数；

4.生产单一产品或多种产品，但可以换算成单一产品计算。

（二）线性盈亏平衡分析方法

1.图解法

图解法主要是通过绘制盈亏平衡图的方法来分析产量、成本和盈利的关系，找出盈亏平衡点（参见第二章项目保本规模的确定）。

2.数学计算方法

数学计算方法是根据已知的数据，用代数方法进行盈亏平衡分析。它所涉及的关键变量有四个，即产销量、产品单价、成本和税收。其中成本又分为固定成本和变动成本。这四个变量的关系如下：

$$\text{产(销)量}=\frac{\text{销售净收入}}{\text{产品单价}+\text{单位产品税金}}$$

$$\begin{aligned}\text{销售成本}&=\text{固定成本总额}+\text{产销量}\times\text{产品单位变动成本}\\&=\text{固定成本总数}+\text{变动成本总额}\end{aligned}$$

$$\text{销售税金}=\text{销售收入}\times\text{税率}=\text{销售量}\times\text{产品单价}\times\text{税率}$$

$$\text{销售净收入}=\text{产(销)量}\times(\text{产品单价}-\text{单位产品税金})$$

根据以上变量之间的关系，可以用代数法进行盈亏平衡分析。

据假设条件可知：$S=Q\cdot(P-T)$

$$C=F+VQ$$

式中：S 为正常年份销售净收入，C 为正常年份生产总成本，Q 为正常年份产品产量，P 为单位产品销售价格，F 为年固定成本，V 为单位可变成本，T 为单位产品税金。

按照收支平衡的定义，S 应该等于 C：

$$S=C \qquad \text{或 } Q(P-T)=F+VQ$$

$$\text{得 } Q=\frac{F}{P-V-T}$$

据以上基本公式，可得出用各种不同参数表示的盈亏平衡点：

(1)以产(销)量表示的盈亏平衡点 BEP_Q：

$$\mathrm{BEP}_Q=\frac{F}{P-V-T}$$

以产(销)量表示的盈亏平衡点，表明企业不发生亏损时所必须达到的最低限度的产品产(销)量。一个拟建项目如果具有较小的、以实物产量表示的盈亏平衡点，说明该项目只要达到较低的产(销)量就可以保本，也表明该项目可以经受产品生产规模变动的较大的风险。要使项目获得较小的 BEP_Q 值，就必须降低固定成本，降低单位产品可变成本、单位产品税金或相应提高销售单价。

(2)以生产能力利用率表示的盈亏平衡点 BEP_R：

$$\begin{aligned}\mathrm{BEP}_R&=\frac{F}{P-V-T}/Q\times 100\%\\&=\frac{F}{(P-V-T)\cdot Q}\times 100\%\end{aligned}$$

以生产能力表示的盈亏平衡点，表明项目不亏损时必须达到的最低限度的生产能力。

一个拟建项目如果具有较小的 BEP_R，说明企业达到较低生产能力利用率即可保本，也说明当项目投产后实际生产能力偏离设计生产能力很大时仍然能保持不亏损，因而项目可经受较大的风险。反之，说明项目经受风险能力差。

(3)以销售单价表示的盈亏平衡点 BEP_P：

$$BEP_P=\frac{F+QV}{Q}+T$$

用销售单价表示的盈亏平衡点，表明企业不发生亏损时，所必须达到的最低销售价格。只有当销售价格与产品单位成本相等时，项目才能处于盈亏平衡水平上。这一参数直接与产品单位成本有关，较低的产品单位成本，可以使产品的销售单价经受较大的风险。

(4)以销售收入表示的盈亏平衡点 BEP_S：

$$BEP_S=\frac{F}{P-V-T}\times P$$

以销售收入表示的盈亏平衡点，表明项目不发生亏损时，所必须实现的最低销售收入。只有当销售收入与总成本费用相等时，项目才能处于盈亏平衡水平。这一参数与产品生产成本有关，即生产成本较低时，可以使销售收入经受较大的风险。

(三)线性盈亏平衡分析的运用

在项目评估中，盈亏平衡分析主要是应用于判断项目承受风险的能力。

从盈亏平衡点的高低可以判断项目生产或销售水平变化的情况，项目投产后所承受风险的能力。

例：某项目年产 2.3 万吨 N 产品，年生产总成本23 815万元，其中固定成本为 5 587 万元，单位可变成本为 7 925.22 元，销售单价为每吨15 400元，单位销售税金1 169.13 元。则：

1.以产量表示的盈亏平衡点 BEP_Q

$$BEP_Q=\frac{5\ 587}{15\ 400-7\ 925.22-1\ 169.13}=0.89(\text{万吨})$$

计算结果表明，该项目建成投产后年产量只要能达到 0.89 万吨就可以保本，保本点低，所以项目具有较强的抗风险能力。

2.以生产能力利用率表示的盈亏平衡点 BEP_R

$$\begin{aligned}BEP_R&=\frac{5\ 587}{(15\ 400-7\ 925.22-1\ 169.13)\times 2.3}\times 100\%\\&=39\%\end{aligned}$$

计算结果表明，该项目只要达到设计能力的 39%就可以保本，可见，项目的风险较小。

3.以销售单价表示的盈亏平衡点 BEP_P

$$\begin{aligned}BEP_P&=\frac{5\ 587+7925.22\times 2.3}{2.3}+1\ 169.13\\&=11\ 523.48(\text{元})\end{aligned}$$

计算结果表明，项目可以保本的单位产品销售最低价格为11 523.48元。

4.以销售收入表示的盈亏平衡点 BEP_S

$$BEP_S = \frac{5\ 587}{15\ 400 - 7\ 925.22 - 1\ 169.13} \times 15\ 400$$
$$= 13\ 644.87(\text{万元})$$

计算表明，该拟建项目建成投产后各年的销售收入只要达到13 644.87 万元，就可以保本。

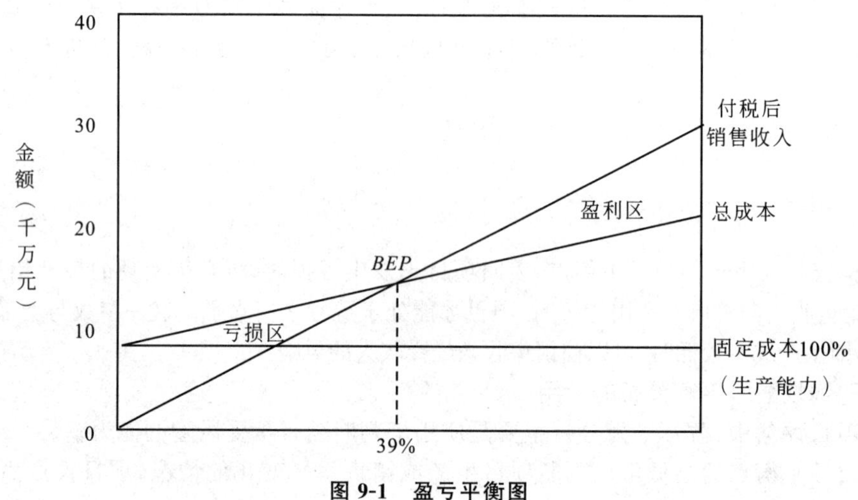

图 9-1 盈亏平衡图

三、非线性盈亏平衡分析

在现实生活中，往往产品成本与产量并不呈比例变化，销售收入与销售量也会受市场的影响而不呈线性关系，这就需要进行非线性盈亏平衡分析(见图 9-2)。

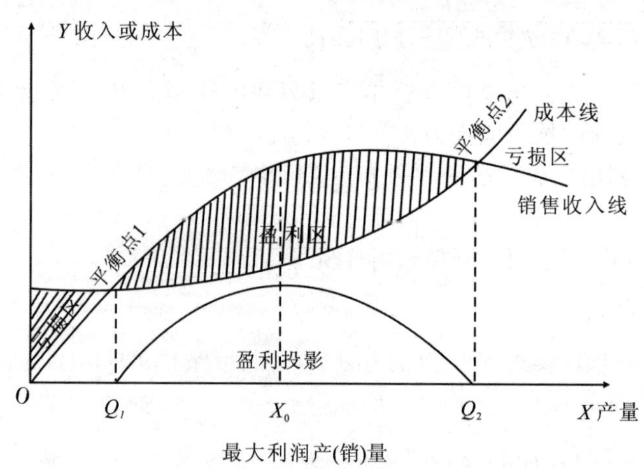

图 9-2 非线性盈亏平衡分析

(一)非线性盈亏平衡点的计算

当产量、成本和盈利呈非线性关系时,可能出现两个以上的平衡点(从图9-2可见)。在此情况下,这两个平衡点统称为盈利限制点。产量只有保持在Q_1与Q_2之间时才能盈利,如果达不到Q_1点或超过Q_2点以后就要亏损,在盈利区$Q_1 \sim Q_2$之间有一个最大的盈利点Q_0。当收入等于变动成本时,就达到开关点(Q_2),这时销售收入只够补偿变动成本,亏损额正好等于固定成本。开关点是表明在产量达到这一点后,若继续提高产量,那么所造成的亏损就大于停产的亏损。

投资项目投产后的产量、收入和成本的非线性关系,可以用二次曲线的函数式表示:

$$f(x)=ax^2+bx+c$$

式中x为盈亏平衡时的产量。

在求盈亏平衡点的产量时,应令销售利润方程式为零,即销售收入总额减去成本总额等于零,以求平衡点的产量x。

$$f(x)=f(R)=f(s)-f(c)=f(px)-f(F+vx)$$

$$=(px-F-vx)=0$$

函数式中:R为销售利润,s为销售收入,c为生产成本总额,P为单位产品价格,F为固定成本总额,v为单位产品变动成本。

运用二次方程求根公式,可解得产量x:

$$x=\frac{-b\pm\sqrt{b^2-4ac}}{2a}$$

由此解得的x_1和x_2分别为盈亏平衡点的最低产量和最高产量。在这两个平衡点之间,存在着最大利润点,在这个点的左侧,利润率上升,在这个点的右侧,利润率下降。这种与产量的变动相关的利润变化率就是边际利润。在这个最高利润点上,利润变化率肯定为零。要找到这个点,就应对利润方程式求导,令其导数等于零,解出x。

由于$R=s-c, s=px, c=F+vx$

$$\frac{\mathrm{d}R}{\mathrm{d}x}=\frac{\mathrm{d}(s-c)}{\mathrm{d}x}=\frac{\mathrm{d}(px-F-vx)}{\mathrm{d}x}$$

$$=\frac{\mathrm{d}px}{\mathrm{d}x}-\frac{\mathrm{d}(F+vx)}{\mathrm{d}x}=0$$

$$\frac{\mathrm{d}px}{\mathrm{d}x}=\frac{\mathrm{d}(F+vx)}{\mathrm{dx}}$$

由上式看出,当达到最高利润的产量时,每增加一个销售单位产品所带来的收入等于多生产一个单位产品所增加的费用,即边际收入等于边际费用。若产量继续上升,则会出现边际费用大于边际收入,即利润下降的情况,一直到第二平衡点。此时,若产量继续上升,则开始亏损,产量达到开关点时,年亏损额正好等于年固定成本额,相当于企业停产。

(二)非线性盈亏平衡分析应用案例

某项目生产某种型号的微波炉，预计每年的销售收入为 $s=600x-0.02x^2$，年固定成本总额为 $F=400\ 000$(元)，年变动成本为 $vx=200x+0.02x^2$，年总成本 $c=400\ 000+20x+0.02x^2$。试对该项目进行盈亏平衡分析。

解：项目的利润方程式为：

$$R=(600x-0.02x^2)-(400\ 000+200x+0.02x^2)$$

$$=400x-0.04x^2-400\ 000$$

令上式 $R=0$，则：

$$x=\frac{-400\pm\sqrt{400^2-(4\times0.04\times400\ 000)}}{0.08}$$

$x_1=1\ 127$(台)

$x_2=8\ 873$(台)

令 $\frac{\mathrm{d}R}{\mathrm{d}x}=\frac{\mathrm{d}(400x-0.04x^2-400\ 000}{\mathrm{d}x}=0$

$x=5\ 000$(台)

再看利润方程的二阶导数，若其小于零，则一阶导数等于零时的产量，即为该项目最大盈利时的产量。

$$\frac{\mathrm{d}^2R}{\mathrm{d}x^2}=-0.08<0$$

因此，当 $x=5\ 000$ 台时，该项目的盈利最大。

若要进一步计算开关点，则：

$$R=400x-0.04x^2-400\ 000(\text{元})$$

令 $R=0$

得：$x_1=0$ $x_2=10\ 000$(台)

当项目产量达到 10 000 台时，亏损额等于全年固定成本，与企业处于停产状态一样。

四、盈亏平衡分析的局限性

通过盈亏平衡分析得出盈亏平衡点，使决策的外部条件简单地表现出来，根据盈亏平衡点的高低，可以大致了解项目抗风险的能力。由于这种分析方法简便，所以被广泛地应用于项目的评价分析中。但它也有一定的局限性。首先必须假定产量等于销售量，但在实际工作中并不都是如此，因而难以全面反映项目未来的实际情况；其次，这种分析方法要求产品单一，并把所有不同的收入和不同的成本都集中在两条线上表现出来，难以精确地描述实际工作中可能出现的各种具体情况，从而影响到这一分析的精确性，而只能粗略地对变量因素进行分析。要获得项目较为精确的评价结果,必须配合其他评价方法进行深入分析。

课件

第三节　敏感性分析

一、敏感性分析的概念和作用

敏感性分析是指通过测试,计算各种不确定性因素的变化对项目经济效益指标的影响,从中找出敏感因素并确定其敏感程度的一种分析方法。

在项目评估中,由于不确定性因素的作用,会降低经济效益指标的准确程度和可信程度。但是,不同的因素对项目经济效益的影响是不同的,有的影响强烈,稍微变化都会引起经济效益指标的大幅度波动,这些因素一般称之为敏感性因素;有的影响较小,对经济效益评价指标不会引起太大的变化,这类因素一般称之为非敏感性因素。

敏感性分析一般是通过假定其他因素都不变,而人为地把某一个或几个参数往不利或有利的方向变动,研究其影响项目经济效益的程度,从中找出关键因素,并根据分析结果尽量采取有效措施避免敏感性因素朝着不利的方面发展,确保投资决策的准确性和项目经济效益达到最优。

影响项目经济效益的因素很多,敏感性分析通常选择对投资项目资金流量起主要作用的因素,如投资、成本、价格、规模、建设周期等,研究这些因素发生变化时对经济效益指标的影响及影响程度。

在项目评估中进行敏感性分析具有重要的作用。首先,通过敏感性分析,可以对各种不确定性因素进行鉴别。将它们按对项目经济效益影响大小排队,使项目分析决策人员对各种有利因素和不利因素有所了解,并对项目实施过程提供管理信息,当项目建成投产后或建设过程中,一旦发生各种意外情况,也不至于束手无策或心中无数。其次,敏感性分析能够基本反映出一个项目的风险程度。一个项目的敏感性因素很多,对项目经济效益影响程度大,项目承担的风险也大。第三,通过敏感性分析,可以提高不确定性因素与项目经济效益的依存关系,从而启发评估人员对那些较为敏感的因素重新进行分析研究,以提高项目评估中有关经济效益评估指标的可信程度,提高项目评估报告作为决策资料的价值。最后,借助敏感性分析,可以从风险的角度对各种方案进行择优。不同的方案有不同程度的敏感性因素,评估人员通过敏感性分析可以区别敏感性大和敏感性小的方案,以便在经济效益相近的情况下,选取敏感性小的方案,即风险小的方案,使项目建成投产后具有较强的抗风险的能力。

二、敏感性分析的步骤

(一)确定敏感性分析指标

项目评估不可能对所有指标进行敏感性分析,而且不同特点的项目,反映经济效益指标也大不相同。因而,只能针对不同项目的特点,挑选一些最能综合反映项目经济效益的指标作为分析对象。一般说来,应选项目的净现值、内部收益率和投资利润率等指标作为分析对象。

(二)选择不确定性因素

影响项目经济效益的不确定性因素很多,在实际的敏感性分析中,没有必要也不可能对全部的不确定性因素进行逐个分析。一般情况下,要事先对不确定性因素进行筛选,剔除一些不敏感的因素和一些很少或不可能发生的因素组合,只选择那些在费用效益的构成比例中占比重较大,对项目经济效益指标有重要影响,并且在项目计算期内最有可能发生变动的因素(即敏感性因素)和因素组合(即敏感性因素组合)进行分析。通常选取价格、成本、工期和产量等因素,作为敏感性变量因素进行分析。在选取敏感性因素时,应根据项目的特点及有关因素的客观变化趋势做出判断。在难以判断敏感性因素的情况下,要通过不确定性因素变化对某些静态经济效益指标的影响进行比较来确定敏感性因素。

(三)确定不确定性因素的变化范围

进行敏感性分析时,应先确定不确定性因素的变化范围,一般是按增减一定百分比如±10%、±15%、±20%作为因素变化幅度。这个变化幅度,一般可以通过市场调查或者初步估计获得。如某产品价格近几年来大体围绕着某一平均水平上下波动10%,这样就可以将这种产品的价格变化范围确定为±15%。

(四)进行敏感性分析并找出敏感性因素

在确定不确定性因素的变化范围之后,可先假定一个因素发生变化,其他因素不发生变化,算出项目效益对这个变量变化的敏感程度。再假定第二个变量变化,算出项目效益对其变化的敏感程度,这样一个一个地进行下去,直到把选定的不确定因素对项目经济效益的敏感程度计算完为止。如果有必要,还可以分析两个或两个以上因素同时发生变化时,对项目经济效益产生的影响及影响程度。

(五)绘制敏感性分析图

敏感性分析图比较直观,容易判明比较各因素的敏感程度。进行敏感性分析时,一般要绘制敏感性分析图。具体做法如下:纵坐标表示敏感性分析指标,横坐标表示敏感性因素变量,零点表示原来的情况。根据敏感性分析所示数据,绘出经济效益指标对各变量的敏感性曲线。分析曲线的变化趋势,可确定各因素对经济效益的影响及其所允许的最大幅度。

例:以全部投资内部收益率为纵坐标,以几种不确定性因素的变化率为横坐标,根据敏感性分析表(表9-1)所示的数据,绘制敏感性分析图(图9-3),标出财务基准收益率线和社会折现率线。

图中某些因素对全部投资内部收益率的影响曲线与基准收益率线或社会折现率线的交点(临界点),表示该因素所允许的最大变化幅度,即极限值。变化幅度超过这个极限,项目将不可行。

敏感性分析作为一种风险分析,主要是说明项目承担风险的能力。如某个不确定性因素的变化,项目经济效益指标变化不大,则认为项目经济生命力强,承担风险能力大。显然,项目经济效益指标对不确定性因素变化的敏感度越低越好。所以,敏感性因素,主要是寻找引起项目经济效益指标下降的最敏感因素，并对其进行综合评价，提出把风险降低到最低限度的对策，为投资决策提供参考。

三、敏感性分析实例

根据某项目全部投资财务现金流量表(见表5-12)资料：基本方案财务内部收益率为17.72%，投资回收期从建设期起算为7.8年，均满足财务基准值的要求。考虑项目实施过程中一些不确定性因素的变化，分别将固定资产投资、经营成本、销售收入作提高和降低10%的单因素变化，对投资回收期和内部收益率所得税前全部投资进行敏感性分析。

敏感性分析表和敏感性分析图如表9-1和图9-3。

表9-1 财务敏感性分析表

序号	项目	基本方案	投资		经营成本		销售收入	
			+10	−10	+10	−10	+10	−10
1	内部收益率/%	17.72	16.19	19.47	14.47	20.47	22.35	12.47
	较方案增减/%		−1.53	1.75	−3.25	3.01	4.63	−5.25
2	投资回收期/年	7.8	8.19	7.44	8.75	7.16	6.87	9.48

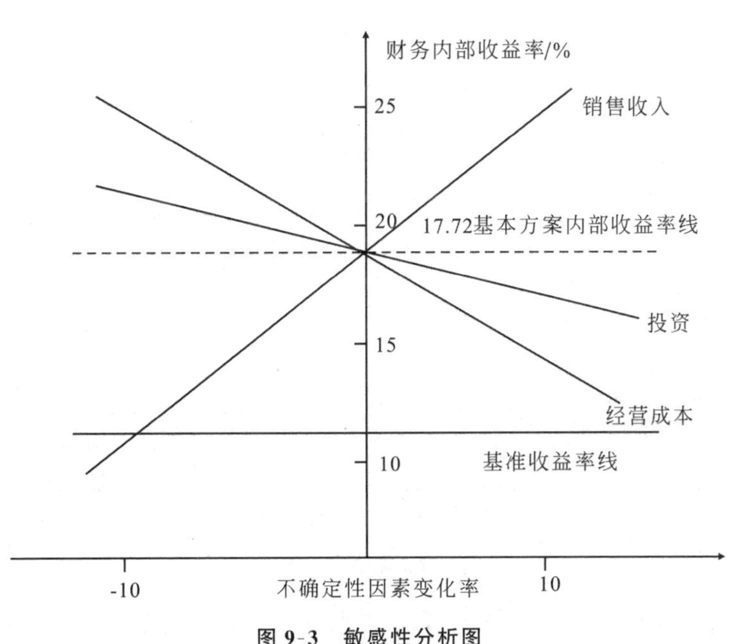

图9-3 敏感性分析图

从表9-1可以看出，各因素的变化都不同程度地影响内部收益率和投资回收期，其中销售收入的提高或降低最为敏感，经营成本次之。当销售收入降低10%时，财务内部收益降低到12.47%，比基本方案降低5.25%，投资回收期为9.48年，比基本方案延长1.68年；当销售收入增加10%时，财务内部收益率增加到22.35%，增加4.63%，投资回收期为6.87年，比基本方案缩短0.93年。

从图 9-3 中可以看出销售收入和经营成本对基本方案内部收益率的影响曲线和财务基准收益率的交点(临界点)分别为销售收入降低约 11%和经营成本提高约 17%时,项目的内部收益率才低于基准收益水平,说明项目的抗风险能力较强。

例:根据某项目全部投资国民经济效益费用流量表(见表 7-6)资料,基本方案全部投资经济内部收益率为 15.63%,满足国民经济评估要求。根据项目具体情况,选择对国民经济投资、经营费用和销售收入分别作提高和降低 10%的单因素变化,对全部投资经济内部收益率进行敏感性分析。敏感性分析表和敏感性分析图如表 9-2 和图 9-4。

表 9-2 经济敏感性分析表

项 目	基本方案	投资		经营成本		销售收入	
		+10	-10	+10	-10	+10	-10
内部收益率/%	15.63	14.21	17.27	10.94	19.81	21.29	8.96
较基本方案增减/%		-1.42	1.64	-4.69	4.18	5.66	-6.67

从表 9-2 可以看出,各因素的变化对内部收益率均有一定的影响,其中,销售收入的影响最大,经营费用的影响次之,投资成本的影响较小。

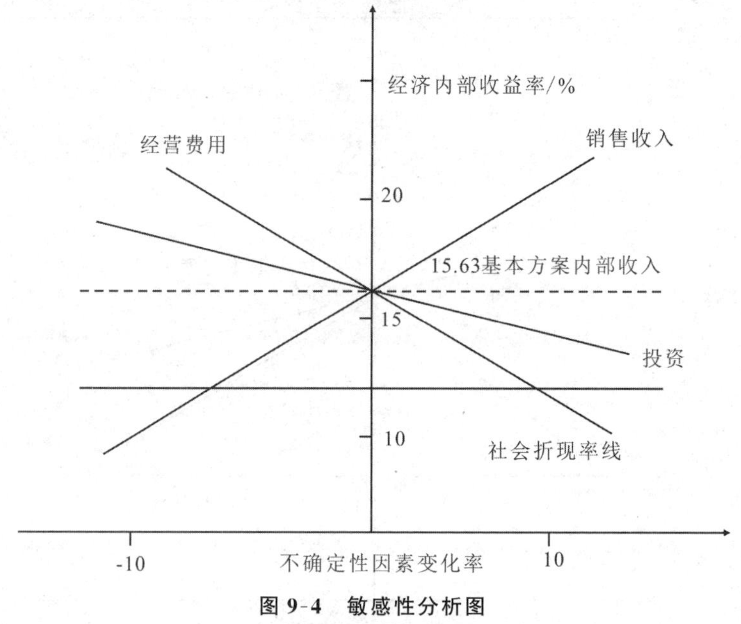

图 9-4 敏感性分析图

从图 9-4 可以看出,内部收益率达到临界点时各因素允许变化的最大幅度分别为:固定资产投资提高的临界点为 28.3%,经营费用提高的临界点为7.8%,销售收入降低的临界点为 5.6%。说明该项目能承担一定的风险。

四、敏感性分析的局限性

通过敏感性分析可以了解不确定因素对项目经济效益影响的大小,并找出敏感因素,同时可以测定达到项目经济效益临界点的敏感因素允许变动幅度。但在敏感性分析时，对不确定性因素变化范围的确定往往有很大的主观性。因此，实际上还只能算是一种定性的分析，它无法测定不确定性因素发生的可能性有多大，更不能对项目效益指标的影响程度做出定量分析。因此，在进行敏感性分析时，应尽量结合概率分析等其他不确定性分析方法来一起评价项目的风险程度。

能力训练

能力训练一

材料：

某投资项目设计年产量为100万吨，已知每吨销售价格为7 500元，每吨产品的税金为1 500元，单位产品的变动成本为3 000元，年总固定成本为120 000万元。

要求：

计算盈亏平衡点产量和生产能力利用率。

能力训练二

材料：

附表9-1是某项目敏感性分析表

要求：

1.结合附表9-1提供的信息，说明敏感性分析的步骤；

2.根据附表9-1提供的信息，撰写某项目敏感性分析结论。

附表9-1 敏感性分析表

序号	敏感因素	评价指标	
		指标值	变化率/%
1	基本方案	2 114.38	
2	投资增加10%	1 635.06	22.67
	投资减少10%	2 547.70	20.49
3	成本增加10%	724.18	65.75
	成本减少10%	3 501.20	65.59
4	收入减少10%	1 113.38	47.34
	收入增加10%	3 115.50	57.35

本章知识要点及自我检测

本章案例资料

第十章 风险分析

材料：

收益和风险是投资者最关心的两个问题，投资者总是希望尽可能提高项目的收益、降低项目的风险。但是，世界上不存在没有风险的项目，投资者若想避免和减少损失，就必须了解造成项目风险的因素，掌握风险评估的方法并采取相应的对策。

思考：

1.投资项目常见的风险因素有哪些？

2.如何进行风险评估？

3.如何降低项目的风险？

课件

第一节 概 述*

一、不确定性与风险的关系

风险与不确定性既有紧密的联系，又有区别。两者的关系可归纳为以下几个方面：

(一)不确定性是风险的起因

人们对未来事物认识的局限性，可获得资源的不完备性以及未来事物本身的不确定性使未来经济活动的实际结果偏离预期的目标，这就形成了经济活动结果的不确定性，从而使经济活动的主体可能得到高于或低于预期的效益，甚至遭受一定的损失，导致经济活动"有风险"。

(二)不确定性与风险相伴而生

正是由于不确定性是风险的起因，不确定性与风险总是相伴而生。实践中这两个名

* 参考注册咨询工程师考试教材编写委员会编写：《项目决策分析与评价》，中国计划出版社 2003 年版，第 263～274 页。

词常常混合使用。

(三)不确定性与风险的区别

不确定性的结果可能优于预期,也可能低于预期,而普遍的认识是将结果可能低于预期,甚至遭受损失称为"有风险"。还可以用是否得知发生的可能性来区分不确定性与风险,即不知发生的可能性时,称之为不确定性;而已知发生的可能性,就称之为有风险。

(四)投资项目的不确定性与风险

在经济活动中,风险是不以人们意志为转移而客观存在着的,投资项目的风险也不例外。《投资项目可行性研究指南》对投资项目风险的定义是:投资项目风险是指由于不确定性的存在导致实际结果偏离预期结果造成损失的可能性。风险大小既与损失发生的可能性(概率)成正比,也与损失的严重性成正比。

二、不确定性分析与风险分析

与"不确定性"和"风险"的关系一样,不确定性分析与风险分析也是既有联系又有区别的。不确定性分析(一般指敏感性分析)与风险分析的主要区别在于两者的分析内容、方法和作用不同。

不确定性分析只是对投资项目受各种不确定因素的影响进行分析,并不可能知道这些不确定因素可能出现的各种状况及其产生影响发生的可能性。而风险分析是通过预知不确定因素可能出现的各种状况发生的可能性,求得其对投资项目影响发生的可能性,进而对风险程度进行判断。不确定性分析与风险分析之间也有一定的联系。敏感性分析只能得知影响项目效益的敏感因素和敏感程度,不能得知这种影响发生的可能性;如需得知影响发生的可能性,必须借助于概率分析、蒙特卡洛等风险分析方法。但是,通过敏感性分析所找出的敏感因素却可作为概率分析和蒙特卡洛分析风险因素的确定依据。

三、风险因素的识别

风险因素识别首先要认识和确定项目究竟可能会存在哪些风险因素,这些风险因素会给项目带来什么影响,具体原因又是什么,同时结合风险程度的估计,得知项目的主要风险因素。

(一)投资项目风险基本特征和识别原则

1.具有不确定性和可能造成损失是风险的最基本特征,要从这个基本特征入手去识别风险因素。

2.投资项目风险具有阶段性,在项目的不同阶段存在的主要风险有所不同,识别风险因素要考虑其阶段性。

3.投资项目风险依行业和项目不同具有特殊性,因此风险因素的识别要注意针对性。

4.投资项目风险具有相对性,对于项目的各有关方(不同的风险管理主体)可能会有不同的风险,或者同样的风险因素对于不同方面体现出的影响大小不同,因此识别风险时要注意其相对性。

(二)投资项目风险识别的思路和方法

在对风险特征充分认识的基础上识别项目潜在的风险和引起这些风险的具体风险因素,只有首先把项目主要的风险因素揭示出来,才能进一步通过风险评估确定损失程度和发生的可能性,进而找出关键风险因素,提出风险对策。

风险因素识别应注意借鉴历史经验,特别是后评价的经验。同时可运用“逆向思维”方法来审视项目,寻找可能导致项目“不可行”的因素,以充分揭示项目的风险来源。

风险识别要采用分析和分解方法,把综合性的风险问题分解为多层次的风险因素。常用的方法主要有系统分解法、流程图法、头脑风暴法和情景分析法等。在系统分解法中,最常用的是树型分析法,将风险因素层层剖析,尽可能深入到最基本的风险单元,以明确风险的根本来源。具体操作中,大多数通过向专家调查的方式完成。

(三)常见风险因素的归纳和分解

1.政策方面的风险因素

由于政府的政策调整,可能使项目原定的目标难以实现,从而使业主遭受损失。如税收、金融、环保、产业政策等的调整变化,税率、利率、汇率、通货膨胀率的变化都会对项目经济效益带来影响。

2.市场方面的风险因素

市场风险是竞争性项目常遇到的重要的风险,它的损失主要表现在项目产品销路不畅,产品价格低迷等,导致产量和销售收入达不到预期的目标。通常市场风险主要来自三个方面:一是市场供求总量的实际情况与预测值有偏差;二是项目产品缺乏市场竞争能力;三是实际价格与预测价格的偏差。这三方面可以作为市场风险因素的第二层次,根据需要和可能,还可以将其依次展开分解为第三个甚至第四个层次。

对于市场总量的偏差,首先将其分解为供方市场和需方市场,然后,各自进一步细分为国内和国外。其风险可能来自区域性因素、替代产品的出现以及经济环境对购买力的影响。

产品市场竞争力风险因素,又可细分为品种质量、生产成本以及竞争对手因素等。

价格偏差因素可以分解为影响国内价格因素和影响国际价格因素,随项目和产品的不同可能有很大的不同。

3.技术方面的风险因素

在投资项目分析与评价中,虽然对拟采用技术的先进性、适用性和可靠性进行了必要的论证分析,选定了认为合适的技术,但是,由于各种主观和客观原因,仍然可能会发生预想不到的问题,使投资项目遭受风险损失。投资项目分析评价阶段应考虑的技术方面的风险因素主要有:对技术的先进性、适用性和可靠性认识不足,开车后达不到生产能力、质量不过关或消耗指标偏高。对高新技术开发项目,还必须考察其技术的成熟度以及技术更新速度,因此这类项目面临的技术风险要高于一般项目。对于引进国外三手设备的项目,设备的性能能否如愿是应认真分析的风险因素。有些项目技术的可得性也可能成为一种风险因素。另外,工艺技术与原料的匹配问题也是应该考察的风险因素。

4.资源方面的风险因素

在项目分析与评价阶段,对地下的资源和地质结构情况尽管有所依据,但是有可能认识不足,成为项目的风险源。主要体现在:对矿山、油气开采等开发项目而言,资源因素是很重要的风险因素,在项目分析与评价阶段,矿山、油气开采项目的设计规模,一般是根据国家储备委员会批准的地质储量设计的,但对于地质结构比较复杂的地区,由于受勘探技术、时间和资金的限制,实际储量可能会有较大的出入,致使矿山和油气开采等项目产量降低、开采成本过高或者寿命缩短,造成巨大的损失。

在水资源短缺地区建设项目,或者项目本身耗水量大,那么水资源风险因素应予重视。水资源风险因素可细分为水资源勘探不明或气候不正常等因素的影响。对于某些水利项目和农业灌溉项目还可能有水资源的分配问题。

对于制造工业或某些基础设施项目,外购原材料和燃料的来源存在可靠性风险问题。主要是供应量和价格两个方面,特别是对于大宗原材料和燃料,这种影响更显重要。对于大宗材料和燃料,运输条件和保障程度也可能是风险因素之一。

5.工程方面的风险因素

对于矿山、铁路、港口、水库以及部分加工业项目,工程和水文地质情况非常的重要。但是,限于技术水平有可能勘探不清,致使在项目的生产运营甚至在施工中就出现问题,造成经济损失。因此,在地质情况复杂的地区,应慎重对待这方面的风险因素。

6.投资方面的风险因素

项目的经济效益与投资额的大小密切相关。因此,投资方面的风险因素对项目至关重要。这方面的风险因素可以细分为由于工程量预计不足或者设备材料价格上升导致投资估算不敷需要;由于计划不周或者外部条件等因素导致建设工期拖延;外汇汇率不利变化导致投资增加等。这其中有主观也有客观的因素,应仔细识别。

7.融资方面的风险因素

项目的经济效益与融资成本有关,凡影响融资成本的因素都应仔细识别,例如贷款利率上升或者融资结构未能如愿导致融资成本上升等。资金来源的可靠性、充足性和及时性,也是应予以考虑的因素。

8.配套条件的风险因素

项目需要的配套设施,如供水排水、供电供气、公路铁路、港口码头以及上下游配套等,在项目分析评价中虽然都做了考虑,但是,实际上仍然可能存在外部配套设施没有如期落实的问题,致使项目不能发挥应有的效益,从而带来风险。

9.外部环境风险因素

对于某些项目,外部环境因素也是风险因素之一,包括自然环境、经济环境和社会环境等因素的影响。如项目选址不当,项目对社区的影响、生态环境影响估计不足,或者项目的环保措施不当,在项目建成后,可能对社区或生态带来严重影响,导致社区居民或社会的反对,造成直接经济损失。

10.其他风险因素

对于某些项目还要考虑其特有的风险因素。例如,对于中外合资项目,要考虑合资对象的法人资格和资信问题,还有合作的协调性问题;对于农业投资项目,还要考虑因气候、土壤、水利等条件的变化对收成不利影响的风险因素等等。

上面只是列举出投资项目可能存在的一些风险因素,但并不能涵盖所有投资项目的全部风险因素;也并非每个投资项目都同时存在这么多风险因素,而可能只存在其中的几种,要根据项目具体情况予以识别。

四、风险评估

风险评估也称风险估计,包括风险损失程度的判别和发生可能性的估计两个方面。一般的做法是先对风险程度进行等级划分,然后根据需要和可能,选用适宜的方法对单个风险因素或项目整体风险的程度进行估计。

(一)风险程度的等级分类

按照风险因素对项目的影响程度和风险发生的可能性大小进行划分,风险程度等级分为一般风险、较大风险、严重风险和灾难性风险。

1.一般风险。风险发生的可能性不大,或者即使发生,造成的损失较小,一般不影响项目的可行性。

2.较大风险。风险发生的可能性较大,或者发生后造成的损失较大,但造成的损失程度是项目可以接受的。

3.严重风险。有两种情况,一是风险发生的可能性大,风险造成的损失大,使项目由可行变为不可行;二是风险发生后造成的损失严重,但是风险发生的概率很小,采取有效的防范措施,项目仍然可以正常实施。

4.灾难性风险。风险发生的可能性很大,一旦发生将产生灾难性后果,项目无法承受。

(二)风险评估方法

风险因素的识别应与风险评估相结合,才能得知风险程度。项目涉及的风险因素有些是可以量化的,可以通过定量分析的方法对它们进行估计和分析;同时客观上也存在着许多不可量化的风险因素,它们有可能给项目带来更大的风险。有必要对不可量化的风险因素进行定性的描述,因此风险评估应采取定性描述与定量分析相结合的方法,从而对项目面临的风险做出充分的估计。

应该注意到定性与定量不是绝对的,在深入研究和分解之后,有些定性因素可以转化为定量因素。

投资项目风险分析可根据具体情况和要求选用不同的方式和方法。既可以仅针对单个风险因素进行分析,也可以对项目整体进行风险分析,还可以两者兼而有之。对单个风险因素风险程度估计,可以找出影响项目的关键风险因素。一般可选用相对简单易行的方法,如专家估计法、风险因素取值评定法等,根据需要和可能也可以采用概率分析的方法求得其概率分布。对于重大投资项目或估计风险很大的项目,应进行投资项目整体风险分析。一般应采用概率分析的方法。在具体操作中,对于离散型风险变量,可采用概率分析的理论计算法,运用概率树的形式进行;对于连续型风险变量,可采用模拟计算法,常用的是蒙特卡洛模拟法。

五、风险对策研究

任何经济活动都可能有风险，面对风险，人们的选择可能不同，归纳起来主要有三种选择。一是不畏风险，敢冒风险行事，因为高风险常意味着高回报；二是干脆回避风险，绝不干有风险的事，因此也就失去了获得高回报的机会；三是客观地面对风险，设法采取措施，以降低、规避、分散或防范风险。就是做出第一种选择的，也要尽可能采取降低、规避、分散或防范风险的措施。这项工作应从经济活动实施前就开始进行，才能起到事半功倍的效果。就投资项目而言，分析与评价进行的风险对策研究就可以起到这样的作用。

投资项目分析与评价阶段应考虑的风险对策主要有以下几种：

(一)风险回避

风险回避是彻底规避风险的一种做法，即断绝风险的来源，对投资项目分析与评价而言就意味着提出推迟或否决项目的建议。在分析与评价过程中通过信息反馈彻底改变原方案的做法也属风险回避方式。这样固然避免了可能遭受损失的风险，但同时也放弃了投资获利的可能，因此风险回避对策的采用一般都是很慎重的，只有在对风险的存在与发生，对风险损失的严重性有把握的情况下才有积极意义。所以风险回避一般适用于以下两种情况：其一是某种风险可能造成相当大的损失，且发生的频率较高；其二是应用其他的风险对策防范风险代价昂贵，得不偿失。

(二)风险控制

风险控制是针对可控性风险采取的防止风险发生，减少风险损失的对策，也是绝大部分项目应用的主要风险对策。项目分析与评价中的风险对策应十分重视风险控制措施的研究，应就识别出的关键风险因素逐一提出技术上可行、经济上合理的预防措施，以尽可能低的风险成本降低风险发生的可能性并将风险损失控制在最小程度。风险控制措施必须针对项目具体情况提出，既可以是项目内部采取的技术措施、工程措施和管理措施等，也可以采取向外分散的方式来减少项目承担的风险。

(三)风险转移

风险转移是试图将项目业主可能面临的风险转移给他人承担，以避免风险损失的一种方法。转移风险有两种方式，一是将风险源转移出去，二是只把部分或全部风险损失转移出去。

就投资项目而言，第一种风险转移方式是风险回避的一种特殊形式。例如将已做完前期工作的项目转给他人投资，或将其中风险大的部分转给他人承包建设或经营。

第二种风险转移方式又可细分为保险转移方式和非保险转移方式两种。保险转移是采取向保险公司投保的方式将项目风险损失转嫁给保险公司承担，对某些人力难以控制的灾难性风险就可以采取这种方式。非保险转移方式是项目前期工作采取较多的风险对策。如采用新技术可能面临较大的风险时，分析与评价中可以提出在技术合同谈判中注意加上保证性条款，如达不到设计能力或消耗指标时的赔偿性条款等，以将风险损失全部或部分转移给技术转让方，在设备采购和施工合同中也可以采用转嫁部分风险的条款。

(四)风险自担

风险自担就是将风险损失留给业主自己承担。这适用于三种情况:第一种情况是已知有风险但由于可能获利而需要冒险时,必须保留和承担这种风险,例如资源开发项目和其他风险投资项目;第二种情况是已知有风险,但若采取某种风险措施,其费用支出会大于自担风险的损失时,常常主动自担风险;第三种是风险损失小、发生频率高的风险。

以上所述的风险对策不是互斥的,实践中常常组合使用。项目分析和评价时应结合项目的具体情况,研究并应用相应的风险对策。

课件

第二节 风险分析方法

对项目财务和经济风险分析,通常是在敏感性分析的基础上,采用概率分析和蒙特卡洛分析方法,还可以采用 TOPSIS 方法。

一、概率分析

(一)概率分析的基本知识

1.概率的定义

(1)随机事件

一枚硬币落地,可能正面在上,也可能是反面在上,这纯系偶然,全然没有什么规律。投资建设一个项目,它所面临的市场需求是大还是小,未来的生产条件是可靠还是不可靠,价格的变化幅度有多大,总之,投资决策是成功还是失败,都是事先无法知道的。这种不能确定的现象,即事先无法预知结果的偶然现象称为随机现象。随机现象的每一种结果,就称为一个随机事件。项目决策中会出现的两种结果——成功与失败,就属于两个随机事件。

(2)概率

概率也称几率,是指一个事件发生的频率的近似值。对于一个随机事件,它出现的可能性大小,就称为随机事件的概率。如某个项目决策成功的可能性为70%(即0.7),这0.7就为该项目决策成功的概率。

概率值的确定,一般是根据某个特定事件出现的次数与可能结果总数的比值来确定的。即:

$$P(A)=\frac{K}{N}\left(K\leqslant N,0\leqslant P(A)\leqslant 1,\sum_{i=1}^{n}P(A_i)=1\right)$$

式中:A 为随机事件,$P(A)$为随机事件 A 的概率,N 为各种可能结果的总数(观察试验的总次数),K 为 N 个结果中随机事件 A 发生的次数。

2.随机变量与概率分布

(1)随机变量

表示随机变量结果或程度的变量称为随机变量。随机变量的各种可能结果如果能一一列举出来,称为离散型随机变量;如果不能一一列举出来,称为连续型随机变量。

(2)概率分布

所有随机变量可能出现的概率取值的分布情况,称之为概率分布。概率分析就是研究随机变量的概率分布情况,并据此测定期望值。在项目评估中进行概率分析时,一般只分析和研究离散型随机变量分布。

离散型随机变量概率分析,是根据分析人员的主观判断,取有限随机变量,并能以各种确定的概率值表示的概率分布。

例:某项目建成投产产品的市场需求量,是一个随机变量,其需求量大小按低于生产量、等于生产量、高于生产量分别设为小、中、大三种,根据分析判断,市场需求量小的概率为0.1,需求量中的概率为0.5,需求量大的概率为0.4。若把市场需求量这一随机变量记为A,需求量小、中、大分别为A_1、A_2、A_3,则其概率分布如表10-1。

表10-1　概率分布情况表

市场需求量A	需求量小A_1	需求量中A_2	需求量大A_3
概率$P(A)$	0.1	0.5	0.4

3.期望值

期望值表示随机变量的平均状态,即在各概率$P(A_i)$下随机变量的加权平均值。计算公式为:

$$E(A)=\sum_{i=1}^{n}A_iP_i=\overline{A}$$

如某项目产品市场年销售量为50万吨的概率为0.1,年销售量为70万吨的概率为0.5,年销售量为90万吨的概率为0.4,则该项目产品年销售量期望值为:

$$E(A)=0.1\times50+0.5\times70+0.4\times90=76(\text{万吨})$$

4.标准差

标准差表示随机变量离散程度。其计算公式为:

$$\sigma=\sqrt{\sum_{i=1}^{n}(A_i-\overline{A})^2\cdot P_i}$$

(二)概率分析步骤

(1)选定一个或两个项目效益指标作为分析对象,通常选择净现值作为分析对象。

(2)选择与作为分析对象有关的不确定性因素作为随机变量,并将这个不确定因素的各种可能结果一一列举出来,分别计算各种可能结果的效益。

(3)分别计算各种可能结果出现的概率。概率一般根据过去的统计数据确定,也可根据项目评估人员的经验得到主观概率。每种不确定性因素可能发生情况的概率之和必须等于1。

(4)根据以上资料,计算在不确定因素下的效益期望值,即分别求出可能发生事件的净现值、加权净现值,然后求出净现值的期望值。

(5)计算显示期望值稳定性的标准差。

(6)综合期望值和标准偏差,确定在该不确定因素情况下项目的经济效益指标的期望值及获取此效益的可能性,即求净现值大于或等于零的累计概率。

(三)概率分析应用

例:某项目,根据市场预测和经验判断,项目投资基本不变,销售收入、经营费用可能会发生变化,其概率分布情况见图 10-1。

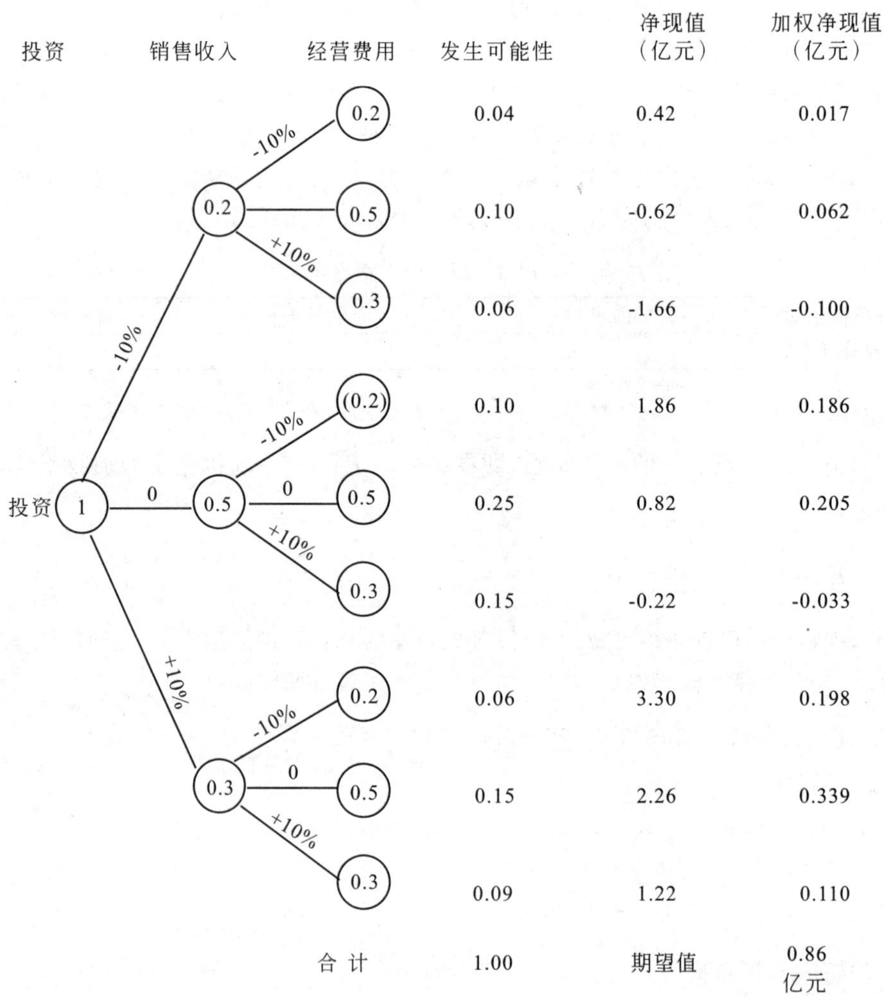

图 10-1 期望值计算图

取折现率为 12%,对该项目净现值的期望值及净现值大于或等于零的累计概率进行计算。如图 10-1。

图 10-1 为该项目投资风险分析决策图。○表示节点,每个节点中的数字表示不确定性因素出现的概率,并以直线与另一些节点连接。每一个支点表示在一定不确定条件下

可能发生的事件(即经济状况)。图中共有 9 个分支,第一个分支表示销售收入、经营费用分别增加 10%的情况,第二个分支表示销售收入增加 10%、经营费用不变的情况,依此类推共有九种可能发生的情况。

下面以此为例介绍概率分析的运用。

1.分别计算各种可能发生事件(各个分支)的概率值:

第一分支为 0.2×0.2=0.04

第二分支为 0.2×0.5=0.1

第三分支为 0.2×0.3=0.06(以下类推)

2.分别计算各种可能发生事件情况下的项目净现值:

如第一分支按销售收入和经营费用分别增加 10%后,引起成本费用、效益的一系列变化,重新计算项目净现金流量,并求出项目净现值为 0.42 亿元。

同理计算出第二分支的净现值为 0.62 亿元,余者类推。

3.将各个事件发生的可能性(即概率值)分别与其净现值相乘,得加权净现值,然后将各个加权净现值相加得 0.86 亿元,即为净现值的期望值。

4.列出净现值的累计概率表(见表 10-2)及净现值的累计概率图(见图10-2)。

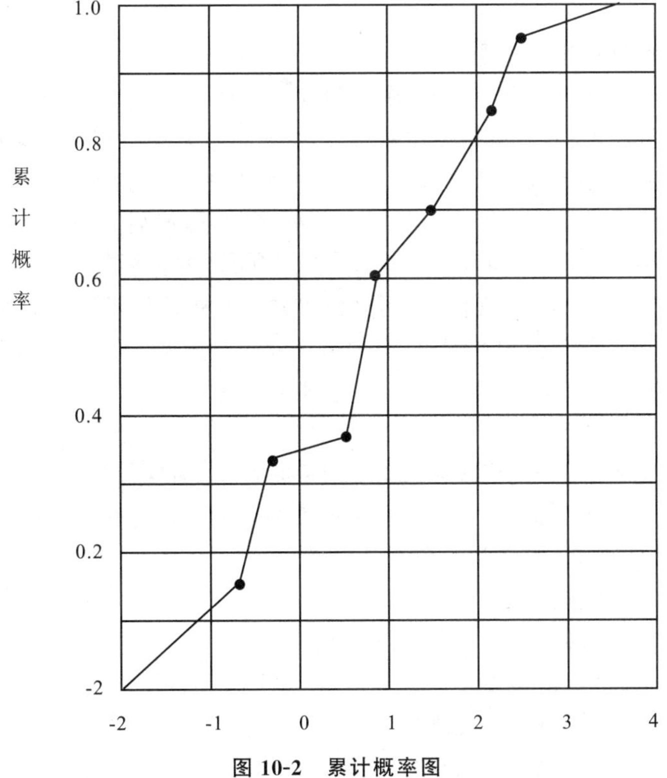

图 10-2 累计概率图

由表 10-2 和图 10-2 可以得净现值 P(NPV<0)的概率为0.31,从而计算出净现值大于、等于零的概率为:

$$P(\text{NPV}\geqslant 0)=1-P(\text{NPV}<0)=1-0.31=0.69$$

表 10-2 累计概率表

净现值	累计概率
-1.66	0.06
-0.62	0.16
-0.22	0.31
0.42	0.35
0.82	0.60
1.22	0.69
1.86	0.79
2.26	0.94
3.30	1.00

根据以上计算结果，该项目净现值的期望值为 0.86 亿元，净现值大于或等于零的概率为 0.69。由于净现值大于或等于零的概率低于 70%，说明该项目要承担一定的风险。

二、蒙特卡洛分析方法

(一)蒙特卡洛分析方法的含义

当项目风险变量个数大于三个，每个风险变量可能出现三个以上以至无限多种状态时(如连续随机变量)，概率分析的工作量极大，这时可以采用蒙特卡洛模拟技术。它是一种通过对随机变量的统计试验、随机模拟求解物理、数学、工程技术问题近似解的数学方法。其特点是用数学方法在计算机上模拟实际概率过程，然后加以统计处理。在项目风险评价时，用随机抽样的方法抽取一组输入变量的数值，并根据这组输入变量数值计算项目评价指标，如内部收益率、净现值等，用这样的方法抽样计算足够多的次数(一般在 200～500 次之间为宜)，可获得评价指标的概率分布及累计概率分布、期望值、方差、标准差，计算项目由可行转变为不可行的概率，从而估计项目的风险。

(二)蒙特卡洛分析步骤

1.确定风险分析所采用的经济指标，如内部收益率、净现值等。

2.确定对项目评价指标有重要影响的风险变量，如投资额、价格、成本等。

3.经调查和专家分析，确定风险分析的概率分布。

4.为各风险变量独立抽取随机数。

5.由抽得的随机数转化为各风险变量的抽样数。

6.根据抽得的各风险随机变量的抽样值，组成一组项目评价基础数据。

7.根据抽样值组成基础数据计算出评价的指标值。

8.重复第 4～7 步，直至预定的模拟次数。

9.整理模拟结果所得的评价指标的期望值、方差、标准差和它的概率分布累计概率，绘制累计概率图。

10.计算项目评价指标大于等于基准值的累计概率。

(三)蒙特卡洛分析方法实例*

例:某大型的天然气净化建设项目参与经济评价的总投资为69 034万美元,项目分3期建设,生产期14年,评价计算期15年。

敏感性分析结果:对本项目财务效益影响最大的因素是产品销售价格和生产能力,通过计算,当售价下降20%,内部收益率下降5.38个百分点时,其敏感系数值最大。

敏感性分析是在风险因素发生概率未知的条件下进行的分析。现在我们用蒙特卡洛法进行价格风险分析,也就是说要考虑风险因素在未来变动的幅度以及这种变动幅度在未来发生变动的可能性大小和对项目主要经济效果指标的影响。

价格风险分析:

1.本项目净化天然气是主要产品,其销售收入占总销售收入的53%,那么首先我们将净化天然气价格作为输入变量。根据相关资料,净化天然气可能售价为8～43.30美元/万 m^3 之间,最小值为8美元/万 m^3,最大值为43.30美元/万 m^3,最可能值为22美元/万 m^3,其概率分布按三角分布考虑(对主要因素建立起各自的分布函数,当无统计资料时,可采用三角分布,即最小值、最大值、最可能值)。

2.在计算机上实现从已知概率分布三角分布中的抽样。

三角分布概率密度函数为:

$$f(x)=\begin{cases}2(x-8)/(14\times35.30) & 8\leqslant x\leqslant22\\ 2(43.30-x)/(21.30\times35.30) & 22<x\leqslant43.30\\ 0 & x<8\text{ 或 }x>43.30\end{cases}$$

当然可以采用逆变换法产生三角分布的随机变量:

$$F(x)=\begin{cases}0 & x\leqslant8\\ (x-8)^2/(14\times35.30) & 8<x\leqslant22\\ 1-(43.30-x)^2/(21.30\times35.30) & 22<x\leqslant43.30\\ 1 & x>43.30\end{cases}$$

置　　$F(x)=R$

对于 $8\leqslant x<22$:

$$R=(x-8)^2/(14\times35.30)$$

对于 $22\leqslant x\leqslant43.30$:

$$R=1-(43.30-x)^2/(21.30\times35.30)$$

于是 x 由下式产生:

$$x=\begin{cases}(R\times14\times35.30)^{1/2}+8 & 0\leqslant R\leqslant14/35.30\\ 43.30-[(1-R)\times21.30\times35.30]^{1/2} & 14/35.30\leqslant R\leqslant1\end{cases}$$

---

* 实例取自张建斌、杨家笠:《经济评价中风险分析方法研究》,《石油化工技术经济》2003年第5期。

在 Microsoft Excel 的随机数产生器中能够产生(0,1)均匀分布的随机数,利用等式可以得出三角分布的随机数。对价格因素以年为基础进行抽样模拟,对建设期 15 年内的每一年模拟 1 000 次可以得出一个矩阵(纵向是建设期,横向是第 i 年的价格模拟值),矩阵如下:

$$\begin{array}{l|cccccc|}
\text{第1年} & 1 & 2 & 3 & 4 & \cdots & 1\,000 \\
\text{第2年} & & & & & & \\
\text{第3年} & & & & & & \\
\text{第4年} & & & & & & \\
\cdots\cdots & & & & & & \\
\cdots\cdots & & & & & & \\
\text{第15年} & & & & & &
\end{array}$$

3.根据数学模型,计算各输出变量。

$$\mathrm{NPV}=\sum_{i=1}^{n}\mathrm{CF}_1(1+i_0)^{-1}$$

$$\sum_{i=1}^{n}\mathrm{CF}_1(1+\mathrm{FIRR})^{-1}=0$$

4.完成次数 1 000 次的模拟,进一步整理所得到的模拟结果,可得净现值和内部收益率的频数分布图或累计概率分布图。本项目全部开发投资(税后)内部收益率在 13%~27%之间,变动幅度较大,但大于基准收益率 12%的概率很大,几乎为 100%,说明本项目的抗风险能力强。

5.计算与分析。

(1)计算经济风险。经济风险可用下式表示:

$$E_r=\sigma_n/E_{\mathrm{PV}}$$

式中:E_r 为经济风险;σ_n 为均方差,万元;E_{PV}为期望值,万元。

表 10-3 为实例概率计算结果。

(2) 模拟的净现值均值为 24 787.32 万元,标准差为 5 328.002 万元。由频率分布看出,净现值近似于正态分布,净现值小于 0 的概率为零。

表 10-3 概率计算结果

项 目	数 值
平均净现值/万元	24 787.32
均方差	5 328.002
方差	28 387 607
最小净现值/万元	8 789.662
最大净现值/万元	40 049.53
计数	1 000
经济风险	0.215

计算结果也表明：$E_r>0$，且 $E_r<0.5$ 时说明项目的风险属于低风险，经济效益是很好的。

三、TOPSIS 方法*

TOPSIS 又称理想点法，是 technique for order preference by similarity to ideal solution（逼近于理想的排序方法）的英文缩写。它是基于归一化的原始数据矩阵，借助一多目标决策问题的“理想解”和“负理想解”对待选项目（或方案，下同）进行排序，将既最靠近理想解又最远离负理想解的项目确定为最优项目的一种排序方法。采用 TOPSIS 求解多目标决策问题是一种非常有效的方法，该方法对样本资料无特殊要求，使用灵活简便，被广泛运用于企业筹资、投资决策，公共事业管理、物流管理和环境评价等各个领域。

投资项目的风险评价也是一种典型的多目标决策问题，传统的项目风险评价方法主要有盈亏平衡分析、敏感性分析和概率分析等。这些方法各有优势，又都存在一定的不足，它们的共同缺陷是计算工作量大和评价结论受评价人员的主观影响大并要求使用量化的指标数值。把 TOPSIS 运用于投资项目风险评价，可以科学地判断项目的风险程度，并为投资者选择收益大风险小的投资项目提供可靠的依据。

采用 TOPSIS 求解多目标决策问题，需经过的基本工作步骤包括：

（一）确定评价对象并选定评价指标

通常有 n 个评价对象，各评价对象有 m 个共同的评价指标，原始数据如表 10-4。

表 10-4 原始数据表

评价指标 评价对象	1	2	3	……	评价指标 m
1	X_{11}	X_{12}	X_{13}	……	X_{1m}
2	X_{21}	X_{22}	X_{23}	……	X_{2m}
3	X_{31}	X_{32}	X_{33}	……	X_{3m}
⋮	⋮	⋮	⋮	⋮	⋮
n	X_{n1}	X_{n2}	X_{n3}	……	X_{nm}

假设 A 投资项目有 5 个备选风险评价方案，经专家分析预测将来可能遇到投资额变动、收入变化、成本变化、税收支出变化和工期变化等 5 个主要风险因素。则 $n=5,m=5$。

（二）预测各评价指标期望值

期望值表示随机变量的平均状态，即在各概率 $P(A_i)$ 下随机变量的加权平均值。计算公式为：

$$E(A)=\sum_{i=1}^{n}A_iP_i=\overline{A}$$

假设经专家预测，A 投资项目在其投入运营时，各风险影响因素可能发生状况、概率及期望值计算如表 10-5。其中，方案 1 投资额期望值＝5 000×0.6＋4 500×0.2＋6 000×0.2＝5 100（万元）。其他各评价指标期望值用同样计算方法取得。

---

* 参考张阿芬文章《TOPSIS 在投资项目风险评价中的运用》，《大众科技》2006 年第 1 期。

表 10-5　评价指标可能发生状况及概率表

金额单位：万元

指标 方案	投资总额			年总成本			年税金总额			年总收入			工期		
	金额	概率	加权值	金额	概率	加权值	金额	概率	加权值	金额	概率	加权值	期限（年）	概率	加权值
1	5 000	0.6	3 000	2 400	0.7	1 680	260	0.8	208	3 500	0.8	2 800	2	0.8	1.6
	4 500	0.2	900	2 200	0.1	220	286	0.1	28.6	3 850	0.1	385	1.8	0.1	0.18
	6 000	0.2	1 200	2 500	0.2	500	234	0.1	23.4	3 150	0.1	315	2.2	0.1	0.22
	合计	1	5 100		1	2 440		1	260		1	3 500			2
2	5 000	0.7	3 500	2 400	0.6	1440	260	0.7	182	3 500	0.7	2 450	2	0.5	1.0
	4 800	0.1	480	2 200	0.2	440	300	0.1	30	4 020	0.1	402	1.8	0.3	0.54
	5 500	0.2	1 100	2 400	0.2	480	220	0.2	44	2 975	0.2	595	2.2	0.2	0.44
	合计	1	5 080		1	2 360		1	256		1	3 447			1.98
3	5 000	0.6	3 000	2 400	0.6	1 440	260	0.6	156	3 500	0.6	2 100	2	0.4	0.8
	4 500	0.2	900	2 200	0.3	660	286	0.2	57	3 850	0.2	770	1.8	0.3	0.54
	6 000	0.2	1 200	2 400	0.1	240	234	0.2	47	3 150	0.2	630	2.2	0.3	0.66
	合计	1	5 100		1	2 340		1	260		1	3 500			2
4	5 000	0.8	4 000	2 400	0.6	1 440	260	0.7	182	3 500	0.7	2 450	2	0.3	0.6
	4 500	0.1	450	2 200	0.2	440	300	0.2	60	4 020	0.2	804	1.8	0.3	0.54
	6 000	0.1	600	2 500	0.2	500	220	0.1	22	2 975	0.1	298	2.2	0.4	0.88
	合计	1	5 050		1	2 380		1	264		1	3 552			2.02
5	5 000	0.5	2 500	2 400	0.5	1 200	260	0.4	104	3 500	0.6	2 100	2	0.2	0.4
	4 800	0.3	1 440	2 200	0.3	660	300	0.3	90	3 850	0.2	770	1.8	0.5	0.9
	5 500	0.2	1 100	2 400	0.2	480	220	0.3	66	3 150	0.2	630	2.2	0.3	0.66
	合计	1	5 040		1	2 340		1	260		1	3 500			1.96

(三)对各评价指标进行同趋势化处理

评价中所选用的指标，既有高优指标(如收入)，也有低优指标(如成本、投资支出)，用topsis进行评价时，要求所有指标变化方向一致(即所谓同趋势化)。因此，需要对评价指标进行同趋势化处理，具体可以将高优指标转化为低优指标，或将低优指标转化为高优指标，后一种方式较常用。转化方法常用倒数法，即令原始数据中低优指标为 X_{ij} $(i=1,2,\cdots,n;j=1,2,\cdots,m)$，通过 $X_{ij}=1/X_{ij}$ 变换而转化成高优指标 X_{ij}，或相反。因A项目涉及一个高优指标、四个低优指标，故选择将高优指标转化为低优指标进行同趋势化处理，即对收入指标进行倒数处理，并建立同趋势化原始数据表，如表10-6。

表 10-6 同趋势化原始数据表

方案＼指标	投资总额	年总成本	年税金总额	工期	年总收入
1	5 100	2 440	260	2	2.857
2	5 080	2 360	250	1.98	2.901
3	5 100	2 340	260	2	2.857
4	5 050	2 380	264	2.02	2.815
5	5 040	2 340	260	1.96	2.857

(四) 建立归一化矩阵

对趋势化后的原始数据进行归一化处理得出归一化矩阵数值如表 10-7。

表 10-7 归一化矩阵数值表

方案＼指标	投资总额	年总成本	年税金总额	工期	年总收入
1	0.4495	0.4600	0.4492	0.4490	0.4471
2	0.4477	0.4449	0.4319	0..4445	0.4540
3	0.4495	0.4411	0.4492	0.4490	0.4471
4	0.4451	0.4487	0.4561	0.4535	0.4406
5	0.4442	0.4411	0.4492	0.4400	0.4471

表 10-7 归一化矩阵数值的计算公式为：

$$Zij=\frac{X_{ij}}{\sqrt{\sum_{i=1}^{n}(X_{ij})^2}}$$

根据表 10-7 建立归一化矩阵 Z：

$$Z=\begin{bmatrix}0.4495 & 0.4600 & 0.4492 & 0.4490 & 0.4471\\ 0.4477 & 0.4449 & 0.4319 & 0.4445 & 0.4540\\ 0.4495 & 0.4411 & 0.4492 & 0.4490 & 0.4471\\ 0.4451 & 0.4487 & 0.4561 & 0.4535 & 0.4406\\ 0.4442 & 0.4411 & 0.4492 & 0.4400 & 0.4471\end{bmatrix}$$

(五)确定各评价指标对评价对象的影响程度(即权重)，并建立加权归一化矩阵

经专家预测投资总额、年总成本、年税金总额、工期和年总收入对项目风险影响程度分别为 0.3、0.2、0.3、0.1、0.1。计算得出加权后归一化矩阵数值如表 10-8。

表 10-8 加权归一化矩阵数值表

方案＼指标	投资总额	年总成本	年税金总额	工期	年总收入
1	0.1349	0.0920	0.1348	0.0449	0.0447
2	0.1343	0.0890	0.1296	0.0445	0.0454
3	0.1349	0.0882	0.1348	0.0449	0.0447
4	0.1335	0.0897	0.1368	0.0454	0.0440
5	0.1333	0.0882	0.1348	0.0440	0.0447

根据表 10-8 建立加权归一化矩阵 Z'：

$$Z'=\begin{bmatrix}0.1349 & 0.0920 & 0.1348 & 0.0449 & 0.0447\\0.1343 & 0.0890 & 0.1296 & 0.0445 & 0.0454\\0.1349 & 0.0882 & 0.1348 & 0.0449 & 0.0447\\0.1335 & 0.0897 & 0.1368 & 0.0454 & 0.0441\\0.1333 & 0.0882 & 0.1348 & 0.0440 & 0.0447\end{bmatrix}$$

(六) 根据加权归一化矩阵确定最优值向量和最劣值向量

最优值向量：$Z^{+}=(\text{ai 1max},\text{ai 2max},\cdots,\text{aim max})$

最劣值向量：$Z^{-}=(\text{ai 1min},\text{ai 2min},\cdots,\text{aim min})$

式中，$(i=1,2,\cdots,n;j=1,2,\cdots,m)$。

aim max 与 aim min 分别表示现有评价对象在第 i 个评价指标上的最优值与最劣值（高优指标和低优指标的取值方向相反，高优指标越高越优，低优指标越低越优）。

最优值向量：$F=(0.1333\ 0.0882\ 0.1296\ 0.0440\ 0.0441)$

最劣值向量：$F'=(0.1349\ 0.0920\ 0.1368\ 0.0454\ 0.0454)$

(七)计算诸评价对象各指标值与最优值及最劣值的距离 D_i^+ 与 D_i^-

$$D_i^+=\sqrt{\sum_{j=1}^{m}(a_{im\max}-a_{ij})^2}$$

$$D_i^-=\sqrt{\sum_{j=1}^{m}(a_{im\max}-a_{ij})^2}$$

式中：D_i^+ 与 D_i^- 分别表示第 i 个评价对象指标与最优值及最劣值的距离；a_{ij} 表示 A 个评价对象 i 在第 j 个指标上的取值。

表 10-9 各方案指标值与最优值及最劣值的相对接近程度及排序结果

方案	D^+	D^-	C_i	排序结果
1	0.0067	0.0022	0.2472	5
2	0.0020	0.0079	0.7980	1
3	0.0055	0.0043	0.4388	3
4	0.0075	0.0030	0.2857	4
5	0.0052	0.0048	0.4800	2

(八)计算各方案与最优方案的接近程度 C_i,并对方案进行排序

$$C_i=\frac{D_i^-}{D_i^+ + D_i^-} \tag{4}$$

C_i 在 0 与 1 之间取值,愈接近 1,表示该评价对象越接近最优水平,反之,愈接近 0,表示该评价对象越接近最劣水平。

A 项目各方案与最优方案的接近程度 C_i 计算结果见表 6。按 C_i 大小对备选方案排序,C_i 值越大,表示风险越小。排序结果是方案 2>方案 5>方案 3>方案 4>方案 1,说明方案 2 风险最小,宜选择方案 2 实施。

第三节 社会稳定风险评估

课件

国家十二五规划纲要提出,要"建立重大工程项目建设和重大政策制定的社会稳定风险评估机制"。党的十八大报告指出:"建立健全重大决策社会稳定风险决策机制,正确处理人民内部矛盾,把各种不稳定因素化解在基层和萌芽状态。"习近平总书记在 2012 年 11 月发表"落实党的十八大精神要抓好六个方面工作"讲话时指出:对涉及群众切身利益的重大决策,要认真进行社会稳定风险评估,充分听取群众意见和建议,充分考虑群众的承受能力,把可能影响群众利益和社会稳定的问题和矛盾解决在决策之前。十八届三中全会《决定》指出要"健全重大决策社会稳定风险决策机制"。十八届四中全会《决定》又提出:"把公众参与、专家论证、风险评估、合法性审查、集体讨论决定确定为重大行政决策法定程序,确保决策制度科学、程序正当、过程公开、责任明确。"这一系列表述,深刻地揭示了开展重大项目和重大决策"社会稳定风险评估"(以下简称"稳评")工作的重要性和必要性。

为促进科学决策、民主决策、依法决策,预防和化解社会矛盾,建立和规范重大固定资产投资项目社会稳定风险评估机制,国家发展改革委于 2012 年 8 月颁布了《关于印发国家发展改革委重大固定资产投资项目社会稳定风险评估暂行办法的通知》(发改投资〔2012〕2492 号,简称"通知"),为做好社会稳定风险评估工作提供了指南。中办、国办于 2015 年 4 月发布《关于加强社会治安防控体系建设的意见》,强调:落实重大决策社会稳定风险评估制度,切实做到应评尽评,着力完善决策前风险评估、实施中风险管控和实施后效果评价、反馈纠偏、决策过错责任追究等操作性程序规范。落实矛盾纠纷排查调处工作协调会议纪要月报制度,完善人民调解、行政调解、司法调解联动工作体系,建立调处化解矛盾纠纷综合机制,着力防止因决策不当、矛盾纠纷排查化解不及时等引发重大群体性事件。

一、什么是社会稳定风险评估

社会稳定风险评估,是指与人民群众利益密切相关的重大决策、重要政策、重大改革措施、重大工程建设项目、与社会公共秩序相关的重大活动等重大事项在制定出台、组织

实施或审批审核前，对可能影响社会稳定的因素开展系统的调查，科学的预测、分析和评估，制定风险应对策略和预案，有效规避、预防、控制重大事项实施过程中可能产生的社会稳定风险，更好的确保重大事项顺利实施。

对重大工程建设项目开展社会稳定风险评估，主要有三个目的。一是科学决策。在项目决策时能够广泛听取各方面的意见，妥善照顾各方面的利益诉求，充分考虑社会的承受能力，做到民主决策、科学决策，促进实现经济社会科学发展。二是防范化解风险。将社会稳定问题考虑在前，预测风险，防范、化解、消除或减少改革发展中的不稳定因素，推动构建和谐稳定的社会环境。三是提高风险处置能力。关口前移，把大量社会稳定风险前置到重大事项的启动之前，实现社会矛盾由被动调处向主动化解转变，由事后处置向事前预防转变，由治标向治本转变，提高解决发展中出现的矛盾和问题的能力。

二、社会稳定风险评估客体和主体

凡与人民群众切身利益密切相关、牵涉面广、影响深远，易引发矛盾纠纷或有可能影响社会稳定的重大事项实施前，都应开展社会稳定风险评估。主要包括事项：涉及土地等保管、利用、征集方面的事项；涉及重大政府法规政策的事项；涉及重大违法案件、处罚的事项；涉及党政系统多数干部职工切身利益的事项；其他涉及较多人民群众利益的重大事项。

国家发展改革委审批、核准或者核报国务院审批、核准的在中华人民共和国境内建设实施的固定资产投资项目（简称“国家级项目”，下同），适用《国家发展改革委重大固定资产投资项目社会稳定风险评估暂行办法》。省投资主管部门审批、核准或核报省人民政府审批、核准的固定资产投资项目（简称“地方级项目”，下同），适用《××省发展改革委重大固定资产投资项目社会稳定风险评估暂行办法》。

主要包括：

1.易发生社会不稳定问题的重点领域建设项目。具体包括：

(1)交通运输：机场、铁路、国道、高速公路、省道；跨航道等级三级以上的桥梁、隧道；内河航道；城市快速轨道交通，城市快速路、主干路；长途客运站、城市客运交通枢纽；危险品码头。涉及运输服务项目。

(2)环境设施：污水处理厂；固体废弃物及危险废弃物处理设施。垃圾处理设施。

(3)能源：中心城区50万伏变电站、郊区22万伏及以上电力架空线路等大型电力设施；天然气主干管网、加油加气站、储油储气罐等其它能源储运设施；城市供热设施。

(4)工业：钢铁、有色、石化、化工原料、水泥等可能造成环境现状改变或较大污染物排放的建设项目。

(5)社会事业：疾病预防控制中心、传染病医院、精神卫生中心、戒毒中心、殡葬火化设施、广播电视发射设施。医疗卫生服务设施建设项目。

(6)农业：畜禽粪便处理设施、动物处理设施、三级以上生物安全防护实验室。

2.涉及土地与房屋征收的建设项目。

3.在项目规划、环评公示阶段发生社会不稳定问题且尚未化解的建设项目。

4.在居民密集区建设且对周边群众生产、生活具有一定影响的建设项目。

5.重大地质勘察和矿产资源开发项目。

6.项目单位应加强审批(核准)前的风险预研工作,凡是经预研判断可能引发社会不稳定问题的其它建设项目。

重大事项决策的提出、政策的起草、项目的报批、改革的牵头、工作的实施等有关部门是负责组织重大事项社会稳定风险评估工作的主体。涉及到多个部门的,牵头部门为评估工作的主体,其他相关部门协助办理。

《通知》第三条明确:项目单位在组织开展重大项目前期工作时,应当对社会稳定风险进行调查分析,征询相关群众意见,查找并列出风险点、风险发生的可能性及影响程度,提出防范和化解风险的方案措施,提出采取相关措施后的社会稳定风险等级建议。

社会稳定风险分析应当作为项目可行性研究报告、项目申请报告的重要内容并设独立篇章。

三、社会稳定风险评估主要内容

根据重大事项的合法性、合理性、可行性、可控性等四个要素,主要围绕以下内容进行评估。

1.合规性评估。是否符合现行法律、法规、规章,是否符合党和国家的方针政策,是否符合国家、省委省政府的战略部署、重大决策以及暂行办法。

2.合理性评估。是否符合本省、本系统近期和长远发展规划,是否符合经济社会发展规律,是否符合以人为本的科学发展观。

3.可行性评估。是否经过充分论证,是否符合大多数人民群众的意愿,所需的人力、财力、物力是否在可承受的范围内并且有保障,是否能确保连续性和稳定性,时机是否成熟。

4.可控性评估。是否兼顾了各方利益群体的不同需求,是否考虑了地区的平衡性、社会的稳定性、发展的持续性。对所涉及区域、行业群众利益和生产生活的影响,群众对影响的承受能力,引发矛盾纠纷、群体性事件的可能性及其他有可能引发不稳定因素的问题做出判断。

四、社会稳定风险等级

《通知》将重大项目社会稳定风险等级分为三级:

1.高风险。大部分群众对项目有意见,反映特别强烈,可能引发大规模群体性事件。

2.中风险。部分群众对项目有意见,反映强烈,可能引发矛盾冲突。

3.低风险。多数群众理解支持但少部分人对项目有意见,通过有效工作可防范和化解矛盾。

评估为中风险和低风险的,评估主体要制定化解风险的工作预案。

五、社会稳定风险评估原则

1.权责统一原则。由重大事项的承办部门具体组织实施风险评估工作，按照"谁主管、谁负责"、"谁决策、谁负责"、"谁审批、谁负责"的要求，对评估结论负责。

2.合法合理原则。评估重大事项必须依照法律、法规和政策，做到公开、公正，体现公平，符合大多数人民群众的意愿。

3.科学民主原则。依照相关法律法规和政策制定科学、规范的评估标准，深入调查研究，多渠道、多方式、多层次征求意见，定性与定量分析相结合，充分论证，确保评估工作全面、客观、准确。

4.以人为本原则。统筹考虑发展需要与人民群众承受能力，统筹考虑人民群众长远利益与现实利益，切实维护人民群众合法权益。

5.公平和效益原则。正确处理改革、发展、稳定的关系，把改革的力度、发展的速度与社会可承受程度统一起来，实现政治效益、经济效益的有机统一。

六、社会稳定风险评估管理

1.组织评估。由项目所在地人民政府或其有关部门指定的评估主体组织对项目单位做出的社会稳定风险分析开展评估论证，根据实际情况可以采取公示、问卷调查、实地走访和召开座谈会、听证会等多种方式听取各方面意见，分析判断并确定风险等级，提出社会稳定风险评估报告。

2.报送评估报告。国务院有关部门、省级发展改革部门、中央管理企业在向国家发展改革委报送项目可行性研究报告、项目申请报告的申报文件中，应当包含对该项目社会稳定风险评估报告的意见，并附社会稳定风险评估报告独立篇章。

3.审核评估报告。国家发展改革委在委托工程咨询机构评估项目可行性研究报告、项目申请报告时，可以根据情况在咨询评估委托书中要求对社会稳定风险分析和评估报告提出咨询意见。

4.审批项目。评估主体做出的社会稳定风险评估报告是国家发展改革委审批、核准或者核报国务院审批、核准项目的重要依据。评估报告认为项目存在高风险或者中风险的，国家发展改革委不予审批、核准和核报；存在低风险但有可靠防控措施的，国家发展改革委可以审批、核准或者核报国务院审批、核准，并应在批复文件中对有关方面提出切实落实防范、化解风险措施的要求。

5.责任追究。国家发展改革委未按照本办法规定，对项目可行性研究报告、项目申请报告做出批复，给党、国家和人民利益以及公共财产造成较大或者重大损失等后果的，应当依法依纪追究国家发展改革委有关单位和责任人的责任。

评估主体不按规定的程序和要求进行评估导致决策失误，或者隐瞒真实情况、弄虚作假，给党、国家和人民利益以及公共财产造成较大或者重大损失等后果的，应当依法依纪追究有关责任人的责任。

6.保密规定。国家发展改革委、有关部门和机构及其工作人员应当遵守工作纪律和保密规定。

7.参照执行。各级地方发展改革部门可参照本办法,建立健全本地区重大项目社会稳定风险评估机制。

七、社会稳定风险评估报告

评估报告的主要内容为项目建设实施的合法性、合理性、可行性、可控性,可能引发的社会稳定风险,各方面意见及其采纳情况,风险评估结论和对策建议,风险防范和化解措施以及应急处置预案等内容。

下面提供《福建省重大固定资产投资项目社会稳定风险评估暂行办法》对项目社会稳定风险分析篇章内容的深度要求和项目社会稳定风险评估报告内容深度要求。

(一)项目社会稳定风险分析篇章内容的深度要求

1.编制依据

重大固定资产投资项目社会稳定风险分析及其篇章编制,应依据法律法规规章和规范性文件、拟建项目所在地区的社会稳定风险评估要求,以及拟建项目建设方案等相关资料开展工作。

编制依据主要包括:相关法律、法规、规章、规范性文件以及其他政策性文件;项目单位的委托合同;项目单位提供的拟建项目基本情况和风险分析所需的必要资料;区域经济社会发展规划和相关规划及其他依据。

2.风险调查

社会稳定风险调查重点围绕拟建项目建设实施的合法性、合理性、可行性和可控性等方面开展。调查范围应覆盖所涉及地区的利益相关者,充分听取、全面收集群众和各利益相关者的意见,包括合理和不合理、现实和潜在的诉求等。

结合拟建项目的特点,重点阐述以下部分或全部内容:调查的内容和范围、方式和方法;拟建项目的合法性;拟建项目自然和社会环境状况;利益相关者的意见和诉求、公众参与情况;基层组织态度、媒体舆论导向,以及公开报道过的同类项目风险情况。

3.风险识别

在风险调查的基础上,针对利益相关者不理解、不认同、不满意、不支持的方面,或在日后可能引发不稳定事件的情形,查找并分析可能引发社会稳定风险的因素。

重点阐述:在政策规划和审批程序、土地房屋(用海)征收方案、技术和经济方案、生态环境影响、当地经济社会影响、质量安全和社会治安、媒体舆论导向等方面重点分析查找各风险因素。

4.风险估计

根据各项风险因素的成因、影响表现、风险分布、影响程度、发生可能性,找出主要风险因素。采用定性为主、定量为辅的风险分析方法,估计主要风险因素的风险程度;分析主要因素之间是否相互影响。

重点阐述:按照风险可能发生的项目阶段(决策、准备、实施、运行),结合当地经济社会与拟建项目的相互适应性,从初步识别的各类风险因素中筛选、归纳出主要风险因素。对每一个主要风险因素进行分析、估计,两个或多个风险因素相互作用的影响,包括可能引发风险事件的原因、阶段和形式,风险事件的发生概率、影响程度和风险程度。

5.风险防范和化解措施

根据风险识别和风险估计的结果,研究提出风险防范化解措施。

重点阐述:针对主要风险因素研究提出各项综合和各项的风险防范、化解措施,提出落实各项措施的责任主体和协助单位、防范责任、具体工作内容、风险控制节点、实施时间和要求的建议。

6.风险等级

分析各项风险防范、化解措施落实的可行性和有效性,预测落实措施后每一个主要风险因素可能引发风险的变化趋势,包括发生概率、影响程度、风险程度等,综合判断拟建项目落实风险防范、化解措施后的风险等级。

重点阐述:预测各主要风险因素变化趋势及结果,综合判断落实措施后风险等级。

7.风险分析结论

阐述拟建项目社会稳定风险分析的主要结论,包括:

(1)拟建项目主要的风险因素;

(2)主要的风险防范、化解措施;

(3)拟建项目风险等级;

(4)落实风险防范、化解措施的有关建议。

(二)项目社会稳定风险评估报告内容的深度要求

1.基本情况

(1)项目概况。简述项目基本情况,主要包括:项目单位、拟建地点、建设必要性、建设方案、建设期、主要技术经济指标、生态环境影响、资源利用、征地搬迁及移民安置、社会环境概况(含当地经济发展及社会治安、群体性事件、信访等情况)、投资及资金筹措等内容。

(2)评估依据。社会稳定风险评估工作所依据的相关法律、法规和规范性文件等;区域经济社会发展规划和相关规划。

(3)评估主体。拟建项目的评估主体指定方、评估主体的组成及职责分工,并具体说明其相关部门、社会组织、专业机构、专家学者、群众代表等参与评估工作情况。

(4)评估过程和方法。简述评估工作的程序、步骤和主要过程;说明评估工作所采用的主要方法。

2.评估内容

(1)风险调查评估及各方意见采纳情况。阐述对社会稳定风险分析篇章中风险调查的广泛性、代表性、真实性等进行评估的过程和结果。说明评估主体根据实际需要直接开展或者要求项目单位开展补充风险调查的情况。对收集的拟建项目各方面意见进行梳理和比较分析,形成能够反映实际情况的信息资料,并阐述其采纳情况。

(2)风险识别和估计的评估。一是风险识别评估。对风险分析篇章中风险识别的完整性和确定性提出评估意见;根据风险调查评估结果,对拟建项目可能引发的主要社会稳定风险因素进行补充完善,并汇总。二是风险估计评估。对风险分析篇章中风险估计的客观性、分析内容的完备性、分析方法的适用性提出评估意见；预测估计主要风险因素发生概率、影响程度和风险程度。

(3)风险防范和化解措施的评估。对社会稳定风险分析篇章中提出的风险防范、化解措施进行评估，并补充完善。针对拟建项目可能引发的社会稳定风险，进一步补充完善和明确落实各项防范、化解措施的责任主体和协助单位、具体负责内容、风险控制节点、实施时间和要求。

(4)落实措施后的风险等级确定。对风险分析篇章中风险等级判断方法、评判标准的选择运用是否恰当、风险等级判断结果是否客观合理提出评估意见；结合补充的重要风险因素，综合以上评估结果，确定项目落实防范、化解风险措施后的项目风险等级。

3.评估结论

(1)拟建项目存在的主要风险因素；

(2)拟建项目合法性、合理性、可行性、可控性评估结论；

(3)拟建项目的风险等级；

(4)拟建项目主要风险防范、化解措施。

(5)根据需要提出应急预案和建议。

能力训练

材料：

某企业为扩大某产品的生产，拟建设一个新厂，据市场预测产品销路好的概率为0.7，销路差的概率为0.3，有三种方案可供企业选择：

方案1：新建大厂，需投资300万元。据初步估计，销路好时，每年可获利100万元；销路差时，每年亏损20万元，服务期为10年。

方案2：新建小厂，需投资40万无。销路好时，每年可获利40万元；销路差时，每年仍可获利30万元。服务期为10年。

方案3：选建小厂，3年后销路好时再扩建，需追加投资200万元，服务期为7年，估计每年获利95万元。

要求：

选择实施方案。

本章知识要点及自我检测

本章案例资料

第十一章 投资项目总评估与评估报告

材料：

某集团公司有9 000万元的资金，计划投资一个实业项目，以拓展公司业务，增强公司竞争力。根据公司各事业部下年度的工作计划，目前已确定四个候选投资项目，经过分析，四个项目在市场、技术、建设条件、财务效益和风险等各个不同的方面各有优劣。

思考：

如果公司董事会决定由你牵头组成项目论证小组，从四个候选投资项目中选择一个项目进行投资，你将如何选择项目？

课件

第一节 投资项目总评估

一、项目总评估的必要性

项目总评估是汇总各分项评估成果的工作步骤。它是在各分项评估的基础上，对拟建项目建设的必要性、可行性及预期效益等进行集中、系统、全面的综合分析，做出总的评估，提出结论性意见和建议，使决策部门对项目的利弊得失有更清晰的了解。

项目总评估之所以必要，是因为投资项目经过各分项评估之后，得出的是一些初步的、分散的、局部的结论，这些结论由于来自不同的分析角度，带有一定的局限性和片面性。同时，各分项评估之间的结论不尽相同，有的甚至会截然相反。如一个项目，可能在宏观方面，即国民经济效益、社会效益较好，而企业经济效益却不能令人满意；也可能在企业微观方面，即经济效益可行，而宏观上的经济效益却不理想；可能技术上比较先进，但建设条件却不具备；也可能建设条件具备，技术上也先进适用，但从经济上看却并不可取；有时投资利润率符合基准要求，但借款单位资产负债率、贷款偿还期却超过标准。因此，必须对各分项评估的结果进行审查分析，根据拟定的目标和国家有关准则，抓住主要矛盾进行客观、公正、科学的评价，研究各种结论的优劣，澄清各种影响的主次，对不合理的问题提出建设性的意见，最后得出简明扼要、比较准确可靠的结论，供投资决策者抉择使用。

二、项目总评估的内容

总评估的内容是由项目的特性和总评估的要求决定的。不同的项目，技术特征不一，规模不等，建设时间不同，总评估的具体内容也不一样。然而，所有项目的总评估都是要对项目拟建内容及其技术、经济条件以及投资的效益进行全面评价，综合反映分项评估成果，并直接为项目决策提供依据。具体内容包括以下几个方面：

（一）项目建设是否必要，规模是否适当

建设必要与否是立项与否的前提条件。判断项目建设是否必要，应着重从以下几个方面进行分析论证：

1.从项目产品的市场前景看，项目的产品是否短缺？是否属于升级换代品种？其质量、成本与价格等方面在国内外市场有无比较优势？其生命力与竞争能力如何？

2.从经济发展远景看，项目建设是否符合国家的产业政策，适应国民经济发展规划要求？是否有利于调整经济结构，发挥区域经济特色与优势？是否符合银行的贷款方针和优先贷放的投资方向？

3.从社会效益看，项目建设是否有利于企业的技术革新和提高国民经济的技术装备水平？是否有利于生产力的合理布局？是否有利于改善社会劳动力就业状况和改善投资环境？

4.从国家安全和社会稳定看，是否有利于生产力的纵深配置，巩固国防？是否有利于老、少、边、穷地区的繁荣发展和增强民族团结等等。

如果符合上述要求，项目建设是必要的。同时，建设规模必须符合规模经济的要求。

（二）项目的建设与生产条件是否具备

具备必要的建设条件和生产条件是项目顺利建成，并在投产后正常发挥其功能的基本保证。

评估项目的建设条件，对一般生产项目主要是分析：厂址选择与生产布局的合理性；地质状况是否清楚，是否适合建设施工要求；施工力量、施工技术与施工物资的供应有无保证；设备可否落实配套；实施工程设计方案和建设规模是否切实可行；“三废”治理方案是否符合要求并获得有关部门批准认可等。

评估项目的生产条件，根据各行业的生产特点，分析的内容与重点各有不同。比如一般加工企业的建设，要着重分析项目建成投产后所需原材料、燃料、动力、供水、供电、供热和交通运输条件的落实情况，产品方案和资源利用方案是否合理。矿山资源开发项目则首先要分析资源储量是否清楚，其品位是否有开采价值，工程、水文地质状况如何等。

（三）项目的工艺、技术、设备是否先进、适用、经济合理，相关配套项目是否有同步建设方案

先进、适用且经济合理的工艺技术是项目能否取得预期效益的关键。总评估时应着重分析项目采用的工艺技术设备是否符合国家的产业政策与技术发展政策，是否有利于资源的综合利用，是否有利于提高劳动生产率、改进产品质量、降低能耗与生产成本；采用的新工艺、新技术与新设备是否经过工艺试验和技术鉴定，是否安全可靠；引进技术与设

备是否必要，是否经过比选和符合国情；国内配套设备、操作技术水平能否与之相适应。

随着生产社会化、专业化的发展，企业间的分工协作关系日渐复杂。一个生产项目建成投产后要正常发挥作用，将依存于相关协作项目有同步配套的建设与发展。因此，总评估阶段，必须考察关系重大的配套项目是否已有相应安排，能否同步建成。

（四）项目是否具有较好的财务效益和国民经济效益

获取尽可能高的财务效益与国民经济效益是投资的目的。项目建设是否必要，是否具有较好的生产建设条件，是否具有先进、适用、经济的工艺技术，也都将集中反映到项目的效益上来。总评估时要着重检查项目投资和经营财务诸基础数据的测算是否准确，评估指标是否完备；通过财务净现值、财务内部收益率、投资回收期、贷款偿还期等指标分析企业盈利水平和偿还本币与外币贷款的能力；并通过经济净现值、经济内部收益率和投资净效益率等指标分析国家的有限资源是否得到合理配置和充分有效的利用；项目的耗费是否低于社会平均水平；项目对社会经济的发展可做出多大贡献。

（五）融资方案是否合理，资金来源有无保证，贷款有无偿还能力

在现代经济生活中，资金的投入是投资发挥其对经济的启动功能和持续推动功能的集中体现。缺少资金，项目的建设将无法实施，更谈不上顺利投产，实现投资效益。在总评估时，一方面必须认真分析投资估算是否落实，不仅项目所需的固定资产投资不能留缺口，而且项目投产所必不可少的流动资金，也必须打足；另一方面，还应考察项目投资来源的合理性与可靠性。其中需向银行借款的部分，应取得银行的意向性认可，同时，还应审查借款在投资中的比重，分析项目偿还贷款的能力及其偿债期限。

（六）项目投资风险性大小

影响项目投资成本与效益的技术经济因素多不确定，对企业未来技术力量、业务素质和管理人员的经营能力，不可能先做出绝对准确的预测；至于影响项目成败的客观环境与条件的变化，更非项目业主所能主宰。所有这些情况的变异都可能使项目由原来的可行变成不可行，从而使项目出现风险。于是，项目评估少不了要作不确定性分析，以判断项目风险的大小。因此，我们可以说，项目风险分析是项目总评估的必要组成部分。

（七）关于方案选择和项目决策的意见

项目评估的使命就是要为项目决策提供依据。因此，搞项目总评估，必须明确提出项目应否批准与要否贷款的意见。项目在可行性研究中往往对项目的地址、工艺、规模、融资、工期等方面研讨过多种方案，方案间对比各有利弊，总评估时，应将这些方案认真、细致、切实地进行分析比较，从中选定最优方案。

（八）影响项目经济效益方面存在的问题及改进建议

经过综合分析判断，对不足取的项目要提出否定意见，对可行的项目将予以肯定。但项目可行不等于毫无问题。总的说来，问题不外是两个方面的：一方面是项目本身规划、选址、规模、设备选型、设计和建设方案之类的问题；另一方面是现行政策和规定中存在的问题，如物资供应、价格、财税、信贷、收益分配、投资和企业技术装备等方面，有不利于项目取得应有效益的政策与规定，经过具体的调查研究，应当实事求是地向有关部门提出建议，加以改进。

三、项目总评估的工作步骤

在分项评估工作完成后，要将获得的数据资料加以检查整理分类，进行对比分析，归纳判断和提出决策建议，最后写出书面报告，项目总评估的工作步骤如下：

(一)整理分类

首先是将分项评估的内容进行分类整理。分类方法可视情况分为宏观与微观评估、定性和定量评估、直接与间接评估、经济与非经济评估等类。其次是对各类评估内容逐项做出结论，可分为可行、基本可行、不可行，对项目存在的问题提出意见并列出主要依据。第三是对定量评估内容确定总评估指标体系，列入总评估的每项内容都可分别设立一个或一组有代表性的指标。这些指标应能反映评估内容的基本含义与要求。将全部指标按评估内容要求依次排列，构成总评估指标体系。

(二)对比分析

总评估阶段的对比分析主要有两个方面：

1.与可行性研究结论进行对比分析

由于项目评估与可行性研究两者的主体及立脚点不同，对比结论可能出现差异。两者的结论应通过编制经济评估基础数据与效益指标对照表(见表 11-1)进行对比分析，找出差异所在。这将有助于发现各分项评估结论可能掩盖的某些问题，以便分析纠正，达到结论统一。

表 11-1 经济评估基础数据与效益指标对照表

序号	名　　称	计量单位	可研报告	评估结论	增(＋)减(－)	备　注
一	基本数据					
1	年产量					
2	投资总额	万元				
	其中：固定资产投资	万元				
	流动资金	万元				
3	职工人数	人				
4	新增年销售收入	万元				
5	新增年总成本费用	万元				
6	新增年经营成本	万元				
7	新增年销售税及附加	万元				
8	新增年利润总额	万元				
9	新增年利税总额	万元				
二	评估指标					
1	自融资金率	%				
	其中：资本金到位率	%				

序号	名　　称	计量单位	可研报告	评估结论	增(+)减(-)	备　注
2	流动资金自给率	%				
3	资产回报率	%				
4	销售利润率	%				
5	资产负债率	%				
6	流动比率	%				
7	速动比率	%				
8	财务内部收益率	%				
9	财务净现值	万元				
10	投资利润率	%				
11	投资利税率	%				
12	综合贷款偿还期	年				
13	贷款银行贷款偿还期	年				
14	银企资金双向流动现值比					
15	贷款风险度					
16	担保率或资产抵押率	%				
三	盈亏平衡点					
1	生产能力利用率	%				
2	销售价格	%				

2.各分项评估结论之间的对比分析

一个项目,可能宏观效益好而微观效益不理想,可能技术上可行而经济上不合理。各分项评估之间的结论可能产生矛盾,存在差异。应对各分项评估之间的结论进一步对比分析,重新加以验证,并进行修正与补充,使结论达到完整和统一。

(三)归纳判断

根据整理的分类评估资料和依据项目行业特点,将各分项评估内容按其价值筛选归纳,确定重点,以此作为总评估的分项内容。例如:企业工程项目经济评估侧重于财务效益,而事业工程项目经济评估侧重于社会效益;矿山项目侧重于时间、空间对经济效益的影响,因此要逐年测算经济效果;石油化工项目侧重于能否合理充分利用资源,以技术、工艺、设备评估为主等。应根据总评估的重点内容进行深入研究和作一些必要的补充分析,在此基础上判断项目建设的必要性及技术、财务、经济等方面的可行性,以此得出结论。

(四)决策建议

将各分项评估的判断结论同国家目标和准则进行对比衡量,并灵活结合项目的实际情况,再进行综合论证,从而提出决策建议和实施建议。

决策建议分为不可行、基本可行、可行三种。下列各分项有一项不可行者,则此项目不可行:

1.项目建设不必要;

2.项目建设生产条件不具备；

3.投资资金来源不落实；

4.国民经济效益不好。

各分项评估的部分内容符合建设要求，项目为基本可行；各分项评估都为可行项目和国民经济效益好的项目为可行项目。

实施建议是对基本可行和可行项目所提出的具体实施意见和原因说明。一是对基本可行项目，要提出对原方案的修改意见。如某项目建设十分必要，拟从国外进口原材料，但项目所在地区未开发的该种原材料资源又比较丰富，则可建议安排该种原材料生产项目的同步建设，改由国内供应原材料。二是对国民经济效益好、企业效益差的项目，应向有关部门建议，在税收、贷款利率等方面给予一定优惠，以保证项目建设和生产。三是指出可能引起经济效益发生很大变化的不确定性因素，以便决策者研究对策。四是指明项目实施中应注意的问题。

五、编写总评估报告

编写总评估报告是项目总评估的最后一项工作，也是项目评估最终结果的体现。评估报告应系统反映各分项评估的成果，指出综合评估结论，写明决策建议。

第二节　投资项目总评估报告

课件

一、什么是项目总评估报告

项目总评估报告是担当评估任务的单位及其成员根据评估的目的与要求，在评估工作完成后，向决策部门提供项目主要情况和评估成果的综合性技术文件。它是项目评估的最终成果，也是项目投资决策和贷款决策的重要依据。

二、总评估报告的写作特点

项目总评估报告在体裁上属于应用文，其特点和应用文中的“调查报告”基本相似。但作为专业性的技术经济业务文件，它还具有一般应用文所不具备的特性。

(一)阐明观点以数字表格为主

总评估报告的专业性很强，仅用文字说明是不够的。准确的经济数字是具体事实在数量上的高度抽象，是一种特殊的事实性材料和说明。只要把准确的数字列成表，则一目了然，具有不容置疑的说服力。因此，在总评估报告中，凡能够用数字说明问题的，均不要用文字说明。应对数据进行收集、鉴别、审查、对比、计算，将其结果列成表或绘成图，用数字、表格或图来说明项目的各种情况。

(二)表述内容要客观

项目总评估报告既不同于建设单位提出的项目建议书，又不同于受建设单位委托编写的可行性研究报告，亦不同于主管部门组织编制的设计任务书。项目总评估报告是从长远和客观角度对可行性研究审查分析之后提出的供决策参考的文件。因此，编写总评估报告的人员不是当事人，也不是决策者，而应站在第三者的角度，客观、公正、科学地对评估对象进行介绍、评估和估算。这就要求评估人员在表述内容时既不能为建设单位争项目、争投资而夸大溢美，也不能超过职权妄加决策。在人称使用上不能用第一人称，而应该用第三人称。

(三)分析总结要作横纵比较

为了正确地分析和评价建设项目财务经济效果，不能限于概括和抽象分析，而要用具有经济内容的数据来表达，就是说，要重视指标的应用和比较。项目评估中的各项指标，是通过对有关资料进行深入细致的分析比较，运用科学方法预测得到的。要把预测的指标同目前本部门、行业、企业规定的标准进行比较，或同目前部门、行业间的各专业化的指标进行比较，或将企业在不同时期的指标进行比较，或把不同方案的指标进行比较。通过这一系列横纵比较，就可鉴别项目的优劣，得出令人信服的建议和结论，使决策机关从总评估报告中了解项目的全貌和复杂性，做出科学的决策。

(四)结构简单且有一定格式

总评估报告结构可分为“分析”、“介绍”、“结论”三大部分，即提出问题、分析问题、解决问题。为使庞杂的内容条理化，在内容转换上采用序号进行标明，可使思路自然，阅读方便。项目总评估报告有统一的格式和表格，这些统一的格式和表格都是由上级的关部门制定的，撰写编制时应遵照执行。

三、总评估报告的撰写要求

(一)资料翔实分类科学

撰写总评估报告，必须占有翔实的资料，即撰写评估总报告搜集、调查来的资料力求真实，不允许弄虚作假，更不允许主观臆断。资料要经过科学的鉴别和分析、筛选取舍后才能写到评估报告中去。在运用资料时，应将资料按其性质、内容和用途并结合评估报告的基本格式进行科学分类。一篇评估报告没有最典型、最有代表性、最能说明实质性问题的关键资料，就不可能成为评估报告。在取舍材料时，要保证材料绝对真实。特别是经过选择决定写进评估报告中的资料，更要反复地、认真地进行审查和核实，确定其真实无误后方可使用。资料不真实就会导致分析的失败和结论的荒谬。

(二)分析透辟，结合评价

对翔实资料进行科学分析时，分析和评价要结合，这是撰写评估报告的基本要求。在评估报告中，撰写人员要对整理后的资料运用各种分析方法揭示出事物的本质属性和它们之间的内在联系，而绝不能停于表面和罗列事实。然后再用最简洁、明确的方法加以表述，如用数字说明观点。在表述时，仅摆情况不分析或分析不够是不行的。应该通过简明的介绍为深入评价铺底，只有这样才能使决策机关和各有关部门在了解项目的基础上更加深刻地理解评价和结论。

(三)观点鲜明、结论准确

评估报告中的观点和结论是决定总评估报告质量优劣的关键。撰写人通过对资料的中肯分析,应该形成一定的观点和得出某一结论。如果观点含混不清、吞吞吐吐,结论模棱两可、似是而非,必然会使决策者无所适从、难以决断。为了保证总评估报告的质量,既全面准确地反映评估人员的评价和结论,又能为决策机关理解,成为领导部门决策的依据,评估报告观念必须鲜明,结论必须准确。

四、总评估报告的撰写格式

总评估报告必须按规定的内容格式与要求撰写。从整体来看,总评估报告可分为正文和附件两个部分。正文部分是对项目主要特点作概况说明,并对有关问题作简要叙述。评估总报告正文内容一般包括:借款人资信、项目概况、项目产品市场供求、项目生产工艺、技术设备、投资估算与资金来源、财务效益、银行效益与风险防范、国民经济效益、问题与建议等方面。

总评估报告附件很多,占总评估报告的比率相当大,这些附件材料是对正文的详细说明,是正文数据的来源,所以附件材料是评估报告的重要组成部分,不可忽视。附件主要包括表格与资料两部分。附表有:固定资产投资估算表、固定资产投资分类表、流动资金估算表、投资计划与资金筹措表、总成本费用估算表、利润及利润分配表、资产负债表、贷款偿还期计算表、全部投资现金流量表、自有资金现金流量表、国民经济效益费用流量表等。文件资料有:借款人近三年的利润及利润分配表;资产负债及财务状况变动表;项目建议书、可行性研究报告、初步设计、开工报告、概算调整等批复文件;项目(公司)章程、合同批复文件;项目建设与生产条件落实的有关批复文件;项目环境保护方案的批复文件;项目资本金及自融资金来源落实文件;项目各投资者出具的分年度资本金、自融资金安排的函件;保证人或抵押人出具的担保抵押函或意向性承诺函,以及保证人或抵押人近三年的利润及利润分配表、资产负债表和财务状况变动表,等等。

本章知识要点及自我检测

本章案例资料

第十二章 改扩建项目与并购项目评估

问题与思考

材料：

1.厦门是中国的"优秀旅游城市"，拥有丰富的自然、人文等旅游资源。

2..改革开放以来，厦门市经贸、旅游、会展业高速发展。

3.厦门市现有四星级以上酒店偏少，与"优秀旅游城市"称号不匹配。

4.厦门市政府出台各种政策鼓励境内外投资者在厦门兴建四星、五星级商务旅游酒店。

5.厦门蓝天酒店是三星级酒店，酒店董事会决定将其改造成四星级酒店，并扩大经营规模、提高酒店服务档次。

思考：

酒店董事会决定成立酒店改造论证专家组对项目改造的可行性进行论证，请思考，论证该项目的可行性需要考虑哪些问题？它与论证新建项目的可行性有什么区别？

课件

第一节 改扩建项目评估概述*

一、改扩建项目评估的含义

改建是指原有企业、事业单位为了提高生产效率，改进产品质量，节约能源，降低原材料消耗，改变产品结构，提高技术水平等而进行的固定资产更新和工艺技术改造等有关工作。项目评估中的"改建"是个广义的概念，它包括固定资产更新、局部技术改造和整体性技术改造。

扩建是指原有企业、事业单位，为了扩大原有产品的生产能力（或效益），增加新产品的生产能力，而新建主要车间的投资活动。

---

* 国家发展改革委员会和建设部联合颁布的《建设项目经济评价方法与参数》（中国计划出版社2006年8月出版）将改扩建项目称为"既有项目法人项目"，新建项目称为"新设项目法人项目"。

改扩建的目的是提高社会综合经济效益和实现固定资产再生产。由于改扩建项目是在企业原有的基础上进行的建设，能够充分利用原有企业的优势，包括场地、资源的充分利用，熟练劳动力的培养和扩充，先进技术、管理经验的推广运用，与新建项目相比，改扩建项目具有投资省、工期短、见效快的特点，因而，每年的固定资产投资都有相当一部分安排用以改扩建项目。如何安排好、用好这笔投资，是一项复杂而又细致的工作，而搞好改扩建项目评估则是用好这些资金的关键和前提。改扩建项目评估是在调查研究的基础上，从企业和国民经济的角度，采用一系列专门的评价方法和评价体系，对改扩建项目的综合经济效益和社会经济效益及其他相关的问题进行全面系统的分析评价。它为项目决策部门提供科学、系统而又完整的数据资料，对搞好项目投资决策，用好改扩建项目资金，提高其投资经济效益，具有重要的意义和作用。

二、改扩建项目的特点

(一)改扩建项目与原有企业密切相关

改扩建项目与原有企业之间既有联系又有区别，它们既相对独立又相互依存。改扩建项目是对老企业的改造或扩建，脱离了老企业提供的条件，项目的改扩建工作便无法进行；而改扩建项目实施的结果也将影响原有企业的投入和产出。因此，有些问题的分析范围，需要从项目扩展到企业。但是，除企业进行总体改造外，一般改扩建项目并不涉及整个企业，两者相互交叉，但并非完全不能分开。在经济评估中，项目范围的界定应以能够说明项目的效益和费用为准，这样既可以减少数据采集和计算的工作量，又不影响评估的结论。

(二)改扩建项目的费用和效益多表现为增量

改扩建项目都在不同程度上利用了原有企业的资源和资产，以增量调动存量，以较少的新增投入取得较大的新增效益。因此，评价改扩建项目使用的费用和效益应采用增量费用和增量效益。

(三)改扩建项目效益和费用的识别、计算较为复杂

首先，由于改扩建项目的建设内容大多是几项目标的综合体现，如扩大产量，提高质量，提高劳动生产率，改变工艺、技术等，项目的效益往往是多重建设目标综合作用的结果，体现为综合效益，其费用是多重的，不仅包括新增投资、新增经营费，还包括由项目建设可能带来的停产或减产损失以及原有固定资产拆除费等；其次，由于企业原来已在生产经营，而且其状况还会发生变化，因此，项目的效益、费用的识别、计算较为复杂。在对企业现状数据进行分析利用时，不能仅停留于企业现有的情况，而必须对计算期内企业的费用、效益的增减变化趋势做出正确、充分的估计，以避免人为的低估或夸大项目的效果。

(四)改扩建项目在建设期内建设与生产同时进行

由于建设与生产同时进行，在界定项目与企业的界限时，应注意使效益和费用的计算范围、计算期保持一致，使其具有可比性。一般情况下，可通过追加投资来维持原有企业的生产经营，延长其寿命期直至与项目的计算期相同，并在计算期末将固定资产余值回收。在某些情况下，通过追加投资延长企业寿命期在技术上不可行或经济上不合理时，应使企业生产经营终止，其后各年的现金流量为零。

三、改扩建项目的评估原则

(一)客观性原则

一个拟建的改扩建项目是否可行,并不以人的主要意愿为转移。因此,项目评估人员应抱着对委托评估单位和国家负责及实事求是的态度,以客观事实为依据,根据正确无误的数据资料,如投资成本、销售量、销售收入、销售税金等,应用正确的评估方法,对项目的综合经济效益和社会经济效益进行计算分析,尊重客观事实,据实比较,据理论证,对拟建项目做出正确的评估。

(二)完整性原则

对一个拟建的改扩建项目进行评估,既要从微观的角度衡量项目的财务效益,更要从宏观的角度分析项目的经济效益。在具体的评估工作中,可根据评估对象的特点和评估要求灵活掌握。当改扩建项目不涉及外贸、利用外资,主要投入物或产出物价格没有不合理不确定性时,如果财务评估能满足评估要求,可以不进行国民经济评估;对于涉及利用外资、外贸,主要投入物、产出物价格存在确定性或明显不合理的项目,应当进行国民经济评估。在进行财务评估和国民经济评估时,应采用综合经济评估指标,从多侧面、多角度反映项目的经济效果。每个项目除计算主要的经济指标外,还应根据项目的具体情况及特点、要求,增加计算若干辅助评估指标,力求对项目效益做出全面、完整、系统的评价。

(三)宏观经济效益原则

改扩建项目应以宏观经济效益作为项目取舍的标准。当改扩建项目的微观效益和宏观效益一致,并符合评估要求时,项目是可取的;当项目在微观上无效益或低效益,而对国民经济全局来说却具有战略意义,社会效益显著时,就要以项目的宏观效益而不应以微观效益的有无或大小为项目取舍的依据;对于微观上无效益或低效益,而宏观上影响国计民生、效益显著的项目,国家可以考虑在利率、税收和补贴等方面给予优惠,以弥补项目本身的不足。

(四)有无对比原则

有无对比原则也叫增量原则,它以增量效益和增量费用来考虑项目的综合经济效益,是改扩建项目评估的基本原则。从理论上说,项目经济评估的方法有两种:一是"有无对比法",即"有项目"与"无项目"两种情况进行对比分析;二是"前后对比法",即"项目前"与"项目后"对比。对于新建项目来说,"无项目"与"项目前"一般没有区别。这可以从两种方法的比较中明显地发现这一区别。"前后比较法"的"项目前"是一种状态,反映未建项目前的状况;而"有无对比法"的"无项目"则是指不建设该项目的一种方案,它考虑在没有该项目的情况下的未来状况。如某项目在改扩建后,企业效益将比项目前每年递增10%,但若没有该项目,由于技术操作水平提高和加强企业经营管理,企业效益每年也可递增4%,因此,该项目的实施是使企业效益每年递增6%(10%～4%),而不是10%。由此可见,采用"前后对比法",把项目前的状态视为静态的,不能真实反映改扩建项目的财务经济效益;采用"有无对比法"则不会有类似的问题存在,因为它考虑了企业原来在寿命期内可能发生的变化,将无项目时的状态视为动态的。必须指出,当兴建一个项目仅仅是为了改变现状(如提高产品质量),如果不建设项目其现状就不会改变时,"有无对比法"和

“前后对比法”的结果是相同的。在此，我们可以把“前后对比法”看作是“有无对比法”的一种特殊情况。

(五)可比性原则

搞好改扩建项目评估，应注意评估指标之间的可比性。对于那些缺乏可比性的指标，应尽量避免在它们之间进行比较。如果确实需要比较，也必须把那些不可比因素剔除，或按有关计算标准进行换算，然后才可比较。在使用“有无对比法”对改扩建项目进行评估时，应注意使“有项目”与“无项目”两种情况的费用、效益计算范围和计算期保持一致，具有可比性。

第二节　改扩建项目效益费用的确定

课件

一、确定效益费用的原则和方法

根据改扩建项目的特点，在计算增量效益和增量费用时，原则上宜采用“有无对比法”，并根据项目不同的特点和要求，分别采用不同的效益、费用计算法。进行改扩建后，有项目和无项目时企业净效益(增量效益减增量费用)的变化情况大体可归纳为以下几类：

1.有项目和无项目时企业的净效益均增长，增量净效益为有项目、无项目的净效益之差(见图 12-1)。

2.有项目可以防止无项目时效益的递减，维持项目前的净效益水平。这时项目的增量效益表现为可能减少的净效益(见图 12-2)。

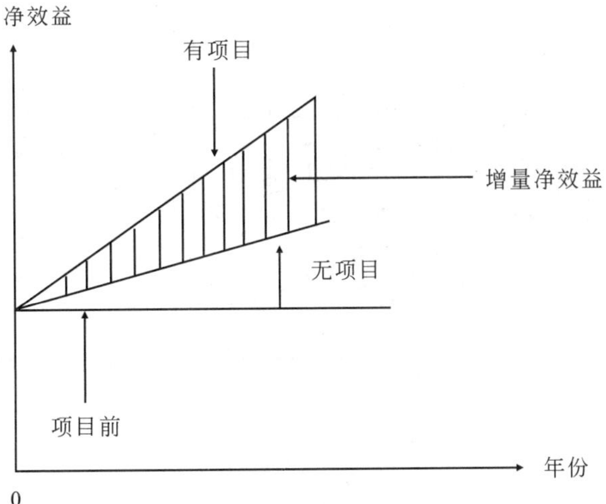

图 12-1

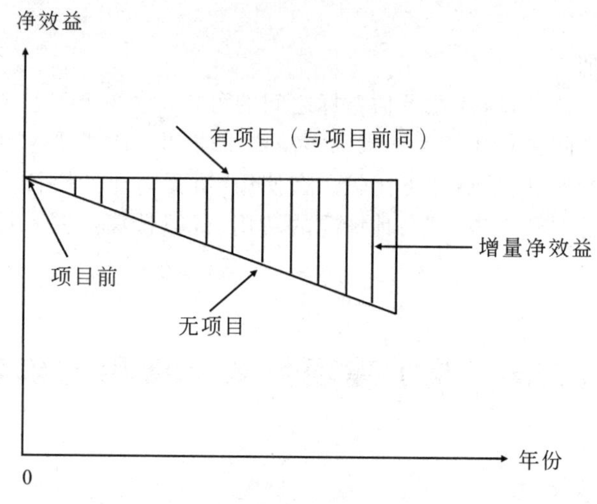

图 12-2

3.有项目不仅避免无项目时净效益的逐年下降，而且比有项目前的净效益增加。这时项目的增量效益具有双重性(见图 12-3)。

4.有项目和无项目时的净效益均逐年下降，其增量净收益也呈逐年下降趋势，改扩建项目的增量净效益则体现为两种下降趋势的差额(见图 12-4)。

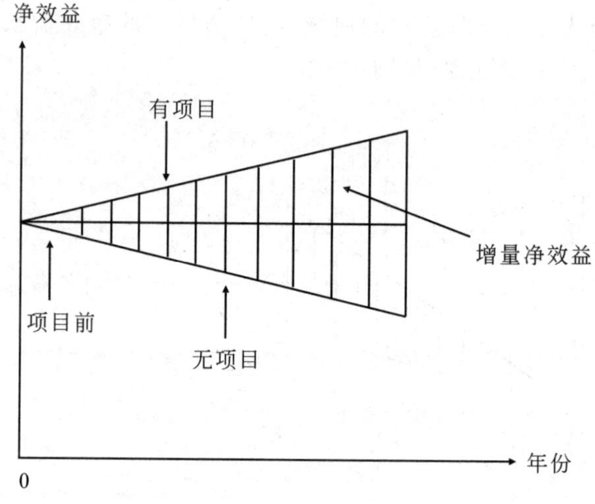

图 12-3

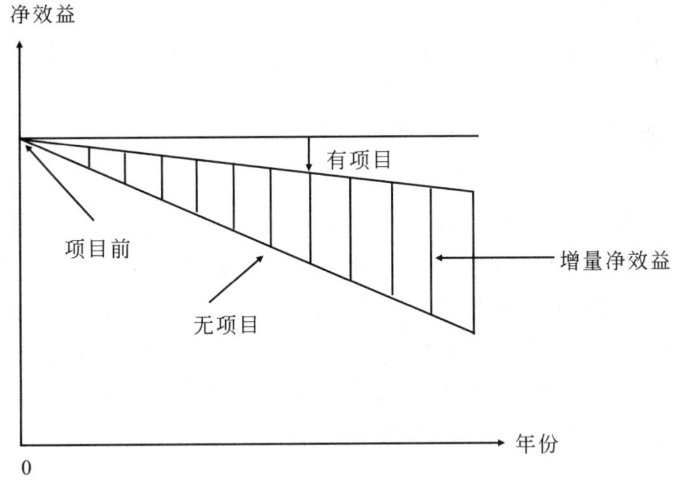

图 12-4

5.无项目时的净效益保持不变，有项目使企业的净效益增加，在这种情况下，有无对比法和前后对比法的分析结果相同。改扩建项目的增量效益就是全部的新增效益(见图 12-5)。

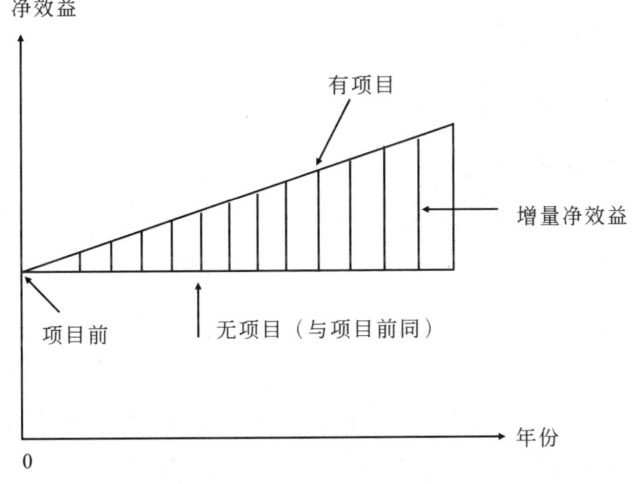

图 12-5

二、增量费用的确定

(一)沉没成本

沉没成本是被改扩建项目利用的，以前决策企业的资金。虽然项目利用了这部分资金但是从“有无对比法”来看，沉没成本属于无项目时已投入的资金，而不是为改扩建而增加的投资，因此，不列入改扩建项目的费用。项目利用沉没成本，具体有以下几种形式：

1.利用过去预留发展的设施。即原有企业建设初期已留下了进一步发展的余地，如设备已预留容量，只要在工艺方面稍加改进就可以得到发展，或预留场地改扩建时加以利用等。预留设施、场地的投资已计入原始投资成本，因此不再列入项目成本。

2.停建项目的已建设施,其建设成本已列入原停建项目中,不再列入改扩建项目成本。

3.利用已折旧完毕的资产,其折旧费已计入原企业的生产成本,而资产的购置费已计入原企业的投资成本,因此不列入项目成本。

(二)投资成本

改扩建项目的投资成本应计算增量投资,即项目的投资成本表现为有项目和无项目时的投资差额。计算"有项目"投资时,原有资产无论其利用与否,均与新增投资一起计入投资费用。"不再利用"的资产如果变卖,其价值按变卖时间另行计入现金流入和资金来源栏目,不能冲减新增投资。改扩建与生产同时进行的项目,其停产或减产造成的损失,已反映在"有项目"改扩建期内各年的销售收入和经营费用中,因此,也不能单独列项计算。但如果直接计算增量投资,则应将停产或减产造成的损失列为项目的投资。"无项目"投资由可利用现有固定资产价值和为使"无项目"的生产经营寿命与"有项目"保持一致而追加的投资构成。

例:某扩建项目新增投资2 300万元,利用现有企业固定资产原值1 000万元,预计企业不进行改造时,也可利用现有企业固定资产原值1 000万元,同时企业为维持原产品生产需追加投资800万元,用以环境治理和生产设备局部更新。则项目的投资成本为:

项目投资成本="有项目"投资-"无项目"投资
=(2 300+1 000)-(1 000+800)
=1 500(万元)

流动资金也是项目投资成本的组成部分。它是"有项目"流动资金需要量与"无项目"流动资金需要量的差额。评估时,改扩建项目新增流动资金需要量一般按新增销售收入资金率法计算。

(三)经营成本

企业改扩建后,经营成本一般随改扩建项目内容的不同而发生变化。改扩建的内容不同,经营成本也采用不同的确定方法。当企业改扩建后,只引起产量增加而不改变企业原有的成本水平时,项目的经营成本可直接计算增量经营成本。如果改扩建项目在增加企业的产量的同时,还能降低生产成本,则需要计算有无项目时的成本差额,作为增量经营成本。这里需要注意的是,在"有项目"情况下,不再利用的原有固定资产只要不处理(报废或变卖),就仍然是固定资产的一部分,但是不能提折旧,因而导致新增折旧不等于新增固定资产的折旧,它是"有项目"折旧与现状折旧的差额,即等于新增固定资产的折旧减去不再利用的原有固定资产应该计提的折旧。只有在原有固定资产全部利用的情况下,新增折旧才等于新增固定资产折旧。

三、增量效益的确定

(一)增量效益确定的原则

1.独立计算增量效益。当改扩建项目的生产经营内容与原企业产品无关时,则单独计算其新增效益。

2.计算有无项目的差额作为增量效益。当项目效益与原企业效益无法区分时,先分别计算有、无项目的效益水平,然后再确定增量效益。

(二)增量效益的具体计算方法

1.单纯增加产量的扩建项目(如扩建独立车间),其增量效益就是新增产量的销售收入。这里的新增产量是有无项目的对比值。因为无项目时的产量可能逐年增加,也可能逐年减少,因而新增产量可能不是一个定数。其计算公式为:

$$\Delta B=(Q_2-Q_1)\cdot P$$

式中:ΔB 为增量效益,Q_2 为有项目时的产品年产量,Q_1 为无项目时的产品年产量,P 为产品的销售单价。

2.单纯增加产品品种的项目(原有品种的产量不变),其增量效益就是新增品种的销售收入。

3.改变产品结构的项目(增加新产品,取消老产品),增量效益为改变结构后的总销售收入与老产品结构的总销售收入之差额。

4.单纯为提高产品质量的项目,其增量效益为售价提高后与售价提高前的销售收入的差额。其计算公式为:

$$\Delta B=Q_2(P_2-P_1)$$

式中:ΔB 为增量效益,Q_2 为有项目时的产品产量(与无项目时相等),P_2 为有项目时的产品单价,P_1 为无项目时的产品单价。

5.单纯为降低产品成本的项目,其增量效益就是经营成本的节约额。其计算公式为:

$$\Delta B=Q_2(C_2-C_1)$$

式中:ΔB 为增量效益,Q_2 为有项目(与无项目同)时的产品产量,C_2 为有项目时的产品单位经营成本,C_1 为无项目时的产品单位经营成本。

6.停建再续建的项目,其增量效益与新建项目的效益相同。

实际工作中,改扩建项目的效益往往是多种因素共同作用的结果。计算项目的增量效益应为有项目时的总效益减去无项目时的总效益的差额。

为了反映改扩建项目增量费用和增量效益的构成,便于财务、经济效益评估,在审查鉴别增量费用、增量效益的同时,应按评估办法规定填制相应表格,包括改扩建项目固定资产估算表,改扩建项目固定资产投资分年支用计划表,有无项目总成本估算及对比表,有无项目销售收入、销售税金及附加估算与对比表,有无项目损益估算与对比表等。改扩建项目财务基础数据估算及对比表一般包括三个方面的内容:一是无项目时的数据,二是有项目时的数据,三是有无项目对比后的增量数据。财务经济评估时,以增量数据为基础进行分析评价。

例:某项目经过扩建与改造,年产量由100万吨增加到150万吨;每吨产品售价由原来的10万元增加到11万元;采用先进技术后,单位经营成本由原来的8万元降到7万元。项目适用的增值税税率为17%,外购原材料、燃料、动力成本约占经营成本的30%。该项目的增量效益计算如表12-1。

表 12-1　增量效益计算表

项目 \ 有无项目 / 年份	无项目时				有项目时			
	生产年份				生产年份			
	1	2	3	…	1	2	3	…
1.产量/万吨	100	90	90		150	150	140	
2.销售收入/万元	1 000	900	900		1 650	1 650	1 650	
3.经营成本/万元	800	720	720		1 050	1 050	980	
4.销售税金/万元	129	86	86		227	227	212	
5.净收益/万元	71	94	94		373	373	348	
6.增量收益/万元					302	279	254	

第三节　扩建企业资信评估

课件

一、企业技术实力评估

1.了解企业的发展过程和历史沿革，如企业建厂以来的产品品种、生产规模、生产结构、技术水平的变化情况。

2.计算改扩建后企业原有固定资产可利用额、流动资金自给率和净资产。企业进行改扩建，对原有的固定资产应尽量充分利用，以减少固定资产投资。若不进行改扩建，企业原有的固定资产价值继续使用年限小于计算期时，可利用的原有固定资产价值按账面价值(固定资产净值)计算，否则按重估价值计算。企业流动资金自给率的计算公式为：

$$流动资金自给率=\frac{企业自有流动资金}{企业全部流动资金}\times 100\%$$

流动资金自给率高，说明企业的经济实力强。

$$企业净资产=企业的总资产-企业的总负债$$

3.评估企业的工艺技术装备水平。

4.分析企业职工人数、技术人员数量及技术职工结构状况。企业的技术人员数量、结构合理，技术力量雄厚，可为改扩建提供技术基础条件，能够使改扩建项目采用的新工艺、新技术在较短时间内发挥出效益。

二、企业经营管理状况评估

1.分析企业领导班子群体素质及管理能力、知识结构、年龄结构和经营业绩。如果企业的领导班子年龄结构、专业结构合理，领导人员及技术、管理人员具有丰富的生产经验和较高的管理水平，经营业绩显著，在工人中的威信高，说明企业的经营管理状况良好，则对企业进行改扩建，不但能使企业现有的管理优势得到发挥，还能增强企业的活力。经过领导班子分析，若发现不足之处，可在改扩建项目投入前认真研究解决，使企业在改扩建后，管理水平得到进一步的提高。

2.分析企业的产品销售网络及销售人员的推销能力。在市场经济社会里，产品市场竞争激烈，因而拓展销售市场，巩固推销对象是扩大产品销售范围，使企业保持其盈利的连续性和稳定性的保证。

3.分析企业财务、技术检验、岗位责任等各项制度的健全程度。建立和健全企业各项规章制度，是强化企业经营管理，提高企业经营管理水平和经营效益的前提和保证。

三、企业信用程度评估

1.分析企业近三年来到期贷款(包括长、短期贷款)偿还的信用状况。企业长、短期贷款能按期偿还，说明企业的偿债能力强，信用状况好。

2.分析企业近三年产品销售合同履约率情况。

$$销售合同履约率=\frac{近三年实际完成销售合同份数}{近三年签订销售合同份数}\times 100\%$$

$$经济合同履约率=\frac{近三年实际履行经济合同份数}{近三年应履行的经济合同份数}\times 100\%$$

合同履约率越高，企业的信用状况越好。

四、企业经营效益评估

1.了解企业过去经营的盈亏情况，判断企业今后是否仍能依靠自身在成本、价格、工艺技术、管理经验等方面的优势来保持和增大盈利或减少亏损。

2.调查、计算企业近三年的资产回报率。

$$资产回报率=\frac{利润总额+利息总额}{企业总资产额}\times 100\%$$

当企业的资产回报率高于同期银行流动资金贷款利率时，表明企业的经营效益好。

3.调查、计算企业近三年的销售利润率。

$$销售利润率=\frac{年利润总额}{年销售收入额}\times 100\%$$

企业销售利润率高于同行业平均值时，表明经营效益较好。

五、企业财务状况评估

1.分析企业资产保证情况。主要看企业资源或存货的估价是否合理,有无低估的现象存在。企业资产保证与企业资金运转能力之间存在着密切的联系,资产保证度越高,资金运转越便利。

2.分析企业运转能力情况。随着国民经济和市场经济的发展,企业筹集资金的渠道越来越多样化,筹集的资金有短期资金也有长期资金。因此,要分别对长期资金和短期资金的运转能力进行分析,综合考察企业的资金运转能力。

3.分析资金运用的灵活性。主要是对企业在保证自己的信用不受损坏的情况下,完成资金筹措计划及方式选择灵活性的分析。在企业现金流动量无法保证资金支出缺乏灵活性时,就会造成企业资金运转不灵。

4.分析企业财务健全程度。主要对企业的营业收入和资金回收率进行分析。在其他条件不变的情况下,企业营业收入和资金回收率越高,企业的财务状况越好。在某种意义上,企业财务状况的好坏,代表企业的信用程度。

六、企业风险评估

所谓风险即为损失的可能性。企业在经营过程中可能会由于遭受种种风险而发生损失,它的损失必然给投资者或银行的贷款带来风险。因此,在进行企业信用评估时,必须对企业经营风险进行必要分析。主要包括:

1.社会风险分析。社会风险是指由于社会上人们的行为而受到的损失。如企业的主要顾客消失,致使企业产品积压而遭受的损失。为避免主要顾客的消失而引起经营风险,企业应对风险的利弊因素进行分析,并采取措施,以留住和争取更多的顾客。

2.自然风险分析。自然风险是指由于不可抗力的原因引起的非常性破坏事件带来的损失,如水灾、地震、台风等。它们通常是不能预期或无法预防的,严格地说并不是经营失误。但如果企业事先对设备、厂房等进行保险并采取其他防范措施,就可降低损失。如果企业对不可抗力事件未采取防范措施,应视为经营失误。

3.经济风险分析。经济风险是指由于经济上的不稳定而可能带来的损失。风险评估中,应对项目所在地区制约和影响经济发展的各种不稳定因素进行分析,以便采取应变措施,防患于未然。

4.产业风险分析。产业风险是指由于产业结构变化使企业受到不利影响而带来的损失。随着市场经济不断发展,产业政策也必然发生调整变化,从而影响到产业结构的变化。为避免或减少因产业结构变化造成的损失,必须分析了解改扩建项目所在地区的经济发展战略,合理确定生产企业的发展方向和发展目标。

5.产品风险分析。产品风险是指由于产品过时而带来的风险和损失。企业要在市场保持强劲的竞争力,就必须密切注意市场趋势,研究消费者的偏好,以便制造适合消费者需要的新产品;相反,如果企业不能不断推出新产品,或者推出的新产品不适销对路,企业就会亏损。

七、企业资产负债状况评估

1.编制资产负债表。该表综合反映企业近三年各年末资产、负债及所有者权益的增减变化及对应关系，以考察项目资产、负债及所有者权益的结构是否合理，用以计算资产负债率、流动比率和速动比率，进行清偿能力分析。

2.计算资产负债率。资产负债率是反映企业所面临的财务风险程度及偿债能力的指标，也是反映债权人发放贷款的安全程度的指标。其计算公式为：

$$资产负债率=\frac{负债总额}{资产总额}\times 100\%$$

一般认为，资产负债率小于1为好。如果资产负债率等于1，说明企业的资产全部靠举债取得，企业财务经营风险很大，偿债能力小；如果资产负债率大于1，说明企业经营亏损，资不抵债。

3.计算流动比率。流动比率是衡量企业资产流动性大小的评估指标，它反映企业流动资产在短期债务到期前可以变现用以偿还流动负债的能力。其计算公式为：

$$流动比率=\frac{流动资产总额}{流动负债总额}\times 100\%$$

公式中流动资产包括现金、有价证券、应收账款、存货等项目，而流动负债包括应付账款、短期应付票据、一年以内到期的其他债务、应付未付工资及应付未付的税收等。流动比率越高，说明企业支付流动负债的能力越强。但是流动比率太高会影响企业的盈利水平。一般说来，保持2∶1的流动比率较为适当，但没有合适于所有企业的统一标准。

4.计算速动比率。速动比率是反映企业偿付流动负债快慢，衡量流动资产中可以立即用于偿还流动负债能力大小的评价指标。其计算公式为：

$$速动比率=\frac{流动资产总额-存货}{流动负债总额}\times 100\%$$

速动比率是用以补充说明流动比率的指标。因为在计算流动比率时，流动资产包括了存货部分。但是，当企业需要偿还流动负债时，存货一般很难马上出售变为现金。如果企业的存货太多而流动负债又需要清偿时就会导致企业出现短期性资金周转不灵的现象。而速动比率指标的计算则弥补了流动比率的不足。一般认为，速动比率大于等于1，企业的财务状况良好。这里需要注意的是，如果企业应收账款中大部分是呆账，那么，速动比率也不能确切地说明公司的流动性状况。为了保证流动资产能确保立即支付流动负债，必须把应收账款中呆账部分扣除掉。但是呆账的数目有时很难确切估计，因此，一般认为，速动比率略大于1较为合适。

根据表12-2某项目改扩建前三年的资产负债表的计算结果表明：项目改建前企业的资产负债率均小于1，流动比率均在1.2以上，说明企业的财务状况较好，具有一定的偿债能力。但是企业的存货过多，造成速动比率低，影响企业的短期偿债能力。因此，企业应认真分析研究造成企业存货积压过多的原因，采取措施，以增量调动存量，加速企业资金周转，为企业顺利进行改建创造条件。

表 12-2 资产负债表

单位：万元

项目 \ 年份	1	2	3
1.资产	24 430	37 233	47 153
1.1 流动资产	12 660	15 222	15 362
1.1.1 应收账款	3 299	3 690	4 470
1.1.2 存货	7 129	8 549	10 317
1.1.3 现金	188	208	230
1.1.4 累计盈余资金	2 044	2 775	345
1.2 在建工程	5 770	16 511	26 773
1.3 固定资产净值	6 000	5 500	5 000
1.4 无形及递延资产净值			
2.负债及所有者权益	24 430	37 233	47 135
2.1 流动负债	9 345	10 946	12 133
2.1.1 应付账款	2 798	3 136	3 857
2.1.2 流动资金借款	6 547	7 810	8 276
2.1.3 其他短期借款			
2.2 长期负债	3 141	13 236	21 242
负债小计	12 486	24 182	33 375
2.3 所有者权益	11 944	13 051	13 760
2.3.1 资本金	10 400	10 400	10 400
2.3.2 累计盈余公积金	232	398	504
2.3.4 累计未分配利润	1 312	2 253	2 856
计算指标			
资产负债率/%	51.1	64.9	70.8
流动比率/%	135.5	139.1	126.6
速动比率/%	59.2	61.0	41.6

第四节　改扩建项目经济评估

课件

一、改扩建项目财务效益评估

改扩建项目财务效益评估，是通过有无项目对比，在测算出基础财务数据以后，根据国家现行财税制度及有关财务效益评估报表，计算评估指标，考察项目的盈利能力、清偿能力，据以判别项目财务上是否可行的一种经济评价方法。

(一)财务评估报表的编制与分析

改扩建项目财务评估使用的报表主要有现金流量表(全部投资)、贷款偿还计算表、外汇平衡表等。

1.现金流量表(全部投资)。该表不分投资资金来源，是以全部投资作为计算基础，用以计算所得税前及所得税后财务内部收益率、财务净现值等评估指标，据以考察全部投资的盈利能力。其格式与新建项目现金流量表(全部投资)同。内容包括新增现金流入和新增现金流出两部分。

(1)新增现金流入

①新增产品销售收入:反映有项目和无项目产品销售收入总额，数据从有无项目产品销售收入对比表取得。

②新增回收固定资产余值。反映新增固定资产余值的回收。

③新增回收流动资金。反映改扩建项目新增加流动资金的回收。

④企业原有固定资产变卖收入。企业原有固定资产不再利用变卖时，按变卖值和变卖时间计入现金流入栏目。

(2)新增现金流出

①新增固定资产投资。反映有项目、无项目固定资产投资差额(含新增固定资产投资方向调节税)。

②新增流动资金。反映有项目、无项目流动资金需要量的差额。

③新增经营成本。反映有项目、无项目经营成本的差额。数据从有无项目总成本费用对比表取得。

④新增销售税金及附加。反映有项目、无项目销售税金及附加的差额。数据从有无项目销售收入、销售税金及附加对比表取得。

⑤新增所得税。反映有项目、无项目所得税的差额。数据从有无项目对比表取得。

⑥新增企业改造停产损失。反映由于改扩建致使企业停产造成的损失。

⑦新增清理费支出。反映由于改扩建，对企业原有固定资产不再利用部分进行清理而发生的清理支出。

新增现金流入与新增现金流出的差额为增量净现金流量。

(3)编制改扩建项目现金流量表应注意的问题

①改扩建项目现金流量表反映的是增量现金流入和增量现金流出。

②改扩建项目在改扩建期间的企业停产损失和减产损失，原有固定资产拆除的清理费用，作为现金流出。

③将企业原有固定资产变现收入作为现金流入。

④将单纯以提高质量为目的的改扩建项目，因产品质量改善而提高的产品销售价格以扩大产品销售量而增加的销售收入，作为现金流入。

2.贷款偿还期计算表。该表利用相关表格中的数据，按照国家有关的财税制度规定及项目具体财务状况，计算改扩建项目建成投产后可用作还款的新增利润、新增固定资产折旧费、新增摊销费及其他综合收益偿还银行贷款本金和利息所需要的时间。

3.财务外汇平衡表。该表适用于有外汇收支的改扩建项目，用以反映项目计算期内各年外汇余缺程度，进行外汇平衡分析。内容包括外汇来源和外汇运用两部分。

(1)外汇来源

①新增产品销售外汇收入。反映新增外销产品销售收入。

②新增外汇借款。反映新增投资外汇借款余额。

③新增其他外汇收入。反映企业自筹外汇，接受捐赠外汇等其他外汇收入。

(2)外汇运用

①新增固定资产投资中的外汇支出。反映支付进口设备款及其他相关费用。

②新增进口原材料。反映新增进口原材料成本。

③新增进口零部件。反映随主要机器设备进口的零部件的成本。

④新增技术转让费。反映生产期间支付给技术转让方的技术转让费，按支付金额和支付时间计入外汇运用。

⑤新增偿付外汇借款本息。反映按借款合同规定的利率和还款方式偿付的外汇借款本金和利息，按偿付时间和偿付金额计入外汇运用。

⑥新增其他外汇支出。反映与项目生产经营有关的其他外汇支出，如支付外方技术人员的工资等。

外汇来源与外汇运用的差额为外汇余缺。外汇来源大于外汇运用为外汇盈余，外汇来源小于外汇运用为外汇短缺。

(二)财务盈利能力分析

改扩建项目财务盈利能力分析，是为了考察项目投资的盈利状况。其评估指标主要有增量财务内部收益率和增量财务净现值。根据项目的特点和需要还可以计算增量投资回收期、增量投资利润率和增量投资利税率等指标。涉及外汇收支的项目，还需要计算增量财务外汇净现值、增量财务换汇(或节汇)成本等指标，并进行外汇平衡分析。

1.增量财务内部收益率($\Delta FIRR$)

增量财务内部收益率是指一个改扩建项目，进行改扩建与不进行改扩建时，计算期内各年净现金流量累计等于零时的折现率。它反映项目所占用的改扩建资金的盈利率。其表达式为：

$$\sum_{t=1}^{n}(\Delta CI-\Delta CO)_t(1+\Delta FIRR)^{-t}=0$$

式中：CI为增量现金流入，CO为增量现金流出，$(\Delta CI-\Delta CO)_t$ 为第 t 年增量净现金流量，$\sum_{t=1}^{n}$为项目计算期总和，n 为项目计算期。

实际运用中，增量财务内部收益率可在计算增量财务净现值的基础上用试差法进行计算。

当增量财务内部收益率大于或等于基准收益率时，项目的盈利状况好，财务上可以接受。

2.增量财务净现值(ΔFNPV)

增量财务净现值是指按行业基准收益率或规定的折现率，将项目寿命期内各年的差额净现金流量折现到项目实施初期(即基准年)的现值之和。其计算公式为：

$$\Delta FNPV=\sum_{t=1}^{n}(\Delta CI-\Delta CO)_t(1+i_c)^{-t}$$

式中：$(1+i_c)^{-t}$为与折现率(i_c)对应的第 t 年的折现系数。

改扩建项目的折现率可按项目所使用的银行贷款的实际贷款利率加上1%～2%的风险系数计算，也可采用基准收益率计算。

当增量财务净现值大于或等于零时，项目在财务上可以接受。

3.增量投资回收期

增量投资回收期是指以项目的增量净效益抵偿全部增量投资(包括增量固定资产投资、投资方向调节税和增量流动资金)所需要的时间。它是考察项目在财务上的投资回收能力的主要静态评价指标。投资回收期(以年表示)一般从改扩建开始年份算起，如果从投产年算起，应予以注明。其表达式为：

$$\sum_{t=1}^{n}(\Delta CI-\Delta CO)_t=0$$

投资回收期可根据增量财务现金流量表(全部投资)中的累计增量净现金流量计算求得。详细计算公式为：

$$\text{投资回收期}(P_t)=\left[\begin{array}{l}\text{累计增量净}\\\text{现金流量开始}-1\\\text{出现正值年份}\end{array}\right]+\frac{\text{上年累计增量净现金流量的绝对值}}{\text{当年增量净现金流量}}$$

当增量投资回收期小于或等于改扩建项目所在行业的基准投资回收期时，表明项目投资能在规定的时间内收回。

4.增量投资利润率

增量投资利润率是指项目改扩建后，产品达到设计能力的正常生产年份的年新增利润总额与项目新增总投资的比率。计算公式为：

$$\text{增量投资利润率}=\frac{\text{年新增利润总额}}{\text{新增投资总额}}\times100\%$$

式中：

年新增利润总额＝新增年销售收入－新增年总成本费用
－新增年销售税金及附加

新增投资总额＝新增固定资产投资＋新增流动资金
＋利用原有固定资产重估值

当新增投资利润率大于或等于行业平均利润水平时，项目在财务上可以接受。

5.增量投资利税率

增量投资利税率是指项目改扩建后，产品产量达到设计生产能力后的正常年份的年新增利税总额与项目新增总投资之比率。其计算公式为：

$$新增投资利税率=\frac{年新增利税总额}{新增总投资}\times 100\%$$

式中：

年新增利税总额＝年新增销售收入－年新增总成本费用

当新增年利税率大于或等于行业基准投资利税率时，项目在财务上可行。

6.增量资本金利润率

增量资本金利润率是指产品达到设计生产能力后的一个正常生产年份的新增利润总额与增量资本金的比率，它反映投入项目的增量资本金的盈利能力。其计算公式为：

$$增量资本金利润率=\frac{年新增利润总额}{增量资本金}\times 100\%$$

式中：

增量资本金＝有项目时资本金总额－无项目时资本金总额

增量资本金利润率越高，项目的盈利能力越强。

涉及外汇收支的项目还需计算增量财务外汇净现值和增量财务换汇（或节汇）成本。

7.增量财务外汇净现值（$\Delta FNPV_F$）

增量财务外汇净现值是指按设定的折现率将项目各年的增量净外汇流量折现到建设起点的现值之和，它是分析、评价项目对国家外汇收支状况影响的重要指标。其计算公式为：

$$\Delta FNPV_F=\sum_{t=1}^{n}(\Delta FI-\Delta FO)_t(1+i)^{-t}$$

式中：$(\Delta FI-\Delta FO)_t$ 为第 t 年的增量净外汇流量。

增量财务外汇净现值可通过增量外汇流量表直接求得。一般情况下，增量外汇净现值越大，项目的外汇效果越好。

8.增量财务换汇成本

增量财务换汇成本是项目计算期内各年生产出口产品所投入的增量国内资源现值与生产出口产品增量外汇净现值（通常以美元表示）之比，它是反映项目所获外汇经济与否及项目实施后在国际上的竞争能力的重要指标。其计算公式为：

$$增量换汇成本=\frac{\sum_{t=1}^{n}\Delta DR_t(1+i)^{-1}}{\sum_{t=1}^{n}(\Delta FI-\Delta FO)_t(1+i)^{-t}}$$

式中：DR_t 为第 t 年生产出口产品投入的增量国内资源总和。

增量财务换汇成本与外汇调剂价比较，小于或等于外汇调剂价，项目可以接受，增量财务换汇成本越低，项目的财务外汇效果越好。

(三)财务清偿能力分析

财务清偿能力分析主要是考察项目计算期一定期限内的财务状况及偿债能力。从法律上讲，改扩建项目是由既有企业出面向银行借款，当然还款的财务主体是既有企业，也就是只要考虑既有企业的还款能力。然而，既有企业借款是为了项目，不管项目将来是否独立核算，都应当考虑项目本身的还款能力，这是企业财务管理本身的需要。因此，改扩建项目偿债能力分析宜进行两个层次的分析。一是项目层次的偿债能力分析。通过编制还本付息计算表分析拟建项目"有项目"时的收益偿还债务的能力，计算利息备付率和偿债备付率或贷款偿还期。考察还款资金来源(折旧、摊销、利润)是否能按期足额偿还借款本金和利息，若还款资金来源足以还款或尚有节余，表明项目自身的还款能力强；若项目自身的还款资金来源不足，应由既有企业动用自有资金补足，或采用其他方式还款。计算得到的项目偿还能力指标可以表示项目用自身的各种收益抵偿债务的能力，显示项目对企业财务状况的影响。虽然债务偿还是企业的行为，但项目层次偿债能力指标可以给企业法人和银行重要的提示，即项目本身收益是否可能完全偿还债务，是否会因此增加企业法人的债务负担。若项目范围内"无项目"时尚有借款(整体改扩建)，应用"有项目"的整体收益一并偿还，需要编制"有项目"的借款还本付息计算表，包括新增借款和原有借款。二是企业层次的借款能力分析。项目决策人(既有企业)要根据企业的经营与债务情况，在计入项目借贷及还款计划后，估算既有企业总体的偿债能力。银行等金融部门在做借贷决策之前，往往要了解现有企业的财务状况，尤其是企业的债务情况(含原有贷款、其他拟建项目贷款和项目新增贷款)，考虑企业的综合偿债能力，企业应根据债权人的要求提供相应的资料。在项目产出和企业产出相同或相似时，项目的资金成本与企业的资金成本相同；在项目资金投向其他行业时，项目的资金成本与其他行业的投资风险或投资机会成本相近。

改扩建项目的利息备付率、偿债备付率和贷款偿还期的计算与运用与新建项目相似，所不同的是改扩建项目使用增量数据。如改扩建项目贷款还款期，是指按国家财税制度及有关规定，以项目改扩建建成投产后可用以还款的新增利润、新增固定资产折旧、新增无形资产及递延资产摊销费、其他综合效益等还款资金偿还新增固定资产贷款和利息所需要的时间。贷款还款期通过改扩建项目的贷款偿还期计算表求得。其计算公式为：

$$\begin{matrix}贷\quad款\\偿还期\end{matrix}=\left[\begin{matrix}贷款偿还后开始\\出现盈余年份数\end{matrix}-\begin{matrix}贷款开始\\支用年份\end{matrix}\right]+\frac{当年偿还贷款数}{当年可用以还款资金数}$$

当贷款能在规定的贷款期限内偿还时，项目的清偿能力较好。

对于存在多种贷款来源渠道及涉及外汇贷款的项目，其贷款偿还期的计算处理原则与新建项目相同。

在项目范围与企业范围一致时（整体改扩建），“有项目”数据与报表都与企业一致，可直接利用企业财务报表进行偿债能力分析。

在项目范围与企业范围不一致时（局部改扩建），偿债能力分析就可能出现项目和企业两个层次。

在直接利用增量数据进行分析时，偿债能力分析只有项目一个层次，应结合企业现有财务状况进行分析。

对于一些信誉好的公司，或者已通过银行信用评级，并授予一定的授信额度的公司，一般只需要进行项目层次的偿债能力分析。

对于财务状况良好的大公司进行建设的小项目，一般也只需要进行项目层次的偿债能力分析。

另外，改扩建项目也需要进行生存能力分析，但是一般只进行“有项目”的生存能力分析，分析的内容与新建项目相同。

例：某造纸厂以芦苇为主要纤维原料，采用亚钠法制浆，年产纸袋 5 万吨，纸张 6 万吨，主要产品有凸片印刷纸、白版纸、书写纸和有光纸。但该厂面临着重大问题：一是用亚钠法制浆，废浆对临近河流的污染严重，每年企业要负担 240 万元的排污费；二是新的印刷方法要求使用胶印书刊纸，作为凸版纸的换代产品，国内供应严重不足。因此该厂拟采用年产 3 万吨胶印书刊纸的长网中速抄纸机生产线一条，将亚钠法制浆改为硫酸盐法制浆，并且建立碱回收系统。

改造项目与老厂存在以下关系：①改建项目建成后所需电力和蒸汽由正在改建的自备热电站供应；②由于原料供应的限制，改造后只能净增产 2.5 万吨，因此，新纸浆机达到设计生产能力后，要停产两台共计 0.5 万吨的旧纸机；③硫酸盐法所制的纸浆除供应新纸机外，还供应老厂，即碱回收装置能够减少老厂原排污费的 70%；④碱回收燃烧炉产生的蒸汽可制成副产品粘合剂出售，粘合剂年产 2.5 万吨。

改造项目的项目寿命期（含建设期）20 年，第五年投产达到设计生产能力的 50%，第六年达到设计生产能力的 80%，第七年起达到设计生产能力的 100%。

新增投资成本除了投资项目自身的投资外，还包括为项目服务的热电站投资。支出计划见表 11-3。

项目在寿命终结时，回收固定资产余值 700 万元，回收全部流动资金 850 万元。

新增生产经营成本：(1)投资项目包括热电站，总成本为 4 200 万元，其中变动成本 3 450 万元，固定成本 750 万元，内含折旧 300 万元，流动资金利息 50 万元（外购成本约占生产成本的 40%）；(2)两台旧纸机停产，减少产量 0.5 万吨，相应减少年总成本 500 万元（不含折旧）；(3)亚钠法与硫酸盐法的制浆成本接近，故不另计算。

表 12-3 新增投资支出计划表

单位:万元

年 份	固定资产投资	流动资金
1	1 150	
2	2 500	
3	2 100	
4	1 000	
5	200	425
6		255
7		170
合计	6 950	850

新增效益:(1)投资项目胶印书刊纸每吨售价 2 000 元;(2)副产品粘合剂每吨售价 150 元;(3)新纸机达到生产能力以前,旧纸机不停产,其产品有光纸每吨售价 1 500 元;(4)增值税适用税率为 17%,城市维护建设税适用税率为 0.4%,教育附加率为 2%。

根据以上资料,测算项目的增量费用和增量效益。

1.年增量生产经营成本

(1)企业正常生产年份的生产成本,为新项目的总成本扣除停产纸机的生产成本以及减少的排污费支出后差额:

$$4\ 200-500-240\times70\%=3\ 532(\text{万元})$$

(2)第五年新纸机尚未达到设计能力,在旧纸机不停产的情况下的生产成本为:

$$3\ 450\times50\%+(750-50+50\times50\%)-240\times70\%=2\ 282(\text{万元})$$

(3)第六年的生产成本计算:

$$3\ 450\times80\%+(750-50+50\times80\%)-240\times70\%=3\ 332(\text{万元})$$

2.年增量效益

(1)企业正常生产年份的收益包括胶印书刊纸和粘合剂的销售收入,但要扣除停产旧纸机的销售收入:

$$2\ 000\times3+150\times2.5-1\ 500\times0.5=5\ 625(\text{万元})$$

(2)项目达到生产能力以前,旧纸机不停产,仅计算新纸机的收益:

第五年:$(2\ 000\times3+150\times2.5)\times50\%=3\ 188(\text{万元})$

第六年:$(2\ 000\times3+150\times2.5)\times80\%=5\ 100(\text{万元})$

(3)新增销售税金及附加的计算:

正常年份:

年增值税:$(5\ 652-3\ 532\times40\%)\times\dfrac{17\%}{1+17\%}=612(\text{万元})$

年城市维护建设税：$\frac{5\ 652}{1+17\%}\times0.4\%=19$(万元)

年教育费附加：612×2%=12(万元)

合计：643(万元)

第五年：

年增值税：$(3\ 188-2\ 282\times40\%)\times\frac{17\%}{1+17\%}=331$(万元)

年城市维护建设税：$\frac{3\ 188}{1+17\%}\times0.4\%=11$(万元)

年教育费附加：331×2%=7(万元)

合计：349(万元)

第六年：

年增值税：$(5\ 100-3\ 332\times40\%)\times\frac{17\%}{1+17\%}=547$(万元)

年城市维护建设税：$\frac{5\ 100}{1+17\%}\times0.4\%=17$(万元)

年教育费附加：547×2%=11(万元)

合计：575(万元)

根据计算结果编制新增利润预测表(见表12-4)。

表 12-4 新增利润预测表

单位：万元

项目 \ 年份	5	6	7～20每年
达产能力/%	50	80	100
销售收入	3 188	5 100	5 625
销售成本	2 282	3 332	3 532
销售税金及附加	349	575	643
销售利润	557	1 193	1 450

根据以上计算数据编制新增财务现金流量表(见表12-5)。

表 12-5　新增财务现金流量表

单位：万元

项目＼年份	1	2	3	4	5	6	7	8～19 每年	20
达产能力/%					50	80	100	100	100
一、新增现金流入									
1.新增销售收入					3 188	5 100	5 625	5 625	5 625
2.回收新增固定资产余值									700
3.回收新增流动资金									850
二、新增现金流入									
1.新增固定资产投资	1 150	2 500	2 100	1 000	200				
2.新增流动资金					425	255	170		
3.新增经营成本					1 957	2 992	3 182	3 182	3 182
4.新增销售税金及附加					349	575	643	643	643
三、新增净现金流量	−1 150	−2 500	−2 100	−1 000	257	1 306	1 630	1 800	3 350
四、i=10%时折现系数	0.909	0.826	0.751	0.683	0.621	0.564	0.513	3.497	0.149
五、新增净现值	−1 045.35	−2 065	−1 577.1	−683	159.60	736.8	836.19	6 294.60	499.15

根据表12-5计算得知：ΔFNPV为3 155.67万元；ΔFIRR为16.30%。表12-5中：

经营成本＝总成本－折旧－流动资金利息

第五年经营成本＝2 282－300－25＝1 957(万元)

第六年经营成本＝3 332－300－40＝2 992(万元)

第七年经营成本＝3 532－300－50＝3 182(万元)

计算结果，增量财务净现值为3 155.67万元，增量财务内部收益率为16.30%，净现值大于零，内部收益率高于基准内部收益率(i_c＝10%)，说明项目的财务效益好，值得进行改建。此外，还需进行国民经济评价，以全面分析项目的效益。

二、改扩建项目国民经济效益评估

为全面分析项目的经济效益，还需对改扩建项目进行国民经济评估。当改扩建项目的财务评估与国民经济评估结果不一致时，应以国民经济评估作为抉择项目的依据，对于财务上无效益或低效益而国民经济评估效果好的项目，应采取优惠措施，使其在财务上也可行，鼓励、支持宏观效益好的项目进行改扩建。

(一)改扩建与新建项目国民经济评估的异同点

改扩建项目与新建项目国民经济评估的共同点主要表现在：两类评估都是从国民经济的整体利益出发，遵循费用－效益统一划分的原则，用影子汇率、影子工资、影子土地费用和社会折现率，计算分析项目给国民经济带来的效益，以实现资源的最优利用和合理配置。在评估中，费用和效益包括项目自身的直接费用和直接效益。税金、补贴及国内贷款利息、折旧额等属于国民经济内部转移支付，不计为项目国民经济评估中的费用和效益。不同点主要表现在：改扩建项目国民经济评估用的费用和效益是增量费用和增量效益，它反映的是项目对国民经济的净增量贡献的大小。增量费用和效益的计算，通常采用有无项目对比的原则确定。即先使用影子价格对有项目和无项目时的投入物和产出物的价格进行调整，计算有项目和无项目的边际费用和边际效益总额，然后将有项目的边际费用、边际效益减去无项目的边际费用、边际效益，求出增量边际费用和增量边际效益，据以进行国民经济评估。

(二)改扩建项目国民经济评估使用的报表

主要有增量经营成本调整计算表、增量销售收入调整计算表、增量经济现金流量表(全部投资)和增量经济外汇流量表。这些报表的格式和编制方法与改扩建项目财务评价报表同。

(三)改扩建项目国民经济评估指标的计算与分析

改扩建项目国民经济评估主要计算增量经济净现值、增量经济内部收益率等指标，涉及外汇收支的项目，还需计算增量外汇净现值和增量换汇或节汇成本等指标。

1.增量经济净现值(ΔENPV)

增量经济净现值是反映改扩建项目对国民经济的增量净贡献的绝对指标。它是指用社会折现率将项目计算期内各年的增量净效益流量折算到项目起点的现值之和。

$$\Delta ENPV=\sum_{t=1}^{n}(\Delta EI-\Delta EO)_t(1+i_s)^{-t}$$

式中：$(\Delta EI-\Delta EO)_t$ 为第 t 年增量经济效益流量。

增量经济净现值等于或大于零时，表示国家对改扩建项目付出代价后，可以得到符合社会折现率的社会盈余，或除得到符合社会折现率的社会盈余外，还可以得到以现值计算的超额社会盈余，这时应认为项目是可以考虑接受的。

2.增量经济内部收益率(ΔEIRR)

增量经济内部收益率是反映改扩建项目对国家增量净贡献的相对指标。它是项目在计算期内各年增量经济净效益流量的现值累计等于零时的折现率。其表达式为：

$$\sum_{t=1}^{n}(\Delta EI-\Delta EO)_t(1+\Delta EIRR)^{-t}=0$$

增量经济内部收益率等于或大于社会折现率，表明项目对国家增量净贡献达到或超过了要求的水平，应认为项目是可以接受的。

3.增量经济外汇净现值($\Delta ENPV_F$)

增量经济外汇净现值是反映改扩建项目实施后对国家外汇收支直接或间接影响的重要指标，用以衡量项目对国家外汇的净贡献(创汇)或净消耗(用汇)。增量经济外汇净现值可通过增量经济外汇流量表计算求得。其计算公式为：

$$\Delta ENPV_F=\sum_{t=1}^{n}(\Delta EFI-\Delta EFO)_t(1+i_c)^{-t}$$

式中：$(\Delta EFI-\Delta EFO)_t$ 为第 t 年增量净外汇流量。

增量经济外汇净现值大于或等于零时，项目的外汇效果好，可以考虑接受。

4.增量经济换汇(或节汇)成本

增量经济换汇(或节汇)成本是用影子价格、影子工资和社会折现率计算的为生产出口(或替代进口)产品而投入的增量国内资源现值(以人民币表示)与生产出口(或替代进口)产品的增量经济外汇净现值(通常以美元表示)之比，亦即换取(或节约)1美元外汇所需的人民币金额。它是分析改扩建项目实施后在国际上的竞争力和外汇效果的指标。其计算公式为：

$$\text{经济换汇(或节汇)成本}=\frac{\sum_{t=1}^{n}\Delta DR_t(1+i_s)^{-t}}{\Delta ENPV_F}$$

式中：ΔDR_t 表示第 t 年为生产出口(或替代进口)产品所投入的增量国内资源。

增量经济换汇(或节汇)成本等于或小于影子汇率时，表明项目在国际上的竞争力强，项目产品出口替代进口是有利的。

课件

第五节　并购项目评估

一、并购项目的含义

并购项目是指既有企业通过投资兼并或收购目标企业，获得目标企业的部分或全部产权的项目。并购的目的在于扩大既有企业的规模，提高既有企业的效率，减少竞争对手；获得特殊资源，降低经营成本，提高市场竞争力；取得管理、经营、财务协同效应，增强既有企业的竞争能力，同时维持或改进目标企业原有的生产系统。并购项目包括兼并和收购。兼并是指一个企业采取各种形式有偿接收其他企业的产权，使被兼并方丧失法人资格或改变法人实体的经济行为。其形式主要有：承担债务式兼并、购买式兼并、吸收股份式兼并、控股式兼并。

收购是指一个企业通过购买公司股份而使公司经营决策权易手的行为，包括企业收购和股权收购。

二、并购成本确定与并购效益评价

(一)并购成本

并购成本包括产权交易价格、咨询费、律师费、佣金等，以及收购后对企业的改造、改组、人员安置与遣散费用等。

产权交易价格以目标企业价值评估为基础，并购企业价值评估是决定并购企业股权转让价格的关键。企业价值是公司所有的投资人对于公司资产要求权价值的总和。企业价值可分为三个层次，即企业的基础价值、内在价值和战略价值。

基础价值(basic value)即净资产价值，是目标企业转让的价格下限；内在价值(internal value)是目标企业在持续经营的情况下可能创造出的预期的现金流量价值，是目标企业的动态价值；战略价值(strategic value)是指并购完成后，经过总体重组与协同，能够促使外部交易内部化，生产要素重新组合，市场份额进一步扩展，消除或减轻竞争压力，绕过各种限制或贸易壁垒，规避各种风险和税收，提高垄断地位，拓展新的利润增长点，从而取得的规模经济效益。

确定合理的并购价格区间时，需要综合考虑企业的三种价值。并购价格估算方法包括收益现值法、财务比率法、账面价值调整法等，每种方法都有其适用条件。虽然并购价格最终取决于市场，但并购价格的估算为企业并购谈判提供了一个价格基础。

1.收益现值法是将拟投资企业的未来收益换算成现值的各种评估方法的总称。收益现值法是评估企业价值的一条最直接、最有效的方法。企业价值的高低主要取决于其未来的获利能力，而不是现实存量资产的多少。

收益现值法是从目标企业未来收益的角度，在企业“持续经营”的假定前提下，将目标企业未来预测的现金流量进行贴现，计算目标企业的价值，并以此为基础确定测算目标企业的最高收购价格。采用收益现值法估算目标企业价值的收购价格，可由下式计算：

$$MAP=\sum_{t=0}^{n}\frac{CF_t}{(1+k)^t}+\frac{\frac{CF_{n+1}}{(k-g)}}{(1+k)^n}-L$$

式中：MAP为应付兼并方的最高购买价格；k 为被兼并企业的加权平均资本成本；n 为被兼并企业预期成长的计算时间；CF_t 为被兼并企业在兼并后第 t 期所有资本产生的税后净现金流量；g 为被兼并企业第 t 年后的 CF_t 成长率；L 为被兼并企业负债的市场价值。

CF_t 的计算公式为：

$$CF_t=\text{经营利润}\times(1-\text{所得税率})+\text{折旧和其他非现金支出}-\text{增量营运资金和固定资产等支出}$$

2.账面价值调整法或重置成本法，其评估思路是从企业重建的角度来评估，即计算在评估点时企业的投入成本之和，或再造一个与被评估企业完全相同的企业所需的投资，并把这个投资额作为被评估的企业价值。

企业账面价值等于企业资产减去企业负债，但由于不能反映通货膨胀、技术贬值和企业组织资本等，基于历史成本记录形成的账面价值很有可能不等于其市场价值，因此需要对账面价值进行调整。

账面价值调整法是从资产成本的角度，以目标企业的资产净值为基础估算确定收购价格，即按照财务报表中的资产净值，采用经过注册会计师审计调整后的资产账面价值进行估算。它是目标企业价值评价估算的基本依据。

账面价值调整的方法通常有重置成本法和资产变现法。

企业价值＝调整后的总资产－调整后的总负债

账面价值法通常只应用在企业破产清算或资产出售时的价值评估，对企业整体的出售，特别是对高科技企业和服务类企业尤其不适用，因为这些企业的组织资本产生了大量价值。

3.市场比较法是通过把被评估企业与类似的上市公司或已交易的非上市公司的市盈率或市净率）作为倍数，乘以被评估企业的当期收益（或净资产），从而计算出企业的市场价值。运用市场比较法需要有高度发达的证券市场为前提，要有足够多的上市公司做备选参照物。

在实际使用市场比较法来评估目标企业的价值时，一般可选定5～10家与目标企业类似的上市公司或已交易的非上市公司，分别求“每股净利润”、“每股息税前利润”加权平均值，再将其股价与两个加权平均值相比，所得的两个比值再分别乘上目标企业的“每股净利润” 及“每股息税前利润”即可得出两个股价，作为估算目标企业价值的上下限范围。

上述方法中，理想的方法是收益现值法，最简便的方法是比较法。但是，在我国企业并购、股份制改制的估值中，广泛采用的却是重置成本法。原因在于：

(1)根据中国资产评估协会的专业操作标准规定,企业整体评估一般要求采用成本法,而收益法只作为验证法。

(2)我国国有企业资产盘子大,非经营性资产占相当大比例,由于国有企业的法人缺位,运用收益法很容易造成国有资产流失。

(3)我国传统企业效益低下,采用收益现值法缺乏市场基础。

(4)我国的市场机制不完善,企业经营受政府宏观调控的影响大,且法制不健全,未来收益不可控因素多,难以估算未来收益。

(二)并购效益评价

并购效益包括企业自身的效益和由于并购带来的企业整体协同效应。前者包括资本经营效益、经济增加值、市场增加值三个方面,后者包括财务协同效应和经营协同效应。有条件时可用有无对比法估算协同效应。

1.资本经营效益。评价指标包括投资回报率、总资产收益率等,主要反映并购后的当期经营效益。将目标公司并购后的资本经营效益与并购前进行比较,从而衡量并购对目标公司所产生的绩效增长。

2.市场增加值。收购后目标企业的市场价值与收购前的市场价值进行比较,其差额为市场增加值。

3.经济增加值(EVA)。收购企业将投资于目标企业的资本变现的收益与资本的机会成本进行比较,两者的差额就是企业的增值收益。

$$\begin{aligned}\text{EVA} &= (\text{ROC}-k)\times \text{现有资产的账面价值}\\ &= \text{EBIT}(1-\text{税率})-K\times \text{现有资产的账面价值}\end{aligned}$$

式中:ROC=资本收益率= EBIT(1-税率)/现有资产的账面价值;EBIT 为息税前利润;K 为加权平均的资金成本。

4.协同效应。包括财务协同效应和经营协同效应。

(1)财务协同效应。财务协同效应包括通过业务多样化来降低经营风险,或是收购一家资金短缺但有投资机会的公司获得的商业机会,或是收购一家享受税收优惠企业带来的税收节余等。

(2)经营协同效应。由于目标企业控制着某种关键资源、技能或能力,如果与收购企业资源结合,将产生更大的价值。当处于同一业务领域的两家企业发生水平并购时,由于生产规模提高、成本降低,边际利润水平提高;当收购原材料供应商或产品的分销商或零售商时,协调效应来自对价值链的更完整控制。

利用有无对比和现金流量分析方法,评估经营协同效应。首先,分别评估收购公司和目标企业的价值,根据各企业的现金流计算现值,汇总得到并购前的企业价值;其次,考虑并购完成后企业预期增长率或成本的下降,重新评估企业价值;第三,将“有并购”的企业价值减去“无并购”的公司价值,得到并购协同效应的价值。

三、并购项目经济评价与风险分析

(一)并购项目经济评价

并购项目评价主要包括以下内容：

1.分析目标企业所处行业地位、竞争对手、行业发展趋势、市场格局与前景。

2.分析目标企业经营管理现状、资产与债务结构、盈利能力、管理水平，并预测发展前景。

3.分析既有企业管理能力与水平、财务状况、品牌商誉、市场份额、融资能力、企业现状等。

4.测算并购成本。

5.测算改组改造所需投资。

6.预测并购收益和经营费用；

7.编制并购后的现金流量表，依据内部收益率等指标判断并购的可行性。

8.并购风险分析。

并购项目一般只进行财务分析，分析财务效益、资产经营效益和发展速度等。对于影响行业结构和地区发展的重大并购项目，还应进行经济费用效益分析，判断并购产生的失业、垄断等后果的社会承受能力。

(二)并购项目风险分析

并购风险分析包括融资风险分析、经营风险分析、政策风险分析和市场风险分析等。重点应分析资本结构的合理性，并充分考虑并购项目的不可预见成本。

能力训练

材料：

厦门蓝天大酒店二期扩改建工程部分资料

一、项目概况

1.项目名称：厦门蓝天大酒店二期扩改建工程

2.项目建设单位：厦门蓝天大酒店

二、项目建设单位的情况与项目概况

1.厦门蓝天大酒店概况

厦门蓝天大酒店系由中外合资兴办的涉外三星级豪华酒店，于1982年2月22日在厦门市注册登记，经营项目为客房、中餐厅、西餐厅、卡拉OK歌舞厅、KTV包间、足浴城、美容美发厅、医疗保健中心、商务中心、洗涤部、商场、会议接待、车队等。厦门蓝天大酒店地处湖里区金融商业密集区，周围商家云集，而且交通便利，属湖里行政区划内的政治、经济、文化、娱乐中心，在区域内具有得天独厚的地理优势。

2.酒店目前经营状况

根据厦门市三星级以上酒店营业统计报表显示，蓝天酒店的平均入住率和平均房价指标在三星级酒店同业中居中上水平，但客房规模偏小，客房收入总量在所有酒店中是最低的。同时，现有的三星级酒店的主要营业指标与四、五星级酒店相比也有较大的差距，因此扩大酒店规模，提高酒店服务档次是提升酒店竞争力和盈利水平的必由之路。

3.厦门蓝天大酒店二期扩改建工程项目概况

酒店拟增加投资 8 060 万元人民币（其中股东自筹资金 2 460 万元人民币，银行贷款 5 600 万元人民币），用于酒店二期扩改建工程。

酒店二期扩改建工程完工以后，酒店将新增加 136 间客房及增加多项服务设施和功能，可晋升为四星级饭店，按照厦门近年四星级酒店平均入住率 70%测算，预计每年可增加营业收入约 3 500 万元人民币。

三、项目建设投资的必要性与市场分析

1.厦门是中国的"优秀旅游城市"，拥有丰富的自然、人文等旅游资源。蓝天酒店扩大规模、提高酒店服务档次、提升酒店的星级，是适应市场需求、增强酒店自身竞争力、优化酒店的总体资源配置及提高酒店盈利水平的必然要求。

2.目前厦门市四星级以上酒店偏少，与“优秀旅游城市”称号不匹配。

3.厦门市政府出台各种政策鼓励境内外投资者在厦门兴建四星、五星级商务旅游酒店。

4.改革开放以来，厦门市经贸、旅游、会展业高速发展。

四、项目收益预测与分析

1.项目寿命期

项目寿命期设定为 40 年。项目经济评价计算期取 17 年，其中：建设期 2 年，经济寿命期 15 年。

2.项目收益预测

项目转入正常营业后，酒店整体年营业收入达 5 542.10 万元，其中增量收入额为 3 498.73 万元；酒店整体年营业税费 304.82 万元，其中增量营业税费为 192.43 万元；酒店整体年利润总额为 1 667.66 万元，其中增量利润总额为1 457.97万元；酒店整体年所得税 250.15 万元，其中增量所得税 218.70 万元，酒店整体年净利润达 1 417.51 万元，其中增量净利润 1 239.17 万元。

五、偿还贷款本息计划

二期工程贷款 5 000 万元，经与贷款银行商定分 6 年还清贷款本息。

六、财务分析与评价

1. 评价基础数据

酒店行业基准投资利润率 15%，行业基准收益率 12%，其他基础数据略。

2.酒店财务盈利能力指标

酒店项目增量投资回收期 6.91 年，增量资本金投资回收期 6.12 年；增量项目财务净现值为 2 114.38 万元，增量资本金财务净现值为 3 251.59 万元；增量项目财务内部收益率为 14.87%，增量资本金财务内部收益率为 18.60%。

七、项目偿债能力分析

根据财务基础数据，项目计算期增量利息备付率为 7.77，偿债备付率为2.1。

八、不确定性分析

项目增量盈亏平衡点收入为3 667.78万元，项目敏感性分析结果见附表12-1。

附表12-1　敏感性分析表

序号	敏感因素	评价指标	
		指标值	变化率/%
1	基本方案	2 114.38	
2	投资增加10%	1 635.06	22.67
	投资减少10%	2 547.70	20.49
3	成本增加10%	724.18	65.75
	成本减少10%	3 501.20	65.59
4	收入减少10%	1 113.38	47.34
	收入增加10%	3 115.50	57.35

要求：

根据以上资料撰写厦门蓝天大酒店二期扩改建工程评估结论与建议

本章知识要点及自我检测

第十三章 房地产项目评估

材料：

我国的房地产业在经历了十多年的发展后，无论是开发商还是购房者，都已趋向成熟和理智。开发商对项目开发的前期工作，特别是项目可行性研究和评估越来越重视。

思考：

房地产开发项目评估与工业项目评估相比较有哪些特点？

课件

第一节 开展房地产项目评估的必要性

一、房地产项目评估的概念

房地产项目评估是在房地产项目投资决策前，依据国民经济发展需要和经济规划的要求，以市场为导向，进行认真细致的市场调查和预测，并运用科学、系统、完整的方法对拟投资项目的建设必要性、建设可行性和经济合理性进行全面分析与评估论证，为科学投资决策提供依据的一种工作方法。在西方国家，项目评估由贷款银行承担，是因为做出最终投资决策的往往是银行。私人投资者由于不可能筹集到所需的全部投资，或为充分利用财务杠杆的作用，而不得不依仗银行。银行为保证自己的投资不受损失，十分重视投资决策前的分析评价工作，其中最重要的工作就是对每个申请贷款的投资项目进行认真的审查和评估，即开展项目评估工作。由于房地产业是一个投资规模大、回收周期长、垫付资金数额大、资金周转慢的行业，因此从事房地产项目投资的大部分资金来源必须依仗银行的支持。可见，我国的房地产项目评估工作也可以由贷款银行承担。但是，由于我国市场经济体制尚未发育成熟，目前我国主要投资决策者仍然是各级计划部门，项目评估工作主要由计划部门承担。此外，随着我国银行商业化改革和投资体制改革的不断深入，投资主体已呈多元化趋势，商业银行和各行业的主管部门也担负着进行投资决策的重要责任。因此，目前我国的项目评估由计划部门、贷款银行和行业主管部门各自开展，贯彻谁决策谁负责的原则。当然，这也只能在我国经济体制转轨时期作为一种权宜之策，一旦我国市场经济体制培育成熟，项目评估便可借鉴西方国家的做法，交由银行承担。

二、房地产项目评估特点

房地产项目一般由生地、毛地、熟地、在建工程和建成后的物业（含土地）等单个项目或综合项目组成。房地产项目一般具有下列特点：

1.房地产项目具有产品不可移动性、保值增值性、区域性、政策影响性、相互影响性、建设与经营同步性等特点，多数房地产项目还具有计算期短的特点。

2.房地产项目一般只进行财务分析，涉及区域开发的项目还应进行综合分析。

3.房地产项目的资金可来源于商品房合法预售所得款。

4.房地产项目分为出售型、出租型和混合型。项目的收益和成本分摊方式依据项目类型而不同。自营部分的投资可转换成项目的固定资产，出售、出租部分的投资转换成开发成本。开发企业大量的资产以流动资产的形式存在。

5.房地产项目不按租售合同而按实际可能得到的财务收入估算现金流入，并依此估算经营成本。

6.房地产项目的效益一般为售房收入、租房收入、土地（生地或熟地）出让收入、配套设施出售（租）收入以及自营收入。

7.房地产项目总成本费用主要包括开发建设期间发生的开发产品成本和经营期间发生的运营费用、修理费用等。

8.房地产项目除缴纳流转税和所得税外，尚需缴纳土地增值税、城镇土地使用税、耕地占用税、房产税等。

三、开展房地产项目评估的必要性

首先，是项目投资决策正确、科学的重要保证。进行房地产项目评估必须开展市场调查研究，在收集掌握投资项目所在地区的自然环境和社会情况，国家各级机关、部门颁布的有关房地产业发展的方针、政策和规章制度，消费者对房地产的需求量、购买能力和消费偏好以及有关投资机会（或投资项目）的开发条件等大量资料数据的基础上，进行加工整理。并运用科学方法，周密测算和分析预测市场供求变化发展趋势，合理确定投资机会（或投资项目）、投资规模及投资方案，从而确定项目投资的必要性，评审投资者具备的投资条件、投资优势和投资风险；继而推测投资的成本和收益，并从微观和宏观两个角度进行分析和评价，判断项目的经济合理性。同时，为进一步了解项目可能遇到的风险和抗御风险的能力，项目评估还把项目的成本和效益置于不确定的环境下进行推测和估算，开展不确定性和风险性分析，从而为投资决策提供科学、可靠的依据资料，做到先论证后决策、先决策后投资，使投资者对选定的投资机会（或投资项目）的未来情况，做到心中有数，大大减少和避免了投资失误，提高了项目的投资经济效益。

其次，可以为项目取得贷款创造条件。房地产业是一个资金密集型的产业，具有投资数额大、垫付资金多、时间长的特点。因此，从事房地产投资，没有银行的贷款支持是难以为继的。

根据我国有关贷款条例规定，房地产开发商的贷款可以达到投资额的70%，购房者的贷款也可以达到房价的70%。可见银行是房地产业发展资金的最大支持者。由于房地产业是一个高风险的行业，从获取土地到房地产开发经营各个环节，均面临各种不确定性，如果开发商的产品不能及时转化为货币，银行的贷款就难以收回，呆账、坏账的出现就在所难免。因此，银行在发放贷款之前必须掌握项目投资的必要性、可行性和经济合理性，充分考虑贷款资金的使用效益，确保发放的贷款能按时收回本息。要做到这一点，只有通过项目评估，使银行可以对项目的投资总额进行预测和估算，弄清可能需要的贷款总额和支用时间，确认贷款回收的可能性、回收的时间和发放贷款可能遇到的风险，从而为发放贷款提供科学的决策依据。而对投资者来说，由于项目评估事先对投资的必要性、可行性和经济合理性进行了全面的分析和论证，因此，也就为其取得银行贷款提供了必要的条件。

再次，是规范房地产投资行为，促进房地产业健康有序发展的前提条件和根本保证。近几年，我国房地产业在迅猛发展的同时，也暴露出许多的问题，其中结构不合理是目前较为突出的问题。目前我国房地产业一方面存在大量的空置房屋，另一方面又有大量的住房困难户，存在"有人没房住，有房没人住"并存的怪现象。且随着我国城市步伐加大和农村人口流入城市速度的加快，又将构成城市住宅需求的巨大潜在市场。这正是房地产市场结构不合理、供需矛盾突出的佐证。这种矛盾现象是房地产投资者的投资行为不规范，一味追求微观效益，缺乏整体、全局的观念，只重视眼前利益，不关心长远利益，主观臆断现象严重，缺乏对投资机会(或投资项目)进行宏观的分析和评价所造成的。只要对企业、对投资个体有利，对眼前有利，就大量投资开发，结果是造成大量的重复建设和盲目建设，宏观效益低下，致使房地产业陷入"开发一大片，效益看不见"的虚假繁荣困境，继而影响企业和投资者的利益，最终阻碍房地产业健康有序地发展。可见，开展房地产项目评估工作是规范房地产投资行为的重要环节。这是因为，其一，项目评估工作既要求对企业投资者的微观效益进行评价，也要求对国民经济的贡献进行宏观效益分析，而且强调两者的统一。对于一个投资项目来讲，必须同时具有微观效益和宏观效益，才能做出投资决策。在微观效益和宏观效益相互冲突的情况下，微观效益应服从宏观效益，以宏观效益决定项目的取舍。其二，项目评估不仅重视眼前利益，更重视长远利益的分析和评价。项目评估在评价项目的成本和效益时，不是停留于眼前效益的分析上，而是对项目整个经济寿命期内成本和效益情况进行全面准确的动态分析和评价，使投资者对拟投资项目的未来收益和风险做到心中有数，确保项目取得较好的投资效益。其三，随着我国房地产行业的迅猛发展，投资环境日益复杂多样化和房地产投资者之间的竞争日益激烈，要对一个房地产投资项目做出正确判断，只有采用科学的方法，才能克服主观判断上的困难和出现的错误。而项目评估中所应用的市场分析、财务效益分析的动态分析方法、现金流量分析方法、不确定性分析方法等，都是投资者客观评价投资机会(或投资项目)的科学方法。由此可见，项目评估把微观效益和宏观效益统一起来，使眼前利益和长远利益相互结合，以动态分析方法和客观分析方法为主，对投资的未来情况做出客观的科学分析和评价，从而约束和规范了投资者的投资行为，为房地产业的健康有序发展提供了前提保证。

第二节　房地产项目建设必要性与可行性评估

课件

一、房地产项目建设必要性评估

房地产项目建设必要性评估，就是针对所确定的投资机会(或投资项目)的投资目标，采用定性和定量分析方法，对拟开发投资项目所提供的产品能否得到社会承认进行审查、分析和评价。这是投资项目能否付诸实施的先决条件。如果一个项目根本没有必要建设，或者说，这个项目所开发的产品由于市场容量小、消费者购买能力有限或消费者不喜欢该产品的规格、型号和类型，而造成该产品在市场上没有需求或需求量很小，那么，这个项目就不允许付诸实施，项目评估工作的其他技术经济论证也就不必继续进行下去。房地产项目建设必要性是由多种因素决定，受多种因素制约的。因此，评价项目建设必要性应从多方面、多因素进行审查和分析。大体可以从微观、中观和宏观三个角度展开分析和评价。

(一)从微观上看，投资项目的产品必须有市场

投资项目今后有没有市场，它的产品是否为社会所需要，这个问题将从根本上决定一个项目是不是有必要建设。显然，花钱去建设一个产品没有销路、社会不需要的项目，是一种愚蠢的行为。因此，开展市场分析是房地产项目必要性评估的核心内容。

市场是房地产投资经营的起点和归宿，市场分析贯穿于房地产投资经营的始终，市场分析对房地产投资经营的成败具有举足轻重的作用。盲目投资必然造成重大的经济损失。在投资前必须重视市场分析，对房地产投资经营前景做出正确的判断。房地产项目与其他投资项目具有不同之处，一般建设项目在建设之前使用单位就已经确定，而房地产投资项目则往往在开发投资之后，才寻找使用单位或购买单位(当然也不排除有预售和预租方式)。因此，房地产开发投资者必须对经营项目的类型、档次、标准、价格以及可能购买的对象做出充分的估计，而后根据房地产市场的趋势和容量、消费者偏好，做出正确的投资决策。

房地产投资者经营房地产，不是为了自己使用，而是为了出租、出售，以获取收益。这就要求房地产投资者密切关注房地产市场的动态，分析行情，以把握有利时机，促进房地产出售、出租，及时回收投资，获取预期收益。

房地产市场分析大体分为以下两部分内容：

1.房地产投资形势分析

房地产市场错综复杂，由房地产交易系统(包括供给和需求两个方面)、支持系统(包括建筑业、房地产产权法律、房地产评估、房地产金融、房地产信息咨询等)、约束系统(包括税收、工商行政管理、城市规划、环境保护等)和调控系统(包括各级政府、城市管理、税收、工商、金融、城市规划等管理部门)四个基本部分组成。房地产市场各个系统的健全和

协调程度，决定着房地产投资的大环境。因此，房地产投资者开展房地产市场分析，首先应对房地产市场各个系统进行充分的认识和估计，合理判断房地产投资形势。在对房地产投资形势分析时，应着重分析国家、地区或地方的经济、政治状况，城市化进展和人口、就业状况及房地产投资项目所在街区的基本状况。

经济特性主要是：经济发展总体水平、经济形势处在上升阶段还是衰退阶段、经济结构的变动情况、通货膨胀率的高低、货币供给的方式及状况、区域发展战略的走向及进程等。

政治状况主要包括：国家或地区政权的稳定性，政府的进取和开放意识以及政府机构的工作效率，区域性的产业发展政策，与房地产业发展相关的政策、法规和制度，政府对房地产市场的干预程度以及社会治安状况等。

城市化进程和人口、就业状况主要包括：城市人口增长率、家庭户数增长率、家庭人口结构、人口就业比例及就业结构等。

此外，房地产所在街区的居民构成，交通状况如何，客流量大小，水、电、气等各类设施的基本状况，也是房地产投资形势分析的基本内容之一。

2.投资项目供需情况分析

房地产市场的供需情况分析包括目前市场的调查分析和未来市场的预测分析。市场的调查分析主要是了解目前房地产市场的供需情况，目的在于系统收集和分析市场情报，为预测房地产市场未来发展趋势提供依据。市场调查和市场预测构成市场供需情况分析的整体。前者是手段，后者是目的，二者相辅相成。市场预测分析包括需求分析和供给预测分析两方面。

市场需求预测分析包括显在需求、潜在需求、需求周期、需求发展趋势预测等几个方面。显在市场需求是明显存在的市场需求，即房地产需求者预付部分房款、已经承诺购房或打算即期购房的情况。显在市场需求一般可以通过市场调查收集有关的数据资料，对房地产需求者的需求倾向、数量和时间做出判断。潜在市场需求是指有潜力可挖的市场需求。如有购房的想法，但因目前没有购买能力或对现有的房地产商品的类型、地点、标准等不满意，尚在观望的潜在消费者的需求。需求周期分析是通过对市场供需趋势的分析研究，判断某一市场需求的饱和状态。如普通住宅，在某一特定的市场(如厦门市或范围更小一点)，当此范围内的居民都拥有住房后，市场对普通住宅的需求达到饱和，即为一个周期。在对房地产市场进行分析研究时，不仅要分析市场的需求数量，而且还要分析消费者的需求品位和偏好，在需求周期内开发出适销对路的产品。市场需求预测，是对购房者的需求变化趋势、需求偏好、需求倾向做出预测。房地产开发公司在预测的基础上，应采取新的开发经营策略，以适应市场需要。在市场需求分析的基础上，还应进行市场供给预测分析。只预测需求，不预测供给，不可能做出科学的投资决策。因为市场供给竞争相当激烈，房地产开发公司应通过供给预测，以掌握同行的供应能力、经营特点、服务方式和竞争手段，衡量各个分市场的供应规模、成本状况、房屋种类和档次以及竞争的激烈程度，从而在知己知彼的基础上，进行新的决策，力求获得有利地位，以便在市场竞争中占有优势。

此外，房地产市场调查和预测都要注意区域性因素的影响。房地产业经营的商品是不动产，其商品的销路受所在地区的政治、经济、环境、居民收入等区域因素影响大。因此，房地产市场分析，不能搞一刀切，必须考虑区域性因素的影响，因地制宜，对不同区域采取不同的经营策略。

(二)从中观上看，投资项目必须符合行业规划和地区规划的要求

从微观上看，项目的产品是否有市场，是项目建设必要性的首要条件。因此项目评价工作不能不从市场分析入手，不能不考虑市场的供求状况和发展趋势。但从中观上看，项目是否有必要建设，首先要看其是否符合国家一定时期的产业政策和行业的发展规划，这是决定项目取舍的重要依据。其次，项目对本地区是否有利也是决定项目取舍的依据。项目必要性评价要分析判断项目的建设是否符合地区发展规划和近期计划的要求，是否有利于促进地区优势的发展和增强地区的经济实力，是否合理利用地区的资源。

(三)从宏观上看，投资项目必须符合国民经济发展规划的要求，必须是宏观上有效益的

从宏观上评价项目建设必要性，要看其是否同国民经济长远发展规划和五年计划相一致。国民经济长远规划是国家在一定时期的奋斗目标和行动纲领，它确定了社会和经济发展的战略目标、步骤、重大比例关系、生产力布局等重大经济政策。五年计划是我国计划的主要形式，拟建项目是否符合五年计划的要求，是项目有无必要建设的前提。

二、房地产项目建设可行性评估

房地产业是一个高附加值的产业，不仅能带来巨大的收入，形成巨大的财富，而且作为一种基础产业，它的发展能促进建筑工业、建材工业、建筑设备业以及化工工业、钢铁工业、机械工业等相关行业的发展。据统计，房地产业的产值每增加一个单位元，就能使相关产业的产值增加1.5～2个单位元。在发达国家，房地产业的产值占国民生产总产值的10%～40%，而我国“八五”计划确定房地产增加值占国内生产总值的3.7%的目标却未能实现，1995年末统计，我国房地产业产值仅占国民生产总值的2.4%。可见我国的房地产业与国外房地产业存在较大的差距。因此，从大环境上看，大力发展房地产业是大势所趋，投资者从事房地产投资很有必要。但是，并非所有必要投资的项目，都可以投资兴建。这就要求投资者在对投资机会(或投资项目)进行必要性评估的基础上，进一步分析其实施的可行性，即开展房地产开发建设投资可行性评估。其具体内容因项目所处的地点、建设投资条件和目标的不同而不同，但大体可以从以下几个方面进行分析：

(一)建设项目地点的选择方案

房地产是不动产，其在一个城市中所处的地段与其销路、价格有很大的关系，因此房地产开发投资比其他投资在地理位置上有更高的要求。不同的地块有不同的自然特点，地块的自然特点限制了该地块的开发范围。而且社会力量也往往通过各种法令法规(如规划法规、建筑法规、消防法规、环保法规、住宅法规等)明确规定，在具体地块上可以做什么和不可以做什么。因此，在项目可行性研究时，应该明确识别和界定拟开发投资地块的各种限制条件，使项目在所处地块的各种限制条件下，满足自然可行和法律可行，并在此基础上满足经济上的可行。在地点选择方案研究上主要应分析以下几方面问题：

1.分析开发项目地理位置、气象、水文、地质、地形条件等,判断其对开发类型、范围等的要求和限制。

2.分析有关法规等对征用土地、调拨土地、土地批租、建筑类型、层高等的制约和要求。

3.对开发地点方案进行技术经济比较并提出选择意见。

如果选定的开发投资地块不是空地,需要动迁的话,还必须了解需要动迁的工厂、商店、住宅的数量和面积,判断动迁的难易程度、所需费用及对投资效益的影响,并拟出搬迁的具体方案。

(二)设计方案及设备选型方案比较

明确开发地点的自然条件限制和法律条件限制之后,接下来便是要对开发项目的设计方案和设备选型方案进行分析和研究。具体包括:

1.明确项目的构成范围(如项目需要场地总面积和总平面图草案,项目包括的主要单项工程等)、技术来源及主要的技术工艺。

2.明确项目所需购买的设备,如电梯、空调、污水处理。

设备等的规格、型号、数量、来源、价格、质量及对项目经济效益的影响。

项目评估人员在对项目的设计方案和设备选型方案进行分析比较时,必须遵循"先进适用、经济合理、安全可靠"的原则进行。

(三)项目开发、协作和公用设施的配套情况

在项目满足自然条件和法律条件限制的前提下,如果项目的设计和设备选型方案能满足"先进适用、经济合理、安全可靠"的要求,基本可以判定该项目具备实施的可能性。但为全面判断项目的可行性,还必须对项目开发、协作和公用设施的配套情况进行分析和研究。具体包括:

1.投资费用的筹集和使用计划分析

投资费用按照最终形成生产资料的不同作用,可以分为建设投资和流动资金两大部分。其中建设投资由固定资产投资、无形资产投资、递延资产投资、固定资产投资方向调节税和建设期利息组成。投资费用是否打足,是否符合项目建设的实际需要,是关系到项目开发建设能否顺利进行、按期竣工投入使用并按期创造效益的重大问题。因此,投资费用评估是投资项目评估中极其重要的环节。对投资费用进行评估,一是要按项目的实际需要,本着打足的原则估算项目总投资,并分析判断资金的筹集渠道和筹足资金的可能性,以使项目在执行过程中的各种投资需求得到充分保证,以利于项目建设的顺利进行;二是要最大限度地节约各种不必要的开支,按项目的具体情况,合理确定项目投资使用计划,以便降低项目投资成本,提高项目的投资效益,增强投资者的投资信心。

2.材料、设备情况分析

项目开发建设过程中及建成投入使用后都需要大量的设备和材料,因此,项目可行性评估时,必须对项目建设实施阶段和建成投入使用所需材料、设备的规格、型号、数量、质量情况及其来源和供应的可能性进行全面分析和判断。在分析和判断时,要特别针对主要的、稀缺的材料和设备进行分析和判断,以免因主要、稀缺的材料、设备来源没有保证,影响项目的顺利实施。

3.施工力量情况分析

房地产项目能否顺利实施，在很大程度上取决于施工力量的组织落实情况。因此，项目可行性评估时，必须对设计单位、施工单位的技术水平、技术装备能力的可行性进行分析，以保证项目在施工技术上的先进、适用和可靠。

4.公用设施配套情况分析

项目施工期间和建成投入使用后，水、电、气、交通、通讯等供应条件也是制约项目实施，并影响开发项目投资效益的重要因素。因此，投资项目评估时，应对拟开发投资地点的交通、通讯及水、电、气等公用设施情况的现状、发展趋势及其对开发项目的制约和影响做出合理的判断。

第三节　房地产项目费用、效益的计量与评估

课件

一、房地产项目费用的计量与评估

房地产项目费用包括开发过程(即生产领域)的费用和经营过程(即流通领域)的费用两大部分。

(一)开发过程投资费用的计量与评估

房地产开发过程费用一般可以分为土地费用、建筑安装工程投资、设备购置费用、各种税费和其他费用五大部分。在费用的计量与评估中，应根据组成项目费用性质的不同，对各种费用要素分别采用适用的方法进行预测，再以年为计算期汇总计算项目总费用。对土地费用和基础设施配套费、前期工程费、土地使用费等税费，可按照政府颁布的《房地产项目税费手册》所列的税费项目和收费标准进行测算。建筑安装工程投资和设备投资可参照一般建设项目的预测方法进行预测。其他费用则按前面各项费用的一定比例进行估算。此外，在估算建筑安装工程投资时，应注意资金时间价值因素的影响。建筑安装工程投资在房地产项目费用总额中所占的比重大，一般占项目开发投资费用的50%以上；而且建筑安装工程投资是在项目建设过程中陆续投入的，房地产项目的建设周期长，受不确定因素影响大，因此，应采用动态的方法估算项目的建筑安装工程投资额，即在项目建筑安装工程投资估算时，充分估计汇率、物价(主要是“三材”的价格)和资金成本变动趋势、政策变化对建筑安装工程投资的影响。项目建设期的利息、固定资产投资方向调节税和不可预见费都是项目开发投资的组成内容。它们在费用项目划分上，可归入其他费用项目，但评估时应单独计量。房地产项目开发耗资大，且是先开发后经营，房地产开发商需垫付大量资金在项目上，没有金融机构的支持，开发工作几乎不可能完成，而房地产开发周期长的特点又使项目在开发过程中的风险加大。因此，房地产项目建设期利息和不可预见费在项目总投资中占的比重大于一般的建设项目，评估时要重视这部分费用的计量和评估。

(二)经营过程费用的计量和评估

房地产经营的主要形式有出售和出租两种。因此，经营过程费用体现为房地产销售

费用和出租费用。

开发商开发的房地产若用以销售，则其在销售过程中发生的费用也是项目总费用的组成部分。房地产销售费用是房地产在市场交换过程中所发生的劳动消耗的货币表现。主要包括房地产开发完成之后出售之前的看护费、供热采暖费、保养费、有形和无形损耗、房地产出售后的售后服务费(如居住小区、大楼的管理费等)及房地产销售环节应缴纳的各种税金。

开发商开发的房地产若用以出租，其经营过程的费用则为房地产租赁成本。房地产租赁成本主要包括房地产价值补偿费(折旧费)、维修费、管理费、税金(如房产税、地产税、印花税等)、保险费、投资利息和地租等。

出租、出售房地产的经营费用可分别不同费用项目，参照同类型房地产项目有关的费用数据，结合评估项目的具体情况调整计算确定。

如果开发商单纯经营地产，则经营过程的费用仅包括土地进入流通领域而发生的"土地流通成本"(主要是开发商在转让土地使用权过程中发生的管理费和营业税等)。

任何开发项目都必须在现行的经营环境下运作，因此，在计量费用时必须严格执行现行的法律和法制。即项目费用的计量与评估必须以现行的财税、财务、金融、外汇制度为基础，做到评之有据、估之有理，才能为项目经济合理性分析、评价提供可靠的、客观的依据和资料。与时同时，由于我国房地产起步较晚，许多配套的法律、法规、制度和措施还不完善，这就不仅要求评估人员要熟悉我国房地产业现行的有关法律、法规、制度和措施，而且要对其完善和变动趋势做出合理的估计，以免高估或低估项目的费用，影响项目评价的准确性和客观性。

此外，房地产项目具有固定性的特点，受项目所在地的政治、经济环境影响大。因此，费用计量和评估时还必须充分考虑区域性因素的影响。

二、房地产项目效益的计量与评估

从事房地产开发经营也和其他生产经营一样，其主要目的也是获取尽可能多的收益。因此，应重视房地产项目的效益计量工作。房地产项目效益计量可分为"价"和"量"两方面。

1."价"的计量。"价"是指拟开发产品的价格，包括销售价格和租金。房地产商品的价格是考核房地产项目效益的基础和核心，也是决定项目取舍的关键。在确定房地产商品价格和租金时，必须特别注意市场的供求关系、房地产项目所处的地段与功能、消费者消费倾向及国家政策的影响。

2."量"的计量。"量"是指拟开发经营产品的数量，主要包括商品房数量、代建工程数量和出租房数量。"量"的计量一般可在市场调查和预测的基础上，通过供需对比后确定下来。通常以商品房出售面积和商品房出租面积来表示。

此外，如果开发商将土地经过综合开发后，把部分或全部土地转让给其他单位进行自建，则项目的效益体现为开发商向自建单位收取的综合开发费。综合开发费一般由开发成本加上一定的开发利润组成。

与项目费用的计量一样，项目效益计量也必须严格执行现行的法律和法规，以确保估算出的数据资料符合客观实际情况。

第四节　房地产项目财务效益评估

课件

一、房地产项目财务效益评估概述

房地产项目财务效益评估是在费用、效益计量的基础上，从经营者和银行的角度出发，分析测定一系列财务指标，考察项目的获利能力、清偿能力及外汇效果等财务状况，从而判断评价项目投资财务上是否可行的一种分析评价方法。其目的在于为项目投资决策和银行贷款决策提供依据。一个房地产项目要想投资成功，必须有开发经营商和金融机构的共同配合。这样，房地产项目开发经营商和为项目提供贷款的金融机构都要对房地产项目的财务状况做出合理的估计和判断。

项目财务效益评估的基本目标是其盈利能力和投资贷款偿还能力；评估的基本步骤包括评估前的准备（熟悉拟开发经营项目的建设目的、意义、要求、建设条件和投资环境，收集、计算评估所需的各项财务基础数据，如项目的投资总额，资金筹措方案，项目开发、经营成本，开发、经营收入，编制现金流量表等）、财务评估指标的计算与分析和不确定性分析等。

评估前的准备工作已在前面各部分作了相应的阐述，下面着重介绍评估报表的编制及财务评估指标的计算与分析等内容。

二、房地产项目财务效益评估基本报表

（一）利润及利润分配表

利润及利润分配表是反映项目在一定期间的经营成果及分配情况的报表。它全面、系统地反映利润总额与构成项目，以及各项目之间的关系。报表的编制分为三步：

第一步：计算利润总额。即从开发、经营收入出发，减去开发、经营成本和开发经营税金及附加，再加上其他业务利润和投资收益。

第二步：求出税后利润。即在利润的基础上，减去所得税，求出税后利润。

第三步：计算未分配利润。即在税后利润的基础上减去公积金、公益金和应付利润后，得出未分配利润。

利润及利润分配表的格式如表13-1。

表 13-1 利润及利润分配表

序号	年份 / 项目	建设期		出售、出租期				合计
		1	2	3	4	……	n	
1	经营收入							
2	经营税金及附加							
3	总成本费用							
4	利润总额							
5	所得税							
6	税后利润							
7	盈余公积金、公益金							
8	应付利润							
9	未分配利润							

表中各项目反映的内容如下：

经营收入：房地产经营收入由商品房出售收入、土地转让收入、代建工程收入、商品房出租收入等组成。经营收入评估测算是在项目费用效益计量的基础上进行的。其中：

商品房出售收入＝商品房出售面积×单价

土地转让收入＝土地转让面积×单位面积转让价格

商品房出租收入＝商品房出租面积×单位面积租金

经营税金及附加：房地产开发企业在开发经营过程中缴纳的税费主要有营业税、投资方向调节税、房产税、土地使用税、印花税、城市维护建设税等。

营业税是对我国从事商品、物质供销、交通运输、建筑安装、金融保险、邮政电信、出版业、娱乐业、加工修理业和其他服务的单位和个人征收的一种税。房地产开发企业从事房地产的开发与经营业务，按税法规定应缴纳营业税。营业税根据企业的经营收入和规定的税率计算，其税率在营业税条款所附税目税率表中有详细的规定。房地产开发企业的营业税按经营收入的3%计征。

房产税是以房屋为征税对象，按房屋的计税余值或租金收入为计税依据，向产权所有人征收的一种财产税。房产税在城市、县城、建制镇和工矿区征收，由产权所有人缴纳。产权属于全民所有的，由经营管理的单位缴纳。产权出典的，由承典人缴纳。产权所有人、承典人不在房产所在地的，或者产权未确定及租典纠纷未解决的，由房产代管人或者使用人缴纳。房产税采用从价计税。计税依据分为按计税余值计税和按租金收入计税两种。依照房产余值计算缴纳的，税率为1.2%；依照房产租金收入计算缴纳的，税率为12%。

城镇土地使用税是以征收范围内的土地为征税对象，以实际占用的土地面积为计税依据，按规定税额对拥有土地使用权的单位和个人征收的一种税。在城市、县城、建制镇、工矿区范围内使用土地的单位和个人是城镇土地使用税的纳税义务人。土地使用税以纳税人实际占用的土地面积为计税依据。其适用税额为大城市0.5～10元；中等城市0.4～

8 元；小城市 0.3～6 元；县城、建制镇、工矿区 0.2～4 元。应纳税额＝计税土地面积×适用税额。

印花税是对经济活动和经济交往中书立、领受的应税经济凭证所征收的一种税。中华人民共和国境内书立、领受本条例所列举凭证的单位和个人，都是印花税的纳税义务人。具体有：立合同人、立账簿人、立据人和领受人。现行印花税只对印花税条例列举的凭证征税，具体有五类：经济合同，产权转移书据，营业账簿，权利、许可证照和经财政部确定征税的其他凭证。印花税根据不同征税项目，分别实行从价计征和从量计征两种征收方式。从价计税情况下计税依据的确定：各类经济合同，以合同上记载的金额、收入或费用为计税依据；产权转移书据以书据中所载的金额为计税依据；记载资金的营业账簿，以实收资本和资本公积两项合计的金额为计税依据。从量计税情况下计税依据的确定：实行从量计税的其他营业账簿和权利、许可证照，以计税数量为计税依据。现行印花税采用比例税率和定额税率两种税率。比例税率有五档，即 1‰、4‰、5‱、3‱和0.5‱。适用定额税率的是权利许可证照和营业账簿税目中的其他账簿，单位税额均为每件 5 元。具体请看《中华人民共和国印花税暂行条例》中的印花税税目税率表。

投资方向调节税是为保证国家重点建设，控制固定资产投资规模而向投资建设者征收的一种行为税，以投资总额为计税依据，按项目性质的不同取不同的费率，楼堂馆所税率为 30%，住宅税率为 5%。城市维护建设税是为了扩大城市建设，提供城市维护建设资金来源而开征的一种税，按经营收入的 0.4%～0.6%征收。具体的征收率由各省、市、自治区政府根据当地的经济发展情况确定。

除以上税种外，房地产开发企业在开发经营过程中还需缴纳教育费附加及房地产交易费、建设手续费、建设管理费、质检费、转让费、登记费等各种税费，具体评估测算时应根据国家和项目所在地的有关规定做出合理的判断和估计。

房地产开发企业交纳的各种税金和附加都因房地产开发与经营而发生，它实际上是房地产开发经营总费用的一个组成部分。因此，既可把税金及附加独立出来计入税金及附加项目，也可以把各种税金及附加直接并入总成本费用项目下反映。具体评估时，可由评估人员自行选择采用一种计算反映方法，但必须注意避免重复计算税费，以免影响评估的客观性和可靠性。

房地产开发企业总成本费用是房地产开发企业在开发经营过程中发生的各种耗费。它根据项目费用计量结果计算求得。具体包括房地产开发过程中的开发成本和房地产出售、出租、转让过程中的经营成本。

其他业务利润是房地产开发企业从事开发经营以外的其他各种业务（如转让无形资产，提供咨询服务，转让多余材料物资等）的收入和支出的差额。评估时，应根据项目的具体情况做出合理的估计。

利润总额由经营收入扣除经营税金及附加和总成本费用，加上其他业务利润所组成。利润总额是企业实现的财务成果，是进行项目财务效益评价的基本数据和资料。

所得税是纳税人按应纳所得额的一定比例向国家交纳的一种税收。房地产开发企业也是所得税的纳税义务人，项目评估也需对企业应缴纳的所得税做出合理的估计。企业的应纳所得税一般以利润总额为基础，加上应在税后列支、已列入成本费用的项目金额，减去应扣除调整项目金额计算求得，项目评估时，由于应纳所得额中的调增调减项目难以确定，因此，一般均以利润总额乘以规定的所得税率计算求得。

税后利润即利润总额扣除所得税后的余额。

盈余公积金是指从税后利润中提取的用以企业发展、弥补亏损或转增资本的一种准备金。它包括法定盈余公积金和任意盈余公积金。法定盈余公积金是国家为了保证企业的发展潜力，以法定形式规定企业按盈余公积金的最低比例提取的一种准备金。目前法定公积金的计提比例为税后利润的10%。当法定盈余公积金已达到注册资本的50%时，可不再提取。任意盈余公积金是指企业为了适应经营管理，控制利润分配水平，以及调整利润分配波动等方面的需要，在向投资者分配利润前，按照公司章程或董事会决议，从税后利润(减弥补亏损)中按一定的比例提取的一种准备金。

公益金是专门用以企业职工集体福利设施的准备金。它也可以分为法定公益金和任意公益金。法定公益金是按照国家规定的要求提取的公益金。任意公益金是根据公司章程或投资人决议提取的公益金。按现行制度规定，有限责任公司的公益金按税后利润的5%提取；股份有限公司由股东公司会议决定提取比例。

应付利润是企业应交付给投资者的利润。应付利润的计算基础是企业利润在交纳所得税，弥补以前年度亏损，提取盈余公积金和公益金后的余额。

未分配利润是指项目税后尚未分配的利润，即利润分配后的余额。未分配利润等于税后利润减盈余公积金、公益金和应付利润。

利润及利润分配表是反映项目在一定期间的经营成果及分配情况的报表。编制利润及利润分配表的原则是收入确认原则和配比原则。即在编报表时，首先确认项目当期实现的收入，然后将收入与取得这些收入所发生的费用进行配比，以确定当期损益。利润及利润分配表的作用主要是用以评价一定时期经营活动的成果，预测项目未来的获利能力和投入资金获取报酬的能力，并为项目财务效益评估提供可靠的数据。

(二)财务现金流量表

现金流量表是以项目作为一个独立系统，反映项目在整个计算期(包括建设期和经营期)内的现金流入和现金流出。其计算要点是只计算现金收支，不计算非现金收支(如折旧、摊销费、应收及应付款等)，如实反映现金收支发生的时间(即现金收支按发生的时间列入相应的年份)。

根据投资计算基础的不同，现金流量表可分为项目现金流量表和资本金现金流量表。

项目现金流量表以全部投资为计算基础，用以计算项目财务内部收益率、财务净现值和投资回收期等指标，考察项目全部投资的获利能力。这种计算为各个投资方案(不论其资金来源和利息多少)进行比较建立共同的基础，可以判断不同投资方案本身的优劣，进行方案的优劣排序，而且项目投资收益率可与金融市场当时的利率进行比较，便于投资者做出投资抉择。由于项目现金流量表以全部投资为计算基础，因此，在编制项目现金流量表时，不再细分借入和自有资金，也不考虑还本付息问题。

房地产项目现金流量表格式如表13-2。

表 13-2　项目财务现金流量表

序号	项目＼年份	建设期		经营期				合计
		1	2	3	4	……	n	
1	现金流入							
1.1	经营收入							
1.2	回收固定资产余值							
1.3	回收流动资金							
1.4	其他现金流入							
	小计							
2	现金流出							
2.1	开发成本							
2.2	经营成本							
2.3	经营税金及附加							
2.4	所得税							
2.5	其他现金流出							
	小计							
3	净现金流量(1－2)							

注：经营成本由项目出售、出租费用减折旧费、摊销费、利息支出计算求得。

项目现金流量表中的各项数据主要依据项目费用、效益计量结果填列。

资本金现金财务流量表以多渠道投资结构的资本金为计算基础，用以计算资本金内部收益率和财务净现值等指标，考察项目资本金投资的获利能力和向银行借款对项目开发经营是否有利。资本金财务现金流量表以资本金为计算基础，把借款本金偿还和利息支付作为现金流出。

房地产项目资本金现金流量表如表 13-3。

表 13-3　资本金财务现金流量表

序号	项目＼年份	建设期		经营期				合计
		1	2	3	4	……	n	
1	现金流入							
1.1	经营收入							
1.2	回收固定资产余值							
1.3	回收流动资金							
1.4	其他现金流入							
	小计							
2	现金流出							
2.1	资本金投资							
2.2	借款本金偿还							
2.3	借款利息偿还							
2.4	经营成本							
2.5	经营税金及附加							
2.6	所得税							
2.7	其他现金流出							
	小计							
3	净现金流量(1－2)							

资本金现金流量表中各项数据根据项目费用和效益的计量结果填列。

(三)财务平衡表

财务平衡表是根据项目的财务状况及国家有关财税制度规定，测算项目计算期内各年的资金盈余和短缺情况，供选择资金筹措方案，制定借款及偿还计划使用，并据以测算偿还期，进行项目清偿能力分析。

房地产财务平衡表格式如表 13-4。

表 13-4 财务平衡表

序号	年份 项目	建设期		经营期				合计
		1	2	3	4	……	n	
1	资金来源							
1.1	利润总额							
1.2	折旧费							
1.3	摊销费							
1.4	长期借款							
1.5	流动资金借款							
1.6	其他短期借款							
1.7	自有资金							
1.8	其他							
1.9	回收固定资产余值							
1.10	回收流动资金							
2	资金运用							
2.1	开发成本 (含投资方向调节税)							
2.2	建设期利息							
2.3	流动资金							
2.4	所得税							
2.5	应付利息							
2.6	长期借款本金偿还							
2.7	流动资金借款本金偿还							
2.8	其他短期借款本金偿还							
3	盈余资金(1－2)							
4	累计盈余资金							

财务平衡表可根据项目费用和效益的计量结果填列。

(四)资产负债表

资产负债表可用以考察项目资产、负债、所有者权益是否合理，用以计算资产负债率、流动比率和速动比率等反映项目清偿能力的各项指标。房地产项目资产负债表基本格式如表 13-5。

表 13-5　资产负债表

年份 / 金额 / 项目	1		……		n		年份 / 金额 / 项目	1		……		n	
	年初	年末	年初	年末	年初	年末		年初	年末	年初	年末	年初	年末
流动资产：							流动负债：						
货币资金							短期借款						
短期贷款							应付票据						
应收票据							应付账款						
应收账款							预收账款						
减坏账准备							其他应付款						
应收账款净额							应付福利费						
预付账款							未交税金						
其他应收款							未付利息						
存货							其他未交款						
其中：在建开发产品							预提费用						
待摊费用							一年内到期长期负债						
待处理流动资产净损失							其他流动负债						
一年内长期长债券投资							流动负债合计						
其他流动资产							长期负债：						
长期借款：							长期借款						

续表

年份 金额 项目	1		……		n		年份 金额 项目	1		……		n	
	年初	年末	年初	年末	年初	年末		年初	年末	年初	年末	年初	年末
长期投资							应付债券						
固定资产：							长期应付款						
固定资产原值							其他长期负债						
减：累计折旧							长期负债合计						
固定资产净值							所有者权益：						
固定资产清理							实收资本						
待处理固定资产净损失							资本公积金						
固定资产合计							盈余公积金						
无形资产和递延资产：							未分配利润						
无形资产							所有者权益合计						
递延资产							负债及所有者权益合计						
无形资产、递延资产合计													
其他资产：													
其他长期资产													
资产合计													

资产负债表各项目数据可根据房地产行业的特点，结合项目的具体情况做出合理的估计。下面就主要项目作简要说明。

"应收账款"项目反映项目应收的与项目经营业务有关的各种款项，主要包括应收代建工程款和经营过程中的应收售房款。

"预付账款"反映项目预付的与项目经营业务有关的各种款项，主要包括预付给承包单位的工程款和预付给供应钢材、木材、水泥等建筑材料供应单位的货款。

"存货"项目反映各年末存货的实际成本，主要包括库存材料、开发产品和分期收款开发产品等。

"在建开发产品"项目反映项目各年末在建开发产品的成本。

"应付账款"项目反映应付的与项目经营业务有关的各种款项，主要包括应付材料物资款和劳务费，以及因发包工程应付给承包单位的工程款。

"预收账款"项目反映预收的与项目经营业务有关的各种款项，主要包括预收购房订金和预收代建工程款等。

三、房地产财务效益评估指标的计算与分析

(一)项目盈利能力分析

项目盈利能力分析包括静态分析和动态分析两种。静态分析是以一个正常年份的数据为基础，不考虑项目计算期内的全部经济活动情况，也不考虑资金时间价值因素对项目费用和效益的影响，通过计算项目投资利润率、投资利税率和投资回收期等指标，来分析判断项目盈利能力的一种经济分析评价方法。动态分析是以项目整个计算期内的经济活动情况作为考察分析对象，并考虑资金时间价值因素对项目费用和效益的影响，运用财务内部收益率、财务净现值等指标来分析项目盈利状况的一种经济评价方法。项目财务效益评估的盈利能力分析，通常先进行静态分析，然后再进行动态分析，并以动态分析结果作为评价项目效益好坏，判断项目财务上是否可行性的主要依据。

1.投资利润率

投资利润率是项目年利润总额与总投资之比。其计算公式为：

$$投资利润率=\frac{年利润总额或年平均利润总额}{总投资}\times 100\%$$

式中，年利润总额通常选择项目正常年份的利润总额。但根据房地产项目受政治、经济及项目所在地的相关政策(如房改政策、城市规划政策、土地转让政策、环保政策等等)的影响大，各年的利润往往有较大的波动，因此，在利润总额的测算上宜采用项目计算期的年平均利润额较为合适。项目总投资一般指项目开发总成本，也可以是项目总费用(即开发成本和经营成本之和)，但在项目排队或方案排序时必须注意计算口径的一致。投资利润率可根据利润及利润分配表中的有关数据计算求得。这一指标用以表明项目全部投资的获利能力。投资利润率越高，项目的获利能力越强，企业的利益越有保障，越值得投资。项目评估计算出的项目投资利润率大于(或等于)行业基准投资利润率，就表明该项

目财务上可行。如果投资者想考察项目的自有资金盈利能力，可把公式中的总投资改为项目资本金，计算项目资本金利润率。当资本金利润率能达到投资者的预期报酬水平时，该项目财务上便是可行的。

2.投资利税率

投资利税率是项目年利税总额与总投资之比。该指标的计算和运用与投资利润率基本相同。所不同的是投资利税率把经营税金及附加也视为项目的收益额。实际上，税收是企业创造的上交给国家的收益，因此，投资利税率是反映项目占用投资资金后，为社会提供的剩余产品的多少、对国家财政贡献的大小的指标。它可用以衡量项目单位投资为国家创造的积累，考察项目对国家财政的贡献水平。它比投资利润率更能反映项目的收益水平。特别是在市场经济条件下，使用投资利税率指标更具有现实意义。项目评估中计算出的投资利税率若大于或等于行业的基准投资利税率，则项目在财务上可行。

投资利税率可通过利润及利润分配表的有关数据计算求得。

3.投资回收期

投资回收期指以项目的净收益偿还全部投资所需要的时间。它有静态和动态之分，是考察项目在财务上投资回收能力的主要指标。静态和动态投资回收期均可通过财务现金流量表计算求得。

$$\text{静态投资回收期}(P_t)=\left[\frac{\text{累计净现金流量}}{\text{开始出现正值年份}}-1\right]+\frac{\text{上年累计现金流量的绝对值}}{\text{当年净现金流量}}$$

$$\text{动态投资回收期}(P_t')=\left[\begin{matrix}\text{累计净现值开始}\\\text{出现正值的年份}\end{matrix}-1\right]+\frac{\text{上年累计净现值的绝对值}}{\text{当年净现值}}$$

在项目评估中，求出的投资回收期与行业基准投资回收期（P_c）进行比较，如果项目的投资回收期小于或等于行业基准投资回收期，表明项目投资能在规定的时间内回收，否则，表示项目未满足本行业项目盈利能力和风险性的要求。对于计算期相同的方案，可用此指标进行对比和优选，投资回收期最短的方案最优。

4.财务净现值

财务净现值（$FNPV$）是指按行业的基准收益率或设定的折现率，将项目计算期内各年的净现金流量折现到开发期初的现值之和。它是考察项目盈利能力的动态评价指标。其表达式为：

$$\mathrm{FNPV}=\sum_{t=1}^{n}(\mathrm{CI}-\mathrm{CO})_t(1+i_c)^{-t}$$

式中：$(\mathrm{CI}-\mathrm{CO})_t$ 为第 t 年的净现金流量，$(1+i_c)^{-t}$ 为第 t 年 i_c 下的折现系数，i_c 为行业基准收益率或设定的折现率，n 为计算期。

财务净现值可根据现金流量表计算求得。计算出的财务净现值大于零，表明项目的获利能力高于行业的平均收益水平；若等于零，表明项目的获利能力达到行业的平均收益水平；若小于零，则表明项目的获利能力不能满足本行业的最低获利要求。因此，一般情况下，当项目的财务净现值大于或等于零时，表明项目在财务上可行。投资额相同的项目或方案可用财务净现值进行优劣排序，财务净现值越大，项目或方案越优。当然，财务净现值是一个绝对指标,它的大小在很大程度上取决于项目或方案的投资额。因此,投资额不同的项目或方案进行优劣排序时不能直接使用净现值指标,而可借助财务净现值率指标进行排序。财务净现值率是财务净现值与全部投资现值之比,它反映单位投资现值所创造的财务净现值,可作为财务净现值指标的补充指标。把项目或方案的净收益和产生这些净收益的总投资联系起来,用以各项目的排队和项目方案的比较和优选。

5.财务内部收益率

财务内部收益率(FIRR)是指项目在整个计算期内使各年净现值累计等于零时的折现率。其表达式为:

$$\sum_{t=1}^{n}(CI-CO)_t(1+FIRR)^{-t}=0$$

财务内部收益率也是项目盈利能力分析的动态指标。它反映项目对占用资金的一种补偿、报酬和恢复能力。在项目评估时,财务内部收益率可根据财务的现金流量表用插入法计算求得。

$$FIRR=i_1+\frac{(i_2-i_1)\cdot|FNPV_1|}{|FNPV_1|+|FNPV_2|}$$

式中:i_1、i_2 为偏低、偏高的折现率,$FNPV_1$ 为 i_1 下的净现值,$FNPV_2$ 为 i_2 下的净现值。

一般情况下,偏低折现率计算出的净现值为正值,偏高折现率计算出的净现值为负值,在两者之间可找出一个使净现值等于零的折现率。用插入法计算财务内部收益率时,试算用两个相邻折现率之间的差额,一般不超过2%,最高不超过5%,计算出的项目财务内部收益率与行业基准收益率(i_c)进行比较,当财务内部收益率大于或等于行业基准收益率时,说明项目的获利能力大于或等于行业的平均收益水平,应认为项目在财务上是可行的。

以上各项指标分别从不同的侧面、不同的角度对项目的获利能力进行分析和判断,各个指标各有优缺点,应结合运用,互相补充,综合评价项目或方案的效益。

值得注意的是,在项目财务效益评估中,必须运用统一的评价标准,即使用项目经济评价参数(如行业基准投资利润率、行业基准投资回收期、行业基准投资利税率和行业基准收益率等)才能对项目或方案的优劣进行排序,即以行业评价参数作为取舍项目或方案的依据。但是,我国的房地产业是一个新兴的产业,目前尚未有一套完整、合理的经济评价方法与参数供投资者和决策者使用,使项目评价缺乏统一的评价标准,难以规范投资者的投资行为。因此,为满足房地产项目评估的需要,国家有关部门应尽快组织充分的市场调查和研究,收集房地产业的经济评价方法与参数,以指导房地产项目的经济评价工作,使房地产项目经济评价科学化,促进房地产项目决策水平和经济效益不断提高。

(二)项目清偿能力分析

项目清偿能力的分析主要考察项目计算期内各年的财务状况和偿债能力。运用的指标主要有资产负债率、流动比率和速动比率。

1.资产负债率

资产负债率是项目各年负债合计与资产合计的比率。它反映项目各年所面临的财务风险程度和偿债能力的指标。其表达式为：

$$资产负债率=\frac{负债合计}{资产合计}\times 100\%$$

公式中的资产合计和负债合计可从资产负债表取得。

项目评估的资产负债率低于或等于行业平均水平时，说明在财务上是可以接受的，资产负债率越低，项目的抗风险能力越强。

2.流动比率

流动比率是指项目各年流动资产总额与流动负债总额的比率，它是反映项目偿付短期债务能力的指标。其表达式为：

$$流动比率=\frac{流动资产总额}{流动负债总额}\times 100\%$$

式中的流动资产总额和流动负债总额可从资产负债表中取得。

一般情况下，贷款人要求借款者的流动比率大于或等于 2，才准予继续给予贷款支持。因此，项目流动比率应能满足贷款机构的要求，在财务上才算是可行的。当然由于各项目的具体情况不同，应具体分析运用此指标。

3.速动比率

速动比率是项目各年速动资产与流动负债的比例。该指标用以补充说明流动比率指标。因为在计算流动比率时，流动资产包括存货部分。而实际上，当借款人需立即偿还流动负债时，存货很难立即变为现金。因此，如果在计算流动资产时，把存货部分扣除掉，用可变现资产，即速动资产除以流动负债，计算速动比率，更能表明企业的短期偿债能力。一般认为，项目的速动比率大于或等于 1，表明项目有充分的偿还短期债务的能力。

四、房地产项目财务效益不确定性分析

不确定性分析是以计算和分析各种不确定性因素的变动对拟建项目经济效益的影响程度为目的的一种经济分析方法。对房地产项目而言，影响其未来经济效益变化的主要因素有土地和房屋的开发成本，土地转让价格，商品房售价，钢材、木材、水泥等建筑材料价格，政治经济形势，项目的开发经营期和利率等。房地产项目评估中常用的不确定分析方法主要有盈亏平衡分析、敏感性分析和概率分析。这些方法的运用与一般项目相同，在此不再赘述。

第五节　房地产项目国民经济效益评估与总评估

一、房地产项目国民经济效益评估

为全面分析项目的经济效益，对涉及区域开发的房地产项目还需进行国民经济效益评估。和一般项目评估一样，在财务效益评估的基础上对房地产项目进行国民经济效益评估，首先必须正确确定国民经济评估使用的效益和费用及计量项目效益、费用的影子价格，并在此基础上，编制经济现金流量表（如表13-6、表13-7）。然后，根据评价报表提供的数据资料进行国民经济盈利能力分析和外汇效果分析。房地产项目国民经济评价使用的评估指标及各项指标的计算与运用和一般项目相同，在此也不再赘述。

表13-6　项目经济现金流量表

序号	年份 项目	建设期	投产期	达到设计能力生产期						合计
		1	2	3	4	5	6	……	n	
	生产负荷/%									
1	效益流量									
1.1	产品销售（营业）收入									
1.2	回收固定资产余值									
1.3	回收流动资金									
1.4	项目间接效益									
2	费用流量									
2.1	固定资产投资									
2.2	流动资金									
2.3	经营费用									
2.4	项目间接费用									
3	净效益流量（1－2）									

计算指标：经济内部收益率、经济净现值

二、房地产项目总评估

项目总评估是在各部分评估的基础上，对拟建项目进行综合分析，并做出总体评价，提出结论性的意见和建议。项目评估的内容很丰富，它包括建设必要性评价、投资方案评价、建设条件评价、财务效益评价、国民经济效益评价、不确定分析等。而且这些内容中的每一部分，又都包括了许多更具体的内容。在项目评估时，虽然对所有的各部分内容都作了分析，但各部分的内容很分散，都主要反映项目某一方面的情况，而且各方面评价还可能出现相互矛盾的结论。因此，若想对项目从整体上得出一个正确的评价结论，为决策部门提供决策参考依据，就必须对项目进行总评估。项目总评估主要包括以下内容：

表 13-7 国内投资经济现金流量表

序号	年份 项目	建设期	投产期	达到设计能力生产期						合计
		1	2	3	4	5	6	……	n	
	生产负荷/%									
1	效益流量									
1.1	产品销售(营业)收入									
1.2	回收固定资产余值									
1.3	回收流动资金									
1.4	项目间接效益									
2	费用流量									
2.1	固定资产投资中的国内资金									
2.2	流动资金中的国内资金									
2.3	经营费用									
2.4	流至国外的资金									
2.4.1	国外借款本金偿还									
2.4.2	国外借款利息支付									
2.4.3	其他									
2.5	项目间接费用									
3	净效益流量(1－2)									

计算指标：经济内部收益率、经济净现值

(一)对项目建设必要性和经济规模的合理性进行评估

判别项目建设必要性，必须从宏观、中观和微观三个方面进行论证。从宏观上看，项目必须符合国家建设方针和国民经济发展规划，有利于国民经济结构调整；从中观上看，项目必须符合行业和地区规划；从微观上看，项目产品必须有市场，这才是有必要建设的项目。

房地产项目的规模是在市场预测的基础上，通过多方案比较，确定一个规模效益合理的开发经营规模。总评估在项目规模评价上主要是对评估中提出的规模的合理性进行分析、判断和评价。

(二)对建设经营条件的可能性进行评估

项目的建设经营条件是项目实施的物质基础，在总评估中主要是对项目建设和经营过程中用水、用电、用地、资金和建筑材料的来源的可靠性进行分析、判断和评价，得出项目是否具备建设、经营条件的结论。

(三)对项目的技术可行性进行评估

房地产开发经营项目的技术可行性分析主要是对工程技术力量的来源和质量(技术设备的质量、技术人员的素质)的可靠性进行分析评价，得出项目在技术上是否可行的结论。

(四)对项目的财务、经济合理性进行评估

项目财务上是否有收益，经济上是否合理，是否能满足国家对可行项目的评价要求，是项目评估的依据，也是取舍项目的关键。经建设必要性和技术可行性评估认为可行的项目，项目财务经济评估不一定能得出可行的结论，如果财务、经济评估不能通过，即使项目必要性和可行性评估都可行，该项目也不能列为可行的项目。因此，财务、经济评估是项目评估的核心，必须作为总评估的重点内容。具体评估时应列出一系列的数据指标来说明项目财务、经济上的合理性，并认真分析各种具体的不确定性因素对项目财务、经济效益的影响程度，预测项目可能承担的风险能力。

综上所述，总评估实际上就是用翔实的资料，对项目评估的各部分内容做出总结性、结论性的评价，并将各部分评价内容综合起来，得出该项目是否可行的结论，提供给决策部门作为决策的参考。

能力训练

材料：

1.附表13-1、13-2分别是某房地产开发项目现金流量表、某房地产项目资本金现金流量表。

2.房地产行业基准内部收益率为18%。

附表 13-1 某房地产项目现金流量表

序号	项目	合计	开发经营期						
			2012	2013	2014	2015	2016	2017	2018
1	现金流入								
1.1	销售收入	384 346.67	14 140.80	46 804.07	66 384.33	64 971.84	61 109.07	78 644.76	52 291.79
小计		384 346.67	14 140.80	46 804.07	66 384.33	6 4971.84	61 109.07	78 644.76	52 291.79
2	现金流出								
2.1	固定资产投资								
2.2	经营资金								
2.3	开发总投资	264 953.00	56 003.18	35 052.60	48 708.65	35 052.60	42 745.16	47 390.81	0.00
2.4	销售费用	7 686.93	282.82	936.08	1 327.69	1 299.44	1 222.18	1 572.90	1 045.84
2.5	经营税费	25 174.71	926.22	3 065.67	4 348.17	4 255.66	4 002.64	5 151.23	3 425.11
2.6	土地增值税	0.00	0.00	0.00	0.00	0.00	0.00	0.00	0.00
2.7	所得税	19 054.09	701.03	2 320.32	3 291.02	3 221.00	3 029.50	3 898.84	2 592.38
小计		316 868.73	57 913.25	41 374.67	57 675.53	43 828.69	50 999.48	58 013.77	7 063.33
3	净现金流量								
4	累计净现金流量								
现值系数									
5	净现值								
6	累计净现值								
计算指标		IRR＝				NPV＝			
		静态投资回收期＝				动态投资回收期＝			

附表 13-2 某房地产项目资本金现金流量表

单位:万元

序号	项目	合计	开发经营期						
			2012	2013	2014	2015	2016	2017	2018
1	现金流入								
1.1	销售收入	384 346.6	14 140.80	46 804.07	66 384.33	64 971.84	61 109.07	78 644.76	52 291.79
小计		384 346.67	14 140.80	46 804.07	66 384.33	64 971.84	61 109.07	78 644.76	52 291.79
2	现金流出								
2.1	自有资金	26495.30	26495.30	0.00	0.00	0.00	0.00	0.00	0.00
2.2	经营税费	25 174.71	926.22	3 065.67	4 348.17	4 255.66	4 002.64	5 151.23	3 425.11
2.3	销售费用	7 686.93	282.82	936.08	1 327.69	1 299.44	1 222.18	1 572.90	1 045.84
2.4	土地增值税	0.00	0.00	0.00	0.00	0.00	0.00	0.00	0.00
2.5	所得税	19 054.09	701.03	2 320.32	3 291.02	3 221.00	3 029.50	3 898.84	2 592.38
2.6	贷款本金偿还	19 845.87	0.00	0.00	1 354.29	14 056.96	4 434.62	0.00	0.00
2.7	贷款利息支付	7 055.84	0.00	1 923.19	2 381.50	2 218.99	5 32.15	0.00	0.00
小计		105 312.7	28 405.37	8 245.26	12 702.67	25 052.04	13 221.10	10 622.96	7 063.33
3	净现金流量								
4	累计净现金流量								
现值系数									
5	净现值								
6	累计净现值								
计算指标		IRR=				NPV=			
		静态投资回收期=				动态投资回收期=			

要求:

评价该项目财务效益。

本章知识要点及自我检测

第十四章 公共事业项目评估

材料：

农林、水利、交通运输、邮政通信、文教卫生、城市建设、体育运动等行业的项目投资属于公共事业项目投资，它与工业项目投资一样是国民经济发展不可或缺的，这些项目的评估同样要遵循项目评估的基本原则和方法，但是这些项目又都具有明显的国民经济效益，而本身并无收益或只有很少收益的非盈利性项目，因此，在评价方法、项目效益的识别和估算上又有其行业的特点。

思考：

公共事业项目的成本效益如何确定？常见的公共事业项目评估方法有哪些？

课件

第一节 公共事业投资项目评估概述

一、公共事业投资项目的概念

公共事业投资项目是指工业以外的农林、水利、交通运输、邮政通信、文教卫生、城市建设、体育运动、旅游及其他行政事业单位的投资项目。这些行政事业单位或者由国家预算的事业经费开支，或者以事业运营收入抵充事业费用支出（即以收抵支）。因此，公共事业投资项目都是具有明显的国民经济效益，而本身并无收益或只有很少收益的非盈利性项目。

公共事业投资项目应是独立于其他投资项目以外的完整的、系统的投资项目。所谓独立于其他投资项目，是指不包括专门为新开发地区或新建厂矿兴建的非盈利项目（例如专门为一投资项目兴建的公路或铁路运输系统）。专门为新开发地区或新建厂矿兴建的公共事业投资项目应视为该地区或该厂矿综合开发项目的组成部分，其效益和费用应纳入整个地区或厂矿的联合体内进行统一计算和评价。所谓完整、系统，是指包括投资项目全部内容的综合体。如一个邮政通信投资项目应是包括整个通信网络系统而不只是一个点的投资和效益；又如农业、林业项目则应包括农业、林业建设及农工、林工在内的联合体项目。

二、公共事业投资项目的特点

1.公共事业投资项目具有使用的公共性和服务的社会性两重性。这是公共事业项目的基本特征。公共事业投资项目不是为个别人、个别单位、个别家庭服务的，而是为整个社会提供服务的，即为社会再生产活动提供必要的劳动资料，并直接参与社会再生产过程。如有的公共事业投资项目为社会再生产提供市场、技术、经济信息等物资条件；有的公共事业投资项目则为劳动力的增加和提高劳动力素质等提供服务条件。公共事业投资项目的服务性具有双重性，它既为物质生产服务，又为人民生活服务，很难截然分开。如城市供水，既供工业用又供民用；城市道路上行驶的车辆，既有生产用车又有生活用车。公共事业投资项目提供的服务，有些可以严格计量，依据服务数量收取费用，如供水、供电、邮政通信系统等；有的则不可能用计量的办法，按使用量收费，如城市的交通系统等。所以，这类不能按使用量收费的公共项目，其使用效益的考查就有一定的特殊要求。

2.公共事业投资项目具有建设的超前性和形成的同步性。一般来说，公共事业投资项目不仅要投入大量人力、物力和财力，而且要占用大量的自然资源——土地，且其建设周期较长。在计划安排上，应特别注意使公共事业投资项目和其他投资项目(公共事业投资项目为其提供物质的项目)在形成能力的时间上保持同步。为此，往往要适当提前安排公共事业投资项目的建设。如开发建设某个工业区，在该工业区建设的工厂进行设备调试的同时，各类基础设施要同时形成能力，以保证调试或生产的需要。又如，开发建设住宅区，居民迁入住宅的同时，应做到水、电、道路、公共交通线路、邮政通信线路等都通上。但基础设施等公共事业投资项目过于提前形成生产能力，会造成基础设施投资呆滞，而过于滞后，又会造成工业项目或住宅区等设施的投资呆滞。所以，只有同步形成，才能实现宏观的最佳投资效益。

3.公共事业投资项目具有运行的系统性和协调性的特点。公共事业投资项目是指一大类的项目，可以把它们看作一个大系统。在这个大系统中，各个子系统之间也是紧密联系着的。

如道路建设往往涉及电力、电讯、给排水、煤气、热力、园林、环卫、消防等设施，各类设施之间相互制约，相互影响。城市洁净能源的使用，可以大大改善城市空气的质量；城市排水管网的普及和污水处理的加强，能够改善城市水质，提高环境质量；城市道路交通的改善，可以提高城市的消防能力等。

4.公共事业投资项目中的每项设施构成一个有机整体，不能割裂。如水资源的开发利用、防洪、水资源保护、城市给排水、污水处理利用等，构成一个复杂的水系统；城市道路、公路、公共客运、铁路、民航等，构成公共交通系统。在这些系统内部，各项设施之间也是相互依存、相互制约的。

5.公共事业投资项目具有投资的非盈利性。公共事业项目投资的目的是满足社会生产和人民群众日益增长的社会需要，而不是获利。因而投资活动主要不是为了价值，而是为社会生产和人民生活提供使用价值和其他有用效果。

6.公共事业投资项目具有明显的国民经济效益和社会效益。公共事业投资项目的效益分为两部分:一部分是项目投入使用后的营运收入,表现为其为社会提供产品或劳务的收入;另一部分(也是主要部分)是项目实施后给国民经济和社会带来的效益。这些国民经济效益和社会效益表现各异,有的表现为提供产品(如水、煤气、热等)而使其他企事业单位得以为国民经济和社会增加效益,有的则以为社会提供一定的物质条件(如公路交通运输等)而使其他部门得以节约大量社会劳动;有的是可以用货币量化的社会效益,有的则是难以用货币量化的社会效益;有的须集体、个人投入配套工程等相关投资才能实现社会效益,有的则带来拆迁、移民、良田淹没、城市毁损等巨额负效益。

三、公共事业投资项目经济评价的要求

公共事业投资项目有其自身的特点,因此在评价上也有其特殊的要求。

1.最基本的要求是所得大于所费。对于那些有可能将成本和效益数量化的公共事业投资项目来说,应当尽可能数量化,并贯彻所得大于所费这个基本要求。这主要是因为公共事业投资项目不以盈利为目的,且无法像一般工业项目那样精确地确定其成本和效益,因而提出过高的评价要求也许是不切实际的。所得大于所费可以用两种基本形式来表示。若以 C(cost)代表成本,以 B(Benefit)代表效益,那么只要 $B-C>0$ 或 $B/C>1$,这个项目就算达到了基本的要求。即用减法或除法都可以表达这个基本要求。

2.对于无法计量效益的项目,要以成本最小作为评价原则。许多公共事业投资项目的效益确实是难以计量的。如办一所学校的效益,建一条高速公路的效益等,几乎都是不可计量的。但是任何公共事业投资项目,它的成本总还是比较容易计量的(虽然也有难以计量的情况),因此我们可以就某一我们所要求达到的目标(效用),拟订出不同的实施方案。这些实施方案的成本一般是可以计量的,这样,我们就可以在不同的方案里挑选成本最低的那个方案来实施。不过要注意,这里所说的成本既包括了项目初期投资所发生的成本,也包括了项目建成以后每年要发生的那些经营成本。

3.不能从企业角度而要从社会角度来分析与评价。公共事业投资项目本身没有什么盈利,无法计算它们的企业效益。公共事业投资项目的受益者是普遍的社会个人或社会单位,因而对公共事业投资项目的评价要从社会的角度出发,以国民经济评价为主。

4.能计量的成本效益要进行动态分析。对公共事业投资项目评价的这个要求与对一般工业项目的要求是一样的。这里之所以要特别列出这个要求,是因为这一点在对公共事业投资项目的评价中特别容易被忽视。

在国外,公共事业投资项目的建设一般以政府税收或者以项目收益作担保举债进行,举债除了还本外,还要付息,所以项目的收支应当考虑资金的时间价值因素。在我国,公共事业投资项目主要由财政拨款兴建,同样也需要考虑资金的时间价值因素。因为建设资金毕竟是有限的,将资金用以公共事业投资项目,是以这些资金放弃了在其他方面的用途为代价的。这里边有一个机会成本问题。此外,从严格的意义上说,只有同一时点上的成本与效益,才具有可比性。

5.要计量间接效益和间接费用。公共事业投资项目的间接效益是指在公共事业投资项目的影响下，社会间接地得益的那些效益。比如建设一条公路的直接效益是增加车流通过量，促进地区间的物资流通；它的间接效益是使沿途农产品、商业、旅馆服务业等发展起来，从而给社会带来很大好处。对公共事业投资项目进行评价由于是从社会角度进行的，这些效益无疑都应当计入项目的效益中。公共事业投资项目的间接费用可以理解为不是项目直接投资者所承担的那些费用。公共事业项目由于涉及的面极广，问题也很复杂，有许多成本是不在项目的成本账上反映出来的；而从社会的角度来看，这些成本都必须算作社会的一种支出，因而是应当被考虑的。

在一般工业项目的国民经济评价中，也要求考察项目的间接效益与间接成本。但对于公共事业投资项目来说，这是一种更基本的要求，离开这个要求，公共事业投资项目的评价往往无法进行。

四、公共事业项目经济评价的特点

交通、电信、农业、教育、卫生、水利、林业、市政等公共事业建设项目应遵循一般项目的评价原则和基本方法，同时，在评价方法、费用效益识别和估算方面应体现出行业特点。

(一) 交通运输项目经济评价的特点

交通运输项目包括铁路、公路、水运和民航等基础设施项目。交通运输项目一般具有下列特点：

1.交通运输项目具有前期投资大、建设周期长、网络效益强、受益主体广、外部效果显著等特点。

2.交通运输项目应以经济费用效益分析为主，有营业收入的项目还应进行财务分析。重大交通运输项目必须进行区域经济与宏观经济影响分析。

3. 交通运输项目的经济效益，主要体现在改善网络结构、扩大网络运输能力而产生的正常运输量、转移运输量和诱发运输量所引起的节约运输费用、节省运输时间、减少交通事故、降低设施设备维护(养护)费用、改善运输服务质量等方面。

4. 交通运输项目的财务效益为收取的道路、桥梁、港口、机场使用费或通行费等。

5. 交通运输项目的区域经济或宏观经济效益主要体现在改善路网结构、促进资源利用开发、推动区域社会经济发展等效果。

6. 交通运输项目的费用，主要包括征地拆迁安置费用、线路和枢纽建设费用、相关配套设施设备投资、项目运营费用及维护(养护)费用等。

(二) 电信项目经济评价的特点

电信项目包括固定通信、移动通信、数据通信，传输网等项目。电信项目一般具有下列特点：

1. 电信项目具有普通服务性、全程全网、外部效果显著等特点。

2. 全局性的电信项目一般应进行财务分析和经济费用效益分析，而涉及局部的电信项目可只进行财务分析。

3.电信项目的经济效益包括改善通信条件、提高服务质量、优化网络结构、增加服务内容、提高社会生活质量、提高社会生产效率、降低社会生产成本等。

4. 电信项目的财务效益为出售电信产品和提供电信服务的收入，以及降低电信成本的效益。

5.电信项目费用包括网络建设费用、网络运行维护费用以及其他费用。

(三)农业项目经济评价的特点

农业项目包括农业生产、农产品加工、农田水利灌溉和畜牧业等项目，通常都是综合开发项目。农业项目一般具有下列特点：

1. 农业项目具有受自然因素影响大，项目收益预见性相对较弱，风险相对较大；项目建设周期长，建设期与生产期可能交错；双层经营管理体制、分级管理分级核算等特点。

2.农业项目的经济评价应分别对项目层和经营层进行财务分析。项目层的财务分析通过估算费用效益，判断整个项目的财务可行性；经营层的财务分析考察单个工程财务状况和农民获得的收益和负担的费用。运行费用自给或以收益偿还贷款的项目，应进行费用平衡分析和债务清偿能力分析。无财务收益的农业项目，一般不进行财务分析，只估算运行费用，必要时可进行经济费用效益分析。

3. 农业项目的效益包括农业产出增加、品种改良、成本节约、质量改善、防洪防涝所避免的损失、水土保持效益及其他有形收益。

4. 农业项目的费用包括建筑工程费，机电设备及安装工程费，临时工程费，水库淹没处理补偿费，土地、种畜和草地改良费等，以及运营费和综合经营所发生的各项费用。

5.农业生产具有明显的季节性和时间性，投入与产出不同步，产出时间较为集中，因而流动资金的估算要根据生产运行情况确定，不能采用工业项目的方法。

(四)教育项目经济评价的特点

教育项目包括城市和农村的基础教育、中等教育(包括师范教育和职业教育)、高等教育等项目，其中基础教育主要依靠国家和地方财政支持。教育项目一般具有下列特点：

1.教育项目具有外部效果显著、收益时间滞后、受益对象广泛等特点。

2.教育项目分为非经营性和经营性两种。经营性项目应进行财务分析；非经营性项目应以经济费用效益分析为主，主要采用费用效果分析方法和费用效益分析方法，并通过费用平衡分析评价项目的财务可持续性。

3.教育项目的内部效益一般包括提高教育系统效率、增加教育收入等；外部效益一般包括增加受教育者收入，提高社会劳动生产率，推动社会技术进步，降低犯罪率等社会得到的效益。

4.教育项目的费用包括土地、设施、设备和材料、教职工的工资、接受教育者的投入以及维护运营费用等。

(五)卫生保健项目经济评价的特点

卫生保健项目包括医院、社区保健站、卫生防疫、疾病控制系统等项目。卫生保健项目一般具有下列特点；

1.卫生保健项目具有外部效果显著、效益难以用货币计量等特点。

2.卫生保健项目可以分为非经营性和经营性两种类型。经营项目应进行财务分析；非经营性项目应以经济费用效益分析为主，有条件的可以进行财务生存能力分析。

3.卫生保健项目的经济效益包括降低医疗费用、提高服务效率、改善服务质量、延续社会成员平均寿命、降低患病率和死亡率、缩短患病天数等。

4.卫生保健项目的费用包括土地费用、房屋建筑费、设备设施费、卫生研究和发展费、医用材料费、医疗业务费、培训费用等。

(六) 水利项目经济评价的特点

水利项目包括防洪、治涝、灌溉、水土保持、供水、发电、航运等单个项目或综合项目。水利项目一般具有下列特点：

1. 水利项目具有外部效果显著，自身财务效益不明显，建设期和运营期相对较长等特点。

2. 水利项目应以经济费用效益分析为主。供水、发电、灌溉等有一定财务效益的水利项目还应进行财务分析。防洪、治涝等公益性水利项目尚应进行费用平衡分析，以测算补贴额。综合利用水利枢纽项目应作为一个系统进行总体评价，同时对各主要功能按投资分摊进行经济评价。重大水利项目必须进行区域经济与宏观经济影响分析。

3. 水利项目的效益受水文现象影响较大，应采用频变法或系列法计算多年平均效益，作为项目评价的基础。对于防洪、治涝、灌溉、供水等项目还应计算设计年及特大洪涝年或特大干旱年的效益。

4. 水利项目的经济效益，主要有减少国民经济与社会财产损失（如防洪治涝项目）、为经济社会发展提供水利水电产品、增加经济收入几个方面。水利项目的经济效益应按各功能分别计算，综合利用水利枢纽项目还应计算项目的整体效益。

5. 水利项目的财务效益包括出售水利产品及提供服务所得的收入。计算财务收入采用的价格应根据政策规定，遵循补偿成本、合理收益、优质优价、公平负担的原则，并分析用户的承受能力。

6. 水利项目的费用包括移民搬迁安置、土地占用、工程建设、项目运行维护费用等。

(七)林业项目经济评价的特点

林业项目包括森林营造、林业加工、林纸一体化、保护区建设、森林旅游等项目。林业项目一般具有下列特点：

1.林业项目具有公益性、综合性、分类经营、分级管理、建设周期长、受自然影响大等特点。许多林业项目兼具公益性和盈利性。

2.林业项目应以经济费用效益分析为主。林业加工等有一定财务效益的项目，尚应进行财务分析；生态林营造等公益性项目，尚应进行费用平衡分析，以测算补贴额。重大林业项目还必须进行区域经济影响分析。

3.林业项目的经济效益包括水土保持、防风固沙、涵养水源、净化空气、改善生态环境、增加森林资源、美化自然环境等的效益。

4. 林业项目的财务效益包括出售林业产品、林业加工产品及提供服务所得的收入。

5.林业项目的费用包括移民搬迁安置、土地土壤改良、造林费用、森林保护、工程建设、项目运行维护费用等。

(八)市政公用设施项目经济评价的特点

市政公用设施项目包括给水、排水、道桥、燃气、供热、快速轨道交通、垃圾处理等单个或综合项目。市政公用设施项目一般具有下列特点：

1. 市政公用设施项目具有服务公用性、自然垄断性、网络系统性、外部效果显著以及沉淀资本大、价格受管制等特点。市政项目应与城市规划相结合。

2. 市政公用设施项目应按收费与否选择经济评价内容。收费项目一般要求进行财务分析和经济费用效益分析；不收费项目一般只进行经济费用效益分析，但应安排债务偿还计划及运营费用来源，进行费用平衡分析或费用效果分析。效果难以量化时应进行定性分析。

3.市政公用设施项目经济评价一般应包括处理厂（设施）与网（管、路）的综合分析，必要时厂与网也可分别进行经济评价。

4.市政公用设施项目的经济效益表现为促进城镇社会经济发展、合理利用自然资源、减少环境污染损失以及提高人民群众生活水平和生活质量。

5.市政公用设施项目的财务收入表现为提供营业收入和补贴收入。

6.市政公用设施项目的费用包括土建费用、设备购置费用、安装工程费、生产（运营）费用及其他费用。

7.市政公用设施项目的价格应根据政府政策、消费者支付意愿和承受能力，遵循补偿成本、保本微利、节约资源、公平负担原则测算。具备条件时，可分别针对不同用户测算不同价格。

第二节　公共事业投资项目成本效益的确定

课件

一、财务成本和效益成本的确定

(一)财务成本的确定

财务成本包括固定资产投资、流动资金、营运费用或日常管理和维护费用。

1.固定资产投资

固定资产投资已明确划分为基础设施和营运设施投资的项目，如全部投资由企业承担集资的，应计算全部投资；如基础设施由国家投资，营运设施由企业投资的，需要按划分的范围计算营运设施投资，并对其进行财务评价。固定资产投资未具体划分基础设施和营运设施的项目，可计算全部投资并对其进行分析评价。

2.流动资金

公共事业投资项目的流动资金主要是指营运生产作业或维护所需的物资储备资金（如煤、油等燃料及其他物资储备）。一般按类似企业流动资金占营运费用或营运收入的一定比例进行估算。

3.营运费用

公共事业投资项目的营运费用与固定资产投资一样区分为基础设施的营运费用和营运设施的营运费用。基础设施部分的营运费用是日常管理和维护费用，如港口项目的港务费用;营运设施部分的营运费用则是企业营运业务发生的一切费用,如港口项目的装卸业务、堆积业务和其他业务活动中发生的一切费用。对于未划分为基础设施和营运设施的项目,则统一计算其全部劳动费用。

(二)财务效益的确定

用以财务评价的公共事业投资项目效益,原则上应与上述成本划分范围相适应,并进行相应的计算。

1.按全部设施(基础和营运)投资范围计算效益,就是指基础设施部分的业务收入和营运部分的业务收入的总和。如公路运输项目的效益,既包括公路收费部门的过路费收入,也包括运输部门的客货运输收入;铁路项目的效益是全部客货运输收入;港口项目的效益是港务收入和装卸、堆积与其他业务收入等等。

2.按营运设施投资范围计算效益,就是指利用营运设施投资所建立的营运设施进行各种业务活动的营运部门的业务收入,用以单独评价公共事业投资项目营运设施投资效益。

以上成本效益均系按现行财税制度、各类事业主管部门的有关规定和现行价格计算的项目的直接成本和直接效益。

二、经济成本、效益的确定

公共事业投资项目的特点决定了这类项目的经济评价应以国民经济评价为主。为此,公共事业投资项目的经济成本、效益的确定显得特别重要。

(一)经济成本、效益计算的原则

经济成本、效益的计算,除用影子汇率、影子价格、影子工资代替财务评价中的官方汇率、财务价格和财务工资外,还应运用有无对比原则(亦称有无对比法),从国民经济和全社会角度来确定项目的成本与效益。

(二)经济成本的确定

公共事业投资项目的经济成本一般均包括固定资产投资、流动资金和营运费用三部分,需要从国民经济和社会角度来考察有项目相对于无项目时,国民经济和社会为之付出的全部代价。

1.固定资产投资

固定资产投资是项目成本的主要组成部分。由于公共事业投资项目有多种类型,不同类型项目有不同的固定资产内容。

(1)交通运输项目的固定资产投资有:铁路、公路、港口、机场、车站、库场、各类房屋建筑物以及车辆、船舶、飞机、装卸机械和信号通信设备等等的投资以及与固定资产有关的费用,如勘探设计、研究试制、可行性研究、土地及水产养殖场等的补偿和安置补助、建设单位管理、施工机械迁移、施工专用设备购置等等费用。

(2)水利项目的固定资产投资包括:永久性工程(主体工程、附属工程、配套工程)、临时工程的固定资产投资及与固定资产有关的其他费用。这些投资不仅应计算国家的投资,还应计算集体与个人投入的一切费用(包括劳务投入)。此外,还应计算相关工程和处理拟建项目带来的不良影响的费用，如集体与个人的配套工程等相关投资以及处理拆迁、移民、良田淹没、城市毁损等的费用和损失。

(3)农业项目的固定资产投资有：土地改良、土地清除(砍伐和焚毁林木、挖掘树根等)、建筑物(如仓库、水井、围栏等)、设备(如播种机、中耕机等)、牲畜(如良种幼龄母牛、种牛等)等的投资。

(4)其他类型的公共事业投资项目需要相应的固定资产投资，例如教育项目需要各种建筑物(如教学楼、图书馆、实验楼等)和设备(各种教学、实验用设备等)等的投资以及与之有关的其他投资。

以上各类投资需按第七章所述，分别用外贸货物、非外贸货物、土地、劳动力的影子价格或机会成本来计算。

2.流动资金

需要有流动资金的营运单位，应按调整后的营运收入或营运成本的一定比例计算其流动资金。

3.营运费用

营运费用是某些公共事业投资项目从事生产营运业务的一项重要支出，对某些公共事业投资项目如运输部门来说，其营运费用的节约又是项目产出效益的重要组成部分。营运费用按项目的性质不同，有不同的内容。一般营运业务的营运费用包括：工资、维修费、燃料费、物料费和管理费，有的还有保险费。对于农业项目来说，其营运支出有：各种农作物种子、劳动力、农药、肥料、疫苗、饲料、机具运行和维修以及管理费用等。对于教育部门则有：工资、图书费、固定资产维修费、助学金及管理费等。

以上营运费用应按各类消耗定额以影子价格计算。

(三)经济效益的确定

公共事业投资项目的经济效益除营运直接收益外，主要表现为国民经济效益与社会效益。

1.交通运输项目的国民经济效益

交通运输项目的国民经济效益一般根据“有项目”和“无项目”对比的原则来确定。它主要表现为所涉及的运输系统在客货运输过程中发生的各种运输费用的节约、运输时间的节约、拥挤程度的缓解、运输质量的提高、包装费用的节约、设施设备维修养护费用的减少等等效益。

运输量(交通量)是计算交通运输项目效益和费用的基础。为便于计算项目效益，将运输量分为正常的、转移的和诱发的三种。

正常运输量是指无项目时在现有运输系统基础上也会发生的运输量(包括正常增长运输量)。转移运输量是指项目实施后从本运输方式的其他线路或其他运输方式转移过来的运输量。诱发运输量是指项目所实现的而没有该项目便不会发生的运输量。诱发运输量可根据经验或统计资料，按总运输量的一定比例计算，也可以单独计算。

交通运输项目的国民经济效益有些能够定量，有些则难以定量。可定量的几项经济效益的计算公式如下：

(1)运输费用节约效益(B_1)

① 按正常运输量计算：

$$B_{11}=(C_wL_w-C_yL_y)Q_n$$

式中：B_{11}为按正常运输量计算的运费节约效益，万元/年；C_w、C_y分别为无项目和有项目时的单位运输费用，元/吨公里或元/人公里；L_w、L_y分别为无项目和有项目时的运输距离，公里；Q_n为正常运输量，万吨/年或万人次/年。

②按转移运输量计算：

$$B_{12}=(C_zL_z-C_yL_y)Q_z$$

式中：B_{12}为转移运输量的运费节约效益，万元/年；C_z为原相关线路的单位运输费用，元/吨公里或元/人公里；L_z为原相关线路的运输距离，公里；Q_z为转移过来的运输量，万吨/年或万人次/年。

计算上述效益时，应考虑到项目实施后，由于新老运输项目效率的不同带来的对运输费用节约额的差异。

③按诱发运输量计算：

$$B_{13}=(C_mL_m-C_yL_y)Q_g$$

式中：B_{13}为诱发运输量的运费节约效益，万元/年；C_m、L_m分别为无项目时，各种可行的方案中最小的单位运输费用及相应的运输距离，元/吨公里或元/人公里；Q_g为诱发运输量，万吨/年或万人次/年。

(2)运输时间节约效益(B_2)

①旅客时间节约效益分别按正常客运量和转移客运量中的生产人员数计算，计算时，考虑节约的时间只有一半用于生产。

按正常客运量计算：

$$B_{211}=BT_nQ_{np}$$

式中：B_{211}为按正常运输量计算的旅客时间节约效益，万元/年；B为旅客的单位时间价值(按人均国民收入计算)，元/小时；T_n为节约的时间，小时/人，$T_n=T_w-T_y$(T_w、T_y分别为无项目和有项目时旅客花费的时间)；Q_{np}为正常客运量中的生产人员数，万人次/年。

按转移客运量计算：

$$B_{212}=BT_zQ_{zp}$$

式中：B_{212}为按转移客运量计算的旅客时间节约效益，万元/年；B同上；T_z为节约的时间，小时/人，$T_z=T_o-T_y$(T_o为其他线路上的旅行时间)；Q_{zp}为转移客运量中的生产人员数，万人次/年。

②运输工具的时间节约效益是指运输工具在运输枢纽(车站、港口、机场)中因减少停留时间而产生的效益。其具体计算方法应按不同项目的特点而定。计算公式为：

$$B_{22}=QC_{sf}T_s$$

式中：B_{22}为运输工具时间节约效益，万元/年；Q 为运输工具数量，万车(艘、架、台)；C_{sf}为运输工具每天的维持费用，元/车(艘、架、台)天；T_s为运输工具全年减少的停留时间，天。

③缩短货物在途时间效益

$$B_{23}=\frac{PQT_s i_s}{365\times 24}$$

式中：B_{23}为缩短货物在途时间的效益，万元/年；P 为货物的影子价格，元/吨；Q 为运输量，万吨/年；T_s 为缩短的运输时间，小时；i_s 为社会折现率。

计算该项效益时，应从运输量中扣除那些不因在途时间长短而影响正常储备的货物，如粮食等。

(3)减少拥挤的效益(B_3)

减少拥挤的效益是指有项目时原有相关线路和设施拥挤程度缓解而产生的效益。其计算公式为：

$$B_3=(C_z-C_{zy})L_z(Q_{zn}-Q_z)$$

式中：B_3 为减少拥挤的效益，万元/年；C_{zy}为有项目时原相关线路及设施的单位运输费用，元/吨公里；Q_{zn}为原有相关线路的正常运输量。

(4)提高交通安全的效益(B_4)

$$B_4= P_{sh}(J_w-J_y)M$$

式中：B_4 为提高交通安全的效益，万元；P_{sh} 为交通事故平均损失费，元/次；J_w、J_y 分别为无项目和有项目时的事故率，次/万车公里；M 为交通量，万车公里、万换算吨公里。

交通事故损失费可以参照现有事故赔偿及处理情况来确定。无项目和有项目时的事故可以参照统计资料及预测数据确定。但无项目时的事故不应套用统计数字，而应考虑未来交通量条件下无项目时的事故增长因素。

(5)提高运输质量的效益(B_5)

提高运输质量的效益是指由于基础设施改善、运输质量提高而减少货损的效益。其计算公式为：

$$B_5=aPQ$$

式中：B_5 为提高运输质量效益，万元/年；a 为货损降低率，即无项目和有项目时的货物损耗率之差，%；P 为货物的影子价格，元/吨；Q 为运输量，万吨/年。

(6)包装费用节约效益(B_6)

包装费用节约效益是指由于运输条件改善，可以实行散装运输、成组运输或减少装箱运输，或提供其他方便条件，从而避免或减少费用的效益。其计算公式为：

$$B_6=V_pQ_c$$

式中：B_6 为包装费用节约效益，万元/年；V_p 为每吨袋装货或件装货包装物的平均价格，元；Q_c 为有项目时，货运量中袋装货或件装货改为散装运输或集装箱运输的货物数量，万吨/年。

除上述各项效益外，项目的实施还将提高人民的生活福利，改善经济、社会和自然环境，创造新的就业机会，促进沿线地区经济的发展。对于这些难以量化的效益，应作定性描述。

2.邮电通信项目的国民经济效益

邮电通信项目除计算整个通信网络系统有项目相对于无项目时各类业务量增加的直接效益外，由于通信地域扩大和传送时间加快而对国民经济的发展所做出的贡献也应视为邮电通信项目的国民经济效益。

3.农业、畜牧、水产、农垦等农业项目的国民经济效益

农业、畜牧、水产、农垦等农业项目的投资效益主要是良种繁育、产量增加、产品转化和生态环境改善带来的效益。

林业项目的效益主要表现为林产品及其副产品的增加等经济效益，以及森林涵养水源，保持水土，防风固沙，保护农田、草地，调节气候，净化大气，保护及繁衍动植物等生态效益。

4.水利项目的国民经济效益

水利项目的国民经济效益主要是防洪、治涝、灌溉、城镇供水、水土保持以及发电、航运、养殖、旅游等产生的效益或减少的损失。计算范围应限于直接效益和一次相关效益，要考虑效益发生的随机性和计算期内效益的变化，对难以定量的效益可作定性的描述。

5.其他公共事业投资项目的国民经济效益

其他公共事业投资项目如城市给排水、房屋建筑、文教卫生、科研、体育及独立的环境保护等。除少数项目的效益（如给水的水费收入、房屋建筑产品的销售收入等）可用货币计量外，大部分项目的效益表现为难以用货币量化的社会效益。如改善人民生活条件，提高文化水平，推动技术进步，促进社会劳动生产率的提高以及减少污染、保护环境等。

第三节　公共事业投资项目评估方法

课件

公共事业投资项目大体上按以下步骤进行评估：

第一步：通过经济、社会调查，确认项目建设的必要性。

第二步：进行技术方案的选择，包括建设场地的选择和设计方案的选择。

第三步：在项目拟建功能的基础上对各方案进行经济分析，选出效益佳或费用最省的方案，即对项目进行经济评价。公共事业投资项目有的既有基础设施投资，又有营运设施投资，项目建成后有经营收入；有的则只有基础设施投资而无营运设施投资，这类项目建成后交由其他部门负责日常管理和维护，或由项目单位自行管理、使用，为社会提供服务但无营运收入。因此，对不同类型公共事业投资项目的经济评价亦不同，凡有经营收入的公共事业投资项目，既要进行国民经济评价，又要进行财务评价；对无经营收入的公共事

业投资项目，一般只进行国民经济评价，而无法进行财务评价。对公共事业投资项目进行经济评价，主要是运用特定的模型，对方案进行定量分析，对成本效益难以用货币量化的公共事业投资项目，则要进行详细的定性分析。

公共事业投资项目比较常用的定量分析方法有效益成本分析方法、最小成本分析方法和成本效用分析方法。

一、效益成本分析方法

效益成本分析法亦称收入成本分析法，是以项目的效益与成本(包括投资和营运费用)进行对比，用净效益现值、效益成本比率和内部收益率等指标来评价项目投资的经济效益的一种分析方法。

(一)净效益现值(BNPV)

净效益现值是用一定的贴现率计算的项目效益现值总额与成本现值总额的差额。其表达式为：

$$\begin{aligned}\text{BNPV} &= \sum_{t=1}^{n} B_t(1+r)^{-t} - \sum_{t=1}^{n} C_t(1+r)^{-t} \\ &= \text{BPV} - \text{CPV}\end{aligned}$$

式中：BNPV为净效益现值；B_t 为第 t 年效益；C_t 为第 t 年成本；$(1+r)^{-t}$ 为第 t 年 r 下的贴现系数，其中 r 为贴现率，财务评价时取行业基准收益率(i_c)，行业未制定基准收益率的，取银行长期贷款利率，并考虑一定的风险因素，通常在贷款利率的基础上加1至2个百分点，国民经济评价时取社会折现率(i_s)。

净效益现值是以绝对值表示的项目投资的经济效益指标。当 $\text{BNPV}\geqslant 0$ 时，说明项目或方案有投资经济效益，项目或方案可行。利用BNPV进行方案比较时，若各方案总投资相等，取净效益值大的方案；若各方案的总投资不等，则应进行相对效果指标(效益成本比率)分析。

(二)效益成本比率(*BCR*)

效益成本比率是效益现值总额与成本现值总额之比。其表达式为：

$$\text{BCR} = \frac{\text{BPV}}{\text{CPV}}$$

式中：BCR为效益成本比率，BPV为效益现值总额，CPV为成本现值总额。

效益成本比率是投资经济效益的相对指标，其评价标准是 $\text{BCR}\geqslant 1$。当净效益现值是正值时，效益成本比率必然大于1，这表示项目效益大于成本，有投资经济效益，比率越大，表明投资经济效益越好；相反，当净效益现值是负值时，效益成本比率必然小于1，这表示项目投资效益小于支出，收不抵支，给社会带来损失。总投资额不等的方案进行比较时，宜进行相对投资效益指标，即效益成本比率指标的计算分析，取效益成本比率大的方案。

(三)内部收益率(IRR)

内部收益率是当项目净效益现值等于零，效益成本比率等于 1 时所用的贴现率。其表达式为：

$$\sum_{t=1}^{n}(B+C)_t \cdot (1+\text{IRR})^{-t}=0$$

内部收益率评价指标的评价标准是：财务评价时，内部收益率应大于或等于行业基准收益率或贷款利率；国民经济评价时，内部收益率应大于或等于社会折现率。内部收益率越高，项目投资效益越好。

(四)效益成本年值法分析

效益成本分析也可以用等年值进行对比。所谓等年值就是将项目不同时期的效益与成本，均折合为年等值效益与年等值成本(即年金)，然后计算年净效益或效益成本比率。其表达式分别为：

$$\begin{aligned}\text{NBA} &= \text{BPV}(A/P',r,n)-\text{CPV}(A/P',r,n)\\ &=\text{BA}-\text{CA}\end{aligned}$$

$$\text{BCR}=\frac{\text{BA}}{\text{CA}}$$

式中：NBA 为净效益年值；BPV 为效益现值总额；CPV 为成本现值总额；$(A/P',r,n)$为资本回收系数，其中 n 为计算期；BA 为效益年值；CA 为成本年值。

效益年值和成本年值可以有两种不同的时间范围的年值，即以整个项目寿命期计算，或以投产期计算。年值以投产期计算时，应将建设期的投资支出用同一利率复利系数分别贴现至建设期末的价值，投产期内各年效益和成本分别折算至投产期初的价值，然后用投资期年限的资本回收系数计算投产期内效益年值与成本年值。此外，对计算期不同的方案，采用效益成本年值法进行分析比较时，可按诸方案中最短的计算期计算。

用年值法分析时，两个指标的评价标准与用净效益现值法的评价标准相同。

在公共事业投资项目经济评价中，有些项目的效益难以用货币计量，因而就不可能用效益成本比率分析法计算与评价项目投资的经济效益。对这类公共事业投资项目的评价，可采用最小成本法或成本效用法。这些分析方法主要用以方案的比选。在实现同一目标的不同方案中，用这些方法选择最经济的方案。如果只有单一方案，则应与类似项目进行比较，以确定其是否经济合理。下面分别介绍最小成本法和成本效用法。

二、最小成本法

最小成本法是指对效益相同或基本相同但难以具体量化的方案，通过比较各方案成本的大小，选择成本最低的方案为可取方案的一种分析方法。通常通过计算年等额成本对方案进行比较，也可以同项目的成本现值总额进行比较。

(一)年等额成本比较法

年等额成本比较法就是将寿命期内的成本现值总额折合为年等额成本，并比较各方

案的年等额成本,选择年等额成本最低的方案为可取方案的一种分析方法。其计算公式为:

$$CA=[\sum_{t=1}^{n}(1+C)_t(P/F,r,t)(A/P',r,n)]$$

式中:CA 为年等额成本,n 为项目寿命期,$(1+C)_t$ 为第 t 年的成本(包括投资和经营费用),$(P/F, r, t)$为第 t 年 r 下的贴现系数,$(A/P',r, n)$为资本回收系数。

用项目寿命期计算年等额成本进行比较时,需要注意项目建设期的长短。为防止建设期不同的方案用寿命期计算的年等额成本进行比较时得出错误的结论,对于建设期不一致的项目方案,应计算使用期的年等额成本,并进行比较,以真实地反映成本的大小。使用期年等额成本的计算公式为:

$$CA=[\sum_{t=1}^{n}I_t(F/P,r,n_1-t)\cdot(A/P',r,n_2)]+C$$

式中:CA 为以项目使用期计算的年等额成本;I_t 为第 t 年的投资支出;n_1 为项目建设期;n_2 为项目使用期;$(F/P,r,n_1-t)$为截至建设期末第 t 年的复利系数;$(A/P,r,n_2)$为以项目计算的资本回收系数;r 为利率,财务评价时为行业基准收益率或贷款利率,国民经济评价时为社会折现率;C 为年经营费用。

(二)成本现值比较法

最小成本法也可以用各方案的成本现值总额进行比较,选取成本现值总额最低的方案为可取方案。其计算公式为:

$$CPV=\sum_{t=1}^{n}(1+C)_t\cdot(P/F,r,t)$$

式中:CPV 为成本现值总额,$(1+C)_t$ 为第 t 年的成本(包括投资和经营费用),$(P/F,r,t)$为第 t 年 r 下的贴现系数。

如投资中有流动资金,期末固定资产有余值时,最后一年还应计算回收的固定资产余值及流动资金的现值。

如果各方案的项目寿命期不同时,可按各方案中最短的寿命期计算。

三、成本效用分析法

建设项目的效用,是指其使用价值或功能,如管线、交通线路的长度,公共建筑物的建筑面积,保健、文教、幼儿园的床位、座位等等。当公共事业投资项目的投资效果不能通过货币单位来计量的时候,可用成本效用分析法进行经济评价。即用计算效用的办法来反映项目的效益,并在项目拟定效用的前提下,选择成本相对较低的投资方案。成本效用分析法首先是确定项目不同建设方案的成本效用指标,然后,对不同方案进行比较。成本效用分析使用的成本效益指标主要是效用成本比率和成本效用比率。效用成本比率一般用年等额成本计算,其计算公式为:

$$CUR=\frac{AC}{U}$$

式中：CUR 为成本效用比率，AC 为年等额成本(以项目使用期计算)，U 为效用。

效用成本比率表示获得单位效用量的成本现值，在方案比较中，取成本相对小的方案。

成本效用比率的计算公式为效用成本比率的倒数形式，即：

$$UCR=\frac{U}{AC}$$

式中：UCR 为成本效用比率，其余符号含义同上。

成本效用比率表示单位成本现值获得的效用量，在方案比较中取效用相对大的方案。

本章知识要点及自我检测

第十五章 利用外资项目评估

材料：

1.外资弥补了我国资金的不足和短缺，促进了我国经济增长，但我国在利用外资方面也存在和产生了不少问题，主要是结构上的不合理，限制了利用外资积极作用的发挥。

2.国家发展改革委、商务部 2011 年底公布了《外商投资产业指导目录(2011 年修订)》，新目录增加了鼓励类条目，减少了限制类和禁止类条目。同时，取消部分领域对外资的股比限制，有股比要求的条目比原目录减少 11 条。根据新目录的要求，我国将鼓励外商投资节能环保、新一代信息技术、生物、高端装备制造、新能源、新材料、新能源汽车等战略性新兴产业，提升我国承接国际产业转移的层次和水平，培育国际合作和竞争新优势。

3.商务部外资司有关负责人表示，2012 年我国吸收外资工作面临的国内外形势不容乐观，挑战与机遇并存。商务部将以"稳规模、优结构、上水平"为出发点和落脚点，重点引进品牌、技术、人才和管理，进一步提升吸收外资质量和水平。

思考：

项目评估如何服务于利用外资"稳规模、优结构、上水平"工作目标？

第一节　利用外资项目评估的意义

课件

一、利用外资项目评估的含义

利用外资项目评估是对利用外资项目实施所涉及的各种因素加以论证，看其是否符合国民经济发展的需要，经济技术上是否合理，各方面的建设条件是否可行。利用外资一般要付给对方一定的代价，而且常常是较高的代价，带有很大的风险性。由于利用外资的对象、方式、条件、环境等与国内集资不同，比较复杂多变，为了减少风险，克服利用外资的盲目性，提高利用外资的经济效益，促进国民经济发展，开展利用外资项目评估是十分必要的。

二、利用外资项目评估的意义

(一)为利用外资项目提供投资决策的依据

利用外资项目评估是对拟定项目有关的因素,包括经济、技术、生产、销售,以及社会、环境、法律等进行广泛具体的调查分析,从而做出可靠的估计,进而判断提出的方案是否可行,成功或失败的程度有多大,以及能否取得经济效益、经济效益有多大。它既对国内情况进行充分的调查分析,又了解国外的情况,因而可以避免利用外资的盲目性,防止上当受骗,蒙受损失。利用外资项目评估越周密越准确,项目成功的可行性越大。

(二)确定利用外资的合适规模

利用外资既要积极,又要与国力、省力和企业能力相适应,才能使利用外资项目取得较高的经济效益。

利用外资项目评估不但对利用外资的方式进行评估,还要综合考虑偿还能力、配套能力和消化能力等问题,因而能合理确定利用外资的规模,确保利用外资项目取得较好的经济效益。

(三)兼顾微观和宏观经济效益

利用外资项目评估一方面是评价企业的效益,更重要的是评价国民经济效益,这样就能把微观效益与宏观效益统一起来,较好地处理两者的关系。

利用外资的方式很多,主要有直接投资(举办三资企业等)、间接投资(利用国外各种贷款等)和灵活投资(开展补偿贸易等)三种形式。间接利用外资项目评估的内容、方法与一般项目基本相同,因此,本章主要介绍补偿贸易项目和中外合资经营项目评估。

课件

第二节　补偿贸易项目评估

一、补偿贸易的种类

补偿贸易是在信贷的基础,上引进国外的先进技术、设备用于生产或开发,然后以直接产品或间接产品来偿还国外投资的一种利用外资方式。它的基本做法是:外商向我国出口机器设备或生产技术等,我国企业不支付现汇,而是在设备、技术投入使用后,用该设备、技术生产的产品或其他产品等分期偿还技术设备价款。补偿贸易的方式有以下几种:

(一)产品返销

产品返销也称为直接补偿,它是用引进的技术或进口的设备及其他物资生产出的直接产品去偿还技术、设备及其他物资的价款的一种贸易方式。

(二)商品换购

商品换购也称回购、互购、间接补偿或抵偿贸易。在这种形式下,用以偿还引进技术、设备及其他物资价款的商品,不是由引进技术、设备生产出来的直接产品,而是以双方商定的其他间接商品去抵偿。

目前,我国开展的补偿贸易,主要采用产品返销,即直接补偿的方式。

(三)其他补偿或转手补偿

1.多边补偿或转手补偿。多边补偿是指补偿贸易产品由第三国提供时的一种补偿贸易方式。此时参加补偿贸易的不只是双边国家而是多边国家。

当引进技术设备无合适的补偿产品,而从第三国可以得到合适的补偿产品时,可以采用这种方式。

2.前期补偿。前期补偿指出口补偿产品在先,然后用所得外汇购买设备技术的一种补偿贸易方式。

3.部分补偿。部分补偿是指补偿贸易过程只是以部分产品进行返销或换购,其余设备、技术用现汇补足。

4.混合补偿。混合补偿是指一部分用直接产品进行补偿,另一部分用间接产品进行补偿的一种补偿贸易方式。

补偿贸易方式的优点:一是可以不必支付或不必全部支付现汇就可以获得我方需要的设备和技术,有利于技术改造和先进技术设备的引进和利用;二是用产品返销分期偿还贷款,有利于打开产品出口市场。它的缺点是在机器设备和产品回销作价上容易吃亏。由此,在补偿贸易项目评估时,应充分了解国际市场的情况,合理确定引进技术设备的价款和返销产品的价格。

二、补偿贸易项目评估的特点

(一)技术分析是关键

开展补偿贸易通常是为了引进国外先进的技术和设备。因此,补偿贸易项目技术分析比一般项目要求高。一方面,对拟引进的技术设备要进行深入细致的调查、分析,包括对引进技术设备的技术范围、技术性能及相关技术资料的研究、分析,同时还要注意审查引进技术设备的时间性、外商拥有技术设备的合法性及关键技术设备与协作件配套件的协调配套等问题;另一方面要对引进企业的技术力量作深入的分析,包括对引进企业的技术人员构成、技术人员的素质、生产工人的技术操作水平和提高技术水平的措施等问题进行分析,确保引进的技术设备具备先进性、合理性和适用性的要求。

(二)经济分析是核心

补偿贸易项目评估,主要是从技术和经济两个方面进行分析、比较、预测和综合平衡,来确定一个方案可能产生的经济效果,最后做出是否可行的决策。引进的技术设备符合先进性、合理性和适用性的要求,是项目成功的关键,但项目是否有效益及效益大小是判断项目是否可行及付诸实施的依据和核心。在经济分析方面,应着重分析技术、设备使用后生产能力形成、生产产量、可盈利性和外汇平衡等情况。

(三)价格分析是难点

在补偿贸易项目评估中,估计引进的技术设备的价格和返销产品的价格是否适宜是个难点,也是决定项目经济效益估算是否准确的关键因素。补偿贸易的缺点是在技术设备和返销产品作价上容易吃亏。因为技术设备贸易中很难有一个标准统一的价格，波动性很大。特别是引进的技术，是一种软资料，根本没有绝对的价值，可以评定的只是技术的有效价值，即引进技术在一定的环境和条件下，可能取得的实际价值。补偿贸易以产品返销的方式归还引进技术设备的价款，评价中应特别重视对国际市场尤其是技术设备输出国的市场进行充分的调查、分析、预测，拟议产品的市场供需发展趋势，准确确定产品的销售价格。价格定得过高，会影响产品的销售量和市场部分能力，项目的效益体现不出来；价格定得过低，影响企业的销售收入和经济效益，给企业和国家带来无可挽回的经济损失。

三、补偿贸易项目技术分析

(一)补偿贸易项目技术分析的基础内容

1.先进性评估

即要注意引进技术设备的时间性，要求输出方提供的技术设备是签约当时所拥有并实际应用的技术设备。既要防止外商提供已经过时，甚至落后而被淘汰的技术设备，又要防止外商将正在研究尚不成熟，或根本没有生产过的技术设备卖给我们。要求引进的技术设备符合设计方案先进，生产工艺先进，设备先进以及技术基础参数先进等条件。不仅主机先进，而且与之配套的辅机和备品备件也应该先进。

2.适用性评估

首先看引进的技术设备是否符合国情和国力。在引进的同时，还应考虑技术管理、技术水平是否跟得上，是否具有消化能力。其次看是否符合国家技术发展政策，包括总的技术政策和行业具体技术政策。再次看引进企业的技术力量是否能满足引进项目的要求，能否与引进的技术设备协调配套。

3.经济性评估

就是同类产品中，其原材料和能源消耗应最小，产品质量最高、最好，并符合技术可靠性和安全性的要求。

4.合法性评估

提供技术设备的外商，应是技术设备的合法拥有者，他们有权或被授权输出技术设备。忽视这个问题就会引起法律纠纷，甚至上当受骗。

(二)补偿贸易引进技术设备费用的确定

1.确定技术设备费用的因素

引进技术设备费用的确定主要受以下几个方面因素的影响：

(1)技术设备的有效价值。企业引进一项技术设备，花多少钱合算，主要取决于本企业引进技术设备的利润多少。这是评定一项技术设备价款的首要因素。

(2)市场的容量。引进技术设备生产的产品，销路广、销路畅、市场竞争能力强，企业创造的利润就多。

(3)技术设备的水平。新型的、具有垄断性的技术设备花费的科研费高，因而价格也较昂贵。

(4)我方科研发展的能力。我方自己能发明创造的，可以不必从国外引进；我方没有能力创造的，即便多花一些钱也可以考虑引进。

(5)技术设备的来源。引进独家掌握的技术设备，价格必然高；掌握技术设备的厂家较多时，可以形成竞争，因此价款也比较低。

(6)合同的条件。在引进技术设备的商务合同中，外商给予我方独占权的程度，我方要求外方保证的程度，提供技术培训、技术服务的内容，以及其他要求承担的义务等，都能影响技术设备价格的确定。

项目评估人员在综合分析以上各种因素后，对拟引进的技术设备做出合理的估价，并将估计的价格与预期交货时技术设备的国际市场预计可能成交的价格进行比较，若国际市场价格低于估计的价格，一般来说，引进该技术设备经济上是合算的，反之则应慎重考虑。

2.引进技术设备总费用的确定

补偿贸易通常有银行介入，因此，技术设备总费用由技术设备价款和银行贷款利息两部分组成。其计算公式为：

引进技术设备总费用=引进技术设备价款+利息

但是，在补偿贸易中，由于银行介入的方式不同，因而价款的确定又有所不同。

3.采用卖方信贷时技术设备价款的确定

卖方信贷是出口国银行向其出口商(卖方)提供的信贷。在卖方信贷的情况下，出口技术设备的一方(卖方)按补偿贸易合同向进口方(买方)交付设备后，凭进口方提供的凭证，从出口方银行取得相应的贷款，以维持正常生产和资金周转。在这种方式下，由于出口商要等转售掉进口方的补偿产品后，再用所得的资金归还银行贷款，出口方为此承担了银行的贷款风险，因此，出口商往往将向银行支付的贷款利息、保险费和管理费都列入货价中。采用卖方信贷时，卖方售货报价一般比现汇交易价格大约高3%～4%，从买方来看虽然增加了费用，但却避免了银行贷款的风险。

4.采用买方信贷时技术设备价款的确定

买方信贷是由出口商所在国银行向国外进口商(买方)提供的信贷。在买方信贷情况下，出口国银行直接向技术设备进口方(买方)提供外汇贷款。进口方用这笔外汇贷款支付进口设备的价款，待项目投产后，出口设备技术方以现汇购买回销产品，进口技术设备方再用回售产品所得外汇去偿还银行的贷款，在这个过程中，由于买方承担了贷款风险，并且以现汇支付技术设备价款。因而在设备价款中不包含利息、管理费、保险费和承诺费。可见，在买方信贷方式下，设备的技术设备价款比卖方信贷时低，一般就是正常的国际市场价格，通常由到岸价(到进口国口岸的价格)、关税、国内运杂费及银行、外贸手续费等项目组成。在这里，利息等费用虽与设备价款无关，但仍然属于引进技术设备所发生的费用，由买方按规定支付给贷款银行。

5.利息数额的确定

无论采用卖方信贷还是买方信贷方式，引进技术设备的总费用中都包含有利息，因此，利息的高低，也是决定技术设备总费用高低的因素。利息因还本付息(补偿)的方式不同而不同。补偿贸易中还本付息(补偿)的安排方式及其本利和计算主要有以下四种方式：

(1)一次还本、分期付息(单利)的本利和：

$$本利和=本金\times(1+年利率\times n)$$

式中：n 为融资(贷款)年限。

(2)本息一次还清(复利)的本利和：

$$本利和=本金(1+年利率)^n$$

(3)分期间隔等额偿还本金的本利和(单利)：

$$本利和=\frac{本金+每期偿还额}{2}\times年利率\times n+本金$$

一般每半年或一年偿还等额的本金，利息随着本金的偿还而逐渐减少。

(4)分期等额还本、利息一次付清(复利)的本利和：

$$本利和=本金\times(1+年利率)^n-每期还本额\times\frac{(1+年利率)^n-(1+年利率)}{年利率}-每期还本额+本金$$

以上公式中的本金，即引进技术设备的价款，本利和就是技术设备的总费用。

例：某补偿贸易项目，其引进技术设备的国际市场现汇支付价款为 600 万美元，年利率为 10%，外汇偿付期为 5 年。根据以上公式确定四种方式下该项目引进技术设备总费用：

①假定本金在第五年一次还清，五年中每年付息一次，则：

$$本利和=600\times(1+10\%\times5)=900(万美元)$$

②如果该项目在第五年末一次还本付息(复利)，则：

$$本利和=600\times(1+10\%)^5=966(万美元)$$

③如果该项目每年还本 120 万美元，利息照付，则：

$$本利和=\frac{600+120}{2}\times10\%\times5+600=780(万美元)$$

④如果每年平均还本 120 万美元，复利利息自第五年末一次还清，则：

$$本利和=600\times(1+10\%)^5-120\times\frac{(1+10\%)^5-(1+10\%)}{10\%}-120+600=834(万美元)$$

可以看出，采用不同的偿付方式，其需要支付的总费用数额是不同的。

四、补偿贸易产品销售收入的确定

补偿贸易项目销售收入是计算补偿贸易项目经济效益指标的重要依据。补偿贸易项目产品销售收入包括返销(换购)产品销售收入和内销产品销售收入。

(一)补偿贸易产品定价及销售收入的计算

1.补偿产品定价

产品定价对销售量和由此得到的收入估计有很大的影响。补偿贸易中返销或换购产品的价格,一般不事先固定,往往商定以交货时的国际市场价格为标准计算。因此,补偿贸易项目评估时应对补偿产品国际市场的供求状况和价格走势进行认真的调查、分析和预测。但是,由于国际市场竞争激烈,价格波动大,且产品偿还需经多年,因而往往很难准确的估计未来国际市场价格。为简便计算补偿产品价格,在项目计算期内均采用以建设期内(生产期初)物价总水平为基础,并考虑经营期内相对价格的国际市场价格趋降进行预测,若预测价格低于生产期初的物价水平,补偿贸易项目经济效益将受到影响,反之则对补偿贸易项目经济效益有利。这里需要指出的是,补偿产品预测价格通常以离岸价计算(即以补偿产品离开出口国口岸价格计算)。若以到岸价计算,则应从其价格中扣除海上运费和海上保险费。这是因为海上运费和海上保险费是出口产品所付出的代价,并非项目的收益。

2.补偿产品销售收入的计算

$$\text{补偿产品年外销销售收入}=\text{产品外销预测单价}(\text{离岸价})\times\text{年外销产品数量}$$

公式中,年产品外销数量如果每年不等,应分别测算。测算的外销收入,均以外币表示。

(二)内销产品销售收入

补偿贸易项目的产品不一定全部外销。可能部分用以补偿,部分内销;可能在前期全部外销补偿,等引进技术设备的全部费用用外销产品抵偿完后,产品全部转为内销;也可能用间接产品补偿引进技术设备费用,项目产品则用以内销。因此,内销产品销售收入也是补偿销售收入的重要组成部分。其计算公式为:

$$\text{内销产品年销售收入}=\text{产品内销预测单价}\times\text{年内销产品数量}$$

内销产品销售收入以人民币表示,为便于汇总,可将它转化为外币来表示:

$$\text{内销产品销售收入}(\text{外币})=\frac{\text{内销产品销售收入}(\text{人民币})}{\text{计算期内预计可实现平均汇率}}$$

外销产品年销售收入与内销产品年销售收入相加,即为补偿贸易项目年总销售收入。

五、补偿贸易项目产品成本的确定

产品成本是财务效益和国民经济效益评估的主要依据,也是决定企业收益大小的主要因素。补偿贸易项目的产品成本计算与一般工业项目有所不同,要分别按回销产品和内销产品来计算成本。

(一)回销产品年外汇成本

$$\text{回销产品年外汇成本(外币)}=\frac{\text{回销产品单位出口成本(人民币)}}{\text{回销期间预计可实现汇率平均值}}\times\text{年出口量}$$

公式中,回销产品单位出口成本,不仅包括工厂生产成本,而且包括把产品运到出口口岸的一切费用。这是因为从生产厂将产品运到出口口岸所发生的费用,是出口产品所必须付出的代价。

$$\begin{aligned}\text{回销产品出口成本}=&\text{生产成本}+\text{国内运费}+\text{加工整理费}\\&+\text{包装费}+\text{商品损耗}+\text{杂费}+\text{税金}\end{aligned}$$

(二)内销产品年外汇成本

内销产品外汇成本,是指内销产品折算为外币的成本数额。

$$\begin{aligned}\text{内销产品年外汇成本(外币)}=&\text{产品单位生产成本(人民币)}\times\frac{\text{产品国际市场价格(外币)}}{\text{产品国内市场价格(人民币)}}\\&\times\text{年内销数量}\end{aligned}$$

将成本折算成外币的目的是方便汇总和与外币表示的销售收入进行比较。成本是确定价格的主要依据,因此公式中的产品国际市场价格与国内市场价格之比,可以把产品成本由人民币折算为外币,价格之比实际上也反映了成本之比。

将回销产品年外汇成本与内销产品年外汇成本相加即为补偿贸易产品年总成本。

六、补偿贸易项目财务效益评价

(一)外资偿还能力评估

偿还外资是补偿贸易中首先要考虑的问题。只有还清了外资,补偿贸易企业才真正是自己所有的企业。外资偿还能力是指从事补偿贸易企业对外资的还本付息能力,可运用补偿贸易偿还期和补偿贸易偿还率两个指标进行分析。

1.补偿贸易偿还期

补偿贸易偿还期是指以项目的外汇纯收入还清引进技术设备总费用所需的时间。其计算公式为:

$$\text{偿还期(年)}=\frac{\text{外资总费用}}{\text{年外汇收入}-\text{年外汇成本}}$$

式中:外资总费用包括引进技术设备的价款和利息;外汇收入指补偿贸易项目的毛收入,即销售收入;外汇成本即补偿贸易项目折算为外币的年产品成本。

年产品成本包括内销产品成本和外销产品成本。由于补偿贸易中产品返销的情况很不相同,因此在确定年外汇成本时有三种不同的情况:

(1)如果年产品全部用以返销,则项目返销产品的成本即为外汇成本,将其折算为外币即可;

(2)如果年产品中有部分在国内销售,则年总成本减去国内销售部分产品的成本费用后,余额再折算成外币;

(3)如果年产品全部用以内销,而用其他商品抵偿引进技术设备费用,则将内销产品收入和内销产品成本全部折算为外币。

可以看出,补偿贸易外汇纯收入越大,外资偿还期越短,项目效益越好。

2.补偿贸易偿还率

补偿贸易偿还率表示补偿贸易企业用于偿还外资部分的收入占项目全部纯收入的比重,其计算公式为:

$$\begin{aligned}\text{偿还率}&=\frac{\text{外资总费用}}{\text{使用外资所得全部纯收入}}\times 100\%\\&=\frac{\text{外资总费用}}{(\text{年外汇收入}-\text{年外汇成本})}\times 100\%\\&=\frac{\text{偿还期}}{\text{年数}}\times 100\%\end{aligned}$$

式中:年数为引进技术设备有效使用年限(即项目经济寿命期)。偿还率越低,我方的收益率越大,反之我方的收益率越小。

(二)补偿贸易换汇率

补偿贸易换汇率指用一个单位国内资金出口商品可以换回多少单位外币的比率,其计算公式为:

$$\text{补偿贸易换汇率}=\frac{\text{外汇收入}}{\text{国内资金投入额}}\times 100\%$$

式中:外汇收入即年外汇销售收入(外币),国内资金投入额即外销产品年成本(人民币)。

如果补偿贸易项目产品有部分在国内销售,则国内资金投入额应作相应的剔除。换汇率越高的项目,其经济效益也越好。

(三)补偿贸易利润率

补偿贸易利润率表示补偿贸易中每单位投资带来的利润量。其计算公式为:

$$\text{利润率}=\frac{\text{年收入}-\text{年产品成本}}{\text{项目总投资成本}}\times 100\%$$

式中:年总收入即年销售收入总额,年产品成本即年产品总成本,项目投资总成本包括引进技术设备总费用总额和国内配套投资费用。

收入和费用若以外币表示的,均折算为人民币进行计算。

补偿贸易利润率可与国内其他项目进行对比,以判断项目的得失。

(四)补偿贸易项目净现值及内部收益率

补偿贸易项目净现值和内部收益率可通过补偿贸易现金流量表(国内投资)直接计算求得。该现金流量表与一般工业项目现金流量表有所不同:

1.现金流入包括销售收入、回流流动资金。现金流入中不反映固定资产余值的回收,因为全部固定资产价值都以补偿产品抵付了，没有余值。

2.现金流出包括国内基本建设投资、流动资金、经营成本、销售税金。现金流出中不包括外资投资及利息，因为这个现金流量只反映国内现金流量关系，不包括国外资金流量关系。

根据现金流量表计算出的净现值和内部收益率，与国内同类型项目进行比较，补偿贸易净现值、内部收益率若大于或等于国内同类型项目的净现值、内部收益率，说明采用补偿贸易方式对我方是有利的。

第三节　中外合营项目评估

课件

一、中外合营的含义

中外合营也叫中外合资经营，是指中国与外国资本方共同出资建立企业，生产我国急需的产品或生产出口产品，以提高我国技术与管理水平的一种生产经营方式。中外合营有两种方式：一是合资经营。这是一种股权式的经营方式，合营各方以各自的出资额作为股本，共同投资，共同经营，共担风险，共负盈亏，其组织形式为有限责任公司。二是合作经营。这是一种契约式的经营方式，即中外双方经济法人通过契约的方式共同投资经营某项事业。一般中方提供土地、自然资源、现有厂房、设备和劳动力，而外方提供资金、技术和设备。合作经营双方按合同的规定取得收入和承担责任和义务，合作期满，全部财产归中方所有。

二、中外合营项目评估的特点

由于中外合营项目与一般工业项目相比有它的特殊性，因而评价中外合营项目也要采用特殊的方法，具有自身的特点。

1.对中外合营项目的评估应满足合营各方的要求。由于合营项目是合营各方在平等互利的原则下共同融资兴办的，因此，评估时既要涉及合营各方的共同利益，也要涉及合营各方的自身利益。

2.对中外合营项目的评估应符合国民经济的要求。对合营企业评估要考虑项目能否为国民经济做出贡献。同时，为了着重考察投入合营项目的我方资源是否有利，还要单独对项目的国内投资部分进行分析评价。

3.对中外合营项目的评估应符合我国的有关法规和政策。合营项目不仅要符合国内一般经济法规和财税法规，还应符合涉外经济法规，特别是有关合营项目的法规和各经济特区、开发区的规定。这些法规和规定是兴办合营企业的立足点，是合营各方谈判、签约的依据，也是合营项目评估基础数据测算的依据。

三、合营项目投资成本的确定

(一)注册资本

在我国境内开办的合营企业必须向我国工商管理部门进行登记,登记的资本总额称为注册资本。它是合营各方认缴的出资额之和。合营各方出资的比例,在许多国家都有明确的规定。我国有关法令规定,中外合营企业中外国合营者的出资比例一般不低于25%。合营企业在合营期内不得减少注册资本。

(二)投资总额

中外合营企业的投资总额,是指按照合营企业的合同、章程规定的生产经营规模,需要投入的基本建设资金和生产流动资金的总和。投资总额的来源,首先是合营各方的出资额(注册资本),它是合营企业的自有资金来源;其次是合营企业为弥补其注册资金的不足,而向银行或金融机构举借的企业资金。因此,合营企业投资总额包括自有资金(注册资金)和银行贷款两大部分。这里需要说明的是,有的企业合营各方以自己的名义向金融机构借款,并以此作为其投入合营企业的资本,这种借款不属于合营企业的借款,其付息还本应当由借款方自行负责,在企业的财务资料中也毋需加以反映。

(三)投资额的确定

1.现金投资的确定

现金投资是指用人民币或外汇投资。合营企业的注册资本大多数是以人民币登记的。在这种情况下,外方的现金投资应以收到或存入我国境内开户的外币金额,按可实现的汇率或双方商定的汇率折合为人民币;中方以人民币投入,按实际交入的人民币金额作为投入的资本额。如需将人民币折合为外币,也应按预计可实现或双方商定的汇率折算。

2.实物投资的确定

实物投资是指用建筑物、机器设备、材料及其他物资出资。合营企业各方以实物投资按国际市场价格议定的计价标准,确定其价值作为投入资本额。合营外方如以旧设备投资,其作价一般不应高于国际市场上同样新设备的价值减去用直线法计算的应计折旧后的余额。中方投入的厂房、设备等,一般应按重置完全价值并参考国际市场价格和新旧程度,重新估价以确定其出资额。

3.工业产权投资额的确定

工业产权投资指合营各方以其合法拥有的专利权、商标权、专有技术权等无形资产出资。以工业产权出资时,按合营各方的协议,将工业产权作价作为投资额。

4.场地使用权投资额的确定

场地使用权,指中方以场地使用权作为投资的价值。合营企业使用我国土地,必须由中方向我国政府申请取得场地使用权,并要向中国政府缴纳一定的使用费。场地使用费的标准,是根据特定的地理环境、条件、用途、交通运输状况、征地拆迁安置费用和合营企业对基础设施的要求等因素,由合营企业所在地的省、自治区、直辖市人民政府规定。场地使用权的投资额,通常按照合营企业在经营期内应缴纳的场地使用费的总数为基础,并考虑货币的时间价值,用现值来计算确定。并由合营各方协商后在合同中规定。

例:某合资企业经合资各方协商,同意中方合营者以场地使用权作价投资,该合营企业占地 10 亩,合同经营期为 15 年,当地政府规定该场地每年每平方米收费 20 元,年利率 12%。试计算该场地使用权作价投资的金额。

(1)每年场地使用费=666.67×10×20=133 334(元)

(2)作为投资的场地使用权总现值为:

$$场地使用权总现值=133\ 334\times\frac{1}{12\%}\times\left[1-\frac{1}{(1+12\%)^{15}}\right]$$
$$=133\ 334\times 6.8109$$
$$=908\ 125(元)$$

四、合营项目生产经营成本的确定

1.生产成本。由直接材料、直接工资和制造费用组成。必要时还可增设燃料及动力、半成品、外部加工费等。合营企业生产成本的测算与一般工业项目相同。

2.销售费用。包括产品在销售过程中发生的应由企业负担的运输费、装卸费、包装费、保险费、差旅费、佣金、广告费,以及专设的销售机构人员工资和其他经费等。销售费可根据经验数据估算。

3.管理费用。包括无形资产递延资产摊销、工会经费、董事会费、交际应酬费、税金、技术转让费、职工培训费、研究开发费等。管理费用根据《外商投资企业会计制度》的有关规定计算确定。

用于合营项目成本效益分析的生产经营成本与一般的工业项目相同,要从总成本中剔除固定资产折旧、各类摊销费和利息支出。

4.财务费用。包括利息支出、汇兑损失和手续费,缺乏资料时可只计算利息支出。

五、合营企业收益的确定

(一)销售收入的确定

按照产品可能实现的价格以及合资各方商定的生产数量确定。如果有外汇销售收入,则可按可实现的汇率折算为人民币。

(二)销售税金的确定

合营企业的销售产品应按规定交纳增值税、营业税和消费税。各税种的纳税范围及应纳税额的计算与一般工业项目相同。

(三)所得税的确定

1.合营企业所得税的计算

合营企业的所得税是对合营企业的生产、经营所得及其他所得征收的一种税。采用比例税率,定为 30%,另外再加上附征的 3%的地方所得税,两者合计为 33%。其计算公式为:

应纳所得税=应纳所得税额×税率

制造业的应纳所得额可按下列公式计算：

应纳所得额＝产品销售利润＋其他业务利润＋营业外收入－营业外支出

产品销售利润＝产品销售收入－产品销售成本－产品销售税金－销售费用－财务费用－管理费用

2.合营企业的所得税的减免税规定

(1)对于新办的合营企业，合营期在10年以上的，经企业申请，税务部门批准，从开始获利年度起的第一、第二年免征所得税，第三年至第五年减半征收所得税。

(2)对于农业、林业等利润较低的合营企业和在经济不发达地区开办的合营企业，按前款规定免税，减税期满后，经财政部批准，还可以在以后10年内继续减征所得税15%～30%。

(3)对于港澳同胞和华侨投资的合营企业，创办初期的减免税时间可延长至第6年，第6年至第15年内可减税20%～40%。

(4)对于在经济特区和沿海港口城市的经济技术开发区开办的生产性合营企业，按15%的税率征收所得税。

(5)对于沿海港口城市的老市区和沿海经济开放区兴办的合营企业，除了属于技术密集、知识密集型的项目，或者外方投资在3 000万美元以上，回收时间长的项目，或者属于能源、交通、港口建设的项目，其所得税可减按15%的税率征收外，对其余生产性合营企业都按24%的税率征收所得税。

(四)合营企业利润的确定及其分配

合营企业的利润计算及分配如下所示：

销售收入＝生产总成本
　　－销售税金及附加
＝所得税前利润
　　－所得税
＝所得税后利润
　　－公积金
　　－公益金
＝待分配利润
　　－用以偿还借款本金的利润
＝可分配利润

其中：中方股利
　　外方股利

上列公积金和公益金从税后利润中提取，提取比例由合营企业董事会决定。公积金一般按税后利润的10%提取，主要用于垫补合营企业可能发生的亏损，或用以购置固定资产、增加流动资金以扩大生产经营。也可以用于新产品试制支出或应付意外事件对资金的需求。公益金一般按税后利润的10%～15%提取，主要用于支付职工奖金及兴办职工集体福利设施、职工医疗卫生支出等。

合营企业的公益金可视为现金流出，公积金须待合营企业清算或终止时，才能把企业预留的公积金按出资比例或合同规定的分配比例，分配给合资各方。

合营企业可供分配的利润按出资比例（合资企业）或合同规定的比例（合作企业）在合营各方之间分配。

（五）回收值

合营项目经营期满时，需清算剩余财产，并按各方出资的比例或合同规定的比例进行分配。一般剩余财产包括回收的固定资产余值、回收的流动资金，以及偿还合营企业借款后余留的折旧、摊销费和剩余公积金，这些资金收入作为合营项目寿命终结时的现金流入。

五、合营项目财务效益评估

（一）合营项目财务效益评估报表的编制和分析

1.现金流量表

该表反映项目在建设和生产经营整个计算期内各年的现金流入和流出情况。在合营项目中，要分别按全部投资、自有资金、中方合营者和外方合营者编制财务现金流量表。该表可用以计算各种角度的财务净现值、财务内部收益率和投资回收期等评价指标。

全部投资财务现金流量表，反映项目假定全部投资均使用自有资金时的盈利状况。此表现金流入项目包括：销售收入、回收固定资产折余价值和残值、回收流动资金和其他现金流入。现金流出项目包括：固定资产投资（含建设期利息）、流动资金、经营成本、销售税金、所得税、公益金、其他现金流出。当根据该表计算出的全部投资财务净现值大于等于零，全部投资财务内部收益率大于或等于基准收益率或综合贷款利率时，表示该项目值得进一步研究。

自有资金财务现金流量表，反映合营项目在使用借款条件下，偿还项目借款本息后自有资金的盈利能力。此表从合营企业注册资本的角度进行分析。其现金流入项目包括：销售收入、回收固定资产折余价值和残值、回收流动资金的自有资金和其他现金流入。其现金流出项目包括：固定资产投资中的自有资金、流动资金中的自有资金、经营成本、借款本金偿还、借款利息偿还、销售税金、所得税、公益金、其他现金流出。根据该表计算出的自有资金财务净现值大于或等于零，自有资金财务内部收益率大于或等于基准收益率或综合贷款利率，是项目可行的必要条件。

外方现金流量表，反映合营项目中外方合营者的现金流入、流出情况。其现金流入项目包括分得股利、转让技术收入、资产清理分配（指回收企业还本后余留折旧额累计及残值、回收流动资金中的自有资金和回收余留的公积金）、其他现金流入。现金流出项目包括现金投资、作为投资的设备和其他物料、前期工作费用、为向合营企业转让技术所支付的费用、其他现金流出。其中股利汇出款按股利汇出额的10%扣缴。

中方现金流量表，反映合营项目中中方合营者的现金流入和现金流出情况。其现金流入项目包括分得股利、资产清理分配（内容与外方合营者同）、租赁费收入、技术转让收入、其他现金流入。现金流出项目包括现金投资、作为投资的设备及其他物料、作为投资的场地使用权、出租的设备和厂房、前期工作费用、上交政府的场地使用费、其他现金流出。

中外合营各方的财务现金流量表,反映合营各方投入的可盈利性。合营各方可将各自的财务净现值、财务内部收益率同合营对方及本行业的基准收益率作比较,寻找平等互利的投资方案,并作为是否参与投资的判断依据。

2.利润表及主要财务平衡表

利润表主要由销售收入、总成本、各种税收和利润组成。财务平衡表主要由资金来源和资金运用各项组成。这些表格主要用于综合反映项目建设资金的筹集和使用、销售收入、税金缴纳、利润分配及资金余缺情况,以分析合营项目的获利能力和财务可行性。

3.外汇平衡表

该表由外汇来源和外汇运用的各项组成。主要用以考察项目的外汇平衡能力。

(1)合营项目的外汇来源有:按产品外销最低比例确定的外销收入;经申请批准,外汇来源落实的进口替代收入;项目审批机关同意调剂的外汇;基建投资借款(包括长期借款和短期借款)的外汇部分;流动资金借款的外汇部分;自有资金借款的外汇部分;包括外汇存款利息在内的其他合理的外汇收入。

(2)合营项目的外汇支出有:固定资产投资中的外汇支出,进口原材料、零件、购买中国出口商品的外汇支出;净增流动资金的外汇部分;偿还外汇借款的本金和利息;支付技术转让费;支付外方股利;合营企业中方人员出国培训、考察、出差的费用;外方人员工资、福利费、差旅费。

4.资产负债表

该表由资产、负债和所有者权益各项目组成。主要用以综合反映项目各年末的资产、负债和资本的增减变化情况及相互间的对应关系,以了解项目资产、负债、资本结构的合理性和还债能力。表中资本部分按中方投资、外方投资分别列出。

(二)合营项目财务效益评价指标

合营项目财务效益评价指标主要有投资利润率、投资回收期、资产负债率、流动比率、速动比率及分别从全部投资、自有资金、中方投资、外方投资角度计算得出的财务净现值、财务内部收益率等。合营项目财务评价中各项指标的计算与国内一般工业项目相同,这里不再重复。

(三)中方、外方收益对比

在财务项目评估中,合营项目需要进行中方、外方收益对比,这是合营项目与一般项目的主要不同点。进行中方、外方收益对比的目的是寻求平等互利的投资方案,并考察该项目是否有利于本国经济。中方、外方收益对比使用的指标可以是投资利润率、投资净收益、各方财务净现值和财务内部收益率,以内部收益率作为主要评判依据,再结合财务净现值等指标进行分析。评判时应掌握以下原则:

1.从整个项目的角度考察。若内部收益率大于或等于基准收益率,净现值大于或等于零,表明该项目的获利能力是好的,这是项目可行和进行中外合营的前提。

2.从外方的角度考察。若内部收益率高于合营外方本国的资本收益率或国际资本市场资金收益率,表明外方到中方来投资是有利可图的,这是吸引外资来华投资的因素之一。资本输出国输出资本的目的是获取利润，如果外方到中方来投资收益比在国内投资低或只相当于本国投资收益，那么项目对外方就缺乏吸引力。

3.从中方角度考察。若中方投资收益高于或等于国内同类行业的资金收益率，表明利用外资对我国经济是有利的，否则中方的利益将受到损害。

4.外方的内部收益率不能高于本国的投资机会成本，否则意味着我国资源能创造的收益被外方占去了一部分，这是本国在资源利用上的一种损失。

由此，当外方投资收益大于国际市场资金收益率，小于中方投资机会成本时，既能吸引外商到我国来投资，又能使本国经济得到改善。

六、合营项目国民经济评估

合营项目国民经济评价是用影子价格、影子工资、影子汇率和社会折现率等参数计算项目效益和费用，以评估项目对国民经济的影响和贡献的大小。在进行合营项目国民经济评估时，应注意以下几个问题：

1.从全部投资和中方投资两个角度考察项目的效益，主要从中方角度分析。从全部投资的角度进行国民经济效益分析，目的在于观察不使用外国合营者的资金时的经济效益水平，以便与国内同类项目相比较。分析全部投资的国民经济效益时。需编制全部投资经济现金流量表，该表的内容除不列各种税金外，基本上与全部投资财务现金流量表相同。

从中方投资角度进行国民经济效益分析，目的在于观察合营项目对我国国民经济的贡献，这是评价合营项目经济上是否合理的主要内容和依据。在这种评价的现金流量表中，外方的各种收入，如外方回收固定资产余值、流动资金等，均视为现金流出，项目支出的税金、国内借款利息等属于国民经济的转移支出，不计为项目的费用支出。

2.为了消除价格失真对项目的影响，国民经济评估应对项目效益和费用中占比重较大或价格明显不合理的投入物和产出物，以影子价格进行调整。

3.在国民经济评估中，既要测算直接效益和直接费用，也要测算项目的外部效益和外部费用。对项目的外部效果能作定量分析就作定量分析，不能作定量分析也要用定性分析进行描述。

4.国民经济评估主要运用国民经济净现值和国民经济内部收益率两个指标进行评价。这两项指标的计算与一般工业项目相同。

本章知识要点及自我检测

第十六章 政府和社会资本合作(PPP)项目分析与决策

问题与思考

材料:

推广运用政府和社会资本合作(PPP)模式是落实党的十八届三中全会关于"要加强中央政府宏观调控职责和能力,加强地方政府公共服务、市场监管、社会管理、环境保护等职责。允许社会资本通过特许经营等方式参与城市基础设施投资和运营"精神的一项重要举措,是支持新型城镇化建设、推进国家治理体系和治理能力现代化、构建现代财政制度的体制机制变革。PPP既是新融资模式,更是管理模式和治理机制的创新,是公共领域的供给侧改革,其核心理念是提高公共产品和服务的质量与效率。

思考:

PPP项目与传统投资项目相比,在项目决策前阶段的工作有什么不同?"一方案两报告"主要有什么作用?

可行性研究和项目评估是传统的建设项目决策前的重要工作,是国家规定的项目建设决策和实施必须遵守的基本建设程序,可行性研究是对项目建设的必要性、技术的可行性和经济的合理性进行分析和论证,并推荐最优方案供决策参考,项目评估是对项目可行性研究报告的审核。相对于传统建设项目,PPP项目决策前除了需要开展可行性研究和项目评估工作外,还需要编制"一方案两报告",一方案指PPP项目实施方案,两报告指PPP项目物有所值评价报告和PPP项目财政承受能力论证报告。一方案通常分项目预实施方案和项目实施方案,项目预实施方案是两报告论证的基础资料,两报告通过验证,项目可采用政府和社会资本合作模式,其项目预实施方案由项目实施机构报政府审核后即为项目实施方案,成为指导项目实施的指导性文件。项目一方案两报告是对项目采用PPP模式的必要性和可行性的分析与论证,是PPP项目决策的参考,也是实施PPP项目的计划性文件。

第一节　概　述

课件

一、PPP内涵

PPP是英文Public-Private-Partnership的简称，直译的意思是公私合作（合营）关系，它是社会资本参与基础设施和公用事业项目投资运营的一种制度创新。从各国和国际组织对PPP的理解来看，PPP有广义和狭义之分。广义的PPP泛指公共部门与私人部门为提供公共产品或服务而建立的各种合作关系。狭义的PPP是指政府通过引入社会资本，与私人部门组成特殊目的机构SPV（Special Purpose Vehicle，“项目公司”作为代表），共同开展项目设计开发、建设、运营并共同承担风险，全过程合作，期满后再移交给政府的公共服务开发运营方式。

在我国，PPP是指政府和社会资本合作模式。国家财政部在《关于推广运用政府和社会资本合作模式有关问题的通知》（财金〔2014〕76号）中指出，PPP是指在基础设施及公共服务领域建立的一种长期合作关系。通常模式是由社会资本承担设计、建设、运营、维护基础设施的大部分工作，并通过“使用者付费”及必要的“政府付费”获得合理投资回报；政府部门负责基础设施及公共服务价格和质量监管，以保证公共利益最大化。国家发展改革委在《关于开展政府和社会资本合作的指导意见》（发改投资〔2014〕2724号）中指出，PPP模式是指政府为增强公共产品和服务供给能力、提高供给效率，通过特许经营、购买服务、股权合作等方式，与社会资本建立的利益共享、风险分担及长期合作关系。

鉴于我国现阶段存在国有、集体、私营等多种经济主体，而且从我国PPP运作现状看，国有企业是国内PPP市场上最重要的参与主体，基于我国实际，一些专家学者如王守清教授，建议将PPP称为“政企合作”，既简洁直接，也易与国际接轨。

二、PPP的典型特征

PPP具体模式多种多样，但都具有三个典型特征：

一是伙伴关系。伙伴关系是PPP的首要特征。它强调各个参与方平等协商的关系和机制，这是PPP项目的基础所在。伙伴关系必须遵从法治环境下的“契约精神”，建立具有法律意义的契约伙伴关系，即政府和非政府的市场主体以平等民事主体的身份协商订立法律协议，双方的履约责任和权益受到相关法律、法规的确认和保护。

二是利益共享。PPP项目一般具有很强的公益性，同时也具有较高的垄断性（特许经营特征）。建立利益共享机制，即政府和社会资本之间共享项目所带来利润的分配机制是PPP项目的第二个基本特征。PPP项目的标准至少包括两个，即政府公共投资的项目和由社会资本参与完成的该政府公共投资项目，包括建设和运营。PPP项目中政府和非政府的市场主体应当在合作协议中确立科学合理的利润分配调节机制，确保社会资本按照协议规定的方式取得合理的投资回报，避免项目运营中可能出现的问题造成社会资本无法收回投资回报或者使得政府违约。PPP 以“风险共担、利益共享、合理利润”为基准优化利益调节机制，表现为价格的利益分配，一般不宜用涨价方式实现必要的利益调整，需要政府综合考虑以其他方式（如补助方式）做出必要替代。

三是风险分担。伙伴关系不仅意味着利益共享，还意味着风险分担。PPP 模式中合作双方的风险分担更多是考虑双方风险的最优应对、最佳分担，尽可能做到每一种风险都能由最善于应对该风险的合作方承担，进而达到项目整体风险的最小化。要注重建立风险分担机制。风险分担原则，旨在实现整个项目风险的最小化，要求合理分配项目风险。项目设计、建设、融资、运营维护等商业风险原则上由社会资本承担，政策、法律和最低需求风险等由政府承担。

三、PPP 模式的工作要求

2015 年 5 月 19 日，国务院办公厅转发财政部、发展改革委、人民银行《关于在公共服务领域推广政府和社会资本合作模式的指导意见》（以下简称《意见》）。《意见》明确了在公共服务领域推广 PPP 模式的工作要求。

1.明确工作原则和目标

坚持依法合规、重诺履约、公开透明、公众受益、积极稳妥五项原则，改革创新公共服务供给机制，形成有效促进 PPP 规范健康发展的制度体系，培育统一规范、公开透明、竞争有序、监管有力的 PPP 市场，着力化解地方政府性债务风险，新建项目逐步增加使用 PPP 模式的比例。

2.构建制度体系

明确实施管理框架，健全财政管理制度，加强公共服务质量和价格监管，完善公共服务价格调整机制，健全法律法规体系。

3.规范项目实施

鼓励广泛采用 PPP 模式，推动融资平台公司存量公共服务项目转型为 PPP 项目。新建项目要进行财政承受能力论证，保证决策质量。依托政府采购信息平台，依法择优选择诚实守信的合作伙伴，合理确定合作双方的权利与义务。社会资本要增强责任意识和履约能力。健全合同争议解决机制。

4.构建政策保障

简化项目审核流程，建立联评联审机制，实行多样化土地供应方式，完善财税支持政策，鼓励做好金融服务。

四、PPP 项目参与方

PPP 项目模式运作中，主要项目参与方包括政府、社会投资者、金融机构、咨询公司、承包商及供应商等。为了平衡众多参与方的不同利益和要求，首先应明确各利益主体的职能。

1.政府

政府是参与PPP项目的核心主体之一。财政部《关于印发政府和社会资本合作模式操作指南(试行)的通知》(财金〔2014〕113号,以下简称"财金113号文")第10条规定:"县级(含)以上地方人民政府可建立专门协调机制,主要负责项目评审、组织协调和检查督导等工作,实现简化审批流程、提高工作效率的目的。"由此可知,财政部将参与PPP项目的政府行政级别限定在县级以上(含本级)。这一规定充分考虑了县级以上政府的财政承受能力与协调管理能力,合理地选择出PPP项目的政府主体。

2.社会资本

目前出台的PPP相关政策法规,我国将项目合作方都统一定义为"社会资本"。在合作过程中关于社会资本所扮演的角色,国务院办公厅转发《财政部、发展改革委、人民银行关于在公共服务领域推广政府和社会资本合作模式指导意见的通知》(国办发〔2015〕42号,以下简称"国办发42号文")明确"作为社会资本的境内外企业、社会组织和中介机构承担公共服务涉及的设计、建设、投资、融资、运营和维护等责任"。另外,按照财金113号文的规定,社会资本还可以作为合作项目的发起主体之一,以项目建议书的方式向财政部门(政府和社会资本合作中心)推荐潜在的政府和社会资本合作项目。这一规定为政府和社会资本合作拓宽了空间,以市场化程度更高的PPP模式替代以往由政府主导的传统投资模式。对于社会资本,可以做以下分类:①从所有制形式来看,包括国有企业、民营企业和外商投资企业等;②从参与方式来看,包括单独的投资人和联合体投资人。

3.金融机构

这里所指的金融机构是广义上从事金融服务业有关的金融中介机构,包括银行、保险、信托、基金等行业领域内的企业。金融机构参与PPP项目的途径包括以下三种:第一,作为项目社会资本与政府直接合作。如PPP产业基金作为社会资本与政府公共部门签订PPP项目合同,然后通过上市或者股权转让等方式退出;第二,与其他社会资本作为联合体共同参与项目合作,在PPP项目合同约定的范围内参与PPP项目的投资运作,并通过股权转让或在约定期限届满时由其他社会资本回购股权等方式退出;第三,为PPP项目公司提供资金,融资方式包括项目贷款、信托贷款、有限合伙基金、项目收益债和资产证券化等形式。

4.其他主体

主要参与主体往往组建项目公司作为项目建设主体。项目公司是社会资本为实施PPP项目这一特殊目的而设立的公司,因此,也常被称作"特别目的公司"(SPV)。国务院43号文中就规定:"投资者按照市场化原则出资,按约定规则独自或与政府共同成立特别目的公司建设和运营合作项目。"PPP项目的其他参与主体通常还包括:咨询机构、承包商、原料供应商、专业运营商等。众多参与主体的利益相关的关系如图16-1所示。

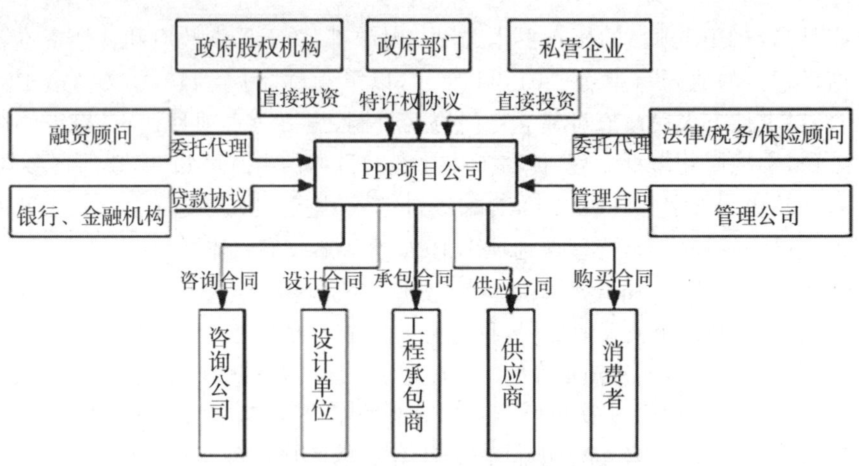

图 16-1 PPP 项目主要参与者及其利益相关者

五、PPP 适用范围

根据国家财政部《关于推广运用政府和社会资本合作模式有关问题的通知》和《政府和社会资本合作模式操作指南》，PPP 模式适用于投资规模较大、需求长期稳定、价格调整机制灵活、市场化程度较高的基础设施及公共服务类项目，各级相关部门应优先选择收费定价机制透明、有稳定现金流的项目。

根据国家发展改革委《关于开展政府和社会资本合作的指导意见》，PPP 模式主要适用于政府负有提供责任又适宜市场化运作的公共服务、基础设施类项目。燃气、供电、供水、供热、污水及垃圾处理等市政设施，公路、铁路、机场、城市轨道交通等交通设施，医疗、旅游、教育培训、健康养老等公共服务项目，以及水利、资源环境和生态保护等项目均可推行 PPP 模式。各地的新建市政工程以及新型城镇化试点项目，应优先考虑采用 PPP 模式建设。

六、PPP 项目商业模式

1.投资模式

从项目投资主体而言，可以分为政府投资、企业参与项目运作，企业独立投资和政府与企业混合投资三大类型。

对政府投资项目而言，由政府或者政府控制的企业拥有项目资产并承担项目风险，社会资本可以通过租赁资产（LOT）或者由政府委托运营（OM）模式参与项目运作，为社会提供公共产品（服务）。此类项目暂不属于我国政府力推的 PPP 项目范畴。

企业独立投资项目是指社会资本独立投资并独自或者与政府共同成立项目公司，由该项目公司拥有项目资产运营权并承担项目风险。此种模式下，社会资本可以在项目建设初期通过独立投资设立项目公司模式,获取项目建设、投资、运营等权利,也可以在后续通过股权受让模式拥有项目公司股权与运营权利。

对一些大型项目,单纯靠项目收益无法弥补项目投资运营成本的,为降低项目公司投资成本,满足项目经济可行性要求,则采用政府与社会资本共同投资建设,建成后将整体项目资产移交项目公司运营。

2.建设管理模式

项目建设管理模式按照业主介入的程序以及项目任务包的划分一般有:业主自行管理、委托进行项目管理(PM)、设计—采购—施工总承包(EPC)、设计—施工总承包(DB)、工程施工总承包等类型。

3.PPP 项目付费机制

PPP 项目的付费机制约定了 PPP 项目中的风险分配和收益回报,主要包括三类:

(1)政府付费(government payment),是指政府直接付费购买公共产品和服务,主要包括可用性付费、使用量付费和绩效付费。通常用于不直接向最终用户提供服务的终端型基础设施和公用事业项目,如市政污水处理、垃圾焚烧发电、水源净化,或市政道路等不具备收益性的项目。政府付费的依据主要是设施可用性、产品和服务使用量和质量等要素。

(2)使用者付费(user charges),是指由最终消费用户直接付费购买公共产品和服务。通常用于可经营系数较高、财务效益良好、直接向最终用户提供服务的基础设施和公用事业项目,如市政供水、城市管道燃气、高速公路等。项目公司直接从最终用户处收取费用,以回收项目的建设和运营成本并获得合理收益。

(3)可行性缺口补助(viability gap funding,简称 VGF),是指使用者付费不足以满足社会资本或项目公司成本回收和合理回报,而由政府以财政补贴、股本投入、优惠贷款和其他优惠政策的形式,给予社会资本或项目公司的经济补助。通常用于可经营性系数较低、财务效益欠佳、直接向最终用户提供服务但收费无法覆盖投资和运营成本及合理回报的项目,如医院、学校、文化及体育场馆、保障房等。

七、PPP 项目工作流程

按照国际惯例,PPP 的工作流程一般可分为五个阶段:项目识别阶段、项目评估阶段、设计 PPP 项目合同、管理 PPP 项目交易和管理 PPP 项目合同。财政部《政府和社会资本合作模式操作指南(试行)》(财金〔2014〕113 号),共 7 章 37 条,将 PPP 项目操作流程分为项目识别、项目准备、项目采购、项目执行和项目移交等 5 个阶段,每个阶段又可分为若干步骤,如图 16-2 所示。

(一) PPP 项目识别

项目识别指政府在确定一个基础设施及公共服务类项目是否采用 PPP 模式时,需综合评价该项目就是否符合“投资规模较大、需求长期稳定、价格调整机制灵活、市场化程度较高”等条件,从而最终决定是否采用政府和社会资本合作模式(PPP 模式)。项目项目发起和项目筛选。

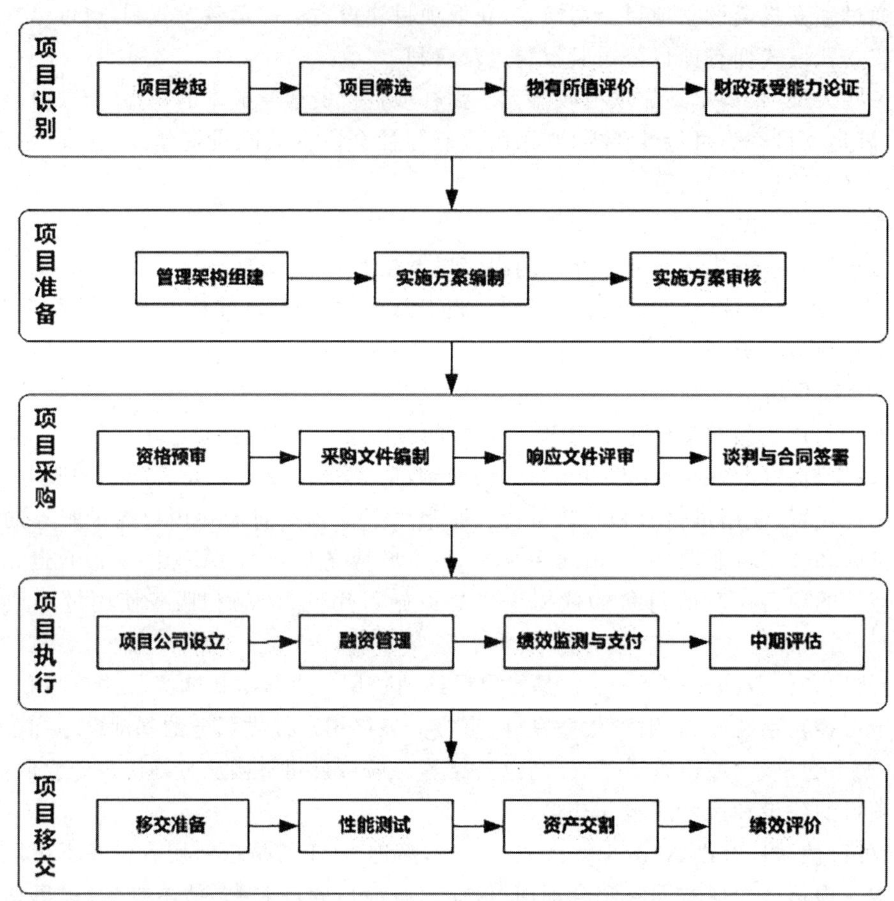

图 16-2 政府和社会资本合作项目操作流程图

1.项目发起

根据PPP项目发起方式的不同,PPP项目包括政府发起、社会资本发起两种模式。目前PPP项目多由政府发起,政府通过PPP管理部门向交通、住建、环保、能源、教育、医疗、体育和文化等行业主管部门征集潜在PPP项目,行业主管部门可从国民经济和社会发展规划及行业专题规划中的新建、改建项目或存量公共资产中遴选潜在项目。

2.项目筛选

财政部门(PPP管理部门)会同行业主管部门,对潜在PPP项目进行评估筛选,确定备选项目。财政部(PPP管理部门)应根据筛选结果制定项目年度和中期开发计划。对于列入年度开发计划的项目,项目发起方按财政部门(PPP管理部门)的要求提交相关资料。新建、改建项目应提交可行性研究报告、项目产出说明和初步实施方案;存量项目应提交存量公共资产的历史资料、项目产出说明和初步实施方案。投资规模较大、需求长期稳定、价格调整机制灵活、市场化程度较高的基础设施和公共服务类项目,适宜采用PPP模式。

3.物有所值评价

财政部门会同行业主管部门,从定性和定量两方面开展物有所值评价工作。定性评价重点关注项目采用PPP模式与采用政府传统模式相比能否增加供给、优化风险分配、提高运营效率、促进创新和公平竞争等。定量评价主要通过对政府和社会资本合作项目全生命周期内政府支出成本现值与公共部门比较值进行比较,计算项目的物有所值量值,判断政府和社会资本合作模式是否降低项目全生命周期成本。物有所值评价工作从定性和定量两方面开展,财政部门(PPP管理部门)可委托第三方咨询机构完成。

4.财政承受能力论证

为确保财政中长期可持续性,财政部门应根据项目全生命周期内的财政支出、政府债务等因素,对部门政府付费或政府补贴的项目,开展财政承受能力论证,每年政府付费或政府补贴等财政支出不得超出当年财政收入的一定比例。

(二) PPP项目准备

通过物有所值评价和财政承受能力论证的项目,可进行项目准备。

1.组织实施机构

县级(含)以上地方人民政府可建立专门协调机制,明确相应的行业管理部门、事业单位、行业运营公司或其他相关机构,作为政府授权的项目实施机构,在授权范围内负责PPP项目的前期评估论证、实施方案编制、合作伙伴选择、项目合同签订、项目组织实施以及合作期满移交等工作。

2.项目调研及市场测试

(1)项目调研。项目实施机构应至少从法律和政策、经济和财务、项目自身三个方面进行项目调研。主要内容包括政府项目的批文和授权书,国家、省和地方对项目的关于土地、税收等方面的优惠政策、特许经营和收费的相关规定等;社会经济发展现状及总体发展规划、与项目有关的市政基础设施建设情况、建设规划、现有管理体制、现有收费情况及结算和调整机制等;项目可行性研究报告、环境影响评估报告、初步设计、已形成的相关资产、配套设施的建设情况、项目用地的征地情况等。

(2)市场测试。根据项目基本情况、行业现状、发展规划等,与潜在投资人进行联系沟通,获得潜在投资人的投资意愿信息,并对各类投资人的投资偏好、资金实力、运营能力、项目诉求等因素进行分析研究,与潜在合适的投资人进行沟通,组织调研及考察。

3.项目预实施方案编制

通过前期的调查研究及分析论证,完成PPP项目预实施方案编制。PPP项目预实施方案是指政府为实施PPP项目编制的计划性文件,报政府审核通过的PPP项目预实施方案即为项目(正式)实施方案,成为项目实施的计划性文件。PPP项目涉及的政府部门较多,专业性较强,实施周期漫长,为保证PPP项目的顺利实施,政府或其授权主体有必要针对PPP项目拟定实施方案,按照审核通过的项目实施方案的内容逐步推进PPP项目的实施。

由于PPP项目方案编制的专业性,项目实施机构通常需要委托PPP咨询机构进行项目预实施方案编制。

项目预实施方案主要内容:(1)项目概况;(2)风险分配基本框架;(3)PPP运作模式;(4)交易结构;(5)绩效考核与中期评估;(6)合同体系;(7)项目监管;(8)选择社会资本。

4.项目预实施方案审核

为提高工作效率，财政部门应会同相关部门及外部专家建立PPP项目的评审机制，从项目建设的必要性及合规性、PPP模式的适用性、财政承受能力以及价格的合理性等方面，对项目预实施方案进行评估，确保“物有所值”。评估通过的由项目实施机构报政府审核，审核通过即为项目(正式)实施方案，项目实施方案是实施项目的计划性文件。

(三)PPP项目采购

PPP项目社会资本采购阶段，主要程序包括资格预审、项目采购文件编制、响应文件评审、谈判与合同签署，项目实施机构需要委托代理机构实施政府采购。

采购实施主要流程包括:资格预审、项目采购文件编制、响应文件评审、谈判与合同签署等。

(四)PPP项目执行

PPP项目执行阶段包括：

1.项目公司设立

社会资本可依法设立项目公司。政府可指定相关机构依法参股项目公司。项目实施机构和财政部门(PPP管理部门)应监督社会资本按照采购文件和项目合同约定，按时足额出资设立项目公司。

2.项目融资管理

项目融资由社会资本或项目公司负责。社会资本或项目公司应及时开展融资方案设计、机构接洽、合同签订和融资交割等工作。财政部门(PPP管理部门)和项目实施机构应做好监督管理工作，防止企业债务向政府转移。

3.绩效评价与支付

社会资本项目实施机构应根据项目合同约定、监督社会资本或项目公司履行合同义务，定期监测项目产出绩效指标，编制季报和年报，并报财政部门(PPP管理部门)备案。项目合同中涉及的政府支付义务，财政部门应结合中长期财政规划统筹考虑，纳入同级政府预算，按照预算管理相关规定执行。项目实施机构应根据项目合同约定的产出说明，按照实际绩效直接或通知财政部门向社会资本或项目公司及时足额支付。

4.中期评估

项目实施机构应每3～5年对项目进行中期评估，重点分析项目运行状况和项目合同的合规性、适应性和合理性；及时评估已发现问题的风险，制定应对措施，并报财政部门(PPP管理部门)备案。

(五)PPP项目移交

项目移交时，项目实施机构或政府指定的其他机构代表政府收回项目合同约定项目资产。项目实施机构或政府指定的其他机构应组建项目移交工作组，根据项目合同约定与社会资本或项目公司确认移交情形和补偿方式，制定资产评估和性能测试方案。社会资本或项目公司应降满足性能测试要求的项目资产、知识产权和技术法律文件，连同资产清单移交项目实施机构或政府指定的其他机构，办妥法律过户和管理权移交手续。社会资本或项目公司应配合做好项目运营平稳过渡相关工作。

项目移交完成后，财政部门(PPP管理部门)应组织相关部门对项目产出、效益、监管成效、可持续性、PPP模式应用等进行绩效评价，并按相关规定公开评价结果。

第二节　物有所值与财政承受能力分析

课件

物有所值论证和财政承受能力分析是判断项目是否采用PPP模式的工作方法。财政部门对应项目预实施方案，进行物有所值和财政承受能力分析和验证，通过验证的，项目可采用政府和社会资本合作模式，其项目预实施方案由项目实施机构报政府审核后即为项目实施方案，成为指导项目实施的计划性文件；未通过的验证的，可在项目预实施方案调整后重新验证；经重新验证仍不能通过的，不再采用政府和社会资本合作模式。

一、PPP项目物有所值评价

物有所值是实施PPP的基本原则之一。所谓物有所值评价，就是判断项目(或方案)能否获得最大效益的评价方法，PPP项目物有所值评价是将PPP项目全周期内的政府支出价值和公共部门的比较值(public sector comparator，PSC)进行比较，分析PPP项目模式与政府传统采购模式相比能否增加供给、优化风险、提高效率，据于判断该项目是否适宜采用PPP模式的一种评价方法，如果PPP项目全周期内的政府支出PPP值小于或等于PSC值，则项目采用PPP模式"物有所值"，宜采用PPP模式，否则，不适宜采用PPP模式。PPP项目的选择，需要比较采用PPP模式和采用传统政府建设管理模式的优劣，提高项目决策的科学性和合理性。

财政部门(或PPP中心)应会同行业主管部门共同做好物有所值评价工作，并积极利用第三方专业机构和专家力量。

(一)物有所值评价准备

1.收集分析物有所值评价资料

主要包括：项目预实施方案(也称项目初步实施方案)、项目产出说明、风险识别和分配情况、存量公共资产的历史资料、新建或改扩建项目的(预)可行性研究报告、设计文件等。

2.确定评价方法

开展物有所值评价时，项目本级财政部门(或PPP中心)应会同行业主管部门，根据项目所在行业的环境及项目实际情况，明确是否开展定量评价，并明确定性评价程序、指标及其权重、评分标准等基本要求。若决定开展定量评价，还需要明确定量评价内容、测算指标和方法，以及定量评价结论是否作为采用PPP模式的决策依据。

(二)物有所值定性评价

1.定性评价步骤

定性评价重点关注项目采用PPP模式与采用政府传统采购模式相比能否增加供给、优化风险分配、提高运营效率、促进创新和公平竞争等。物有所值定性分析步骤如下：

(1)制定定性分析方法(指标、权重等)。在确定定性分析指标过程中,应着重考虑以项目全生命周期整合潜力、风险识别与分配、绩效导向与鼓励创新、潜在竞争程度、政府机构能力和可融资性等六项基本评价指标为主,以项目规模大小、预期使用寿命长短、主要固定资产种类、全生命周期成本测算准确性、运营收入增长潜力、行业示范性等补充评价指标为辅。

(2)成立定性分析专家小组。专家小组由不少于7名专家组成,包括财政、资产评估、会计、金融等方面专家,以及行业、工程技术、项目管理和法律方面专家等。

项目所在地的省级财政部门已公布物有所值评价专家推荐名单的,应从推荐名单中遴选专家,并应在满足前述专业要求的前提下尽可能随机遴选。

(3)召开专家小组会议,开展项目定性分析。专家在充分讨论项目情况后,应对照评分标准按指标对项目进行评分。按照指标权重计算加权平均分,得到评分结果,最后形成专家小组意见。

(4)整理定性分析结果(含定性分析结论),报财政部门和行业主管部门审定。项目本级财政部门会同行业主管部门根据评分结果和专家小组意见,做出定性分析结论。原则上,评分结果在60分(含)以上的,项目通过物有所值定性评价;否则,项目未通过定性评价

2.定性评价指标及权重

定性评价指标包括全生命周期整合程度、风险识别与分配、绩效导向与鼓励创新、潜在竞争程度、政府机构能力、可融资性等六项基本评价指标及若干补充评价指标。补充评价指标主要是六项基本评价指标未涵盖的其他影响因素,包括项目规模大小、预期使用寿命长短、主要固定资产种类、全生命周期成本测算准确性、运营收入增长潜力、行业示范性等。

在各项评价指标中,六项基本评价指标权重为80%,其中任一指标权重一般不超过20%;补充评价指标权重为20%,其中任一指标权重一般不超过10%。

(1)全生命周期整合程度指标。该指标主要考核在项目全生命周期内,项目设计、投融资、建造、运营和维护等环节能否实现长期、充分整合。

(2)风险识别与分配指标。该指标主要考核在项目全生命周期内,各风险因素是否得到充分识别并在政府和社会资本之间进行合理分配。

(3)绩效导向与鼓励创新指标。该指标主要考核是否建立以基础设施及公共服务供给数量、质量和效率为导向的绩效标准和监管机制,是否落实节能环保、支持本国产业等政府采购政策,能否鼓励社会资本创新。

(4)潜在竞争程度指标。该指标主要考核项目内容对社会资本参与竞争的吸引力。

(5)政府机构能力指标。该指标主要考核政府转变职能、优化服务、依法履约、行政监管和项目执行管理等能力。

(6)可融资性指标。该指标主要考核项目的市场融资能力。

项目本级财政部门(或PPP中心)会同行业主管部门,可根据具体情况设置补充评价指标。

每项指标评分分为五个等级,即有利、较有利、一般、较不利、不利,对应分值分别为

100～81、80～61、60～41、40～21、20～0 分。得分 60 分以上，该项目通过物有所值论证，分数越高越物有所值。

(三)物有所值定量评价

物有所值定量评价是通过对 PPP 项目全生命周期内，采用传统模式的“公共部门比较值”(包括：初始值、竞争调整值、风险承担成本等)与采用 PPP 模式的“影子报价政府支出成本净现值”(包括建设成本、运营成本、自留风险承担成本、相关费用等)，二者比较，判断 PPP 模式能否降低项目全生命周期成本。

1.物有所值定量分析步骤

物有所值定量分析步骤如下：

(1)制定定量分析方法。

(2)成立定量分析专家小组。

(3)根据项目产出说明，计算“公共部门比较值”(PSC)，作为比较基准。

$$\text{PSC 值}=\text{初始 PSC 值}+\begin{matrix}\text{竞争性中立}\\\text{调　整　值}\end{matrix}+\begin{matrix}\text{可转移风险}\\\text{承 担 成 本}\end{matrix}+\begin{matrix}\text{自留风险}\\\text{承担成本}\end{matrix}$$

(4)根据项目初步实施方案，计算“影子报价政府支出成本净现值”(PPP)。

PPP_s 值＝影子报价政府建设运营资本＋政府自留风险承担成本

PPP_a 值＝实际报价政府建设运营成本＋政府自留风险承担成本

(5)比较“公共部门比较值”与“影子报价政府支出成本的净现值”，判断 PPP 模式降低项目全生命周期成本的程度。

物有所值量值＝PSC 值－PPP 值

PPP 值小于或等于 PSC 值的，认定为通过定量评价；PPP 值大于 PSC 值的，认定为未通过定量评价。

(6)整理定量分析结果(含定量分析结论)，报财政部门和行业主管部门审定。

(7)汇编物有所值评价报告(含评价结论)，报省财政部门备案。

物有所值定量分析流程图见图 16-3。

2.PPP 值的确定

PPP 值可等同于 PPP 项目全生命周期内股权投资、运营补贴、风险承担和配套投入等各项财政支出责任的现值，参照《政府和社会资本合作项目财政承受能力论证指引》(财金〔2015〕21 号)及有关规定测算。

3.PSC 值的确定

PSC 值是以下三项成本的全生命周期现值之和：

(1)参照项目的建设和运营维护净成本

建设净成本主要包括参照项目设计、建造、升级、改造、大修等方面投入的现金以及固定资产、土地使用权等实物和无形资产的价值，并扣除参照项目全生命周期内产生的转让、租赁或处置资产所获的收益。

运营维护净成本主要包括参照项目全生命周期内运营维护所需的原材料、设备、人工

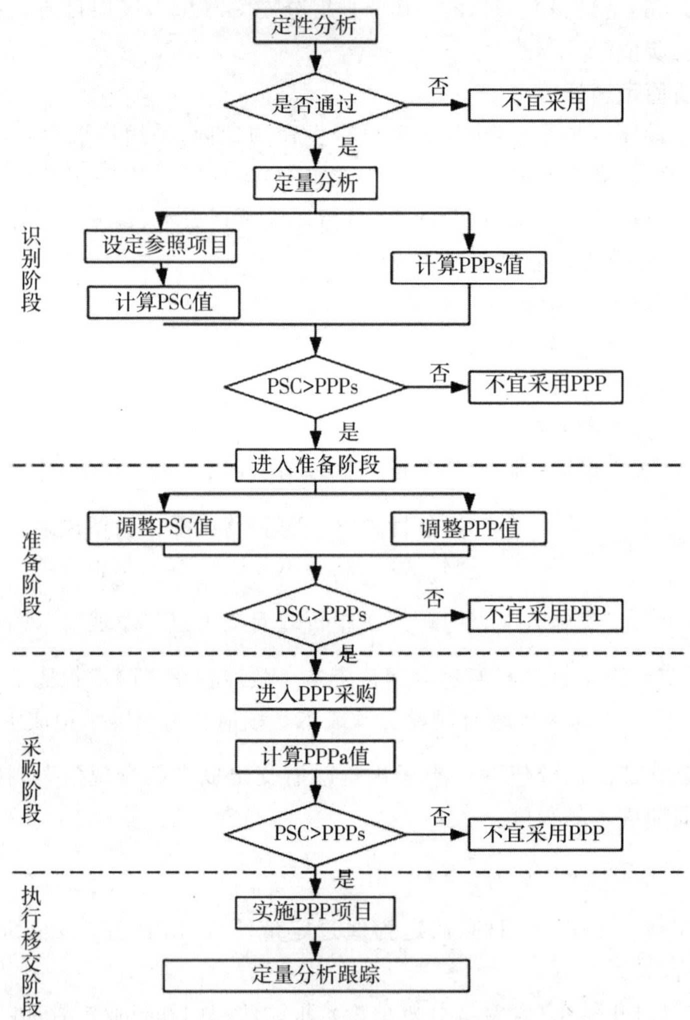

图 16-3 物有所值定量分析流程图

等成本，以及管理费用、销售费用和运营期财务费用等，并扣除假设参照项目与PPP项目付费机制相同情况下能够获得的使用者付费收入等。

(2)竞争性中立调整值

竞争性中立调整值主要是采用政府传统投资方式比采用PPP模式实施项目少支出的费用，通常包括少支出的土地费用、行政审批费用、有关税费等。

(3)项目全部风险成本

项目全部风险成本包括可转移给社会资本的风险承担成本和政府自留风险的承担成本，参照《政府和社会资本合作项目财政承受能力论证指引》(财金〔2015〕21号)第21条及有关规定测算。

政府自留风险承担成本等同于PPP值中的全生命周期风险承担支出责任，两者在PSC值与PPP值比较时可对等扣除。

4.参照项目的选择

参照项目可根据具体情况确定为：

(1)假设政府采用现实可行的、最有效的传统投资方式实施的、与PPP项目产出相同的虚拟项目；

(2)最近五年内，相同或相似地区采用政府传统投资方式实施的、与PPP项目产出相同或非常相似的项目。

用于测算PSC值的折现率应与用于测算PPP值的折现率相同，参照《政府和社会资本合作项目财政承受能力论证指引》(财金〔2015〕21号)第17条及有关规定测算。

(四)物有所值评价报告和信息披露

1.物有所值评价报告

项目本级财政部门(或PPP中心)会同行业主管部门，在物有所值评价结论形成后，完成物有所值评价报告编制工作，报省级财政部门备案，并将报告电子版上传PPP综合信息平台。

物有所值评价报告内容包括：

(1)项目基础信息。主要包括项目概况、项目产出说明和绩效标准、PPP运作方式、风险分配框架和付费机制等。

(2)评价方法。主要包括定性评价程序、指标及权重、评分标准、评分结果、专家组意见以及定量评价的PSC值、PPP值的测算依据、测算过程和结果等。

(3)评价结论，分为“通过”和“未通过”。

(4)附件。通常包括(初步)实施方案、项目产出说明、可行性研究报告、设计文件、存量公共资产的历史资料、PPP项目合同、绩效监测报告和中期评估报告等。

2.信息披露

项目本级财政部门(或PPP中心)应在物有所值评价报告编制完成之日起5个工作日内，将报告的主要信息通过PPP综合信息平台等渠道向社会公开披露，但涉及国家秘密和商业秘密的信息除外。

二、财政承受能力论证

(一)财政承受能力论证的内涵

财政承受能力论证是指识别、测算政府和社会资本合作(PPP)项目的各项财政支出责任，科学评估项目实施对当前及今后年度财政支出的影响，为PPP项目财政管理提供依据。开展PPP项目财政承受能力论证有利于规范PPP项目财政支出管理，有效防范和控制财政风险，实现PPP可持续发展。“通过论证”的项目，各级财政部门应当在编制年度预算和中期财政规划时，将项目财政支出责任纳入预算统筹安排。“未通过论证”的项目，则不宜采用PPP模式。

各级财政部门(或PPP中心)负责组织开展行政区域内PPP项目财政承受能力论证工作。财政部门(或PPP中心)应当会同行业主管部门，共同开展PPP项目财政承受能力论证工作。必要时可通过政府采购方式聘请专业中介机构协助。省级财政部门负责汇总统计行政区域内的全部 PPP 项目财政支出责任，对财政预算编制、执行情况实施监督管理。各级财政部门(或 PPP 中心)要以财政承受能力论证结论为依据，会同有关部门统筹做好项目规划、设计、采购、建设、运营、维护等全生命周期管理工作。

(二)财政承受能力论证主要内容

财政承受能力论证包括：责任识别、支出测算、能力评估、信息披露。

1.政府财政责任识别

PPP 项目全生命周期过程的财政支出责任，主要包括股权投资、运营补贴、风险承担、配套投入等。

(1)股权投资：在政府与社会资本共同组建的项目公司中，政府承担的股权投资支出责任。如果社会资本单独组建项目公司，政府不承担股权投资支出责任。

(2)运营补贴：运营补贴支出责任是指在项目运营期间，政府承担的直接付费责任。不同付费模式下，政府承担的运营补贴支出责任不同。政府付费模式下，政府承担全部运营补贴支出责任；可行性缺口补助模式下，政府承担部分运营补贴支出责任；使用者付费模式下，政府不承担运营补贴支出责任。

(3)风险承担：风险承担支出责任是指项目实施方案中政府承担风险带来的财政或有支出责任。通常由政府承担的法律风险、政策风险、最低需求风险以及因政府方原因导致项目合同终止等突发情况，会产生财政或有支出责任。

(4)配套投入：配套投入支出责任是指政府提供的项目配套工程等其他投入责任，通常包括土地征收和整理、建设部分项目配套措施、完成项目与现有相关基础设施和公用事业的对接、投资补助、贷款贴息等。配套投入支出应依据项目实施方案合理确定。

2.政府支出测算

财政部门(或 PPP 中心)应当综合考虑各类支出责任的特点、情景和发生概率等因素，对项目全生命周期内财政支出责任分别进行测算。

(1)股权投资支出：依据项目资本金要求以及项目公司股权结构合理确定。

$$\text{股权投资支出}=\text{项目资本金}\times\text{政府占项目公司股权比例}$$

(2)运营补贴支出：根据项目建设成本、运营成本及利润水平合理确定，并按照不同付费模式分别测算。

对政府付费模式的项目，在项目运营补贴期间，政府承担全部直接付费责任。政府每年直接付费数额包括：社会资本方承担的年均建设成本(折算成各年度现值)、年度运营成本和合理利润。

计算公式为：

$$\text{当年运营补贴支出数额}=\frac{\text{项目全部建设成本}\times(1-\text{合理利润率})\times(1-\text{年度折现率})^{n}}{\text{财政运营补贴周期(年)}}+\text{年度运营成本}\times(1+\text{合理利润率})$$

对可行性缺口补助模式的项目，在项目运营补贴期间，政府承担部分直接付费责任。政府每年直接付费数额包括：社会资本方承担的年均建设成本(折算成各年度现值)、年度运营成本和合理利润，再减去每年使用者付费的数额。

计算公式为：

$$\text{当年运营补贴支出数额}=\frac{\text{项目全部建设成本}\times(1-\text{合理利润率})\times(1-\text{年度折现率})^{n}}{\text{财政运营补贴周期(年)}}+\text{年度运营成本}\times(1+\text{合理利润率})-\text{当年使用者付费数额}$$

公式中：n 代表折现年数；财政运营补贴周期指财政提供运营补贴的年数：年度折现率应考虑财政补贴支出发生年份，并参照同期地方政府债券收益率合理确定；合理利润率应以商业银行中长期贷款利率水平为基准，充分考虑可用性付费、使用量付费、绩效付费的不同情景，结合风险等因素确定。

在计算运营补贴支出时，应当充分考虑合理利润率变化对运营补贴支出的影响。

PPP 项目实施方案中的定价和调价机制通常与消费物价指数、劳动力市场指数等因素挂钩，会影响运营补贴支出责任。在可行性缺口补助模式下，运营补贴支出责任受到使用者付费数额的影响，而使用者付费的多少因定价和调价机制而变化。在计算运营补贴支出数额时，应当充分考虑定价和调价机制的影响。

(3)风险承担支出：充分考虑各类风险出现的概率和带来的支出责任，采用比例法、情景分析法及概率法进行测算。

①比例法

在各类风险支出数额和概率难以进行准确测算的情况下，可以按照项目的全部建设成本和一定时期内的运营成本的一定比例确定风险承担支出。

②情景分析法

在各类风险支出数额可以进行测算，但出现概率难以确定的情况下，可针对影响风险的各类事件和变量进行“基本”、“不利”及“最坏”等情景假设，测算各类风险发生带来的风险承担支出。

$$\text{风险承担支出数额}=\text{基本情景下财政支出数额}\times\text{基本情景出现的概率}+\text{不利情景下财政支出数额}\times\text{不利情景出现的概率}+\text{最坏情景下财政支出数额}\times\text{最坏情景出现的概率}$$

(4)配套投入支出：综合考虑政府将提供的其他配套投入总成本和社会资本方为此支付的费用。配套投入支出责任中的土地等实物投入或无形资产投入，应依法进行评估，合理确定价值。

计算公式为：

$$\text{配套投入支出数额}=\text{政府拟提供的其他投入总成本}-\text{社会资本方支付的费用}$$

3.财政承受能力评估

财政部门(或 PPP 中心)识别和测算单个项目的财政支出责任后，汇总年度全部已实施和拟实施的 PPP 项目，进行财政承受能力评估。

财政承受能力评估包括财政支出能力评估以及行业和领域平衡性评估。

(1)财政支出能力评估：根据 PPP 项目预算支出责任，评估 PPP 项目实施对当前及今后年度财政支出的影响。财政支出能力评估体现了财政支出的效益原则，即以市场机制发挥基础性作用为基点的，遵循市场效率准则来安排财政支出，优化资源配置，以最小的社会成本取得最大的社会效益。

(2)行业和领域均衡性评估：根据PPP模式适用的行业和领域范围，以及经济社会发展需要和公众对公共服务的需求，平衡不同行业和领域PPP项目，防止某一行业和领域PPP项目过于集中。行业和领域均衡性评估体现了财政支出的公平分配原则，即通过再分配纠正市场机制导致的财富分配不公平状况，实现社会分配公平，缩小贫富差距。

根据《政府和社会资本合作项目财政承受能力论证指引》。每一年度全部PPP项目需要从预算中安排的支出责任，占一般公共预算支出比例应当不超过10%。省级财政部门可根据本地实际情况，因地制宜确定具体比例，并报财政部备案，同时对外公布。

鼓励列入地方政府性债务风险预警名单的高风险地区，采取PPP模式化解地方融资平台公司存量债务。同时，审慎控制新建PPP项目规模，防止因项目实施加剧财政收支矛盾。

在进行财政支出能力评估时，未来年度一般公共预算支出数额可参照前五年相关数额的平均值及平均增长率计算，并根据实际情况进行适当调整。

"通过论证"且经同级人民政府审核同意实施的PPP项目，各级财政部门应当将其列入PPP项目目录，并在编制中期财政规划时，将项目财政支出责任纳入预算统筹安排。

在PPP项目正式签订合同时，财政部门(或PPP中心)应当对合同进行审核，确保合同内容与财政承受能力论证保持一致，防止因合同内容调整导致财政支出责任出现重大变化。财政部门要严格按照合同执行，及时办理支付手续，切实维护地方政府信用，保障公共服务有效供给。

4、政府信息披露

新《预算法》强化了信息公开方面的规定，PPP项目作为财政支出的组成部分，也要进行相应的信息披露工作。各级财政部门通过官方网站及报刊媒体，每年定期披露当地PPP项目目录、项目信息及财政支出责任情况。披露的财政支出责任信息包括：PPP项目的财政支出责任数额及年度预算安排情况、财政承受能力论证考虑的主要因素和指标等。项目实施后，各级财政部门应跟踪了解项目运营情况，包括项目使用量、成本费用、考核指标等信息，定期对外发布。PPP项目财政承受能力论证工作流程图如图16-4。

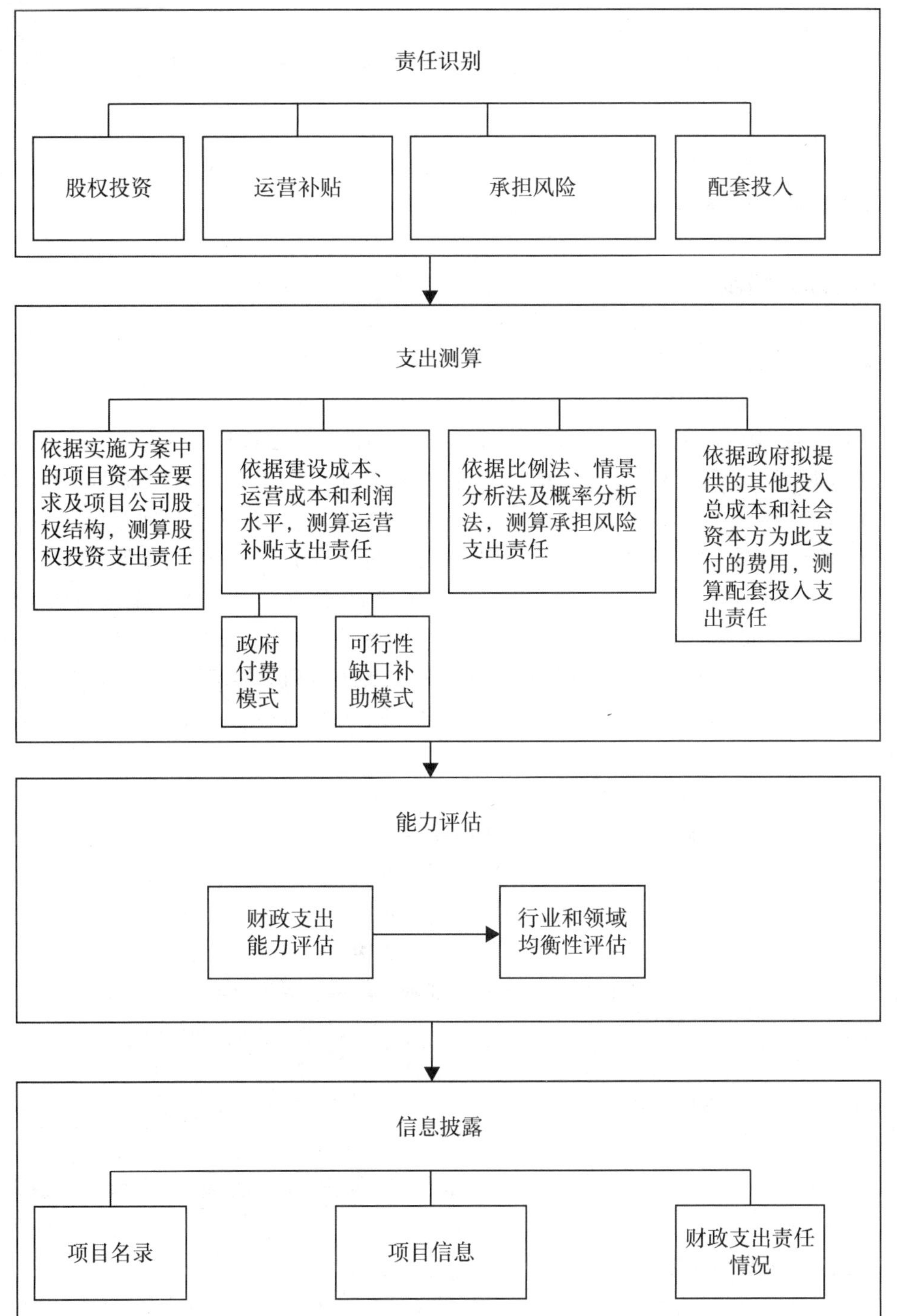

图 16-4　财政承受能力论证流程图

第三节　PPP项目实施方案编制和审核

PPP项目实施方案是政府为实施PPP项目编制的计划性文件。PPP项目实施方案编制和审核是PPP项目前期准备阶段的重要环节。

一、实施方案编制目的

编制PPP项目实施方案主要有两个目的。

1.为政府决策提供依据

PPP项目实施方案是对项目采用PPP模式核心内容的研究设计。首先,通过对项目实施的背景、目标、原则及投入产出前景分析,判断项目采取PPP模式实施的必要性和可行性;研究确定项目具体的PPP运作方式、交易结构、投融资模式、项目回报机制、项目风险分担方案、社会资本方选择方式、建设监管方案、运营服务监管方案、绩效考核机制、项目退出机制及各方的主要权利义务等核心内容。然后,依据初步实施方案进行物有所值评价和财政承受能力论证(简称两论),依据两论结果完善项目PPP实施方案,并推动项目实施。因此,编制项目实施方案并对项目实施方案是否满足物有所值和财政承受能力要求的检验进行论证,可以为项目是否采取PPP模式及如何运用PPP模式运作的决策依据。

2.为项目顺利实施提供依据

实施方案确定了政府与社会资本合作伙伴的合作关系,并就研究确定的项目具体的PPP运作方式、交易结构、投融资模式、项目回报机制、项目风险分担方案、建设监管方案、运营服务监管方案、绩效考核机制、项目退出机制等核心内容通过签订《PPP项目合同》或《特许经营协议》予以明确,并约定利益相关各方的主要权利义务责任等,从而为落实项目的合约管理和履行PPP契约精神提供依据,有利于促进项目顺利实施并取得预期的效果。

二、实施方案的编制依据

PPP项目实施方案编制的依据包括法律政策依据、规划依据和技术经济指标依据等。

1.法律及政策的依据

主要包括:国务院、国家各部委、各省市县关于“政府和社会资本合作(PPP)”相关制度规定及《中华人民共和国政府采购法实施条例》,《中华人民共和国招标投标法实施条例》,《基础设施和公用事业特许经营管理办法》及等。

2.规划依据

实施方案编制必须符合国家、地方经济社会发展规划要求。主要包括:

(1)国民经济和社会发展规划、城市总体规划(包括控制性规划)、土地利用总体规划以及交通、市政基础设施等相关领域的各专项规划;

(2)项目如跨地域(省、市)还需要参考相应的国家级、省级(或城市群,都市圈)战略规划、专项规划(如国家中长期铁路规划、高速公路规划)等;

(3)项目如果位于开发区、高新技术园区等,还需要参考相应的区域规划。

3.技术经济指标依据

对于新建或改扩建项目,技术经济指标依据主要为:

(1)项目前期立项、决策文件及其相关规划;

(2)同类项目相关数据资料及业内专家的相关建议;

(3)如某个项目的各类技术经济指标无可参考的案例,在推进该项目和编制实施方案之前,应针对该类项目的造价、运营、维护等方面的各类技术经济指标进行专题研究。

对于存量项目,技术经济指标依据主要为:

(1)项目日常运营的各项指标、数据记录或者对现有设施设备的评估、尽职调查;

(2)项目历史存档的立项、可行性研究、初步设计(基础设计)、施工图(详细设计)等;

(3) 周边区域同类项目相关资料的收集、调研、访谈等。

此外还包括项目财务分析和风险评价所需要的财务、投资、经济、财政、税收、金融等相关法律法规和制度等依据。

三、实施方案的编制原则

为了确保本 PPP 项目的成功实施和预期产出绩效目标的实现, PPP 项目实施方案应遵循以下原则进行研究策划。

1.合规原则

坚持遵循国务院及财政部、发改委、住建部等国家部委和项目所在地政府颁布的有关 PPP 模式及行业法律、法规、政策,逐一落实“财金〔2019〕10 号”文件中的“六个规范条件”和“五项不得情形”要求,确保本 PPP 项目满足主体合规、客体合规、程序合规及其他规范要求,保障项目合法合规实施。

2.共赢原则

在 PPP 模式下,政府与社会资本是平等法律主体,双方法律地位平等、权利义务对等,在贯彻政府意志、保护政府及公众合法利益的同时,应充分尊重市场规律,兼顾社会资本的利益,充分引入市场机制,并在实施方案设计时贯彻“利益共享、风险共担”理念,合理确定合作边界、项目风险分配及合作双方的权利义务和责任,以实现政府和社会资本的共赢以及项目整体绩效最大化为目标,实现合作共赢。

3.适应原则

充分了解项目所在区域、行业及项目实际情况,针对性设计实施方案,保证项目有序、稳妥开展和落实。

4.优先原则

PPP 项目属于公共事业项目，其实施方案设计应遵循公平、诚信和公共利益优先的原则。

四、PPP 项目实施原则

实施 PPP 项目应遵循以下原则：

1.依法合规

引入 PPP 模式投资、设计、建设、运营本项目，应严格执行财政部《政府和社会资本合作模式操作指南(试行)》、《政府和社会资本合作项目通用合同指南(2014 年版)》以及其他系列配套政策文件的要求，建立健全管理制度体系和合同体系，保护 PPP 项目参与各方的合法权益和公共利益，明确全生命周期管理要求，确保项目规范实施。

2.重诺履约

政府和社会资本方应法律地位平等、权利义务对等，必须树立契约精神，政府和社会资本应在 PPP 项目合同中明确界定双方在项目投资、融资、设计、建设、运营、移交等全生命周期内的权利和义务，并在合同管理的全过程中真实表达意思，坚持平等协商、互利互惠、诚实守信、严格履约，认真恪守合同约定，妥善履行合同义务，依法承担违约责任。

3.维护公益，公众受益

实行阳光化运作，依法充分披露各阶段的重要信息，保障公众知情权，并建立履约管理、行政监管和社会监督"三位一体"的监管架构，加强对社会资本的履约管理，优先保障公共安全和公共利益。健全政府付费调整机制，将政府的政策目标、社会目标和社会资本的运营效率、技术进步有机结合，促进社会资本竞争和创新，确保公共利益最大化。

4.公平效率

贯彻物有所值原则，在风险分担和利益分配方面兼顾公平与效率：既要通过在政府和社会资本之间合理分配项目风险，实现公共服务供给效率和资金使用效益的提升，又要在设置合作期限、方式和投资回报机制时，统筹考虑社会资本方的合理收益预期、政府方的财政承受能力以及使用者的支付能力，防止任何一方因此过分受损或超额获益。

5.因地制宜

根据项目的实际情况结合漳平市经济社会发展需要以及对财政收支现状的分析和发展趋势判断，研究论证本项目经济效益和社会效益，合理选择契合项目实际的 PPP 运作方式，遵循必要、合理财政投入原则，合理界定政府对项目的支付责任，有序推进项目实施。

6.兼顾灵活

鉴于 PPP 项目的生命周期通常较长，在合同订立时既要充分考虑项目全生命周期内的实际需求，保证合同内容的完整性和相对稳定性，也要设置一些关于期限变更(延期和提前终止)、内容变更(产出标准调整、价格调整等)、主体变更(合同转让)的灵活调整机制，为未来可能长达十几年的合同执行期预留调整和变更空间。

五、PPP项目实施方案的主要内容

项目实施方案包括但不限于以下内容:项目概况、风险分配基本框架、项目运作方式、交易结构、绩效考核与中期评估、合同体系、监管架构及项目移交等。项目实施方案以项目识别阶段的项目建议书和初步实施方案为基础进行编制。

(一)项目概况

编制项目实施方案首先要介绍项目的概况,项目概况主要包括基本情况、经济技术指标和项目公司股权情况等。基本情况主要说明项目名称及所属的领域,明确项目提供的公共产品和服务内容、项目采用政府和社会资本合作模式运作的必要性和可行性,以及项目运作的目标和意义。经济技术指标主要明确项目区位、占地面积、建设内容或资产范围、投资规模或资产价值、主要技术方案及产出说明,资金来源等。项目公司股权情况主要明确是否要设立项目公司以及公司股权结构。

(二)风险分担与收益共享

PPP项目涉及政府、企业和社会公众等多方利益主体,利益与风险结构复杂,正确分配与处理好PPP项目的风险分配与利益共享并不是一件简单的事。处理好多方关系的风险分担与利益共享,是PPP项目成功的关键因素之一。

1.风险分配原则

根据“风险由最适宜的一方承担或多方共担”的原则,并结合项目自身特点,进行项目风险的合理分配,并分析风险产生的原因及防范措施。

(1)最优风险分配原则。在受制于法律约束和公共利益考虑的前提下,风险应分配给能够以最小成本(对政府而言)、最有效管理它的一方承担,并且给予风险承担方选择如何处理和最小化该等风险的权利。

(2)风险收益对等原则。既关注社会资本对于风险管理成本和风险损失的承担,又尊重其获得与承担风险相匹配的收益水平的权利。

(3)风险可控原则。应按项目参与方的财务实力、技术能力、管理能力等因素设定风险损失承担上限,不宜由任何一方承担超过其承受能力的风险,以保证双方合作关系的长期持续稳定。

2.风险识别

项目的类型、所属领域、规模、运作方式等不同,涉及的风险不一样,一般情况下,主要有政策法律风险、土地获取风险、审批延误风险、融资风险、施工风险、环境风险、政府支付风险、市场风险、通货膨胀风险、维护管理风险、合约/管制风险、现实环境风险、移交风险、不可抗力风险等,可分为政治层面、市场层面、项目层面和不可抗力层面的风险。

通常由社会资本/项目公司承担项目投资、融资、勘察、设计、建设和运营养护维修管理等风险,并通过必要的政府付费获得合理的投资回报。由政府方承担本级或下级政府导致的法律和政策变更、土地交付、政府支付等风险,政府方负有付费、监管等责任。由政府方和社会资本方/项目公司合理共担不可抗力、本级以上政府导致的法律和政策变更等风险,合作各方采取各种有效措施防范风险。风险分配与防控措施如表16-1。

除了表中所提风险控制措施，还可以采取以下专项措施来合理控制本项目全生命周期存在的风险：

一是通过项目监理，加强质量、进度、安全、造价、环保与文明施工管理。监理单位由政府方或项目公司委托，并由项目公司与监理单位签订委托监理合同，监理单位需按照相关法规及监理合同约定加强项目管理，强化"三控"、"两管"和"一协调"，加强对项目过程的质量、进度、安全、造价、环保与文明施工的控制和管理。

表 16-1　项目主要风险分配与防范措施

风险层面	风险类别	风险因素	政府承担	社会资本承担	共同承担	防范措施
政治层面	政策风险	征用/公有化	√			以合同协议形式明确项目补偿机制，或通过保险方式规避风险
		政策/公众反对	√			
		政府违约	√			
		审批获得/延误			√	由于社会资本原因如准备资料不充分、拖延等造成审批延误的由社会资本承担，由于政府原因造成审批延误的由政府承担
		本级政府决策风险	√			
	法律风险	本级政府可控法律变更	√			以合同协议形式明确项目补偿机制
		本级政府不可控法律变更			√	
	政府支付风险	政府因财政压力无法按时支付项目可行性缺口补助	√			开展财政承受能力论证，以合同协议形式明确项目回报机制，建立专用账户按时结算
市场层面	金融风险	利率变化			√	建设期融资利率风险由社会资本方承担；运营期基准利率变动正负10%的风险由社会资本方承担，基准利率变动变动超正负10%，则对合理利润率作相应调整
		汇率变动		√		
		通货膨胀			√	通过调价机制共担
		融资风险		√		融资由项目公司负责，社会资本协助，必要时由社会资本提供担保
项目层面	勘察风险	勘察准确性		√		通过招标方式选择高水平、有经验的勘察设计单位，对排水量、水质进行科学合理的预测
		不可抗力造成的地质条件改变			√	
	设计风险	设计不当		√		
		工程设计质量		√		
		政府方提出的设计变更	√			
		社会资本方提出的设计变更		√		

续表

风险层面	风险类别	风险因素	政府承担	社会资本承担	共同承担	防范措施
项目层面	施工风险	场地满足进场要求	√			
		分包商、材料供应违约		√		强化合同管理,建立奖惩机制
		工地安全		√		通过招标方式选择高水平的监理单位,引进全过程造价管理咨询单位,加强施工单位、监理单位、项目公司、项目实施机构的沟通协调等
		完工风险		√		
		建设质量		√		
		建设成本超支		√		超出概算控制价,由项目公司承担建设成本超支风险,因政府方要求的设计变更造成的建设成本超支除外
		工程变更			√	属于政府要求或建设标准提高所造成的工程变更由政府方负责分担,其余由社会资本承担
		环境破坏		√		加强与周边利益群体沟通,合理、安排施工进度,落实防尘降噪措施等
		考古历史文化保护			√	
	运营风险	运行成本超支		√		组建专业的运营团队或者引进专业运营公司,合理控制运营成本支出等,因政府方原因导致的超支除外
		市场需求不足		√		对排水量及处理量进行科学合理的预测、判断
		进水水质水量超标			√	因社会资本方建设、运营等原因造成的进水水质水量超标由社会资本方承担。其余原因造成的进水水质水量超标,10%以内(含10%),由社会资本方承担,其他由政府方承担
		排放标准超标		√		指的是出水水质、污泥排放标准超过协议规定的标准(进水水质水量超标除外),该风险由社会资本方承担
		排放标准提高			√	如因污水处理出水水质标准或污泥排放标准提高,增加的费用由政府方负责分担
		劳动力、材料成本的增加			√	设置调价公式,每三年进行一次调价
		污水处理费收取不足	√			污水处理费由政府授权当地自来水公司代收,项目公司不具备污水处理费的收费权,该风险由政府承担

续表

风险层面	风险类别	风险因素	政府承担	社会资本承担	共同承担	防范措施
项目层面	运营风险	项目公司违约		√		以合同方式明确项目临时接管、违约惩罚机制和应急退出机制
		公众投诉		√		运营过程中出现服务质量达不到要求而产生的公众投诉
	移交风险	项目移交不能满足移交标准		√		加强项目实施过程的监管和绩效考核,必要时开展中期评估
		移交费用超预算		√		以合同方式明确项目移交机制
		项目移交不能满足即时的新要求	√			项目移交不能满足即时的新要求,是指由于合作周期长,在投资建设初期提出的建设标准到移交时可能会发生较大的变化,如此部分风险在移交时发生,则由政府承担
不可抗力层面	不可抗力风险	包括不限于地震、台风、洪水、火灾、战争等			√	不可抗力对于公益部分的风险影响由政府方与社会资本方共同承担50%

二是加强资金监管。为确保项目顺利实施、项目建设资金专款专用,杜绝发生挪用、转移资金的现象,项目公司须开设本项目建设资金专用银行账户,政府方具有查询和监管权限,项目所有收入支出必须通过建设资金专用账户,便于政府方随时检查建设资金的投入与使用情况。中标社会资本方无法及时足额投入项目资本金的,政府方有权扣除投标保证金或建设期履约保函(或履约保证金)。

三是加强监督检查。项目实施机构、建设行政主管部门、环保行业管理部门、质量监督管理部门有权在不影响项目正常建设、运营的前提下,依法依规检查工程进度、安全、工程材料、项目质量控制措施等,项目公司应提供检查工作的必要条件。发现工程建设不符合有关质量或安全要求的,及时责令整改。

(三)项目运作方式

根据财政部《政府和社会资本合作模式操作指南(试行)》(财金〔2014〕113号)第11条明确,PPP项目运作方式主要包括委托运营(O&M)、管理合同(MC)、建设—运营—移交(BOT)、建设—拥有—运营(BOO)、转让—运营—移交(TOT)和改建—运营—移交(ROT)等基本模式。

具体可根据项目特点,结合项目运作的可适性,综合考虑项目的回报机制、项目投资收益水平、风险分配基础框架、融资需求等因素,以及考虑到政企合作双方的各自优势选定项目适用的运作方式 。

(四)交易结构

项目交易结构主要包括项目投融资结构、回报机制和相关配套安排。

项目投融资结构主要说明项目资本性支出的资金来源、性质和用途，项目资产的形成和转移等。

项目回报机制主要说明社会资本取得投资回报的资金来源，包括使用者付费、可行性缺口补助和政府付费等支付方式。使用者付费主要针对效益比较好的经营性项目，例如效益较好的收费公路、水处理项目等。社会资本通过在政府特许经营期内的运营向使用该项设施或该项设施提供的服务的使用者直接、间接地收取相关费用。政府付费主要针对本身不具备向使用者收费基础的非经营性项目(纯公益性项目），例如市政道路、市政绿化等。该类项目一般由社会资本投资建设，并按照合同约定在合作期内负责日常维护，政府则按照事先约定的绩效考核办法定期对其维护质量进行考核，并按考核结果以政府付费的形式向社会资本购买其为社会提供的免费的公共基础设施及服务。财政部在《关于印发政府和社会资本合作模式操作指南(试行〉的通知))(财金(2014 第 113 号〉中提出政府付费，主要包括可用性付费、使用量付费和绩效付费，相应的付费依据则是设施可用性、产品和服务使用量和质量等要素。使用者付费加可行性缺口补助主要针对准经营性项目，例如城市综合管廊、轨道交通等项目。该类项目同时兼具公益性和经营性属性，属于基础设施和公共服务范畴，政府具有价格管控权，项目在短期或者长期的经济效益较差，投资人难以通过向使用者收取费用收回成本，则政府以财政补贴、股本技人、优惠贷款和其他优惠政策的形式，给予社会资本经济补助。

相关配套安排主要说明由项目以外相关机构提供的土地、水、电、气和道路等配套设施和项目所需的上下游服务。

(五)合同体系

签订一系列合同来确立和调整彼此之间的权利义务关系，构成 PPP 项目的基本合同体系。根据项目的不同特点，相应的合同体系也会不同。合同体系主要包括项目合同或者特许经营合同、咨询合同、股东合同、融资贷款合同、工程承包合同、设备或材料采购合同、监理合理、委托运营合同等。《PPP 项目合同》或《特许经营合同》是其中最核心的法律文件，该文件主要明确双方政府与社会资本方之间在整个合作期内的各项责权利划分，以及违约处罚、争议解决等。如需要成立项目公司，则政府需要与社会资本先签订《投资合作协议))，以约定具体合作事项、年限、项目公司成立等相关事宜；待项目公司成为项目实施主体后，再签订《PPP 项目合同》或《特许经营合同》。此外，如政府对后期运营等有具体要求，还可以签订具体的运营维护合同等；或者将相关内容整体纳入。在 PPP 项目合同体系中，各个合同之间并非完全独立，而是紧密衔接、相互贯通的，合同之间存在着一定的“传导关系”。

(六)监管架构

PPP 项目的监管包括项目全生命周期的监管，项目生命周期各个阶段的监管内容和方式各具特色。PPP 项目的监管主要分三个阶段，一是项目的立项和特许经营者选择时期的准入监管。二是项目建设时期的可用性绩效监管。三是项目运营管理时期的运营管理绩效监管。准入监管的目的，在于剔除不能实现物有所值的 PPP 项目方案和特许经营者，以提高效率；可用性和运营管理绩效监管的目的，在于解决市场失灵、普遍服务和绩效不符要求等重要问题，以保护公众利益。

监管架构主要包括授权关系和监管方式。授权关系主要是政府对项目实施机构的授权，以及政府直接或通过项目实施机构对社会资本的授权。主要监管主体包括相关政府部门、合同各签订方和社会公众。监管方式主要包括履约管理、行政监管和公众监督等。

(七)采购方式选择

PPP 项目采购应根据《中华人民共和国政府采购法》及 PPP 项目采购相关规章制度执行，采购方式包括公开招标、邀请招标、竞争性谈判、竞争性磋商和单一来源采购。项目实施机构应当根据 PPP 项目采购需求特点，依法选择适当的采购方式。

(八)绩效评价与中期评估

在 PPP 项目的执行过程中，绩效评价是衡量项目是否取得成效的主要手段。绩效评价主要对公共产品和服务的数量、质量以及资金使用效率等方面进行综合评价，评价结果向社会公示，作为价费标准、财政补贴以及合作期限等调整的参考依据。项目实施结束后，可对项目的成本效益、公众满意度、可持续性等进行后评价，评价结果作为完善 PPP 模式制度体系的参考依据。

在项目的实施过程中，项目实施机构应根据项目合同约定，监督社会资本或项目公司履行合同义务，定期监测项目产出绩效指标，编制季报和年报，并报财政部门(PPP 管理部门)备案。项目合同中涉及的政府支付义务，财政部门应结合中长期财政规划统筹考虑，纳入同级政府预算，按照预算管理相关规定执行。项目实施机构应根据项目合同约定的产出说明，按照实际绩效直接或通知财政部门向社会资本或项目公司及时足额支付。

项目实施机构还应每 3 年—5 年对项目进行中期评估，重点分析项目运行状况和项目合同的合规性、适应性和合理性；及时评估已发现问题的风险，制定应对措施，并报财政部门(PPP 管理部门)备案。

(九)PPP 项目移交

项目移交是指在项目合作期限结束或者项目合同提前终止后，项目公司将全部项目设施及相关权益以合同约定的条件和程序无偿移交给政府或者政府指定的其他机构。如果是期满终止移交，则实行无偿移交，如果是提前终止移交，则实行有偿移交，双方应对补偿的金额进行合理的评估。

项目移交时，项目实施机构或政府指定的其他机构代表政府收回项目合同约定项目资产。项目实施机构或政府指定的其他机构应组建项目移交工作组，根据项目合同约定与社会资本或项目公司确认移交情形和补偿方式，制定资产评估和性能测试方案。社会资本或项目公司应降满足性能测试要求的项目资产、知识产权和技术法律文件，连同资产清单移交项目实施机构或政府指定的其他机构，办妥法律过户和管理权移交手续。社会资本或项目公司应配合做好项目运营平稳过渡相关工作。

项目移交完成后，财政部门(PPP 管理部门)应组织相关部门对项目产出、效益、监管成效、可持续性、PPP 模式应用等进行绩效评价，并按相关规定公开评价结果。

六、实施方案审核

在 PPP 项目正式实施以前，要对 PPP 项目实施方案进行审核，以确保项目的顺利运行，通常是对项目预实施方案进行审核，审核通过的预实施方案才是项目(正式)实施方案。对实施方案进行审核的重点是物有所值评价(VFM)以及财政承受能力验证两方面内容。财政部门应对项目预实施方案进行物有所值和财政承受能力验证，通过验证的，由项目实施机构报政府审核，经政府审核通过的项目预实施方案，才是项目正式的实施方案；未通过验证的，可在项目预实施方案调整后重新验证；经重新验证仍不能通过的，不再采用PPP模式。通过验证的预实施方案经项目实施机构报地方政府进行方案审核，经过审批后才能组织实施。地方政府或授权的PPP项目工作小组可邀请相关部门和行业专家、法律专家、财务专家对实施方案进行审核，并按照要求对实施方案进行公示。

第四节 PPP项目绩效评价

课件

一、关于PPP项目绩效评价的内涵界定

PPP项目绩效评价是指政府授权的评价主体依据PPP项目合同约定的绩效考核评价指标、标准和方法，对PPP项目的绩效目标达成情况、建设管理、运营管理、资金使用、公共服务质量、公众满意度等进行客观、公正的核验和判断的一种工作方法。绩效评价结果可以作为政府付费与奖惩、必要的价格调整、落实整改、监督问责的重要依据。开展PPP项目绩效评价的主要目的是通过绩效评价，加强对PPP项目所提供的公共产品或服务质量和价格的监管，通过将评价结果与政府付费与奖惩挂钩，激发社会资本创新意识，通过制度创新、管理创新、技术创新，提高公共产品或服务的质量，确保公共产品和服务的质量、效率和延续性，确保实现公共利益最大化，促进PPP项目顺利实施。

二、PPP项目绩效评价的必要性

PPP模式强调政府与社会资本之间的一系列合作关系，该模式具有利益相关方众多、项目实施周期长(通常为10年以上)、资金投入规模大、风险程度高等特点。因此，有必要根据相关法规规范及项目相关的立项、建设和运营实践情况，建立一个促进PPP项目健康和可持续发展的绩效评价体系。通过对PPP项目开展绩效评价，不仅能够为客观评价PPP项目目标实现情况、项目效果和效益，科学合理确定政府付费支出和调整服务价格提供依据，监督社会资本方切实履行相关职责和义务，调动社会资本方积极性，为社会公众提供更多优质的公共服务，而且能够提升政府投资决策质量和行政监管水平，提高资金使用效率，降低政府风险，减少后期项目纠纷，保障PPP项目的顺利实施，还能够为国家完善PPP相关法律政策提供参考。开展PPP项目绩效评价具有重要意义。一是提高PPP项目决策质量的需要。开展PPP项目绩效评价既可以为政府、社会资本方、金融机构等利益相关方开展项目投资决策并选择PPP运作模式提供重要的参考与依据，以提高决策质量，又能够为优化和完善项目实施方案、推动项目实施和加强项目监管提供参考。二是提高 PPP 项目监管水平的需要。通过 PPP 项目绩效评价既可以明确社会资本方及项目公司的工作目标、考核指标和标准，也使政府方的监管有据可依，从而有利于引导、激励社会资本方依法履约、大胆创新，有利于政府方加强对 PPP 项目的监管。三是提高 PPP 项目实施效果的需要。在项目执行和项目移交阶段开展 PPP 项目绩效评价，既可以提高 PPP 项目实施效果，又能够为加强后续项目的决策和管理提供参考。四是完善国家 PPP 项目政策和法律的需要。当前，我国 PPP 模式的上位法尚未形成，相关政策法规较为分散，无法形成一套系统的法律体系。通过建立绩效评价体系能够较清楚地发现影响项目实施的主要因素，有利于政府有针对性地进行改进和完善 PPP 政策法律内容，有利于促进 PPP 模式在我国的规范化、标准化、法治化运用；也可以为探究 PPP 实施的成败功过提供科学和客观的依据，明确业务和管理责任，为建立 PPP 项目投资问责制奠定基础。

开展 PPP 项目绩效评价具有法律依据，国家发展与改革委、财政部、住建部、国土资源部、环境保护部、农业部、银监会、中国资产评估协会等部门都在 PPP 相关文件中对开展 PPP 项目绩效评价做了明确的规定。如，财政部文件规定绩效评价是监督与管理 PPP 项目规范执行的重要手段，发展改革委将绩效评价列入 PPP 项目规范管理的重要环节等。

三、关于 PPP 项目绩效评价主体

以监管为目的的 PPP 项目绩效评价主体是政府，具体可以是政府指定的负责 PPP 项目实施的单位、行业主管部门、财政部门或者政府授权委托的第三方专业机构，负责对 PPP 项目开展绩效评价。项目绩效评价（考核）对象为项目公司（或社会资本方）。引导、鼓励建立综合性评价体系，邀请产品或服务使用者加入评价主体，形成政府部门、公众等利益关系人共同参与的多元化评价体系；为保证绩效评价结果客观、公正，应建立第三方绩效评价机制，将绩效评价的具体工作委托具有 PPP 咨询服务资质的独立的第三方机构承担。

PPP 项目公司也可以作为 PPP 项目绩效评价主体，相对于政府评价主体，项目公司的绩效评价属于内部评价、自我评价，其主要目的是对项目公司工作绩效的实现情况进行自我检查，或者说是进行过程控制，分析绩效目标的实现程度，寻找影响绩效目标实现的关键因素，采取措施确保绩效目标顺利实现，以便及时足额获取政府补助及项目合理回报，并争取获得政府的奖励以及积累 PPP 项目管理经验。

四、关于 PPP 项目绩效评价类型

PPP 项目绩效评价可以有多种分类方法：按评价的性质不同，可以分为定量评价和定性评价；按照评价主体不同，分为政府部门监管评价和项目公司自我评价；按照评价时间不同，分为日常评价、年度评价、定期评价（一般 3～5 年为一周期）和移交前评价；按照评价目的不同，分为项目实施前绩效评价、项目实施过程绩效评价和项目实施后绩效评

价。其中,项目实施前绩效评价(又称事前绩效评价)是在项目实施以前进行的评价,主要依据项目可行性研究报告、PPP项目实施方案、PPP项目物有所值评价报告及PPP项目财政承受能力论证报告,在分析判断项目满足采用PPP模式实施的必要性、可行性和合理性的前提下,研究设定PPP项目绩效目标及其具体的评价指标体系、标准和方法,并在PPP项目合同中予以明确,作为PPP项目过程绩效评价、考核的依据;项目实施过程绩效评价(又称事中绩效评价或绩效跟踪评价),是以PPP项目合同确定的绩效目标为导向,对项目的阶段目标达成情况、公共产品和服务的数量与质量、建设管理与资金使用效率、运营管理与创新、公众满意度与可持续性等方面进行综合评价,评价结果作为政府付费及价格调整的依据,并激励社会资本方进行技术创新和管理创新,提升项目实施、公共产品和服务供给的质量和效率;项目实施后绩效评价(又称事后绩效评价),是指项目公司将项目移交给政府指定的部门后对项目整个实施周期的总体目标达成情况、投入产出、公众满意程度以及项目可持续发展情况等进行的全面的总结与评价,评价结果作为完善PPP模式制度体系及类似项目决策的参考依据。PPP项目事前、事中和事后绩效评价构成项目全生命周期的绩效评价与监管体系。

五、关于PPP项目绩效评价原则

开展PPP项目绩效评价应遵循五项基本原则。一是科学规范原则:绩效评价应按照规定的程序和要求进行,既要有定量比较也要有定性的分析、判断与描述。二是公正公开原则:评价主体应当站在公正的角度,给出真实、客观的绩效评价结论,依法在PPP信息平台公开并接受监督。三是全面系统原则:PPP项目绩效评价应当对项目的实际情况进行全面系统考察,包括但不仅限于对项目绩效目标设定的合理性或者达成情况、公共产品或服务的数量与质量、建设管理与资金使用效率、运营管理与创新、公众满意度与可持续发展能力等方面进行综合评价,既要有定量评价也要定性的分析。四是目标导向原则:绩效评价应当针对项目目标进行,其中,事前绩效评价应以项目拟达到的绩效目标为评价标准,事中和事后绩效评价应以合同约定的绩效目标为评价标准,评价结果应可以作为政府决策、付费或者调价的依据,或者为后续管理和决策提供参考。五是分类评价原则:PPP项目绩效评价由绩效评价主体根据评价对象的特点分类组织实施,评价主体应针对评价对象的特点设计评价标准、评价指标体系,依法依规并结合项目实际对评价对象做出客观的评价。

六、关于PPP项目绩效评价程序

PPP项目绩效评价工作程序通常应包括三大环节十一个步骤。首先是前期准备环节,包括确定绩效评价项目、明确绩效评价主体与要求。其次是绩效评价实施环节,包括遴选专家组建立绩效评价工作小组,制订绩效评价实施方案,收集绩效评价相关资料并开展公众满意度调查,审查核实绩效评价资料,综合分析确定评价结论,撰写并提交绩效评价报告。再次是绩效评价管理,包括将绩效评价结果提交政府制定部门(作为政府付费与奖惩或调价或整改或办理移交的依据),建立绩效评价档案,依法公开绩效评价信息。

七、关于 PPP 项目绩效评价内容

因项目类型和评价目的不同,PPP 项目的绩效评价内容也各不相同,从项目全生命周期看,绩效评价内容主要包括绩效目标设定合理性或实现程度评价、建设管理绩效评价、运营管理绩效评价、资金使用绩效评价、公共产品(或服务)质量评价、公众满意度评价及可持续发展能力评价等。

八、关于 PPP 项目绩效评价标准和评价方法

(一) PPP 项目绩效评价标准

绩效评价标准是指衡量绩效目标达成情况的尺度。PPP 项目是政府与社会资本合作的项目,其绩效评价标准可以参照政府投资项目选择计划标准、行业标准或类似项目的历史标准。计划标准是指以 PPP 项目合同确定的绩效指标和标准作为评价的标尺。行业标准是指参照国家公布的行业平均数据制定评价标准作为评价的标尺。历史标准是指参照同类项目的历史指标与标准数据制定评价标准作为评价的标尺。近阶段应以计划标准和行业标准为主开展绩效评价。由于我国过去采用 PPP 模式的项目较少,参照数据的积累不足,近几年内较难以历史数据作为评价的标准;随着 PPP 模式的进一步推广及参照数据的积累与完善,历史标准也将成为主要的标准之一。PPP 项目的计划标准主要是 PPP 合同约定的绩效目标,鉴于 PPP 的契约精神和目标导向,绩效目标将是近几年 PPP 绩效评价的主要标准,也是绩效评价的核心。

(二)PPP 项目绩效评价方法

目前政府投资项目采用的绩效评价方法主要有投入产出对比法、比较分析法、因素分析法、最低成本法和公众评判法,这些评价方法在 PPP 项目绩效评价中基本上都可以用。其中,最低成本法更多应用于项目公司的内部绩效评价,其他评价方法既可适用于政府作为主体的评价也可用于项目公司的自我评价。投入产出对比法是指将项目绩效考核期内的项目投入与产出进行对比分析,以评价绩效目标达成情况。比较分析法是指通过对绩效目标与实施效果、历史与当期情况、不同部门和地区同类支出的比较,综合分析绩效目标实现程度。因素分析法是指通过综合分析影响绩效目标实现、实施效果的内外因素,评价绩效目标实现程度。最低成本法是指对效益确定却不易计量的多个同类对象的实施成本进行比较,评价绩效目标实现程度。公众评判法是指通过专家评价、公众问卷及抽样调查等对财政支出效果进行评判,评价绩效目标实现程度。

需要说明的是,无论采用以上哪种评价方法,PPP 项目的绩效评价都必须以 PPP 项目合同约定的绩效目标的实现程度作为核心考量标准,因此,可以将以绩效目标为标准的比较分析法作为主要评价方法,将其他评价方法作为辅助方法。另外,PPP 项目绩效评价可以作为决策或者政府付费、政府发放奖励金、政府调整公共产品或服务的价格、政府扣款、提取保证金的依据,而且 PPP 项目的目标往往是多重的且涉及公众利益,因此,无

论采用哪种评价方法，都必须既有定量评价也有定性评价，才能对PPP的绩效实现情况做出客观、全面、系统的评价。

九、关于PPP项目绩效评价结果的运用

PPP项目绩效评价只是手段，并不是目的。绩效评价的根本目的是应用，或者说为PPP项目绩效管理提供依据，以促进PPP项目可持续发展。不同的PPP项目绩效评价类型，其评价的目的和作用不同。PPP项目实施前绩效评价结果是评判项目是否物有所值、是否采取PPP运作模式及确定PPP项目绩效考核目标（包括标准、评价指标体系、考核方法、考核组织及结果运用）的主要依据，其评价务求客观、公正，符合项目实际，具有前瞻性、导向性和可操作性。PPP项目实施中绩效评价结果是政府付费、政府监管与奖惩、公共产品或服务调价、项目公司技术与管理创新及强化管理的主要依据，其评价务求客观、公正、真实可信，紧扣绩效目标要求，具有诊断结果与改进建议。PPP项目实施后评价结果既是对本项目实施结果的总结和评判，更是其他类似项目决策与管理的依据，其评价务求客观、公正、系统全面，既要肯定成绩也要找出不足，更要有完善建议。

十、关于PPP项目绩效评价报告

PPP项目绩效评价报告是承担绩效评价任务的单位及其成员根据评价的目的和要求，在评价工作完成之后，向绩效评价委托部门提供项目主要情况和绩效评价结果的综合性技术文件。它是绩效评价结果运用和PPP项目管理的主要依据。绩效评价报告的体裁属于应用文，其写作特点与应用文中的"调查报告"基本相似，其撰写首先应符合资料翔实、分类科学且具有较强的针对性（重点针对绩效目标是否实现进行阐述）、分析透彻、结合评价、以事实说话、凭数据定论及观点鲜明、结论准确、符合时效性等要求；同时还需具备阐明观点以数据、表格为主，表述内容客观、完整，分析总结要做横纵比较等专业性技术经济业务文件的特征。PPP项目绩效评价报告由正文和附件两部分组成，其内容和格式应符合政府的要求。正文的内容一般包括项目基本情况、项目绩效评价组织、项目实施方案及其落实情况、项目绩效目标达成情况、绩效评价结论以及完善意见与建议。其中，绩效目标分析需对项目实施实际状况与PPP项目合同约定的绩效目标进行对比分析，既要有定量分析也要有定性的描述，定性分析需要具体描述项目实施后的经济、政治和社会效益的具体体现，描述项目对环境、区域可持续发展的影响及公众对项目的满意度等。意见和建议部分主要说明项目实施的经验、做法、存在的问题、改进措施及今后的工作建议。附件主要包括附表和资料两部分，其中附表主要是绩效评价标准、绩效评价指标、专家评价表和公众调查表等，资料主要是相关佐证材料等。项目绩效评价报告应满足内容真实完整、数据客观准确、结论依据充分、分析透彻、符合逻辑、公正客观的原则，项目公司应对项目绩效评价报告涉及的基础资料的完整性、真实性、合法性负责。项目绩效评价结果应当按照PPP信息公开有关规定在一定范围内公开。

第五节 PPP项目中期评估

PPP项目合作期限在10年以上，在长期的合作过程中，政府依据项目绩效考核结果支付服务费用。为了解项目各阶段的运行状况，促进项目科学有序运行并加强监管，确保项目实现预期目标，通常需要定期对PPP项目进行中期评估，目的是全面掌握项目各阶段的运行状况，发现项目运行或监管工作的漏洞和不足，规范运作项目，并针对性地调整监管工作范围和工作重点，切实提高项目运行和监管工作效率与效果。中期评估不仅可以帮助项目公司全面客观掌握项目的运营状况，为项目公司优化项目管理、规范项目运作、实现绩效目标打下基础，而且也为PPP合作各方搭建了沟通的有效桥梁，对中期评估发现的非项目运作本身的困难和问题共同积极商讨解决方案，寻求解决途径，共同推进项目实现预期目标。

一、项目中期评估内涵

为了解项目的实施情况，PPP项目实施机构应每年对项目进行中期评估，重点分析项目运行状况和项目合同的合规性、适应性和合理性，分析项目是否达到物有所值，核查项目是否达到项目合同约定的绩效目标，就已发现问题的风险制定应对措施并报财政部门（政府和社会资本合作中心）备案。

PPP项目中期评估是项目实施机构组织相关专家或委托第三方机构对正在运行的PPP项目进行的阶段性总结，旨在客观评价PPP项目的服务质量和运营效率，并为政府监管工作的调整及相关协议条款的调整完善提供依据。项目公司也可以自己组织项目中期评估，旨在客观全面掌握项目的运用情况，根据评估结果研究存在问题的原因，并采取针对性的改进措施，确保项目满足合规性、适应性和合理性的要求，实现预期的目标。

中期评估的依据是PPP项目合同及政府的相关政策规定，主要是对照PPP项目合同的约定，检查项目的服务质量和运营效果。

中期评估既是政府方的权利，也是政府方的义务，项目实施机构组织专家或委托第三方对PPP项目的运营情况进行中期评估，通过评估可以帮助政府进一步了解项目进展和运营情况，评估结果应向公众公布，并将评估结果作为项目调节、政府补贴支付、合作期限内合同内容未尽事宜（如未识别风险重新分配）的依据。

二、项目中期评估主要内容

开展PPP项目中期评估是促进实现PPP项目预期目标的一种手段。通常在PPP项目运营1年以后就要进行首次中期评估，之后可以每年进行一次中期评估，也有人认为中期评估3～5年进行一次就可以，特别是首次评估后，项目运作状况良好，项目合同能够满足合规性、适应性和合理性要求，项目物有所值，项目合同约定的绩效目标预期可以实现，也未发现项目运营存在问题的项目。首次评估后的每一次中期评估,除了对本评估期服务质量和运营效果进行评估外,还需对上期评估后遗留问题处置结果进行检查与评价。

中期评估主要包括以下内容:

1.评估项目运行状况。收集整理项目年度绩效监测报告、绩效月报(季报)、项目公司运营维护管理过程记录、现场考查或调查资料及其他反映项目目前绩效目标完成的进度情况、资源消耗情况、成本支出情况以及项目公司运营维护管理现状的文件资料,将反映项目实际运行状况的资料与PPP项目合同、绩效考核方案进行对比分析,据此判断项目运行情况的好坏及绩效目标的完成情况,并针对存在的问题,提出解决对策。

2.评估项目合同的合规性、适应性和合理性。全面分析政策、市场和项目发生的变化,评估PPP项目合同在现阶段是否仍然满足合规性、适应性、合理性的要求。对评估中发现的项目合同签订前未识别的新风险因素,应提出重新分配新的风险的建议。对因为政策调整导致原合同条款不再适用的,如调价机制等,经充分评估后应给出相关调整建议。对原合同约定内容和目标的完成情况、现阶段合同履约情况和继续顺利履行的可能性做出判断,给出结论。

3.评估政府监管体系。分析政府现有的监管体系在实践中是否适用和有效,是否有需要优化调整之处。通过政府监管体系评估,对在实践中发现实际效果与预期不符,或因不确定性因素使原定的监管架构、监管手段、监管内容、监管形式等变得不再适用的,应提出调整、改进建议。

4.评估物有所值情况。PPP项目的合作周期在10年以上,在运行过程中,可能会因为政策的调整或市场环境变化,导致项目识别和准备阶段预测的项目现金流发生一定的变化,有必要结合当前阶段掌握的全面的数据资料,重新进行物有所值评估和财政承受能力论证,检验项目是否真正达到物有所值且能够持续实现物有所值,必要时需要更新项目库中物有所值评价和财政承受能力论证相关数据。

三、项目中期评估基本程序

PPP项目中期评估的基本程序如下:

1.确定中期评估目标。根据PPP项目所处的生命周期阶段,拟定本期中期评估目标。首次评估目标主要有四个:一是判断项目运行状况及实现绩效目标的可能性;二是判断项目合同的合规性、适应性和合理性及合同履行的可能性;三是判断政府监管体系的有效性;四是判断项目评估物有所值及持续实现情况。后续的中期评估在首次评估四项目标的基础上增加一个目标,即上期评估后遗留问题的处置结果。

2.成立PPP项目中期评估工作组。工作组成员一般由行业、财务、评估、法律、项目管理等领域的专家组成。

3.制订中期评估方案。根据中期评估的目标与项目评估基本要求,制订中期评估方案,包括项目背景和基本情况、项目绩效目标、项目主要评估指标、主要调查方法以及项目工作的组织与实施。

4.开展中期评估。落实中期评估方案,通过案卷研究、政策分析、数据填报、实地调研、座谈会及问卷调查等方法收集相关业务数据及资料；对数据及资料进行甄别、汇总和分析；发现项目绩效运行偏差，分析偏差原因，结合项目实际提出实施纠偏的路径和方法；形成相应的中期评估。

5.编制中期评估成果。根据评估结果编制 PPP 项目中期评估成果，包括中期评估报告、评估意见或建议书。若由咨询机构开展中期评估工作，咨询机构在出具中期评估报告前，应与委托方就 PPP 项目中期评估成果进行充分沟通，并根据委托方的合理意见对业务成果进行完善。

四、项目中期评估报告编制要求

中期评估报告是担当评估任务的机构及其成员根据评估的目的与要求，在评估工作完成后，向委托单位或决策部门提供项目运行主要情况和评估成果的综合性技术文件。它是中期评估的最终成果，也是项目运行管理和政府付费的重要依据。

(一)中期评估报告的写作特点

中期评估报告在体裁上属于应用文，其特点和应用文中的“调查报告”基本相似。但作为专业性的技术经济业务文件，它还具有一般应用文所不具备的特性。

(1)阐明观点以数字表格为主。中期评估报告的专业性很强，仅用文字说明是不够的。准确的经济数字是具体事实在数量上的高度抽象，是一种特殊的事实性材料和说明。只要把准确的数字列成表，则一目了然，具有不容置疑的说服力。因此，在中期评估报告中，凡能够用数字说明问题的，均不要用文字说明。应对数据进行收集、鉴别、审查、对比、计算，将其结果列成表或绘成图，用数字、表格或图来说明项目运行的各种情况。

(2)表述内容要客观。中期评估报告是项目运行管理和政府付费的重要参考文件，因此，编写中期评估报告的人员应站在第三者的角度，客观、公正、科学地对评估对象进行介绍、评估和估算。

(3)分析总结要作比较。为了正确地分析和评价项目的运行效果，不能限于概括和抽象分析，而要用具有经济内容的数据来表达，就是说，要重视指标的应用和比较。要把实际运行指标同预期指标(主要是项目合同中约定的绩效指标)进行比较。通过比较，鉴别项目运行效果，得出令人信服的建议和结论，为进一步加强项目运行管理、政府付费、价格调整和合同动态完善等提供科学的依据。

(4)结构简单且有一定格式。中期评估报告结构可分为“介绍”、“分析”、“结论”和“建议”四大部分。为使庞杂的内容条理化，在内容转换上采用序号进行标明，可使思路自然，阅读方便。

(二)中期评估报告的撰写要求

中期评估报告按照以下要求编写：

(1)资料真实，客观准确。撰写中期评估报告，必须占有翔实的资料，即撰写中期评估报告搜集、调查来的资料力求真实、准确，反映项目的实际情况，不允许弄虚作假、主观臆断。资料要经过科学的鉴别、分析、筛选取舍后才能写到中期评估报告中去。

(2)分析透辟，结合评价。对所占有的资料进行科学分析时，分析和评价要结合，这是撰写中期评估报告的基本要求。在表述时,仅摆情况不分析或分析不够是不行的。应该通过简明的介绍为深入评价铺底,只有这样才能使报告使用部门在了解项目的基础上更加深刻地理解评价和结论。

(3)观点鲜明,结论客观。中期评估报告中的观点和结论是决定中期评估报告质量优劣的关键。撰写人通过对资料的中肯分析,应该形成一定的观点,得出某一结论。中期评估报告观点必须鲜明,结论必须准确,既全面准确地反映评估人员的评价和结论,又能被使用部门理解,成为决策的依据,

(三)中期评估报告的撰写格式

中期评估报告可分为正文和附件两个部分。正文部分是对项目主要基本情况和特点作概况说明,并对评估内容作简要叙述。附件材料是对正文的详细说明,是正文数据的来源,所以附件材料是中期评估报告的重要组成部分,不可忽视。附件主要包括表格与资料两部分。

(四)中期评估报告的内容

报告正文部分的内容主要包括:

(1)项目基本概况。反映项目背景及拟解决的问题;项目提供产品或者服务的质量、数量、价格、投资、成本、收益、风险及政府补贴等项目实施情况;项目绩效目标;项目实施和管理的组织结构及实施流程、监管机制等。

(2)中期评估的组织实施情况。阐述评估目的、实施过程、评估人员构成、评估方法、主要经验与做法、存在问题与原因分析。

(3)项目运作情况。阐述PPP项目合同任务的实际完成情况;项目公司的管理架构;项目实施机构以及社会资本的履约状况;项目运营维护管理情况;项目绩效目标完成情况等。

(4)项目合同的合规性、适应性和合理性。阐述原PPP项目合同约定内容和目标的完成情况及政策、市场环境发生变化后,项目合同是否仍然满足合规性、适应性和合理性要求及继续顺利履行的可能性。

(5)评估政府监管体系。阐述政府现有的监管体系在实践中是否适用和有效,是否有需要优化调整之处。

(6)评估物有所值情况。阐述评估当前项目是否仍然能够满足物有所值评估和财政承受能力论证要求。

(7)存在的问题以及原因分析。说明项目执行偏差情况和原因。

(8)改进措施建议。对评估中发现的问题提出相关针对性改进建议。

(9)评估结论与建议。

附件主要是中期评估相关数据、资料、表格等,为中期评估成果提供佐证、支撑及详细的说明。

本章知识要点及自我检测

第十七章 投资项目后评估

问题与思考

材料：

1.改革开放以来，国家对原有的投资体制进行了一系列改革，初步形成了投资主体多元化、资金来源多渠道、投资方式多样化、项目建设市场化的新格局。然而从过去的情况看，人们对项目评价问题多集中在项目前期评估上，对后期评价则缺乏应有的重视。

2.2004年国务院颁布的《关于投资体制改革的决定》，强调加强政府投资项目管理，明确提出要建立项目后评价制度。

3.为贯彻落实《国务院关于投资体制改革的决定》(国发〔2004〕20号)精神，更好地履行出资人职责，指导中央企业提高投资决策水平、管理水平和投资效益，规范投资项目后评价工作，推动投资项目后评价制度和责任追究制度的建立，国务院国有资产监督管理委员会组织编制了《中央企业固定资产投资项目后评价工作指南》，对中央企业固定资产投资项目后评价工作提出了具体的要求。

4.为加强和改进中央政府投资项目的管理，建立和完善政府投资项目后评价制度，规范项目后评价工作，提高政府投资决策水平和投资效益，2008年11月7日国家发展改革委印发《中央政府投资项目 后评价管理办法(试行)》通知(发改投资〔2008〕2959号)，要求各单位从2009年1月1日起执行。

思考：

1.为什么要进行项目后评估？

2.哪些项目需要进行项目后评估？

3.如何撰写项目后评估报告？

第一节 投资项目后评估概述

课件

一、投资项目后评估的作用

项目后评估亦称为项目事后评估，指投资项目建成投产并运行一段时间后，对项目准备、立项决策、实施以及投资运营的全过程的投资活动进行系统的总结评估。也就是将项目投资决策前的分析、预测、估算的指标与项目投产后实际达到的水平进行比较分析，真实、全面地总结评价项目前评估工作的质量，鉴定项目评估决策和项目投产后经济效益发挥的准确程度，并从中吸取经验教训，为正在投产运营项目和以后建设同类项目，如何提高经济性、合理性，取得良好的经济效益，提出可行的措施与建议。由此可见，项目后评估不仅是项目建设程序中一个必要的工作阶段，而且也是固定资产投资管理工作中不可缺少的组成部分和重要环节。其具体作用如下：

（一）项目后评估有利于总结项目管理的经验教训，提高项目管理水平

项目管理是一项十分复杂的活动，涉及银行、建设单位、设计单位、施工单位等各个部门、各个方面，如何搞好各个单位之间以及这些单位内部的技术、经济、组织、进度、质量等方面的协调工作，使建设项目顺利有效地进行，是个不断探索的过程。项目后评估通过对已经建成的项目实际情况的分析，能总结项目管理的经验，发现问题，从而指导未来的项目管理活动，提高项目管理水平。尤其是对一些大型工程，如大型企业、大型水利工程、大型航天工程，往往采用现代的、科学的项目管理技术，对其进行项目后评估。这对于积累经验，指导未来的大型项目的建设更是十分必要。

（二）项目后评估有利于提高投资决策的科学化水平

项目前评估是项目投资决策的依据，但是前评估中所做的预测是否准确，有待于项目后评估来检验。就是说，项目是否达到投资决策时所确定的目标，只有经过生产经营取得实际效果，才能做出准确的判断。也只有这时进行项目总结和评估，才能综合反映出基本建设程序各环节工作的效果和存在的问题。因此，通过建立和完善项目后评估制度和科学的评估方法体系，一方面可以使决策者和执行者增强责任感，促使评估和决策人员努力做好项目前评估工作，提高项目预测的准确性；另一方面，可通过项目后评估的反馈信息，及时纠正项目决策中存在的问题，从而提高未来项目决策的科学化水平。

（三）项目后评估有利于实现项目运行过程的最优控制

项目后评估，从理论角度看，是经济控制论在项目管理上的具体应用。即对项目运行全过程及其实施过程处于优化状态。任何一个项目，在决策、实施建设和生产经营过程中，必然受到内外环境和各种因素的制约，则各种因素的不确定性，将影响预测数据和实施结果。例如，投入物或产出物价格的变动、贷款利率的变化、技术的进步以及市场需求的变化等，必然会使项目运行偏离预定目标。通过后评估，可不断地及时地反馈信息，把项目运行的实际数据和预测数据进行比较，做出恰当的对策，进行调控，这样，使项目按预定目标运行，从而实现最优控制。

（四）项目后评估有利于促进经济效益的实现

首先，资金是投资建设项目的重要运行形态，是建设项目生产力运行的不可缺少的纽带性因素。投资项目后评估，从决策阶段的资金筹集，再到资金收回和积累，都需要与预期概算进行对比分析与研究，从中总结出规律性的经验与问题，以指导企业财务分析与核算工作。

其次，由于项目经济评估对投资项目全过程进行了系统评价，有较完善的项目评估体系，既有利于促进工程项目保质、保量、如期完成，又可通过项目投产运营阶段所进行的后

评估,比较分析项目投产初期和达产时期的实际情况与预测情况,从而找出原因,提出改进意见,促进企业加强经营管理,提高项目的经济效益和社会效益。

再次,随着社会主义市场经济的发展,投资体制和金融体制改革的深化,专业银行正向商业银行转变,建立了"自主经营、自负盈亏、自担风险、自求平衡、自我约束、自我发展"的机制,实行企业化管理。这不仅要求银行在贷款前,对项目进行严格的评估论证,自主立项、自主决策,而且要求银行在项目建成投产后,对项目进行后评估,使银行的项目管理工作由过去的侧重于项目前期的评估决策和项目建设实施期的监督工作,向生产领域延伸,使银行能够参与企业的生产经营活动和企业经营决策,协助企业尽快掌握新生产技能,提高经济效益,分析研究企业还款能力并提出建议和措施,增强企业的还贷意识,从而保证银行实现资金的效益性、安全性和流动性。

(五)项目后评估有利于适应市场经济的需要

在市场经济条件下,企业生产经营面对的是充满风险、各种因素变化不定的大市场,在这个大市场中,产品价格、供求状况不断变化,生产工艺技术也不断升级换代,企业的一切生产经营活动必须围绕着市场转。通过项目后评估工作,不仅可以检验决策目标、预测效益、实际实施经营效果,还可总结经验教训,积累信息数据。同时当项目评价预测的情况与市场实际情况偏离较大时,又可根据变化了的市场环境调整企业的生产经营行为,以保证企业生产经营活动能经受起市场的考验。

此外,投资项目后评估,还可以检验评价参数的合理性和科学性,为修订、完善检验项目评价参数体系提供信息资料;以及对调整国家的产业政策和优化产业结构、规模、布局、时序都有一定的促进作用。

二、投资项目后评估的特点

(一)独立性

后评估必须保证公正性和独立性,这是一条重要的原则。公正性标志着后评估及评估者的信誉,避免在发现问题、分析原因和作结论时避重就轻,做出不客观的评估。独立性标志着后评估的合法性,后评估应从项目投资者和授权者或项目业主以外的第三者的角度出发,独立地进行,特别要避免项目决策者和管理者自己评估自己的情况发生。公正性和独立性应贯穿后评估的全过程,即从后评估项目的选定、计划的编制、任务的委托、评估者的组成,到评估和做出报告全过程。

(二)可信性

后评估的可信性取决于评估者的独立性和经验,取决于资料信息的可靠性和评价方法的适用性。可信性的一个重要标志是应同时反映出项目的成功经验和失败教训,这就要求评估者具有广泛的阅历和丰富的经验。同时,后评估也提出了"参与"的原则,要求项目执行者和管理者应参与后评估,以利于收集资料和查明情况。为增强评估者的责任感和可信度,评估报告要注明评估者的名称或姓名。评估报告要说明所用资料的来源或出处,报告的分析和结论应有充分可靠的依据。评估报告还应说明评估所采用的方法。

(三)实用性

为了使后评估成果对决策能产生作用,后评估报告必须具有可操作性,即实用性强。因此,后评估报告要求针对性强,文字简练明确,避免引用过多的专业术语。报告应能满足多方面的要求。实用性的另一项要求是报告的时间性,且报告不应面面俱到,而应突出重点。报告所提的建议应与报告其他内容分开表述,要求能提出具体的措施和要求。

(四)透明性

后评估的透明性要求是评估的另一项原则。从可信度来看,要求后评估的透明度越大越好,因为后评估往往需要引起公众的关注,如对国家预算内资金和公众储蓄资金的决策活动及其效益和效果实施更有效的社会监督。从后评估成果的扩散和反馈的效果来看,成果及其扩散的透明度也是越大越好,可使更多的人借鉴过去的经验教训。

(五)反馈性

后评估的最主要的特点是后评估应具有反馈特性。项目后评估的结果需要反馈到决策部门,作为新项目立项和评估的基础,以及调整投资规划和政策的依据。这是后评估的最终目标。因此,后评估结论的扩散和反馈机制、手段和方法成为后评估成败的关键环节之一。国外一些国家建立了"项目管理信息系统",通过项目周期各个阶段的信息交流和反馈,系统地为后评估提供资料,向决策机构提供后评估的反馈信息。

三、项目后评估与项目前评估的主要区别

项目后评估与项目前期准备阶段的评估,在评估原则和方法上没有太大的区别,采用定量与定性相结合的方法。但是,由于两者的评估时点不同,目的也不完全相同,因此也存在一些区别。前评估的目的是确定项目是否可以立项,它是站在项目的起点,主要应用预测技术来分析评估项目未来的效益,以确定项目投资是否值得并可行。后评估是在项目建成之后,总结项目的准备、实施、完工和运营,并通过预测,对项目的未来进行新的分析评估,其目的是为了总结经验教训,为改进决策和管理服务。所以,后评估要同时进行项目的回顾总结和前景预测。项目后评估是站在项目完工的时点上,一方面检查总结项目的实施过程,找出问题,分析原因;另一方面,要以后评估时点为基点,预测项目未来的发展。前评估的重要判别标准是投资者要求获得的利润率或基准收益率(社会折现率),而后评估的判别标准则重点是前评估的结论,主要采用对比的方法,这就是后评估与前评估的主要区别。

四、项目后评估的基本内容

(一)项目目标后评估

评定项目立项时原来预定的目标的实现程度,是项目后评估所需要完成的主要任务之一。因此,项目后评估要对照原定目标完成的主要指标,检查项目实际实现的情况和变化,分析实际发生改变的原因,以判断目标的实现程度。判别项目目标的指标应在项目立项时就确定了,一般包括宏观目标,即对地区、行业或国家经济、社会发展的总体影响和作

用。建设项目的直接目的可能是解决特定的供需平衡，向社会提供某种产品或服务，指标一般可以量化。而对项目原定的目标不明确，或不符合实际情况，项目实施过程中可能会发生重大变化，如政策性变化或市场变化等，项目后评估要给予重新分析和评估。

(二)项目实施过程后评估

项目的过程后评估应对照立项评估或可行性研究报告时所预计的情况和实际执行的过程进行比较和分析，找出差别，分析原因。过程评估一般要分析项目的立项、准备和评估，项目内容和建设规模，工程进度和实施情况，配套设施和服务条件，受益者范围及其反映，项目的管理和机制，财务执行情况等几方面的内容。

(三)项目效益后评估

项目的效益后评估即财务评估和经济评估，其评估的主要内容与项目前评估没有太大的差别，主要分析指标还是内部收益率、净现值和贷款偿还期等项目盈利能力和清偿能力的指标。但必须明确以下几点：

1.项目前评估采用的是预测值，项目后评估则是对已发生的财务现金流量和经济现金流量采用实际值，并按统计学原理加以处理；并对后评估时点以后的流量做出新的预测。

2.当财务现金流量来自财务报表时，对应收而未实际收到的债权和非货币资金都不作为现金流入，只有实际收到时才作为现金流入；同理，应付而实际未付的债务资金不能作为现金流出，只有当实际支付时才作为现金流出。必要时，要对实际财务数据做出调整。

3.实际发生的财务会计数据都含有通货膨胀的因素，而通常采用的盈利能力指标是不含通货膨胀水分的。因此对项目后评估采用的财务数据要剔除物价上涨的因素，以实现前后的一致性和可比性。

(四)项目影响后评估

项目影响后评估的内容包括经济影响、环境影响和社会影响几个方面。

1.经济影响后评估

主要分析评估项目对所在地区、所属行业和国家所产生的经济方面的影响。经济影响后评估要注意把项目效益评估中的经济分析区别开来，避免重复计算。评估的内容主要包括分配、就业、国内资源成本(或换汇成本)、技术进步等。由于经济影响评估的部分因素难以量化，一般只能作定性分析，一些国家和组织把这部分内容并入社会影响评估的范畴。

2.环境影响后评估

项目社会影响后评估一般包括项目的污染控制、地区环境质量、自然资源利用和保护、区域生态平衡和环境管理等几个方面。

3.社会影响后评估

项目社会影响后评估是对项目在社会经济发展方面的有形和无形的效益和结果的一种分析，重点评估项目对所在地区和社区的影响。社会影响后评估一般包括贫困、平等、参与等内容。

4.项目持续性后评估

项目持续性是指在项目的建设资金投入完成之后，项目的既定目标是否还能继续，项目是否可以持续地发展下去，接受投资的项目业主是否愿意并可能依靠自己的力量继续去实现既定目标，项目是否具有可重复性，即是否可在未来以同样的方式建设同类项目。

项目持续性的影响因素一般包括：本国政府的政策，管理、组织和地方参与，财务因素，技术因素，社会文化因素，环境和生态因素，外部因素等。

五、项目后评估的程序

投资建设项目不同，大小不同，其后评估的程序可能会有所差异，但总的来说，项目后评估都遵循一个客观的、循序渐进的过程。一般来说投资项目后评估的程序包括以下内容：

(一)确定后评估项目

明确具体的后评估项目，这是开展工作的基础。后评估项目包括的类型有以下几种：

1.投资性大、影响面广的项目；

2.经济效益和社会效益均好的项目；

3.经济效益好、社会效益差的项目；

4.经济效益差、社会效益好的项目；

5.经济效益和社会效益均差的项目；

6.其他能提供典型经验和教训的项目。

项目后评估的提出单位可以是投资企业，也可以是国家有关部门、银行部门、业务主管部门等。

(二)建立后评估组织

后评估项目确定以后，为保证后评估的客观公正性，应委托信誉可靠、公正不阿、具有权威性的后评估单位，筹建后评估组织，制订后评估的计划安排，包括指派人员。设置组织机构拟订任务目标、时间进度、工作范围、评价方法、工作经费等。尤其要组织有关人员学习好有关文件、资料，熟悉政策、技术，进一步明确评估目的，做到底数清、情况明，为搞好项目后评估工作奠定良好的基础；同时根据项目性质、特点和日常掌握的情况，制订好评估方案，做好一切准备工作，并应根据评估人员自身的特点，合理分工，团结协作，深入扎实地做好项目后评估工作。

(三)搜集整理资料

项目后评估是对项目生产运行后的实际情况进行的评估。这就需要通过调查研究搜集项目后评估所需的各种资料和数据。这些资料和数据主要包括：

1.有关政策法规资料。包括与项目有关的国家宏观经济政策、产业政策，国家金融、价格、投资、税收政策及其他有关的政策法规等。

2.项目研究决策期资料。主要有国家和有关部门批准的项目建议书、可行性研究报告及其论证评估报告以及批准文件，环境影响评估报告及批准文件，初步设计及批准文件，其他配套项目资料，工程概算及资金来源资料，项目筹措机构情况等。

3.项目建设实施期的资料。在设备采购方面，主要有设备采购招标、投标文件等，设备采购合同及履约资料，采购设备的质量、价格、储运对施工进度的影响情况的资料。

在施工与财务方面，主要有：设计文件，包括评标议标资料；工程合同文件，包括总承包合同、分包合同、采购合同、劳务合同、监理合同；建设准备资料；工程修改变更记录及中间交工验收报告；工程竣工验收报告；财务决算及审计资料；国家验收文件；材料或成品、半成品出厂合格证及检测证；工程监理资料及质量监督机关评审资料；工程遗留项目及后期续建工程清单。

4.生产准备期资料。主要有生产准备统筹规划文件、物资准备资料，包括原材料、产品包装材料、生产器具与通讯器材准备资料；生产操作规程及管理制度准备材料；产品销售工作准备资料；竣工验收资料，包括竣工清理、决算和质量评定；竣工验收文件；国家预验收鉴定书等。

5.项目投产运营期资料。主要包括产品、半成品的产量、质量、出厂价格及据此计算的定量分析指标；投产后的生产成本、费用等经济效益资料及环境效益资料等。

6.涉外项目有关资料。包括询价、报价、招标、投标文件；谈判协议、协定书及签订的合同、合同附件；国外各阶段设计文件及审查协定书；国外设备材料检验及设计联络资料；国外设备储存、运输、开箱检验记录；商检及索赔方面的资料。

7.本行业有关资料。如国内外同类行业、同类项目的资料，以及与项目后评估有关的技术资料及其他资料。

(四)综合分析

即深入实际，认真做好实地调查，核实账目，运用定性、定量分析方法，计算有关的实际指标，并与项目前评估指标或计划进行对比分析，从而发现问题，提出改进措施、补救意见。

(五)总结评价，编制项目后评估报告

即依据分析、论证和评估的材料，实事求是地分析、总结，根据已掌握的情况和核实的数据，肯定成绩，总结项目评估工作的经验教训，查清问题及产生的原因；并广泛征求各方面的意见，从企业项目实施到提高经济效益、提高项目管理水平，实现资金的良性循环等方面进行总结。在此基础上，写出有情况、有数据、有分析、有改进建议的项目后评估总结报告。

第二节 投资项目前期工作后评估

课件

一、项目筹备工作后评估

1.分析项目筹建机构及其领导班子是否健全，筹建机构的人员构成及其素质情况，组织领导工作是否得力，各项工作制度和岗位责任是否明确、落实。

2.分析项目筹建机构的设立是否符合改革的基本方向，筹建机构是由招标办法择定

的各类工程承包公司，还是由行政指定的办法选择的建设单位的行政工作人员组成，其经验教训是什么。

二、项目决策后评估

1.分析项目可行性研究单位资格审查情况，可行性研究的委托方式是否合理。

2.分析项目可行性研究的依据是否可靠，可行性研究实际经历的时间，可行性研究的内容和深度是否符合国家的有关规定，是否符合建设单位的要求。

3.分析项目决策程序是否符合规定，项目决策效率如何(可用实际决策周期和决策周期变化率来衡量)，以及项目决策质量如何等。

三、厂址选择后评估

1.分析厂址的选择是否符合国家建设布局及城镇建设规划的要求。

2.分析厂址选择是否贯彻执行了“控制大城市规模、合理发展中等城市、积极发展小城市”的方针，是否存在过度集中的问题。

3.分析是否有利于节约土地和投资，是否有利于环境保护和维护生态平衡。

4.分析工程地质、水文地质等自然条件是否符合建厂要求，与原材料供应地和销售市场的距离是否经济合理，是否具备能源供应、交通运输、动力、水源等建厂外部条件。

5.分析是否有利于与其他厂家开展生产技术协作。

6.分析厂址选择是否经过多方案比选，选择过程是否受到行政方面的干预，厂址选择对项目实际投资效益的影响如何等。

四、征地拆迁工作后评估

1.分析征地拆迁工作进度是否按计划要求完成，能否适应项目开工建设的需要。

2.分析征用土地的标准是否符合国家有关规定。

3.分析是否贯彻了节约土地，尽量利用荒地，少占或不占良田、果园和菜地的方针，征地数量是否严格控制在有关部门批准的总体设计范围内，是否存在多征少用、征而不用的情况。

五、勘察设计工作后评估

1.分析勘察设计单位的技术力量与建设项目工程技术要求是否相适应，其资格、信誉状况如何，如有两个以上单位配合设计，是否委托主体设计单位负责全面组织协调工作。

2.分析设计的委托方和被委托方之间是否签订了合同，合同双方的责任是否明确。

3.分析实际设计周期是否超过了合同规定的设计周期(可用实际设计周期变化率来衡量)，给项目建设带来的影响有多大。

4.分析设计依据、标准、规范、定额等是否符合国家规定，是否满足建设单位和施工单位的实际需要，是否存在实际设计标准超过国家规定标准的情况，原因何在。

5.分析设计方案在技术上的可行性和经济上的合理性如何。

六、委托施工后评估

1.分析委托施工是否根据工程的不同情况，采取不同的招标方法，有何经验和教训。

2.分析施工队伍是否选择了那些信誉好、工期短、造价低，且能保证工程质量的单位负责承包，是否采用了总包—分包形式，项目施工的结果是否与承包单位信誉相吻合，原因何在。

3.分析施工合同双方职责是否明确，是否发生互相推诿、互相扯皮的现象。

4.分析工程项目招标投标过程中是否存在行政干预或其他不正常情况，其后果怎样。

七、“三通一平”工作后评估

1.分析“三通一平”（道路通、水通、电通和平整场地）工作是否按计划完成，能否适应正式开工的要求；若未能按计划要求完成，其原因何在。

2.分析费用开支是否体现了勤俭节约的方针，是否符合国家的有关规定。

八、资金落实情况后评估

1.分析自融资金来源是否正当、可靠，是否存在挪用行政事业经费和生产流动资金的现象。

2.分析社会集资部分的建设资金筹措是否有国家有关部门批准的文件，其融资额目标是否能够实现。

3.分析银行贷款资金来源是否落实，是否与银行签订了有关的合同。

4.分析资金总额是否符合项目开工建设的要求，项目实际投资总额超过计划投资额从而导致追加投资的原因何在：是在项目开工以前就已经存在“钓鱼”倾向，还是由其他原因引起的。

九、物资落实情况后评估

1.分析建设项目所需要的主要建筑材料在开工前是否落实，供货货源和合同规定的时间是否适应建设进度的需要，实际供货是否违约，原因何在：给项目建设带来的影响如何。

2.分析建设项目所需成套设备是否与有关单位签订供货合同，实际到货时间是否适应建设进度的需要。

3.分析订购材料设备是否控制在设计任务书和初步设计规定的范围内，有无盲目订货，造成积压浪费现象。

4.分析材料设备订货是否遵循了事先调查、货比三家的原则，材料设备的实际贷款是否超出了计划的规定，原因何在。

第三节　投资项目实施后评估

课件

一、项目开工后评估

1.分析项目开工条件是否具备，手续是否齐备，是否有经有关部门批准的开工报告。

2.分析项目实际开工时间与计划开工时间是否相符，提前或延迟的原因是什么，对整个项目建设乃至投资效益发挥的影响如何。

二、项目变更情况后评估

1.分析项目范围有无变更，变更的原因是什么。

2.分析项目设计有无变更，变更的原因是什么：是由设计质量本身造成的，还是由其他原因造成的，怎样处理。

3.分析项目范围变更、设计变更对项目建设工期、建设成本、投资总额带来的实际影响。

三、施工项目组织与管理后评估

1.分析施工组织方式是否科学合理，是否符合施工管理体制改革的要求。

2.分析施工进度控制方式是否科学，其成效如何；实际施工进度与施工进度计划比较，施工进度提前或延误的原因何在；在实际施工进度延误的情况下采取了何种补救措施；其成效如何。

3.分析项目目标成本控制方法是否科学合理，实际成本高出或低于目标成本的原因何在，有何经验教训。

4.分析施工技术与方案的制订有何独到之处，对施工项目进度和成本有何影响，有何主要经验。

四、项目建设资金供应与应用情况后评估

1.分析建设资金供应是否适时和适度，是否发生过施工单位停工待料或整个项目因资金不足停建缓建的情况，其原因何在。

2.分析建设资金运用是否符合国家财政信贷制度规定，使用是否合理，是否充分挖掘建设单位内部潜力、精打细算地使用资金，以保证建设任务按期完成或提前完成。

3.分析资金占用情况是否合理。结合工程进度，考核资金占用是否过多或过少，并着重分析项目竣工验收后的剩余资金和未完工的在建工程的资金占用情况。

4.考核和分析全部资金的实际使用率。

五、项目建设工期后评估

1.核实各单位工程实际开工、竣工日期，查明实际开工、竣工日期提前或推迟的原因，并计算实际建设工期。

2.计算实际建设工期变化率，其中主要是竣工项目定额工期率指标，并具体分析实际建设工期与计划工期或其他同类项目实际工期产生偏差的原因。

3.计算建筑安装单位工程的施工工期，以分析建设工期的变化。

六、项目建设成本后评估

1.分析主要实物工程量是否超出预计数量，超出多少，其原因何在？

2.核实设备、工器具购置数量，其他基本建设费用中的土地征用数量以及项目临时设施工程的建设数量等是否与预计情况相符；购置设备的选型和质量与设计中所列的设备规格、型号、质量标准是否相符；如果不一致，其原因何在；它对建设成本的增减有何影响。

3.核实主要材料实际消耗量是否与预计情况相符，材料实际购进价格是否超出预算价格，是否出现过因采购、供应的材料、规格、质量达不到设计要求而造成浪费的情况。分析出现上述几种情况的原因是什么，对建设成本的增减有何影响。

4.分析各种费用的取费标准是否符合国家有关规定，是否与工程预算中的取费标准相一致，不一致的原因何在。

项目建设成本变化情况可以实际建设成本和实际建设成本变化率等指标来衡量。

七、项目工程质量和安全情况后评估

1.计算实际工程质量合格品率、实际工程质量优良品率。

2.将实际工程质量指标与设计文件(或合同)规定的工程质量状况进行比较，对工程质量好的经验进行总结，对质量差的原因进行剖析。

3.分析设备及其安装工程质量能否保证投产后正常生产的需要。

4.检查有无重大质量事故，分析产生事故的原因。

5.计算和分析工程质量事故的经济损失。包括计算返工损失率，因质量事故拖延建设工期所造成的实际损失，以及分析无法补救的工程质量事故对项目投产后投资效益的影响程度。

6.检查无重大安全事故发生。如果有，分析其原因是什么，所带来的实际影响如何。

八、项目竣工验收后评估

1.分析竣工验收委员会的成员组成是否符合国家有关规定。

2.分析项目竣工验收的程序是否符合国家有关规定，是否存在先使用、后验收的情况或竣工验收后长期不办理固定资产交付使用手续的情况等。

3.分析项目竣工验收是否遵循有关部门规定的验收标准，未遵循标准的原因何在，对项目投资效益的发挥有何影响。

4.分析项目竣工验收各项技术资料是否齐备，是否按有关规定对各项技术资料进行系统整理，由建设单位分类立档，并在竣工验收后由生产使用单位统一保存。

5.分析项目投资包干、招标投标等有关合同执行情况如何；合同不能履行的原因何在；项目投资包干、招标投标的具体形式有何特色，对今后改进项目管理有何经验教训。

6.分析收尾工程和遗留问题的处理情况，处理方案实际执行情况如何，是否对项目投资效益有重大影响。

第四节　工艺技术和生产条件后评估

课件

一、资源条件与原材料、能源供应状况后评估

(一)资源供应状况后评估

1.区分项目所需的资源的种类和性质，了解项目所需的资源的数量和质量要求，矿床储量、质量要求及服务年限与项目是否相符，发生变化的原因是什么。

2.调查资源开采成本、运输条件及供应成本，与项目前评估对比所发生的变化，具体因素有哪些。

3.分析评估项目是否对资源进行了综合利用，有无条件进行深加工，是否符合国家有关政策规定等。对矿床伴生资源，要评价其是否做到综合开发利用。

(二)原材料供应条件后评估

1.查清项目生产所需的主要材料名称、规格、需要量、供应数量、主要来源地、供应条件及供应方式等。

2.查明原材料供应质量的差异是否与工艺要求相适应。在后评估中，应注意由于原材料质量差异给产品生产带来的实际影响。

3.调查并分析原材料的供应价格及其对产品成本带来的实际影响，并预测原材料的未来市场供需趋势、供应价格趋势及其对项目效益带来的影响。

(三)能源供应状况后评估

能源供应状况后评估主要应从项目实际使用能源的种类、质量要求，正常年需要量、实际供应量、供应方式、供应价格等方面，与项目前评估相对比，看其是否发生变化及其对项目实际生产成本所产生的影响，并分析当地能源供应状况及其发展变化趋势、价格趋势等。

二、工艺技术设备后评估

(一)工艺技术后评估的内容

1.检验工艺的可靠性

即对新技术、新工艺在生产领域的应用进行经验总结，同时，应对不成熟的工艺进入生产领域给国家资金造成严重浪费的项目，认真分析其原因，以在今后的项目建设工程中吸取经验教训。

2.检验工艺流程是否合理

(1)分析工艺流程是否符合生产类型的要求。根据生产产品的品种、产量、工作的专业化程度，通常把企业的生产类型分为大量生产、成批生产、单件生产等，不同的生产类型的工艺流程有不同的特点，其采用的工艺方法、加工设备、工艺装备和工艺规程等也都大不相同。

(2)分析工艺流程是否符合加工对象的特点。不同的产品对原材料规格、型号、质量、几何形状、加工精度、技术条件等方面均有不同的要求，工艺流程应能有针对性地满足这些要求。

(3)分析原材料加工和形成产品的过程是否顺畅、便捷、具有连续性，分析原材料的消耗情况等。

3.检验工艺对产品质量的保证程度

主要通过对实际生产情况分析、调查，核实产品质量的各种参数，并分析工艺对产品质量的影响。

4.检验工序对原材料的适应性

即考察项目所采用的工序是否与原材料相适应，如果原材料来源不稳定或有多种来源渠道时，工序对原材料的适应性如何。

(二)项目设备后评估的内容

进行项目设备的后评估应抓住对项目生产影响较大的关键设备、精密、稀少大型设备进行评估。主要分析和评价各工序、工段设备的生产能力是否符合设计要求；各主要设备与设计文件所选定的是否一致，其变化原因及其对企业的实际影响如何；前后工序、工段设备能力是否配套，从不同地区、不同国家引进的设备是否配套；设备的主要性能参数是否满足工艺要求；设备的寿命是否符合经济性要求等。

三、项目生产能力后评估

(一)项目生产能力后评估的主要内容

1.分析项目实际生产能力有多大，与设计生产能力的偏差情况如何；其偏差产生的原因是什么；对项目实际投资效益发挥的影响程度如何。

2.分析项目实际生产能力与产品实际成本的高低有何关系,项目所形成的生产规模是否处在最优的经济规模区间。

3.分析项目实际生产能力与产品实际市场需求量的关系如何。

4 分析项目实际生产能力与实际原材料来源和燃料、动力供应及交通运输条件是否相适应,应如何进行调整,对项目投资效益的影响程度如何。

(二)衡量项目实际生产能力的内容

1.核实设备的负荷能力。包括设备性能状态及其质量情况与设计要求有无偏差,从单位和联动运转记录检查设备安装质量情况,从联动负荷运转记录检查运转效率,核实设备实际负荷能力。

2.核实各主要生产车间平衡以后的生产能力怎样。

3.核实辅助工程、配套工程与设施的适应生产能力如何。

四、交通运输及其配套条件后评估

(一)厂外交通运输条件后评估

1.分析项目建设前后当地交通运输现状及主要运输方式的变化情况。

2.分析项目交通运输能否满足项目生产对交通运输的时间及数量上的需要。

3.分析项目实际交通运输成本的经济合理性,并比较项目交通运输方式的选择是否正确;评价运输方式的合理性,并结合实际情况提出改进意见。

4.分析项目交通运输设施是否与生产相配套,以及对生产经营的影响。

(二)厂区交通运输条件后评估

1.分析项目投产后厂区交通运输方式与投产前的变化及原因。

2.分析项目投产后,原材料等进厂和产品出厂情况,其物流是否顺畅、方便,装卸是否及时、经济合理。

3.分析项目投产后车间和车间内物资运输是否方便,运距是否适当,运输方式是否合理,以及对生产产生的影响。

(三)项目所在区域基础设施条件后评估

通常,按照经营者对企业环境的可控程度,企业基础设施条件可以分为外部基础设施条件与内部基础设施条件。企业外部基础设施条件包括生产条件和生活条件。生产条件主要包括:自然资源状况和开发水平,人力资源及人口素质状况,国民收入水平,人均收入水平和消费水平,生产力布局和产业结构及地区发展特点;能源供应状况,国家的有关政策,通信条件,水资源条件等。生活条件主要包括:厂区周围商店、粮店、副食店、邮局、医院、招待所、农贸市场等设置状况及生活用水、用电条件等。

在进行企业外部设施条件后评估时,应着重于外部基础设施条件对企业生产经营的影响及企业对外部基础设施条件变化的适应能力,并提出相应的对策和建议。

(四)相关配套项目建设状况后评估

固定资产投资是一项复杂的系统工程,涉及国民经济各部门、各地区、各行业,任何地区、部门、行业要发展,都要求其他部门、地区、行业相应发展,以保证功能协调。建设项目建成投产后能否正常发挥效益,除了项目本身所具备的建设必要性、技术先进性外,还涉及与之相关联的许多个横向和纵向的关系。因此,还必须对相关的配套项目建设状况进行后评估。

1.分析相关项目在时间安排上是否同步,不同步的原因何在?对项目投资效益的发挥有何影响。

2.分析建设项目所采用的技术与前序、后序项目的技术水平是否同步,不同步的原因何在,对项目投资效益的发挥有何影响。

3.分析相关项目之间的实际生产能力是否协调、配套,不配套的原因何在,对项目投资效益的发挥有何影响。

4.分析建设项目内部各单位工程之间建设速度是否满足要求,技术水平、生产能力是否相配套,其原因何在。

5.分析项目同步建设方面有何经验教训,并提出改进意见。

课件

第五节 投资项目运营后评估

一、企业经营管理状况后评估

1.分析企业投产以来经营管理机构的设置是否健全、科学合理,机构调整的依据是什么,调整经营管理机构的设置是否符合企业经营管理体制改革的要求,是否适应企业生存和发展的需要,等等。

2.分析项目投产后企业领导班子的组成,干部素质,班子中的合作性及其工作实绩,以及企业的基层干部和职工对领导班子的反映如何。

3.分析企业管理人员在职工中所占的比重,管理人员的知识结构和人员素质,管理人员是否适应企业现在和未来发展的需要?

4.了解企业经营管理的主要策略,分析实施的效果如何,包括市场开拓策略、质量策略、创新策略等。

5.分析各项规章制度是否完善,是否符合国家有关政策和企业发展的需要,哪些规章制度尚需完善,对企业经济效益将会产生何种程度的影响等。

6.分析企业从上级领导到基层管理人员、职工等各层次之间是否建立起完善的责、权、利相结合的承包责任制度,推行的实际效果如何,职工的生产积极性是否充分调动起来了,原因是什么。

7.分析从企业经营管理中所能吸取的经验教训,并提出改善企业经营管理、进一步发挥项目投资效益的切实可行的建议。

二、项目产品方案后评估

1.分析项目投产后到项目后评估时为止的产品规格和品种的变化情况，产品方案调整的次数，每次调整的依据是什么。

2.分析产品方案调整对发挥项目投资效益有何影响；产品方案调整的成本有多大。

3.分析现行的产品方案能否适应消费对象的消费需求；现行产品方案与前评估或可行性研究时设计的产品方案相比，有多大程度的变化；产品方案的变化在多大程度上影响到项目投资效益。

4.分析产品广告的形式，广告的成本与效果情况，为用户服务的内容有何变化，对产品销售有何影响。

三、项目达产年限后评估

(一)达产年限评估的目的

项目达产年限是指投产的建设项目从投产之日起到其生产产量达到设计生产能力时所经历的全部时间。一般以年来表示。项目达产年限短，就可为社会增加更多的有使用价值的产品，为企业和国家创造更多的财富。相反，如果项目达产年限长，企业势必减少盈利额，拖长投资回收期，降低项目的投资效益。项目达产年限后评估的目的在于衡量与计算项目的实际达产年限，衡量和研究实际达产年限与设计达产年限的偏差及其产生的原因，分析项目实际达产年限的变化给项目实际投资效益的发挥所带来的影响，并为今后的项目投资提供经验。

(二)项目达产年限后评估的内容和步骤

1.计算项目实际达产年限。如果进行项目后评估时，项目已达产，则可直接计算，即达产年限为投产之日到实际达产之日所经历的时间；项目尚未达产，则需要根据现实生产能力水平来推测达产年限。

2.计算实际达产年限的变化情况。主要与设计或前评估预测的达产年限进行比较，可以以实际达产年限变化率或实际达产年限与设计(预测)达产年限的差额来表示。前者表示实际达产年限与设计达产年限相比，缩短或延长的相对数额；后者表示缩短或延长的绝对数额。

3.分析实际达产年限与设计达产年限相比发生变化的原因何在：是项目建设过程中的问题，还是项目决策的失误；是经营管理中的问题，还是项目所处的客观外在环境变化造成的，等等。

4.计算项目达产年限变化所带来的实际效益或损失。超前达产年限的实际效益＝Σ(年实际产量－年设计产量)×单位产品销售利润；拖延达产年限的实际损失＝Σ(年设计产量－年实际产量)×单位产品销售利润。

5.分析项目达产年限评估结论，明确经验教训。如果本项目尚未达产，为促使项目早日达产，应分析有何可行的对策措施。

四、项目产品生产成本后评估

(一)产品生产成本后评估的目的

进行项目产品生产成本后评估的目的在于考核项目的实际生产成本,衡量项目实际生产成本与预测生产成本的偏离程度,分析产生这种偏离的原因,以便为今后项目投资进行成本预测提供经验,同时为提高项目实际投资效益提出切实可行的建议。

(二)产品生产成本后评估的内容和步骤

1.计算项目实际产品生产成本,包括生产总成本和单位生产成本。产品生产成本可从企业有关财务报表中查得。

2.分析总成本的构成及其变化情况。即分析成本开支范围是否符合国家财政部门的有关规定,项目投产后各年的生产总成本变化幅度如何,其原因是什么。

3.分析实际单位生产成本的构成及其变化情况。即分析项目投产后各年份实际单位生产成本变化幅度如何,变化幅度较大的原因是什么,并具体分析影响单位产品生产成本变化的主要因素。

4.与项目前评估或可行性研究中的预测成本进行比较,计算实际生产成本变化率(包括生产总成本变化率和单位生产成本变化率),并分析实际生产成本与预测成本的偏差及其产生的原因。

5.分析项目实际生产成本发生变化对项目投资效益的影响程度有多大,降低项目实际生产成本的有效措施是什么。

五、项目产品销售利润后评估

(一)产品销售利润后评估的目的

销售利润是综合反映项目投资效益的指标。产品销售利润的计算公式是:

$$\text{产品销售利润}=\text{产品销售收入}-\text{产品销售税金}-\text{产品销售成本}-\text{产品销售费用}$$

由上式可见,影响产品销售利润的因素较多,主要有产品销售数量、产品价格、产品生产成本、产品销售税金等。产品销售利润的多少既与项目设计、决策有关,也和工程施工质量、购置设备的质量等有关,又与项目投产后计划管理、成本管理、物资管理、财务管理等企业管理水平有关。项目产品销售利润评估的目的在于考核项目的实际产品销售利润和投产后各年产品销售利润额的变化情况,比较和分析实际产品销售利润与项目前评估或可行性研究中的预测销售利润的偏离程度及其原因,提出进一步提高项目产品销售利润,从而提高项目投资效益的有效措施。

(二)产品销售利润后评估的内容和程序

1.计算投产后历年实际产品销售利润,考察其各年的变化情况,并分析引起变化的原因。

2.计算实际产品销售利润变化率。

3.分析项目实际产品销售利润偏离预测产品销售利润的原因，计算各因素对实际产品销售利润的影响程度。

首先，计算实际产品销售数量对实际产品销售利润的影响程度。其计算公式为：

$$\text{产品销售数量对销售利润的影响程度}=\sum(\text{预测年产量}-\text{实际年产量})\times\text{单位产品销售利润}$$

产品实际销售数量对销售利润的影响又是由多种因素造成的，如实际年产量、产品质量、销售方式等，因此还要进行具体的分析。

其次，计算产品品种变化对销售利润的影响。其计算公式为：

$$\text{产品品种变化对销售利润的影响额}=\sum\text{产品的设计产量}\times\text{单位产品销售利润}-\sum\text{实际产品销售利润}$$

再次，计算产品价格变化对销售利润的影响程度，并分析各产品价格的变化情况。其计算公式为：

$$\text{产品价格变化对销售利润的影响额}=\sum(\text{预测单位产品价格}-\text{实际单位产品价格})\times\text{产品销售数量}$$

最后，计算单位产品生产成本变化对销售利润的影响程度。其计算公式为：

$$\text{单位产品生产成本对销售利润的影响额}=\sum(\text{实际销售产品单位生产成本}-\text{预测单位生产成本})\times\text{产品销售数量}$$

4.提出提高实际产品销售利润率的对策和建议。

课件

第六节　投资项目经济后评估

一、项目财务后评估

(一)项目财务后评估的内容

1.基础数据的收集和辅助报表的编制。

即收集项目实际实施过程和建成投产后的有关数据，并根据后评估时点的实际情况预测项目未来的效益和费用，编制财务评估的辅助报表。

为了进行项目财务后评估，首先应深入实际收集项目建设、生产的重要基础数据资料。如为了确定项目实际固定资产投资与流动资金以及实际贷款偿还情况的数据，就必须取得建设单位和生产单位提供的建设单位各年批准的财务决算、竣工财务决算及竣工验收报告单等；为了编制总成本表、销售收入及附加分析表，就要取得生产单位的年终会计报表等。

财务评估的辅助报表包括单位成本分析表、总成本分析表、实际投资计划与资金筹措表、销售收入分析表等，为编制财务评估的基本报表做准备。

2.基本财务报表的编制和分析。

后评估的基本报表有现金流量表、利润及利润分配表、资产负债表、资金来源与运用表、财务外汇平衡表等。在编制每一张基本表时，首先要进行分析比较，即对各表中各年数据变化进行比较，分析其原因，尤其是在预测数据与实际年份的数据差异较大时，必须说明其原因或理由；其次，要把后评估的基本报表与前评估的对应报表进行对比分析，不仅比较其结果，还要分析比较其差异及产生这种差异的原因和主要影响因素。

3.财务盈利能力后评估

即通过计算一系列评估财务盈利能力的指标来反映项目实际的或更接近于实际的盈利状况。主要的指标有财务后评估内部收益率和净现值、后评估投资利润率、后评估投资利税率等指标。计算出这些指标后，还应与前评估的对应指标进行比较，并分析其产生差异的原因。

4.财务清偿能力后评估。

主要是通过计算后评估贷款偿还期、实际流动比率、速动比率、资产负债率等指标，来反映项目实际的财务清偿能力和清偿的结果，也要与项目前评估的对应指标进行对比，分析其产生差异的主要原因。

5.财务外汇平衡分析。

即对于涉及产品出口创汇或利用外资的项目，还应编制财务外汇平衡表，分析项目实际外汇平衡情况；对于外汇不能平衡的项目，还应提出解决的措施。

(二)财务后评估的主要指标

1.财务盈利能力分析的主要指标

(1)后评估投资利润率。是指建设项目达到设计生产能力后的年实际利润总额与项目实际总投资的比率。如果项目达产后各年实际利润总额变化较大时，就应计算各年平均利润总额与实际总投资的比率。其计算公式为：

$$\text{后评估投资利润率}=\frac{\text{年实际利润总额或年平均实际利润总额}}{\text{实际总投资}}\times 100\%$$

实际总投资＝实际建设总投资＋实际流动资金投资

后评估投资利润率是反映项目建成投产后实际盈利能力的静态指标，其数值的高低，表明项目投产后全部投资的获利能力。后评估投资利润率可与行业平均利润率比较，考察项目盈利能力是否达到了同行业平均水平。后评估投资利润率越高，表明项目投资效果好而且风险小。这一指标还应与该项目前评估报告(或可行性研究报告)中预测的投资利润率比较，分析两者偏差的原因，找出影响偏差的主要因素。

(2)后评估投资利润率。是指项目投产后达到设计生产能力年份的年实际利税总额与项目总投资的比率。其计算公式为：

$$\text{后评估投资利税率}=\frac{\text{实际年利税总额或年平均实际利税总额}}{\text{总投资}}\times 100\%$$

后评估实际投资利税率，可与行业平均利税率比较，以判断项目单位投资对国家积累的贡献水平是否达到本行业的平均水平；还应与该项目前评估报告中预测的投资利税率比较，分析其差异及原因，并找出影响偏差的主要因素。

（3）后评估投资回收期。是指以项目实际产生的净效益或根据实际情况重新预测的项目净效益偿还实际投资总额所需要的时间。它是考察项目在财务上实际投资回收能力的主要静态指标。实际投资回收期一般从建设年开始算起，若从投资年算起则应予注明。其计算公式为：

$$\sum_{t=1}^{P_{rt}}(\mathrm{RCI}-\mathrm{RCO})_t=0$$

式中：$(\mathrm{RCI}-\mathrm{RCO})_t$ 为各年净现金流量，P_{rt} 为实际投资回收期。

后评估投资回收期通常可利用后评估财务现金流量表（全部投资）求得。

后评估投资静态回收期指标，一般只作为辅助指标。

（4）后评估财务净现值。是依据项目投产后的年实际净现金流量，或根据实际情况重新预测的项目生产期各年的净现金流量，按行业基准收益率或重新选定的折现率，将各年净现金流量折现到建设期初的现值之和。其计算公式为：

$$\mathrm{PNPV}=\sum_{t=1}^{n}(\mathrm{RCI}-\mathrm{RCO})_t(1+i_c)^{-t}$$

式中：PNPV 为后评价净现值，i_c 为行业基准收益率或重新选定的折现率，n 为项目后评估计算期，t 为计算期内某一具体年份（$t=1,2,3,\cdots,n$）。

这一指标是项目后评估的主要动态指标。计算后评估净现值指标的折现率可以最新的行业基准收益率或重新测定的折现率为折现率，也可以项目前评估时选用的折现率为折现率。后评估净现值大于零，表明项目除按最新的行业基准收益率或重新选定的折现率作为收益率取得实际收益外，还有额外收益，实际净现值总额越大，项目实际投资效益越好；反之，若后评估净现值小于零，则表明项目的实际收益能力未能达到国家最新行业收益水平，而且还有以净现值的绝对值表示的机会损失。

以项目前评估的折现率为折现率，便于项目前评估净现值与项目后评估净现值的比较分析，找出使财务净现值变化的主导因素，并定量计算出各种因素影响该指标发生变异的程度。

（5）后评估财务内部收益率。是指使项目实际发生的年净现金流量或重新预测的项目生产期各年净现金流量的现值之和等于零时的收益率，即后评估净现值等于零时的收益率。其计算公式为：

$$\sum_{t=1}^{P_{rt}}(\mathrm{RCI}-\mathrm{RCO})_t(1+i_{\mathrm{RIRR}})^{-t}=0$$

式中，i_{RIRR} 为后评估财务内部收益率。

后评估财务内部收益率是考察项目实际盈利能力的主要动态指标。这一指标应与最新的行业基准收益率或设定的基准收益比较，考察项目实际收益能力是否达到了国家最新收益率的要求；还应与前评估财务内部收益率比较，考察项目实际收益率是否达到预计的水平，并分析未达到的原因。

2.财务清偿能力分析的主要指标

(1)后评估借款偿还期。该指标是衡量项目实际偿还能力的主要指标。它是指在国家财政规定及项目的实际财务条件下，根据项目实际投产后的或重新预测的可用于还款的资金偿还固定资产投资国内借款本金和建设期利息所需要的时间。其计算公式为：

$$I_{RD}=\sum_{t=1}^{P_{rt}}R_{rt}$$

式中：I_{RD}为实际固定资产投资国内借款本金和建设期利息之和；P_{rd}为后评估固定资产投资国内借款偿还期；R_{rt}为第t年可用于还款的资金，包括利润、折旧、摊销及其他可用于还款的资金。

后评估借款偿还期计算结果，应与前评估预测值相比较，分析差异的原因，找出主要影响因素；还应与借款合同所确定的贷款偿还年限进行比较，并分析项目是否能按期归还贷款本息，如不能按期归还，应找出原因并提出加快贷款偿还的对策和建议。

(2)后评估资产负债率。是指项目投产后各年实际或重新预测的负债合计与资产合计的比率，反映项目投资后各年实际面临的风险程度及实际偿债能力的指标。即：

$$后评估资产负债率=\frac{实际负债}{实际资产}\times 100\%$$

(3)后评估流动比率。是指项目投产后各年实际流动资产或重新预测的流动资产总额与实际流动负债的比率，是反映项目投产后各年实际偿付流动负债能力的指标。即：

$$后评估流动比率=\frac{实际流动资产总额}{实际流动负债总额}\times 100\%$$

(4)后评估速动比率。是指项目投产后各年的实际流动资产总额与实际存货的差额与实际流动负债总额的比率，是反映项目投产后实际偿付流动负债能力的指标。即：

$$后评估速动比率=\frac{实际流动资产总额-实际存货}{实际流动负债}\times 100\%$$

二、国民经济后评估

(一)国民经济后评估的要求

1.国民经济后评估要从国家整体角度考察国家为建设项目实际付出的代价和建设项目建成投产后对国家的实际贡献，衡量和分析建设项目的国民经济净效益与前评估中预测效益的偏离程度及产生偏差的原因。

2.进行国民经济后评估要着眼于建设项目对社会提供的有使用价值的合格产品和服务，同时要考察该项目所耗用的社会资源和费用，不仅要考察项目的直接效益和直接费用，还要考察项目的间接费用和间接效益。

3.进行项目国民经济后评估要采用国家近期统一颁布的影子价格，或采用根据机会成本和供求关系重新确定的影子价格。

4.国民经济后评估所采用的折现率应是国家统一定期颁布的反映影子价格资金的社会折现率,用国家统一定期颁布的影子汇率换算系数、影子工资系数、贸易费用率等参数,计算有关指标。

(二)国民经济后评估的基本步骤

1.搜集有关基础数据资料,包括投入物、产出物的品种和数量;国家新颁布的影子价格和国家参数等。

2.在项目财务评估的基础上将项目产出物、投入物区分为外贸货物、非外贸货物和特殊投入物三类,并按各类货物的影子价格确定原则进行调整,主要包括固定资产投资的调整、流动资金的调整、经营成本的调整和产品销售收入的调整等。

3.编制国民经济后评估的基本报表,计算项目国民经济后评估指标。国民经济后评估的基本报表有国民经济费用效益流量表;对利用外资和引进技术项目进行后评估时,还应编制经济外汇流量表。

4.分析产生偏差程度和原因。即把国民经济后评估的计算指标与前评估进行对比分析,计算其偏差程度并分析原因,总结国民经济后评估的经验教训,并提出提高项目投资效益的对策与建议。

(三)国民经济后评估的主要指标

1.后评估经济内部收益率(REIRR)

它是反映项目对国民经济实际净贡献的相对指标,是项目在计算期内各年的实际经济净效益流量的现值累计等于零的折现率。其表达式为:

$$\sum_{t=1}^{n}(B_R - C_R)_t(1+\text{REIRR})^{-t}=0$$

式中:B_R 为实际效益流入量,C_R 为实际费用流出量,$(B_R - C_R)_t$ 为第 t 年实际或重新预测的净效益流量,n 为计算期。

后评估经济内部收益率应与社会折现率比较。如果大于国家公布的最新社会折现率时,表明项目对国民经济的贡献达到了国家规定的最新要求,项目的国民经济效益较好;反之,则未达到规定的要求。如果后评估经济内部收益率大于前评估求得的经济内部收益率,则表明项目达到了预期的收益水平。

2.后评估经济净现值(RENPV)

它是反映项目对国民经济实际净贡献的绝对指标,是指用国家最新颁布的社会折现率将项目计算期内各年实际或重新预测的净效益流量折算到建设期初的现值之和。其表达式为:

$$\text{RENPV}=\sum_{t=1}^{N}(B_R - C_R)_t(1+i_s)^{-t}$$

式中:i_s 为最新颁布的社会折现率。

后评估经济净现值等于或大于零时,表示国家为项目付出代价后,除得到符合最新社会折现率要求的社会收益外,还可以得到以现值表示的超额的社会效益。

3.后评估经济外汇净现值($RENPV_F$)

它是反映项目实际建成投产后对国家外汇收支直接或间接影响的重要指标，用来衡量项目对外汇真正的净贡献(创汇)或净消耗(用汇)。其表达式为：

$$RENPV_F = \sum_{t=1}^{n}(FI_R - FO_R)_t(1+i_s)^{-t}$$

式中：FI_R 为实际或重新预测的外汇流入量，FO_R 为实际或重新预测的外汇流出量，$(FI_R - FO_R)_t$ 为第 t 年实际净外汇流量，n 为计算期。

后评估经济外汇净现值应按项目的实际外汇净收支计算，但折现率应使用最新颁布的社会折现率，而不应使用实际外汇借款利率。有些项目有较大的产品以产顶进，也可按实际净外汇效果计算后评估经济外汇净现值。实际净外汇效果是指外汇流量加上产品替代进口而引进的节汇额(国家节约的用于进口的外汇支出)。

4.后评估经济换汇成本和后评估经济节汇成本

当项目有产品直接出口时，应计算实际经济换汇成本，以分析这种产品出口对于国民经济的实际贡献。后评估经济换汇成本是指用货物的影子价格、影子工资和社会折现率计算的，为生产出口产品而实际投入的国内资源现值(以人民币表示)与生产出口产品的后评估经济外汇净现值(通常以美元表示)之比，即换取 1 美元外汇实际需要投入多少价值的国内资源。其表达式为：

$$后评估经济换汇成本 = \frac{\sum_{t=1}^{n} DR_{Rt}(1+i_s)^{-t}}{\sum_{t=1}^{n}(FI'_R - FO'_R)_t(1+i_s)^{-t}}$$

式中：DR_{Rt} 为项目在第 t 年为出口产品实际投入的国内资源(包括投资、原材料、工资、其他投入和贸易费用)，RI'_R 为生产出口产品的实际外汇流入，FO'_R 为生产出口产品的实际外汇流出(包括应由出口产品分摊的固定资产投资及经营费用中的外汇流出)，n 为计算期。

后评估经济换汇成本是分析项目产品出口的国际竞争能力，判断项目产品是否应当出口的指标。

对于有产品替代进口的项目，应计算后评估经济节汇成本。它等于项目投产后生产替代进口产品所实际投入的国内资源的现值与生产替代进口产品的后评估经济外汇净现值的比值，即节约 1 美元外汇所需投入的国内资源。公式为：

$$后评估经济节汇成本 = \frac{\sum_{t=1}^{n} DR'_{Rt}(1+i_s)^{-t}}{\sum_{t=1}^{n}(FI''_R - FO''_R)_t(1+i_s)^{-t}}$$

式中：DR'_R 为项目在第 t 年生产替代进口产品实际投入的国内资源(包括投资、原材料、工资、其他投入和贸易费用)，FI''_R 为生产替代进口产品实际节约的外汇，FO''_R 为生产替代进口产品的外汇流出(包括应由替代进口产品分摊的固定资产投资及经营费用中的外汇流出)。

后评估经济节汇成本指标可以反映项目产品以产顶进在经济上是否合理。后评估经济换汇成本和后评估经济节汇成本(元/美元)若高于影子汇率,表明项目的产品出口或替代出口是有利的。

第七节　投资项目社会效益后评估

课件

一、项目对地区发展影响后评估

1.分析项目能否带动本地区上下游产品的发展。许多项目建成后,为在当地建立上下游产品工业的发展创造了条件,由于一个项目的投入物(或产出物)就是另一个项目的产出物(或投入物),这样就节约了长途运输费用,有利于降低消耗,降低生产成本,提高投资效益,从而推动地区经济发展。

2.分析项目能否带动同类工业的发展。一些大型骨干项目,企业内聚集了大批的技术和管理人才,他们掌握了产品的生产技术、经营管理、市场分布和发展情况,通过人才的流动和分散,可以帮助地方工业的发展。

3.分析项目能否带动其他产业的发展。即考察项目建成后能否带动其他产业的发展,如是否促进第三产业的发展等。

4.分析项目能否对地区基础设施和地区开发产生影响。即考察项目建设的同时是否加强了对配套基础设施的建设。项目配套建设不仅满足了本项目的需要,而且也为许多其他项目的建设及商品的流通创造了条件,因而对本地区的开发和经济的发展起到了促进作用。

二、项目建设对环境及生态平衡影响后评估

(一)项目环境保护措施后评估

1.分析项目产生污染的种类、范围和程度,给环境造成的影响,并对治理措施进行评价。

2.考察项目建成后,其环保工程是否对确保人类赖以生存的自然环境进行了有效的保护,尤其要注意,项目在实际建设和运转中,是否采用了现代化的环境科学技术,合理利用自然资源,防止环境质量下降。

3.分析项目治理污染措施,列出各种污染物的排放指标,并与设计指标进行比较,指出各种污染物的排放指标是否低于国家环保部门规定允许的最大排放量。

4.分析用于环保工程的相关投资,及在总投资额中占的比重,考察主要环保工程是否与主体工程同时设计、同时施工、同时投入使用。

(二)资源综合利用与污染治理后评估

1.分析项目实际选用的燃料结构是否合理,废渣是否得到有效的综合利用。

2.分析项目的工艺设备是否有效地防止了液体和气体的跑、冒、滴、漏，是否污染环境；各种资源、原材料是否得到了有效的综合利用。

3.分析项目投产后是否对污水进行了净化处理、循环使用；对烟气是否进行了除尘、除二氧化硫处理等。

4.分析项目实际生产过程中所产生的噪音大小如何，是否有损于工作人员的健康或干扰了附近居民的正常生活，项目对所产生的噪音是否真正采取了措施。

在上述定性分析的基础上，一般可通过计算环境质量系数来评价投资项目对环境的影响。

$$环境质量系数=\sum_{t=1}^{n}\frac{(Q_i/Q_{io})}{n}$$

式中：n 为该项目排除的污染环境的有害物质的种类(包括废水、废气、废渣、噪声、放射物等)，Q_i 为 i 种有害物质排放量，Q_{io} 为国家地方规定的 i 种有害物质排放量。

三、就业效果与分配效果后评估

(一)实际就业效果后评估

就业效果是指单位投资实际创造的总的就业机会。它是项目新增就业人数与项目投资之比。就业效果评估包括直接就业效果和间接就业效果。

实际就业效果是指项目投产运营后，单位投资(包括固定资产投资和流动资金)实际所创造的新的就业机会。用公式表达为：

$$实际就业效果=\frac{实际新增总就业人数(人)}{新增总投资(万元)}$$

总就业人数可分为项目的直接投资所产生的就业人数和与该项目相关的项目的间接投资所新增的间接就业人数。即：

$$直接就业人数=\frac{本项目新增的就业人数(人)}{本项目直接投资(万元)}$$

$$间接就业人数=\frac{相关项目新增的就业人数(人)}{相关项目投资(万元)}$$

实际就业人数可与项目前评估、或设计时估计的就业效果进行比较，分析实际就业效果与设计就业效果的差异和原因。在劳动力充分的条件下，投资项目应尽可能以一定数量的资金创造更多的就业机会。

(二)实际分配效果后评估

项目建成后投产运营获得效益后，对收益如何分配是有关各方非常关心的问题。分配主体是分配过程的参与者，可以概括为国家、企业和职工个人三个方面。在评估项目的分配效果时，既要考虑国家财政收入的需要，又要重视企业自身和职工个人的经济利益，以免挫伤企业和职工的积极性。

对项目分配效果进行后评估，可以认真总结项目收益分配的成功经验，并发现项目收益分配所存在的问题以及产生这些问题的原因，从而提出相应的改进建议。分配效果后评估的主要指标有中央收益比重、地方收益比重、企业收益比重。

$$中央收益比重=\frac{每年实际上交中央财政的收入}{年实际利税总额}\times 100\%$$

式中，实际上交财政的收入是指项目投入运营后，每年按规定实际上交中央财政的各种税金、利润等。

$$地方收益比重=\frac{地方实际年收入}{年实际利税总额}\times 100\%$$

式中，地方实际年收入是指项目投产运营后，每年按规定实际上交地方财政的各种税金、利润等。

$$企业收益比重=\frac{企业实际年收益}{年实际利税总额}\times 100\%$$

企业实际年收益是指项目每年扣除向国家和地方财政上交的各种利税后的实际留利。

关于中央、地方和企业收益的比重各为多少合理，目前还没有一个判别标准，在进行后评估时，主要考虑两方面的因素。一是考虑项目的地区布局情况。如果项目布局在贫困落后地区，或老、少、边、穷地区时，地方收益比重、企业收益比重相对大一些。二是考虑项目投资资金主要来源构成与收益分配比重两者的相适应。如果项目资金主要来源于地方筹集资金，那么，地方收益的比重应相对大些；如果项目投资资金来源于中央政府投资，那么，中央收益比重应相对大些；如果项目投资资金来源于企业内部积累资金，企业收益比重则应相对大一些。总之，衡量收益分配比重的基本原则应贯彻谁投资谁受益的原则。

四、节约自然资源消耗后评估

在分析投资项目节约资源效益时，应结合具体项目灵活掌握，项目主要涉及哪种自然资源，就分析评价哪种资源。能定量的就定量计算，不能定量的就进行定性分析。

对于节约能源、耕地、水源，一般可通过计算产值综合能耗、单位投资占用耕地、单位产品生产耗水量指标进行分析。

$$产值综合能耗=\frac{项目的实际年综合能耗}{项目的实际产值}$$

能源消耗量可以用标准煤表示，也可以用千瓦·小时(度)表示，还可以用热值来表示。但是当一个项目耗费多种能源时，应统一折合成热值来表示。项目实际综合能耗一般应与部门或行业定额标准比较，在我国能源短缺的条件下，实际单位产值所耗费的能源越少，项目的能源利用率越高，项目的社会效益越好。

$$\text{单位投资占用耕地}=\frac{\text{项目实际占用耕地面积(亩)}}{\text{项目实际总投资(万元)}}$$

单位投资占用耕地根据同类项目的经验予以评定。

$$\text{单位产品生产耗水量}=\frac{\text{项目实际年生产耗水量}}{\text{主要产品实际生产量}}$$

单位产品耗水量由主管部门按行业规定的定额考核。

本章知识要点及自我检测

附 录

附表一 复利现值系数表(PVIF表)

n \ i/%	1	2	3	4	5	6	7	8	9
1	0.990	0.980	0.971	0.962	0.952	0.943	0.935	0.926	0.917
2	0.980	0.961	0.943	0.925	0.907	0.890	0.873	0.857	0.842
3	0.971	0.942	0.915	0.889	0.864	0.840	0.816	0.794	0.772
4	0.961	0.924	0.888	0.855	0.823	0.792	0.763	0.735	0.708
5	0.951	0.906	0.863	0.822	0.784	0.747	0.713	0.681	0.650
6	0.942	0.888	0.837	0.790	0.746	0.705	0.666	0.630	0.596
7	0.933	0.871	0.813	0.760	0.711	0.665	0.623	0.583	0.547
8	0.923	0.853	0.789	0.731	0.677	0.627	0.582	0.540	0.502
9	0.914	0.837	0.766	0.703	0.645	0.592	0.544	0.500	0.460
10	0.905	0.820	0.744	0.676	0.614	0.558	0.508	0.463	0.422
11	0.896	0.804	0.722	0.650	0.585	0.527	0.475	0.429	0.388
12	0.887	0.788	0.701	0.625	0.557	0.497	0.444	0.397	0.356
13	0.879	0.773	0.681	0.601	0.530	0.469	0.415	0.368	0.326
14	0.870	0.758	0.661	0.577	0.505	0.442	0.388	0.340	0.299
15	0.861	0.743	0.642	0.555	0.481	0.417	0.362	0.315	0.275
16	0.853	0.728	0.623	0.534	0.458	0.394	0.339	0.292	2.252
17	0.844	0.714	0.605	0.513	0.436	0.371	0.317	0.270	0.231
18	0.836	0.700	0.587	0.494	0.416	0.350	0.296	0.250	0.212
19	0.828	0.686	0.570	0.475	0.396	0.331	0.277	0.232	0.194
20	0.820	0.673	0.554	0.456	0.377	0.312	0.258	0.215	0.178
25	0.780	0.610	0.478	0.375	0.295	0.233	0.184	0.146	0.116
30	0.742	0.552	0.412	0.308	0.231	0.174	0.131	0.099	0.075
40	0.672	0.453	0.307	0.208	0.142	0.097	0.067	0.046	0.032
50	0.608	0.372	0.228	0.141	0.087	0.054	0.034	0.021	0.013

续表

n \ i/%	10	11	12	13	14	15	16	17	18
1	0.909	0.901	0.893	0.885	0.877	0.870	0.862	0.855	0.847
2	0.826	0.812	0.797	0.783	0.769	0.756	0.743	0.731	0.718
3	0.751	0.731	0.712	0.693	0.675	0.658	0.641	0.624	0.609
4	0.683	0.659	0.636	0.613	0.592	0.572	0.552	0.534	0.516
5	0.621	0.593	0.567	0.543	0.519	0.497	0.476	0.456	0.437
6	0.564	0.535	0.507	0.480	0.456	0.432	0.410	0.390	0.370
7	0.513	0.482	0.452	0.425	0.400	0.376	0.354	0.333	0.314
8	0.467	0.434	0.404	0.376	0.351	0.327	0.305	0.285	0.266
9	0.424	0.391	0.361	0.333	0.300	0.284	0.263	0.243	0.225
10	0.386	0.352	0.322	0.295	0.270	0.247	0.227	0.208	0.191
11	0.350	0.317	0.287	0.261	0.237	0.215	0.195	0.178	0.162
12	0.319	0.286	0.257	0.231	0.208	0.187	0.168	0.152	0.137
13	0.290	0.258	0.229	0.204	0.182	0.163	0.145	0.130	0.116
14	0.263	0.232	0.205	0.181	0.160	0.141	0.125	0.111	0.099
15	0.239	0.209	0.183	0.160	0.140	0.123	0.108	0.095	0.084
16	0.218	0.188	0.163	0.141	0.123	0.107	0.093	0.081	0.071
17	0.198	0.170	0.146	0.125	0.108	0.093	0.080	0.069	0.060
18	0.180	0.153	0.130	0.111	0.095	0.081	0.069	0.059	0.051
19	0.164	0.138	0.116	0.098	0.083	0.070	0.060	0.051	0.043
20	0.149	0.124	0.104	0.087	0.073	0.061	0.051	0.043	0.037
25	0.092	0.074	0.059	0.047	0.038	0.030	0.024	0.020	0.016
30	0.057	0.044	0.033	0.026	0.020	0.015	0.012	0.009	0.007
40	0.022	0.015	0.011	0.008	0.005	0.004	0.003	0.002	0.001
50	0.009	0.005	0.003	0.002	0.001	0.001	0.001	0	0

续表

n \ i/%	19	20	25	30	35	40	50
1	0.840	0.833	0.800	0.769	0.741	0.714	0.667
2	0.706	0.694	0.640	0.592	0.549	0.510	0.444
3	0.593	0.579	0.512	0.455	0.406	0.364	0.296
4	0.499	0.482	0.410	0.350	0.301	0.260	0.198
5	0.419	0.402	0.320	0.269	0.223	0.186	0.132
6	0.352	0.335	0.262	0.207	0.165	0.133	0.088
7	0.296	0.279	0.210	0.159	0.122	0.095	0.059
8	0.249	0.233	0.168	0.123	0.091	0.068	0.039
9	0.209	0.194	0.134	0.094	0.067	0.048	0.026
10	0.176	0.162	0.107	0.073	0.050	0.035	0.017
11	0.148	0.135	0.086	0.056	0.037	0.025	0.012
12	0.124	0.112	0.069	0.043	0.027	0.018	0.008
13	0.104	0.093	0.055	0.033	0.020	0.013	0.005
14	0.088	0.078	0.044	0.025	0.015	0.009	0.003
15	0.074	0.065	0.035	0.020	0.011	0.006	0.002
16	0.062	0.054	0.028	0.015	0.008	0.005	0.002
17	0.052	0.045	0.023	0.012	0.006	0.003	0.001
18	0.044	0.038	0.018	0.009	0.005	0.002	0.001
19	0.037	0.031	0.014	0.007	0.003	0.002	0
20	0.031	0.026	0.012	0.005	0.002	0.001	0
25	0.013	0.010	0.004	0.001	0.001	0	0
30	0.005	0.004	0.001	0	0	0	0
40	0.01	0.01	0	0	0	0	0
50	0	0	0	0	0	0	0

附表二　年金现值系数表(PVIFA 表)

n \ i/%	1	2	3	4	5	6	7	8	9
1	0.990	0.980	0.971	0.962	0.952	0.943	0.935	0.926	0.917
2	1.970	1.942	1.913	1.886	1.859	1.833	1.808	1.783	1.759
3	2.941	2.884	2.829	2.775	2.723	2.673	2.624	2.577	2.531
4	3.902	3.808	3.717	3.630	3.546	3.465	3.387	3.312	3.240
5	4.853	4.713	4.580	4.452	4.329	4.212	4.100	3.993	3.890
6	5.795	5.601	5.417	5.242	5.076	4.917	4.767	4.623	4.486
7	6.728	6.472	6.230	6.002	5.786	5.582	5.389	5.206	5.033
8	7.652	7.325	7.020	6.733	6.463	6.210	5.971	5.747	5.535
9	8.565	8.162	7.786	7.435	7.108	6.802	6.515	6.247	5.995
10	9.471	8.983	8.530	8.111	7.722	7.360	7.024	6.710	6.418
11	10.368	9.787	9.253	8.760	8.306	7.887	7.449	7.139	6.805
12	11.255	10.575	9.954	9.385	8.863	8.384	7.943	7.536	7.161
13	12.134	11.348	10.635	9.986	9.394	8.853	8.358	7.904	7.487
14	13.004	12.106	11.296	10.563	9.899	9.295	8.745	8.244	7.786
15	13.865	12.849	11.938	11.118	10.380	9.712	9.108	8.559	8.061
16	14.718	13.578	12.561	11.652	10.838	10.106	9.447	8.851	8.313
17	15.562	14.292	13.166	12.166	11.274	10.477	9.763	9.122	8.544
18	16.398	14.992	13.754	12.659	11.690	10.828	10.059	9.372	8.756
19	17.226	15.678	14.324	13.134	12.085	11.158	10.336	9.604	8.950
20	18.046	16.351	14.877	13.590	12.462	11.470	10.594	9.818	9.129
25	22.023	19.523	17.413	15.622	14.094	12.783	11.654	10.675	9.823
30	25.808	22.396	19.600	17.292	15.372	13.765	12.409	11.258	10.274
40	32.835	27.355	23.115	19.793	17.159	15.046	13.332	11.925	10.757
50	39.196	31.424	25.730	21.482	18.256	15.762	13.801	12.233	10.962

续表

n \ i/%	10	11	12	13	14	15	16	17	18
1	0.909	0.901	0.893	0.885	0.877	0.870	0.862	0.855	0.847
2	1.736	1.713	1.690	1.668	1.647	1.626	1.605	1.585	1.566
3	2.487	2.444	2.402	2.361	2.322	2.283	2.246	2.210	2.174
4	3.170	3.102	3.037	2.974	2.914	2.855	2.798	2.743	2.690
5	3.791	3.696	3.605	3.517	3.433	3.352	3.274	3.199	3.127
6	4.355	4.231	4.111	3.998	3.889	3.784	3.685	3.589	3.498
7	4.868	4.712	4.564	4.423	4.288	4.160	4.039	3.922	3.812
8	5.335	5.146	4.968	4.779	4.639	4.487	4.344	4.207	4.708
9	5.759	5.537	5.328	5.132	4.946	4.472	4.607	4.451	4.303
10	6.145	5.889	5.650	5.426	5.216	5.019	4.833	4.659	4.494
11	6.495	6.207	5.938	5.687	5.453	5.234	5.029	4.836	4.656
12	6.814	6.492	6.194	5.918	5.660	5.421	5.197	4.988	4.793
13	7.103	6.750	6.424	6.122	5.842	5.583	5.342	5.118	4.910
14	7.367	6.982	6.628	6.302	6.002	5.724	5.468	5.229	5.008
15	7.606	7.191	6.811	6.462	6.142	5.847	5.575	5.324	5.092
16	7.824	7.379	6.974	6.604	6.265	5.954	5.668	5.405	5.612
17	8.022	7.549	7.102	6.729	6.373	6.047	5.749	5.475	5.222
18	8.201	7.702	7.250	6.840	6.467	6.128	5.818	5.534	5.273
19	8.365	7.839	7.366	6.938	6.550	6.198	5.877	5.584	5.316
20	8.514	7.963	7.469	7.025	6.623	6.259	5.929	5.628	5.353
25	9.077	8.422	7.843	7.330	6.873	6.464	6.097	5.766	5.467
30	9.427	5.694	8.055	7.496	7.003	6.566	6.177	5.829	5.517
40	9.779	8.951	8.244	7.634	7.105	6.642	6.233	5.871	5.548
50	9.915	9.042	8.034	7.765	7.133	6.661	6.246	5.880	5.554

续表

n \ i/%	19	20	25	30	35	40	50
1	0.840	0.833	0.800	0.769	0.741	0.714	0.667
2	1.547	1.528	1.440	1.361	1.289	1.224	1.111
3	2.140	2.106	1.952	1.816	1.696	1.589	1.407
4	2.639	2.589	2.362	2.166	1.997	1.849	1.605
5	3.058	2.991	2.689	2.436	2.220	2.035	1.737
6	3.410	3.326	2.951	2.643	2.385	2.168	1.824
7	3.706	3.605	3.161	2.802	2.508	2.263	1.883
8	3.954	3.837	3.329	2.925	2.598	2.331	1.922
9	4.163	4.031	3.463	3.019	2.665	2.379	1.948
10	4.339	4.192	3.571	3.092	2.715	2.414	1.965
11	4.486	4.327	3.656	3.147	2.752	2.438	1.977
12	4.611	4.439	3.725	3.190	2.779	2.456	1.985
13	4.715	4.533	3.780	3.223	2.799	2.469	1.990
14	4.802	4.611	3.824	3.249	2.814	2.478	1.993
15	4.876	4.675	3.859	3.268	2.825	2.484	1.995
16	4.938	4.730	3.887	3.283	2.834	2.489	1.997
17	4.988	4.775	3.910	3.295	2.840	2.492	1.998
18	5.033	4.812	3.928	3.304	2.844	2.494	1.999
19	5.070	4.843	3.942	3.311	2.848	2.496	1.999
20	5.101	4.870	3.954	3.316	2.850	2.497	1.999
25	5.195	4.948	3.985	3.329	2.856	2.499	2.000
30	5.235	4.979	3.995	3.332	2.857	2.500	2.000
40	5.258	4.997	3.999	3.333	2.857	2.500	2.000
50	5.262	4.999	4.000	3.333	2.857	2.500	2.000